普通高等院校市场营销专业精品系列教材

现代市场营销学

郭 元 著

北京理工大学出版社
BEIJING INSTITUTE OF TECHNOLOGY PRESS

内 容 简 介

本教材采用“总分总”的撰写方式布局全文，在总体介绍市场营销理论知识体系和企业市场营销工作岗位设置的内容之后，首先，从市场的角度，阐述了市场环境分析、市场调查研究、目标市场定位三项理论；其次，从市场主体的角度，阐述了消费者消费心理、消费行为、购买决策三项行为学理论；再次，从营销的角度，阐述了产品策略、价格策略、分销策略、促销策略的4Ps营销策略及其制订方略；最后，从策划的角度，总结出市场营销文书和文案的撰写方法和编制技巧。

本教材的撰写体例新颖独特，逻辑结构条理清晰，语言表达准确流畅。每章开头从“教学要求”“本章术语”“课程思政”三个维度展开，行文过程中配置了多条富有哲理的“营销智慧火花”，每章结尾配备了贴切、恰当的案例分析题。

本教材内容具有一定的理论深度，融入了作者多年的市场营销专业理论研究成果和教学成果。作者把从科研论文、科研课题、教学实践中归纳出的新思想、新观念、新方法，植入本教材之中。本教材可供研究型高等院校市场营销、工商管理等相关专业本科生使用。

图书在版编目（CIP）数据

现代市场营销学／郭元著. －－北京：北京理工大学出版社，2021.8

ISBN 978－7－5763－0146－5

Ⅰ. ①现… Ⅱ. ①郭… Ⅲ. ①市场营销学－高等学校－教材 Ⅳ. ①F713.50

中国版本图书馆CIP数据核字（2021）第164333号

出版发行／北京理工大学出版社有限责任公司
社　　址／北京市海淀区中关村南大街5号
邮　　编／100081
电　　话／（010）68914775（总编室）
　　　　　（010）82562903（教材售后服务热线）
　　　　　（010）68944723（其他图书服务热线）
网　　址／http：//www.bitpress.com.cn
经　　销／全国各地新华书店
印　　刷／北京国马印刷厂
开　　本／787毫米×1092毫米　1/16
印　　张／20
字　　数／470千字
版　　次／2021年8月第1版　2021年8月第1次印刷
定　　价／56.00元

责任编辑／武丽娟
文案编辑／武丽娟
责任校对／刘亚男
责任印制／李志强

图书出现印装质量问题，请拨打售后服务热线，本社负责调换

前言

本教材通过对国内外市场营销学现代理论知识的梳理和重组，运用现代理念对传统市场营销学理论体系进行了解读和诠释，力图促进现代市场营销学理论知识的传授与市场营销学现代思维、市场营销学现代理念、市场营销学传播价值的有机融合与精准对接。

1. 本教材的内容特色

本教材融入了作者多年积累的教学和科研成果、独到的理论见解和学术思想，曾经以“现代市场营销学”教学讲义的形式，在北京吉利学院的商学院市场营销专业本科试用四年，教学效果突出，学生和授课教师反响很好。在教学过程中，本教材的质量得到了进一步的完善和提升，具有一定的学术价值及现实意义，具体的内容特色如下。

（1）把现代市场营销学理论的认知作为切入点，分别从现代市场营销学的基本术语和理论，现代市场营销的新方式、新观念四个维度进行了阐释。

（2）从现代企业面临的宏观环境与微观环境、内部环境与外部环境两套环境体系，对现代企业的市场竞争战略和营销精准定位分别进行了阐述和分析。

（3）运用市场营销学调研和预测的理论和方法，分别从市场细分、目标市场、市场定位三个角度，对现代企业所面临的市场状况进行了 STP 竞争理论阐述。

（4）针对现代企业面临的市场竞争状况，从产品策略、价格策略、分销策略、促销策略四个视角，全方位地对四个单项策略和 4Ps 营销组合策略进行了细致的阐释和分析。

（5）面对复杂的市场竞争环境和营销策略的适时性和应变性，现代企业的市场营销活动需要制订一份具有可行性、高效性、精准性的市场营销策划方案。在第十章，作者结合案例分析，分别从市场营销策划方案制订的内容和形式，以及对策划能力和写作能力的要求和培养四个维度，分别进行了理论性、专业性的阐述和诠释。

2. 本教材的设计特色

（1）结构体系。每章的结构体系由课堂教学体系（教学目的、本章术语、课程思政）、现代市场营销理论体系、实践案例分析体系、章尾小结思辨体系，共四个子体系构成。

（2）本教材的总体布局。先阐述市场理论体系，后阐述营销理论体系。

（3）栏目设计。“营销智慧火花”是主要栏目特色，本栏目内嵌的语句皆富有市场哲理和营销意义，激发读者的灵感和想象的火花，传播现代市场营销观念和理念，启迪逻辑和智慧的思维模式，宣扬市场营销创造价值、传递价值、增加价值的营销哲学，传递正能量。

（4）课程思政。每章首页都设置了“课程思政”内容，涉及现代市场营销学倡导的增强服务意识、恪守职业道德、遵纪守法、诚实守信等理念。督促市场营销从业人员，树立现代市场营销观念、构建现代营销思维路径、强化市场营销策划意识、突出市场营销价值传递等。

（5）课程衔接。本教材的结构设计主要针对研究型高校市场营销专业的本科学生，其前置课程是“管理学基础”，后续课程是“市场营销调研与预测”“互联网营销”“市场营销策划”等。

3. 本教材的构思特色

（1）理论与实践相结合。在阐述市场营销学理论知识的同时，结合市场营销学理论对现代企业营销实践活动的理论指导作用，注重学生专业理论素养的培养，培养学生的现代市场营销思维方式。

（2）以先进技术为支撑。本教材注重和强化现代企业在开展市场营销活动中，对信息技术、互联网技术、电子技术、大数据技术等现代元素的引入和利用。

（3）图文并茂，思路清晰。本教材理论阐述的特点是言简意赅、层次清晰、语言流畅，可读性强。

4. 学术价值和现实意义

在本教材的撰写过程中，作者参考了多部英语原版的市场营销类书籍，汲取了外国学者的前沿思想和营销观念。作者主要运用多年的科研和教学成果，在理论与实践相结合的过程中，从多个角度切入，挖掘出市场营销理论的深层含义和本质特征，对年轻教师从事理论教学和科研实践具有一定的学术参考价值。本教材从多个维度对现代企业市场营销的价值进行了解读，对现代企业的市场营销实践活动规律进行了一定程度的探索，对广大教师同行和高年级学生参加专业研究活动，具有一定的启发和借鉴意义。

本教材植入了很多营销管理、营销文化、营销价值、岗位配置、职业道德等元素，兼顾了读者职业能力的培养，除了作为研究型高等院校市场营销专业本科学生的教材之外，也可作为应用型高等院校工商管理、电子商务等专业本科生的教材，并可作为市场营销从业人员的参考读物。

本教材的全部内容由北京吉利学院商学院的郭元教授著述完成。

我国市场经济迅猛发展，市场营销理论与实践也在不断深入、完善和提高中，加上作者的撰写时间和水平限制，书中可能存在不足之处，敬请广大读者批评指正。

非常感谢北京理工大学出版社的武丽娟、向小兰编辑在我撰写本书的过程中给予的诚挚帮助和指导。

著 者

2021 年 4 月 10 日

目 录

授课学时分配表 ……………………………………………………………… (1)
第一章 市场营销导论 …………………………………………………… (3)
第一节 市场营销基本术语 ………………………………………………… (3)
第二节 市场营销基础知识 ………………………………………………… (9)
第三节 市场营销方式创新 ………………………………………………… (12)
第四节 市场营销组合理论 ………………………………………………… (20)
第五节 市场营销观念发展 ………………………………………………… (24)
第六节 市场营销岗位设置 ………………………………………………… (29)
第二章 市场环境分析 …………………………………………………… (33)
第一节 微观宏观环境分析 ………………………………………………… (33)
第二节 企业内外环境分析 ………………………………………………… (42)
第三节 竞争者与竞争战略 ………………………………………………… (50)
第四节 波士顿矩阵竞争战略 ……………………………………………… (56)
第三章 市场调查研究 …………………………………………………… (60)
第一节 市场调研概述 ……………………………………………………… (60)
第二节 市场调研方法 ……………………………………………………… (66)
第三节 市场调研技术 ……………………………………………………… (69)
第四节 调查资料分析 ……………………………………………………… (73)
第五节 市场趋势预测 ……………………………………………………… (76)
第六节 调研与预测的关系 ………………………………………………… (83)
第四章 目标市场定位 …………………………………………………… (86)
第一节 市场细分 …………………………………………………………… (86)
第二节 目标市场 …………………………………………………………… (97)
第三节 市场定位 …………………………………………………………… (104)
第四节 市场分析 …………………………………………………………… (111)
第五章 消费行为分析 …………………………………………………… (116)

第一节　消费者概念界定 …………………………………………………… (116)
第二节　消费者市场概述 …………………………………………………… (119)
第三节　消费者消费心理 …………………………………………………… (122)
第四节　消费者购买行为 …………………………………………………… (130)
第五节　消费者网购行为 …………………………………………………… (135)
第六节　消费者购买决策 …………………………………………………… (138)
第六章　产品策略制定 ……………………………………………………… (145)
第一节　企业产品概述 ……………………………………………………… (145)
第二节　产品定位策略 ……………………………………………………… (150)
第三节　产品开发策略 ……………………………………………………… (152)
第四节　产品组合策略 ……………………………………………………… (157)
第五节　产品营销策略 ……………………………………………………… (163)
第六节　产品品牌策略 ……………………………………………………… (170)
第七节　产品包装策略 ……………………………………………………… (183)
第七章　价格策略制定 ……………………………………………………… (188)
第一节　价格基础知识 ……………………………………………………… (188)
第二节　产品定价方法 ……………………………………………………… (192)
第三节　策略制定概述 ……………………………………………………… (200)
第四节　网络营销定价 ……………………………………………………… (210)
第八章　分销策略制定 ……………………………………………………… (215)
第一节　分销渠道概述 ……………………………………………………… (215)
第二节　分销渠道成员 ……………………………………………………… (219)
第三节　分销渠道结构 ……………………………………………………… (225)
第四节　策略制定概述 ……………………………………………………… 230)
第五节　网络分销渠道 ……………………………………………………… 234)
第六节　分销渠道管理 ……………………………………………………… (241)
第九章　促销策略制定 ……………………………………………………… (248)
第一节　企业促销概述 ……………………………………………………… (248)
第二节　人员推销策略 ……………………………………………………… (252)
第三节　广告促销策略 ……………………………………………………… (258)
第四节　销售促进策略 ……………………………………………………… (270)
第五节　公共关系策略 ……………………………………………………… (277)
第六节　促销组合策略 ……………………………………………………… (281)
第十章　市场营销策划 ……………………………………………………… (289)
第一节　营销策划概述 ……………………………………………………… (289)
第二节　营销策划方法 ……………………………………………………… (296)
第三节　营销策划文书 ……………………………………………………… (300)
第四节　星巴克策划案 ……………………………………………………… (305)
参考文献 ……………………………………………………………………… (311)

授课学时分配表

章　次	标　题	节　次	标　题	学　时	总学时
第一章	市场营销导论	第一节	市场营销基本术语	0.5	5
		第二节	市场营销基础知识	1	
		第三节	市场营销方式创新	1	
		第四节	市场营销组合理论	1	
		第五节	市场营销观念发展	1	
		第六节	市场营销岗位设置	0.5	
第二章	市场环境分析	第一节	微观宏观环境分析	1	6
		第二节	企业内外环境分析	2	
		第三节	竞争者与竞争战略	2	
		第四节	波士顿矩阵竞争战略	1	
第三章	市场调查研究	第一节	市场调研概述	1	7
		第二节	市场调研方法	1	
		第三节	市场调研技术	1.5	
		第四节	调查资料分析	1.5	
		第五节	市场趋势预测	1	
		第六节	调研与预测的关系	1	
第四章	目标市场定位	第一节	市场细分	2	7
		第二节	目标市场	2	
		第三节	市场定位	2	
		第四节	市场分析	1	
第五章	消费行为分析	第一节	消费者概念界定	0.5	7
		第二节	消费者市场概述	0.5	
		第三节	消费者消费心理	1	
		第四节	消费者购买行为	2	
		第五节	消费者网购行为	2	
		第六节	消费者购买决策	1	

续表

章次	标题	节次	标题	学时	总学时
第六章	产品策略制定	第一节	企业产品概述	0.5	8
		第二节	产品定位策略	1	
		第三节	产品开发策略	1	
		第四节	产品组合策略	1	
		第五节	产品营销策略	2	
		第六节	产品品牌策略	2	
		第七节	产品包装策略	0.5	
第七章	价格策略制定	第一节	价格基础知识	1	5
		第二节	产品定价方法	1.5	
		第三节	策略制定概述	1.5	
		第四节	网络营销定价	1	
第八章	分销策略制定	第一节	分销渠道概述	0.5	7
		第二节	分销渠道成员	1	
		第三节	分销渠道结构	1.5	
		第四节	策略制定概述	2	
		第五节	网络分销渠道	1	
		第六节	分销渠道管理	1	
第九章	促销策略制定	第一节	企业促销概述	0.5	6
		第二节	人员推销策略	1	
		第三节	广告促销策略	1.5	
		第四节	销售促进策略	1.5	
		第五节	公共关系策略	1	
		第六节	促销组合策略	0.5	
第十章	市场营销策划	第一节	营销策划概述	1	6
		第二节	营销策划方法	1	
		第三节	营销策划文书	2	
		第四节	星巴克策划案	2	
学时总计				64	

第一章

市场营销导论

【教学要求】

1. 了解与市场营销相关的基本术语和基础知识。
2. 熟悉创新市场营销方式与现代市场营销新观念。
3. 掌握病毒营销活动策划的关键点。
4. 掌握饥饿营销的策划要点和饥饿周期的设置依据，把握饥饿周期的设置分寸。
5. 掌握实时捕捉社会热点、感知市场需求痛点，借势制订营销策略的技巧。

【本章术语】

◆营销价值传递　◆软文营销　◆体验营销　◆搜索引擎营销　◆现代市场营销观念

【课程思政】

●企业及营销人员要树立绿色营销观念，保护自然环境，生产和经营绿色产品，引导绿色消费，保护消费者健康。

●企业及营销人员要树立社会营销观念，注重消费者利益和企业利益，注重公共利益和社会利益，承担社会责任。

第一节　市场营销基本术语

市场营销学于20世纪初期产生于美国。随着市场经济的发展，市场营销学经历了根本性的变化，从传统市场营销学演变为现代市场营销学，其应用从营利组织扩展到非营利组织，从一个国家扩展到国际。当今，市场营销学已成为同企业管理相结合，并同经济学、行为科学、人类学、数学等学科相结合的应用边缘管理学科。

西方市场营销学的产生与发展同商品经济的发展、企业经营哲学的演变是密切相关的。美国的市场营销学经历了六个发展阶段：萌芽阶段（1900—1920）、功能研究阶段（1921—

1945）、形成和巩固阶段（1946—1955）、市场营销管理导向阶段（1956—1965）、协同和发展阶段（1966—1980）、分化和扩展阶段（1981 至今）。

本节介绍与企业、产品、消费者、需求、市场、营销、战略相关的术语，共计二十二个。

一、与企业相关的术语

公司是一种特殊的企业，是执行现代企业制度、实施股份制的企业。本部分阐述企业、公司、商号三个专业术语及其含义。

（一）企业

企业（Enterprise）是指以营利为目的，运用各种生产要素，比如土地、劳动力、资本、技术、知识等，向市场提供产品、商品或服务，实行自主经营、自负盈亏、独立核算的具有法人资格的社会经济组织。按投资人出资方式和责任权重，企业组织形式可划分为三种：独资企业、合伙企业、公司制企业。公司制企业是现代企业中最典型的组织形式，其按所有制结构可划分为四种：全民所有制企业、集体所有制企业、私营企业、外资企业。

（二）公司

公司（Company）是指以营利为目的从事生产经营活动，以股东投资为基础，依法设立的独立承担民事责任的企业组织。我国公司法规定：公司形式主要分为有限责任公司和股份有限公司两种，二者均为独立法人，投资者可受到有限责任保护。凡是公司均为企业，具有企业的所有属性，但企业未必是公司。公司即为执行现代企业制度的股份制企业，是企业的一种组织形态。

（三）商号

商号（Firm）即厂家、商家的字号，代表厂商的信誉。商号作为企业特定标志，主要用来区分企业，企业对商号依法享有专用权。商号权属于《保护工业产权巴黎公约》所定义的工业产权范畴，经过依法登记而取得的商号，受到法律的保护。商号权具有人身权的属性，与主体资格同生同灭。商号经核准登记后，可以在牌匾、合同、商品包装中使用。有些企业商号与商标合二为一，但多数企业商号与商标各不相同，很多商号名称不具有显著特征，无法注册成商标。商标依附商品而存在，商号依附厂商而存在。

> 营销智慧火花：实行股份制的企业是公司，公司是一种组织形式特殊的企业。

二、与产品相关的术语

本部分阐述产品、商品、服务三个术语及其含义。

（一）产品

产品有狭义产品和广义产品之分。

狭义产品（Product in a Narrow Sense）是指由制造企业或生产企业生产，并提供给市场，拥有使用价值、满足人们某种需求、用于人们消费的有形物品和无形服务的总称。

广义产品（Product in a Broad Sense）包括生产制造企业生产的产品和附加服务，以及服务企业提供的各种专门服务。服务是一种无形产品。

（二）商品

狭义商品（Tangible Goods）是指流通企业外购或委托加工、用于销售的各种拥有价值和使用价值的有形劳动产品。产品进入流通渠道，通过交换，所属权发生转移，就变成商品。

广义商品（Tangible and Intangible Goods）包括流通企业的有形劳动产品和服务企业的无形有偿服务，比如保险产品、金融产品等。服务产品经过交易可以变成服务商品。

（三）服务

服务（Service）是指为他人做事，并使他人从中受益的一种有偿或无偿活动，是不以实物形式而以提供劳动的形式满足他人某种特殊需要的活动。服务包括生产制造企业提供的附加服务，以及服务企业提供的专门服务。有偿服务是一种无形商品。

> 营销智慧火花：产品的叙述对象是厂家，商品的叙述对象是商家。

三、与消费者相关的术语

本部分主要阐述消费者、顾客、客户三个术语及其含义。

（一）消费者

消费者（Consumer）是指以个人或家庭需要、不以经营或销售为目的而购买或使用商品和接受服务的个体或群体。消费者的叙述对象是产品、商品、服务，而不是厂家或商家及其经营场所。消费者有法律意义，我国已出台《中华人民共和国消费者权益保护法》（简称《消费者权益保护法》）。消费者是渠道成员，产品分销渠道的终端是消费者，而不是顾客。

（二）顾客

顾客（Customer）即光顾某经营场所的客人，是相对于厂家或商家的一种身份，包括个人和组织。顾客的叙述对象是厂家、商家及其经营场所，而不是产品、商品或服务。有的顾客是潜在顾客，有的顾客可能会转化成消费者。

（三）客户

客户（Client）是指在企业外部与企业有直接经济关系、对企业产品或服务有特定需求的个体或群体的总称。客户是企业销售领域中的概念，客户是一种企业资源，需要开发，需要管理，比如登记建立客户档案，需要从竞争者手中争夺。企业需要与之建立客户关系，借助关系营销维系老客户，开发新客户。

客户可分为终端客户（个人消费者及其家庭等）、组织客户（军队、学校、医院、政府等）、中间商客户（分销商、特许经营商等）。客户的叙述对象是企业或营销人员。

> 营销智慧火花：婴儿的妈妈独自去超市买了一袋婴儿奶粉，妈妈是顾客，婴儿是消费者。

四、与需求相关的术语

本部分阐述需求、需要、欲望三个术语及其含义。

（一）需求

需求（Demand）是指人们具有一定购买能力，并且愿意购买某种需要满足物的欲望。有购买力的欲望就变成了需求。市场营销就是创造需求、满足需求。需求的种类有负需求、无需求、潜在需求、下降需求、不规则需求、成分需求、过度需求、有害需求等。

（二）需要

需要（Need）是人类自身本能感受到的一种缺乏状态，具体指人的生理和物质、心理和精神没有得到满足的一种感受状态，具有多元化、层次化、个性化、发展化的特性。比如，人为了生存，有食物、衣服、房屋等生理和物质需要，有安全、归属、尊重等心理和精神需要。需要是人类与生俱来的不满足状态，不是市场营销者创造的。

（三）欲望

欲望（Desire）是指想得到需要的具体满足物的愿望，是由人的本性产生的想达到某种目的的要求和特定追求。它是需要的一种派生形式，受人的个性和社会文化限制。人的需要是有限的，但人的欲望是无限的。市场营销者可以采用各种营销手段激发人们的欲望。

五、与市场相关的术语

人类的需求、需要、欲望可通过各种方式得到满足，如自产自用、强取豪夺、交易等，交换符合市场营销伦理，通过市场，实现成交，达成交易。本部分阐述市场、交换、交易三个术语及其含义。

（一）市场

市场有狭义市场与广义市场之分。

狭义市场（Market in a Narrow Sense）指买卖双方进行商品交换的场所，如服装市场、股票市场、期货市场等。

广义市场（Market in a Broad Sense）是对某种商品或服务有某种现实的和潜在的需求、具有一定购买力、有消费欲望、通过交易可实现成交的消费者群体的总称。市场是商品经济条件下社会分工和商品交换的产物。

（二）交换

交换（Exchange）是经济学术语，它是人们在一定经济关系的前提下，进行生产、交换、分配、消费以及与之有密切关联的经济活动。

从市场营销学角度而言，交换是市场营销的核心概念，它包括一系列活动及其过程，是市场营销产生的节点。交换具体是指以自己商品换取他人某种商品，以此满足某种需要和欲望的行为方式。

（三）交易

交易（Transaction）是指为互通有无、实现双赢，买卖双方通过公允价值估量，对某种有价商品或服务进行磋商谈判，最后达成双向价值交换的营销行为。其中定期的交易量、交易额都是市场营销的度量单位。

交易分为货币交易、易货交易两种。开展交易活动的条件包括两件或以上的有价值商品，双方同意的条件、时间、地点，维护和迫使交易双方执行承诺的法律制度等。

> 营销智慧火花：菜市场中的“市场”是狭义市场，证券市场中的“市场”是广义市场。

六、与营销相关的术语

本部分阐述营销、销售、分销、促销四个术语及其含义。

（一）营销

营销（Marketing）是市场营销的简称，市场营销权威专家菲利普·科特勒（Philip Kotler）将营销定义为：市场营销是个人和集体通过创造，提供出售，并同别人交换产品和价值，以获得所需所欲之物的一种社会和管理过程。

营销活动有一套完整的理论体系作为支撑，包括市场调研、产品研发、市场推广、品牌策划、价格策略、分销渠道设计、广告促销、营销组合、售后服务等诸多活动环节。

营销属于企业战略层面的活动过程，以满足消费者需求为中心，注重营销策略，追求企业长远利益和永续发展，也注重社会效益。

（二）销售

销售（Sale）是指生产制造企业或流通企业通过出售产品或商品，能为下游客户提供价值和利益，满足其特殊需求的营销活动过程。

销售属于企业战术层面的活动环节，只是营销的一个节点。销售仅针对现有产品寻找客户、确定销售目标，注重销售力、强调销售技巧，属于短期和短视行为，有时甚至不择手段。销售终端即指零售场所和终端消费者。

（三）分销

分销（Distribution）即建立销售渠道。通过销售渠道，分销商把某种商品或服务及其所有权从开端成员（制造商）手中向中间商、终端成员（消费者）手中转移。分销商不包括供应商、辅助商（运输商、保险机构、金融机构、咨询机构、策划机构等）。

（四）促销

促销（Promotion）是指企业利用各种有效的方法和手段，使消费者了解和注意企业的产品，激发消费者的购买欲望，并促使其实现最终购买的行为。促销是市场营销的一个活动环节，是生产制造企业与中间商、各中间商之间、零售商与消费者之间开展促进销售的活动过程。

促销的实质是信息沟通。企业为了促进销售，把信息传递的一般原理运用于企业的促销活动中，在企业与中间商和消费者之间建立起稳定有效的信息联系，实现有效的信息沟通。企业采用的促销策略包括人员推销策略、广告宣传策略、销售促进策略、公共关系策略及其组合策略。

营销智慧火花：销售注重把产品卖好，营销强调让产品好卖。

七、与战略相关的术语

本部分阐述战略、策略、决策三个术语及其含义。

（一）战略

战略（Strategy）借自军事术语，意指作战谋略、战局方略、智谋纲领。

企业战略是企业竞争战略的简称，是指企业在市场竞争中取得竞争优势的谋略。企业战略是市场竞争的产物，没有生产竞争便没有企业战略。企业竞争战略体系由企业总体竞争战略、经营单位竞争战略、职能部门竞争战略构成，三者分属高层、中层、基层战略，其逻辑关系分布如图 1－1 所示。

1. 企业总体竞争战略

企业总体竞争战略简称企业总体战略，是指企业根据外部环境及内部资源与实力状况，为建立持续竞争优势、实现企业经营目标、求得企业长远发展而确定的一种具有预见性、对抗性、合作性、长期性、全局性的谋划方略。企业总体竞争战略包括成长型、稳定型、紧缩型三种。

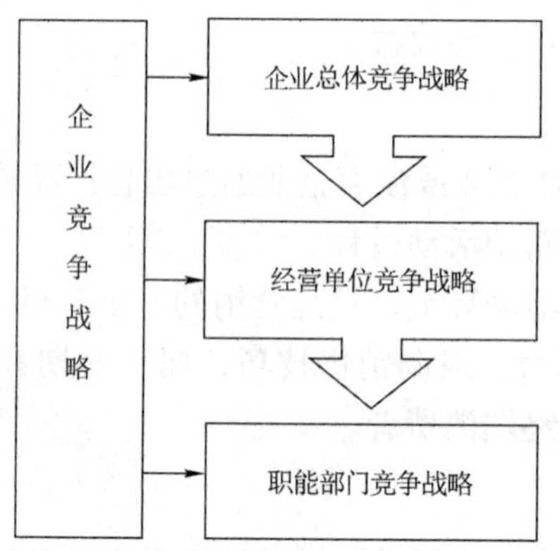

图 1－1　企业竞争战略体系

2. 经营单位竞争战略

经营单位竞争战略简称企业经营战略，是指企业的二级经营单位（事业部、子公司、分公司等）在行业竞争中，通过营造持续性的竞争优势，以保持在行业竞争中的有利地位，取得理想经营业绩的筹划谋略。经营单位竞争战略包括一体化、多元化；低成本、差异化、集中化；进攻型、赶超型、防御型、转移型等类型。

3. 职能部门竞争战略

职能部门竞争战略是指企业二级经营单位下设的各职能部门（如生产、产品、市场、销售、财务、人力资源等部门）的竞争战略。比如，企业的市场部门根据企业总体竞争战略和经营单位竞争战略的规划，在综合考虑企业外部市场机会及企业内部资源等具体状况基础上，确定目标市场，选择或制订相应的市场部门竞争战略，为实现本部门的工作目标，对市场竞争格局进行总体规划。

（二）策略

策略（Tactic）是指计策、谋略，一般是指企业根据形势发展而确定的行动方针和竞争方法，是实现企业目标的方案集合。策略是短期的、局部的、微观的，是履行企业战略的具体措施和方案。策略服从于战略，战略是长期的、全局的、宏观的，是相对抽象的企业竞争格局方略。

营销策略是企业营销部门以消费者需要为出发点，根据顾客需求量及购买力信息、商业界的期望值，为消费者提供满意的商品和服务，为实现企业目标而确定的各项营销活动的策划和执行方案。通常的营销策略有产品策略、价格策略、分销策略、促销策略及其组合策略。

（三）决策

决策（Decision - making）是指企业高层或营销人员为了解决某一问题或达到某一目标，在两个或两个以上的备选方案中，选定一个能付诸实施的行动方案过程，是整个认识、思维、选择过程。决策是过程，策略是策划方案，对策（Countermeasure）是针对问题的解决措施。

营销智慧火花：战场上，战略用于战争；市场上，战略用于竞争。

第二节 市场营销基础知识

市场营销的最终目标是满足消费者的需求和欲望；交换是其核心，交换的过程是一个积极主动寻找机会、满足双方需求和欲望的管理过程；交换过程能否顺利进行，取决于营销者所创造产品和价值满足消费者需求的程度，以及交换过程中的管理水平。

一、市场营销定义

市场营销又称市场学、市场行销（我国台湾地区）或行销学，是在创造、交换、沟通和传播产品及企业信息的过程中，为顾客、客户、合作伙伴及整个社会带来价值的活动、过程和体系，主要是指营销人员针对市场开展经营活动、销售行为的过程。

二、市场营销功能

企业的市场营销活动有如下四项基本功能：发现需求、开拓市场、确定决策、满足需求。

（一）发现需求

现代市场营销观念强调市场营销应以消费者为中心，企业也只有通过满足消费者的需求，才可能实现企业经营目标，发现消费者需求成为市场营销的首要功能。

（二）开拓市场

企业开展市场营销活动的另一个功能就是通过对消费者现实需求和潜在需求的调查分

析，充分把握和捕捉市场机会，积极开发产品或提供服务，构建合理的分销渠道，采用高效的促销手段，开拓市场，增加销售量。

（三）确定决策

企业决策正确与否是企业市场营销成败的关键，企业通过开展市场营销活动，分析市场环境和消费者需求，了解竞争者状况，结合自身资源条件，在产品、定价、分销、促销等方面进行恰当的决策。

（四）满足需求

满足消费者的欲望与需求是企业开展市场营销活动的中心，企业从消费者需求出发，根据不同目标市场采取不同营销策略，合理匹配企业人力、财力、物力资源，为消费者提供适销对路的产品及服务，满足其各种需求。

三、市场营销学发展阶段

市场营销学发展主要经历了四个阶段：初创阶段、形成阶段、发展阶段、完善阶段。

（一）初创阶段

19 世纪末至 20 世纪 30 年代，是市场营销学的初创时期。在这期间，经过工业革命的资本主义国家，劳动生产率获得极大提高，生产迅速发展，经济增长很快，市场营销学开始萌芽。

（二）形成阶段

20 世纪 30 年代至第二次世界大战结束，是市场营销理论的形成时期。在这时期，市场营销学的研究范围以及对社会的影响逐渐扩展。1936 年美国市场营销协会（American Marketing Association，AMA）的成立标志着市场营销学跨出大学讲坛，成为一门实用经济学科。

（三）发展阶段

第二次世界大战后到 20 世纪 60 年代末，是市场营销学的发展阶段。在这时期，市场营销学的研究，特别是美国对市场营销理论的研究进入了一个蓬勃发展的新阶段，提出了以消费者为中心的市场营销观念。

（四）完善阶段

20 世纪 70 年代至今，市场营销学研究进入完善阶段。随着现代科技的进步，市场营销学与社会学、经济学、统计学、心理学等学科紧密渗透，成为一门综合性边缘应用学科。尤其是从 20 世纪 90 年代进入互联网以及移动互联网技术承载的信息时代起，市场营销学理论取得了突破性进展。

四、市场营销价值传递

企业从事市场营销活动及其整个过程，实质是一种价值传递过程，也是市场营销实施管理的过程。

（一）发现价值

企业及其营销人员通过市场调研分析，挖掘市场，发现现实和潜在需求，找到市场机会，发现价值传递机遇起点。

（二）选择价值

企业及其营销人员分析需求，评估机会，根据企业竞争优势，进行市场细分，选择市场，进行目标市场定位，选择价值输送平台。

（三）提供价值

企业围绕目标消费者需求，设计生产产品或提供服务，根据企业销售目标、消费者支付能力、竞争状况，确定合理价格，以产品或服务为价值提供载体。

（四）传播价值

企业通过设计分销渠道，确定分销策略、促销策略及4Ps组合策略，传递产品或服务的价值，以及附加值。

（五）实现价值

企业通过实施营销战略，执行营销策略，开展各种市场营销活动，把产品或服务传递给终端消费者，实现了产品或服务劳动价值、使用价值、附加值的整体传递，并且根据市场变化，实现价值持续增长。

> 营销智慧火花：企业的营销任务就是管理价值探索、创造、传递活动的运营成本。

五、市场营销管理程序

市场营销管理是指企业为实现其营销目标，通过市场调研，辨别、分析、选择和发掘市场营销机会，规划、执行和控制市场营销活动的全过程。市场营销管理程序包含四个步骤：分析市场机会、选择目标市场、确定市场营销策略、控制市场营销活动。

（一）分析市场机会

在竞争激烈的买方市场竞争中，企业必须对市场结构和消费者、竞争者的行为进行调查研究，识别、评价和选择市场机会，确保其与企业的营销宗旨、营销目标一致。

（二）选择目标市场

企业研究和选择要进入的目标市场，确定市场战略。首先要对进入的市场进行细分，分析每个细分市场的特点、需求趋势和竞争状况，并结合企业自身优势，选择目标市场，生产和供应适合市场的产品和服务，完成产品定位，进而实现市场定位。

（三）确定市场营销策略

企业在市场营销管理过程中，确定市场营销策略是关键环节。为满足目标市场需要，企业需对掌控的营销要素（如质量、包装、价格、广告、渠道等）进行优化组合，确定产品策略、价格策略、分销策略、促销策略，以及不同数量子策略的组合策略。

（四）控制市场营销活动

市场营销管理的最后步骤是对市场营销活动进行管理和控制。一是制订具体的市场营销计划和方案，逐步实现企业长期的市场营销战略目标；二是组建配套的市场营销组织；三是市场营销控制，主要涉及企业年度计划控制、盈利控制、营销战略控制等内容。

营销智慧火花：市场营销管理的本质就是用最少的企业资源取得最大的经济效益。

第三节　市场营销方式创新

市场营销方式创新不是创建一种全新而独立的市场营销新方式，而是运用时代先进技术和理念对市场营销传统方式的发展和延伸。一般而言，各种市场营销创新方式与市场营销传统方式组合使用，营销效果会更加显著。

一、平台类创新营销方式

平台类创新营销方式有很多，比如会展营销、路演营销、博客营销、微博营销、短信营销等。本部分仅介绍微信营销、网络营销、论坛营销三种。

（一）微信营销

微信营销是伴随着微信的兴起而形成的一种网络营销方式。微信是 2011 年腾讯推出的即时通信应用工具，支持发送语音、视频、图片和文字，还可以群聊。微信的一对一交流方式具有良好的互动性，信息的推送具有精准性，微信平台成为继微博之后的又一新兴的营销渠道。

微信营销是指企业通过微信公众平台的会员管理系统，宣传推广微官网、微账号、微会员、微推送、微支付、微活动等营销行为，在智能手机或平板电脑移动客户端从事区域定位的一种营销方式。微信营销现已成为主流的线上线下点对点互动营销方式，其优点是送达率高、曝光率高、接受率高、精准率高、便利性高。

（二）网络营销

网络营销是 21 世纪最有代表性的一种低成本、高效率的全新营销形式。它包括以现代营销理论为基础，借助网络、通信和数字媒体技术，以互联网、移动互联网为核心平台，以网络用户为中心，以市场需求和认知为导向，利用各种网络营销手段，在虚拟市场中实现企业营销目标的一系列营销行为。

网络营销的特点是信息全球化、无时空限制、沟通高效、成本低、竞争公平、消费者选择余地大、可以满足个性化需求等。网络营销拥有传统营销方式所不具备的综合营销能力和无可比拟的优越性，具有强大的生命力，已经成为 21 世纪企业营销的主流方式。

（三）论坛营销

论坛营销又称 BBS（Bulletin Board System）营销，即利用论坛交流平台的强大集客能力和人气，通过帖子的策划、撰写、发放、答疑、监测等环节，运用普通帖、置顶帖、连环帖、论战帖、多图帖、视频帖等各种交流方式，对企业及其品牌信息实施高效传播；还可利用论坛平台举办各类活动，比如踩楼、灌水、视频、征文等；传播含有企业产品信息的新闻事件，形成传播连锁反应，以此调动网友参与互动的热情，从而达到加深品牌认知、促进产品销售的目的。国内主要论坛资源包括门户网站论坛、大型网上社区、知名独立论坛等，开展举办论坛活动、事件传播等论坛营销业务。

营销智慧火花：客户有时就像流沙，攥得越紧，流失反而越多。

二、载体类创新营销方式

载体类创新营销方式有很多，比如微电影营销、电子邮件营销等，本部分仅介绍软文营销、事件营销、电影营销三种。

（一）软文营销

软文营销是指企业为了达到提升自身及其网站知名度、促进产品销售、塑造品牌形象等目的，策划编写具有隐蔽性广告功能的新闻、评论、案例分析等付费短文，将其在互联网、手机、报纸、杂志等媒介中刊发、转载和炒作，从而达到目的的整个活动过程。它是软文广告的拓展和延伸。

软文营销追求的是一种界面友好、循循善诱、润物细无声的营销境界。软文标题要求充满诱惑力；软文内容要求对消费者具有价值；营销策略以攻心为上，捕获社会热点为切入点，采用心理战术，打动目标受众，使其步入软文设计的“思维圈”。

软文有三大类型：新闻类（新闻通稿、新闻报道、媒体访谈）；行业类（权威资料、第三方评论、经验分享、观点交流）；用户类（知识、经验、娱乐、爆料、争议、情感、悬念、故事类）。软文营销的特点有：成本低，受众广，性价比高；感染力和渗透力强，持续力与亲和力强；关注度和接受度高，传播率和覆盖率大；软文创作会隐瞒广告主身份，企业开展软文营销活动要恪守职业道德，遵守国家广告法。

（二）事件营销

事件营销是指企业通过组织策划，运用新闻规律，打造出具有新闻价值、社会影响力，以及具有名人效应的人物或事件，通过各种渠道进行传播，以此吸引消费者群体、社会团体、媒体的兴趣与关注，提高企业或产品的知名度和美誉度，从而树立良好的品牌形象，最终促成产品或服务成交的促销活动及其过程。

事件营销是一种公关传播和市场推广手段，集新闻效应、广告效应、公共关系、形象传播、客户关系于一体，并为新产品推介和品牌展示创造机会，注重品牌识别和品牌定位，能快速提升品牌声誉。事件营销的本质就是把人物或事件策划成新闻。

（三）电影营销

电影营销一方面是指企业利用电影，通过植入式广告、赞助等方式来展开营销活动的一种有效方式；另一方面是指电影自身的营销，电影在拍摄和制作过程中需要进行定位，利用营销的思维来展开运作。这里所指的电影营销主要是电影自身的营销，一部电影的商业化运作可以通过一个产业链开展营销活动。

电影营销是银幕营销和非银幕营销齐头并进、互为支持的连锁式营销方式，具体表现为银幕营销、电视营销、家庭影院、网络营销、电影相关商品开发“五位一体”的营销构架。

是新西兰最大最繁忙的机场，距离奥克兰市中心 21 千米。作为新西兰重要的航空枢纽，奥克兰国际机场每年可处理客流量 1 200 万人次，每年约超过 70% 的国际游客通过该机场入境。

奥克兰国际机场共有国内航站楼和国际航站楼两座，两座航站楼相距 500 米，通过免费穿梭巴士连接。机场共有 65 个登机口，共 2 条跑道，分别是 05R/23L 长 3 635 米、宽 60 米，05L/23R 长 3 108 米、宽 60 米。

2020 年奥克兰国际机场国际航线最繁忙的航空公司主要包括新西兰航空、捷星航空、澳大利亚航空、维珍澳大利亚航空、中国南方航空、新加坡航空、智利国家航空、中国东方航空、国泰航空、中华航空等。目前，新西兰航空从该机场出发的航班数量最多，其次是捷星航空、澳洲航空、维珍澳大利亚航空。

奥克兰国际机场已开通连接北美、南美、亚洲、大洋洲、中东和欧洲的 26 个国内目的地和 49 个国际目的地的航线。目前，奥克兰国际机场有飞往我国的上海、广州、香港的航线。

（二）主要航空公司

新西兰的航空公司主要包括新西兰航空、新西兰安捷航空以及连接小城镇的通勤航空公司。

▲图 5-2-2　新西兰航空

新西兰航空（图 5-2-2）（ICAO 代码：ANZ；IATA 代码：NZ）是新西兰的国家航空公司，也是新西兰最大的航空公司，星空联盟成员。奥克兰国际机场是新西兰航空运营基地。2017 年新西兰航空获世界最佳航空公司，2018 年 5 月新西兰航空摘得“世界十大最安全航空公司”冠军。新西兰航空拥有 3 家子公司，分别为尼尔逊航空、飞鹰航空和库克山航空。

新西兰航空是一家经营国际和国内航空运输业务的公司。新西兰航空的战略重点和竞争优势集中于太平洋沿岸地区，以新西兰为始发地，其航线不断扩展至澳大利亚、西南太平洋、亚洲、北美、南美和英国；同时提供飞机维修和地勤服务。

截至 2021 年 1 月新西兰航空在运营飞机 114 架，包含空客 A320、A321 和波音 787、777 系列，以及庞巴迪 ATR72-600 和 Q300。

2013 年，新西兰航空率先在全球进行飞机生物燃料试飞，这一技术的应用大大降低了二氧化碳的排放。目前新西兰航空已开辟飞往我国上海、香港的航线。

课堂讨论：结合所学，如果你赴新西兰旅游，应该选择哪个机场出境更方便？

本章小结

本章主要介绍了大洋洲的主要客源国概况，包括澳大利亚、新西兰两个国家，具体介绍了这两个国家的地理概况、人文概况、主要旅游资源、主要机场和航空公司情况。

电影营销将电影制作、广告策略、市场调研、宣传炒作、促销手段、公关活动等有效、精确、缜密地融合在一起，形成营销传播的整合力量，全方位合力造势，取得较好的营销效果。

营销智慧火花：在电影院线上开展电影营销活动是文化产业供应链中典型的促销节点。

三、服务类创新营销方式

服务类创新营销方式有很多，比如服务营销、精准营销、互动式营销、客户导向营销、文化产业营销等，本部分仅介绍精准营销、定制营销、直复营销三种。

（一）精准营销

精准营销即在精准定位的基础上，依托现代信息技术手段，建立个性化的消费者沟通服务体系，实现企业可度量的低成本的营销活动。企业需要更精准、可衡量和高投资回报的营销沟通活动，注重结果和行动的营销传播规划，注重对直接销售沟通的投资。

精准营销是企业在充分了解消费者信息的基础上，针对消费者的偏好，有针对性地对消费者进行的一对一营销的方式，是在掌握一定的消费者信息和市场信息后，将直复营销与数据库营销结合起来的一种新型营销方式。

（二）定制营销

定制营销是指在大规模生产的基础上，将市场细分，将每位客户都视为一个潜在的细分市场，据其对产品的特定需求单独设计和定制的一种个性化、精准化营销方式。其核心目标是以客户愿意支付的价格，并以能获得一定利润的成本，高效地进行产品定制，有针对性地满足客户需求。美国著名营销学者菲利普·科特勒将定制营销称为21世纪市场营销的创新。

在互联网技术环境下，一大批为客户提供定制式服务的企业迅速兴起。定制营销的竞争优势有：以客户为中心，实行一对一的个性化服务；实施“以销定产”的模式，能够降低成本；在某种程度上规避了开发新产品的风险。定制营销方式有四种：合作型定制、适应型定制、选择型定制、消费型定制。

定制营销业务可实行外包经营策略，即企业通过与其他企业签订契约，将一些本由企业内部成员负责的业务外包给专业且高效的服务提供商进行经营的策略。定制营销的条件是企业构建敏捷柔性的生产制造系统和信息化系统等。

（三）直复营销

直复营销，即直接回复营销，指企业通过个性化的沟通媒介，向目标市场成员发布营销信息，寻求对方直接回应，实现购销双方平等沟通和交易，以此实现企业经营目标的营销活动及其过程。

直复营销的“直”即为“直接”之意，指不通过中间分销渠道而直接通过媒体连接企业和客户。比如，在互联网上销售产品时，客户可通过网络直接向企业下订单和付款来达成交易。“复”即为“回复”之意，指企业与客户之间的双向交互活动，既指客户对企业营销的明确回复，又指企业根据客户回复的再回复，企业根据客户回复统计数据，对以往营销效果进行评价和改进，最终达到双方满意并进行后期连续合作的状态。

直复营销是个性化需求的产物，是传播个性化产品和服务的营销方式，具有互动性、可衡量性等特点，其指导思想是以消费者需求为导向，强调以比竞争者更有效的方式传递目标市场所期待的产品或服务。直复营销主要类型有电话营销、直接邮购营销、目录营销、电视营销、网络营销。

四、工具类创新营销方式

工具类创新营销方式有很多，比如目录营销、电视营销等，本部分介绍搜索引擎营销、电话营销、直邮营销三种方式。

（一）搜索引擎营销

搜索引擎是指能自动抓取、检索互联网信息，经过整理提供给用户方便查询的系统，比如百度、谷歌、雅虎等。搜索引擎营销（Search Engine Marketing）简称 SEM，是指企业通过网站搜索引擎优化的自然排名、竞价排名，使自己的网站及其营销信息被搜索引擎工具收录，被用户检索，增加点击率和访问量，扩大网站关注度和知名度，强化网页体验，促成网站访问者高比率地转化成产品消费者，以此实现企业经营目标的一种网络服务营销方式。

实现搜索引擎营销的过程包括：企业网站内外信息源被收录到信息索引数据库，用户通过搜索工具栏关键词检索，检索结果罗列信息及链接，用户对检索结果判断选择，点击、进入企业网站网页，顾客网站体验，顾客转化成消费者，进行用户检索行为定位分析。

搜索引擎营销方法包括竞价排名、分类目录、搜索引擎登录、付费搜索引擎广告、关键词广告、搜索引擎优化自然排名、地址栏搜索、网站链接等。搜索引擎营销是企业网站内容策略与网站推广策略的统一。

（二）电话营销

电话营销是一种直复营销方式，出现于 20 世纪 80 年代的美国。随着电话、传真等通信工具的普及，消费者为主导市场的形成，很多企业开始尝试这种新型的市场营销方式。电话营销是指营销人员通过使用电话、传真等通信工具，有计划地向潜在客户推销商品或服务，达成交易，实现企业经营目标，提高客户满意度，维护老客户、开发新客户等一系列营销活动及其过程。

成功的电话营销绝不等于随机打出大量电话，靠碰运气去推销产品或服务，这样反而易引起对方反感，结果适得其反。电话营销讲究择时策略，讲求语言沟通艺术，电话营销人员通常要接受专门的话术培训。

（三）直邮营销

直邮营销（Direct Mail）简称 DM，是指企业通过分析消费者需求，将相关信息以邮寄方式传递给目标受众的一种精准媒介形式，具有精准分类、定向传播、保密性好、效果持久、成本低廉等特点。

直邮营销以准确的数据库为基础，解决电话难以约见客户的问题，并能准确地找到客户，把产品和服务信息直接发送到客户手中，使客户能够及时得到准确的信息反馈，从而达到最佳的广告效果，进而挖掘潜在客户的深层价值。

营销智慧火花：搜索引擎营销是用户自己主动创造了被营销的机会。

五、传播类创新营销方式

传播类创新营销方式有很多，比如新闻营销、品牌营销、感官营销等，本部分介绍病毒营销、口碑营销、品牌营销三种方式。

（一）病毒营销

病毒营销即病毒式营销，由欧莱礼媒体公司（O'Reilly Media）总裁兼 CEO 提姆·奥莱理（Tim O'Reilly）提出。病毒式营销是指企业经过策划，将其自身及其产品或服务等信息加工、包装成具有杀伤力的“病毒”，传播者为其自发、自愿、无限地复制和传播，使“病毒”以几何级数增长的传播速度自由蔓延和扩散，最后达到企业经营目标的一种网络营销方式。

病毒营销的特点有：目的是提高企业知名度；“病毒”传播者基于新奇而主动传播，不甚了解传播内容，不对传播内容负责，对“病毒”的认知不代表其认可。

病毒营销成功的关键点在于找到有感染力的“病原体”，可将热点话题融入其中，制作出创意独特的“病毒”，使其具有新闻性、新奇性、娱乐性，令“病毒”传播者能够获得传播快感；锁定“免疫力”较差的易感染人群，设计引爆点，使每位“病毒”宿主能随时激活、发酵和扩散；寻找源动力，选择恰当的引爆时机。

（二）口碑营销

口碑营销是指企业在品牌建设过程中，通过消费者个体之间关于品牌或服务正面评价的非正式人际传播来提升品牌形象、促进品牌销售的活动及其过程。传统口碑营销是指企业竭力提高消费者对品牌或服务的满意度，被感化的消费者把这种好感和赞誉等有意或无意地在其亲属、朋友、同事或邻里等与之关系密切和稳定的个体或群体中进行口头传播。相对于硬性广告等，其可信度、成功率很高，此乃口碑营销之核心特征。

网络口碑营销是口碑营销与网络营销的融合，是指信息传播者借助互联网平台，把对企业的正面印象和价值认同，以文字、图片、视频等为载体，在论坛、微信、微博、播客和视频网站等渠道进行口碑传播的活动过程。

口碑营销的特点有：目的是提高企业美誉度；参与传播者基于“信任”而主动传播，了解传播内容，对其真伪承担责任，通过推荐和现身说法进行传播，对传播内容信任，并且认可。

网络口碑营销与传统口碑营销都是建立在消费者对品牌和服务良好体验的基础之上的，是借助网络舆情为企业做宣传，其成本小、产出大，风险低、效率高，针对性强、精准度高，群体性强、成功率高。其作用在于影响消费者决策，缔结品牌忠诚度，提升企业形象。

（三）品牌营销

品牌营销是通过市场营销活动使消费者形成对企业品牌和产品品牌认知的营销方式。市场营销既是一种组织职能，也是为了组织自身及利益相关者的利益而创造、传播、传递消费者价值。品牌营销不是独立的，品牌可以通过传统营销和网络营销一起实现，二者相辅相成，互相促进。

品牌营销有五个要素：其一，质量第一，任何产品恒久与旺盛的生命力无不来自稳定、可靠的质量；其二，诚信至上，人无信不立，品牌失去诚信，终将行不远；其三，定位准确，市场定位是整个市场营销的灵魂；其四，个性鲜明，一定要在充分体现独特个性的基础上力求单一和准确；其五，巧妙传播，在同质化的市场竞争中，唯有传播能够创造出差异化的品牌竞争优势。

六、数据类创新营销方式

数据类创新营销方式比较多，本部分介绍大数据营销、数据库营销、数字营销三种方式。

（一）大数据营销

大数据营销是指基于互联网、移动互联网、广电网、智能电视、户外智能屏等多平台采集的大量数据，以大数据技术为依托，应用于互联网广告宣传活动的数字营销方式。其特色在于对海量数据的挖掘，依托云计算的分布式处理、分布式数据库、云存储和虚拟化技术。

在互联网与移动互联网主导下的大数据营销时代，企业通过多元化平台，以前所未有的速度收集客户海量行为数据，信息充分，对客户行为的还原刻画全面准确。凭借大数据的分析技术与洞察预测能力，企业广告传递的产品及服务信息更具针对性和精准化，给品牌企业带来更高的投资回报。大数据营销的核心在于让网络广告在合适的时间，通过合适的载体，以合适的方式，投向合适的目标受众。在大数据营销时代，谁掌握了数据，谁就抢占了先机。

（二）数据库营销

数据库营销是指企业通过大量采集与积累或者外购已有客户和潜在客户信息而构建可随时更新的动态数据管理系统，用于调取信息分析筛选，呈现客户“基本状态”，有针对性地使用电子邮件、短信、电话、信件等工具，与客户一对一地进行商业信息沟通，借此维护长期购销关系，实现企业经营目标的一种网络营销方式。数据库营销的核心是客户数据，以此进行消费者分析，确定目标市场，跟踪市场领导者，协助规划营销计划，控制和衡量传播活动，以及进行销售管理等。

数据库构建包括采集数据（购买、注册、调查、活动、网上搜集等手段获取数据）、数据管理（整理、入库、存放、挖掘、处理）、数据使用（推广邮件、专业邮件营销服务商）、数据完善（不断地收集、发送、反馈、更新数据，提升数据库质量）。数据库运营可以外包，但要注意数据源的合法性。

（三）数字营销

首先，数字营销（Digital Marketing）是指借助于互联网络、通信技术和数字交互式媒体来实现营销目标的一种营销方式。数字营销将尽可能地利用先进的计算机网络技术，以最有效、最省钱的方式谋求新的市场开拓和潜在消费者。

其次，数字营销是基于明确的数据库对象，通过数字化多媒体渠道，比如电话、短信、邮件、电子传真、网络平台等数字化媒体通道，实现营销服务精准化、营销效果可量化、营销轨迹数据化的一种高层次营销活动。

最后，数字营销是使用数字传播渠道来推广产品和服务的实践活动，从而以一种及时、相关、定制化和节省成本的方式与消费者进行沟通。数字营销包含很多互联网营销中的技术与实践，但范围比较广泛，包括很多其他不需要互联网的沟通渠道。

营销智慧火花：知道得越多，才知道自己懂得的太少。

七、势态类创新营销方式

势态类创新营销方式也有很多，如名人营销等。本部分介绍饥饿营销、借势营销两种。饥饿营销是一种造势营销，借势营销是一种顺势搭车营销。

（一）饥饿营销

饥饿营销亦称饥饿式营销，是指企业在线上线下发布大量广告进行宣传造势，勾起消费者购买欲望，吊起消费者胃口，随即故意调低产量，或采取囤积惜售、供货休克等手法，制造供不应求的热销假象和恐慌气氛，顺势提价销售或为日后大量销售积蓄人气的营销方式。

饥饿营销有利于维护产品形象、维护产品高价位、提高品牌附加值、增加销售利润率，比较适合单价较高、不易形成单个重复购买的产品或者有一定的差异性或领先优势，业已形成一定品牌黏性的产品或服务。如果产品市场竞争不充分、消费者心态不成熟、产品综合竞争力和不可替代性较强，饥饿营销就能很好地发挥作用。饥饿营销需要精心策划，结合产品状况把握分寸，饥饿周期的长短要适度，不能超越消费者的忍耐底线。

（二）借势营销

借势营销是指企业经过策划和创意，借助社会热点焦点事件、名人名企活动等产生轰动效应的强势能量，顺势找到企业元素与之存在的关联点（即借势点），创作出具有联想性、广告性、娱乐性等的文案作品，快速将其投放到媒介中传播，以期提高企业及其产品或服务的关注度、知名度、美誉度的营销方式。

借势营销集新闻效应、广告效应、社区粉丝效应于一体，成为企业新品推介、品牌展示等借势发力的营销方式。强调顺风搭车，跟进的速度要快，势在必行、先声夺人，时效性要强；文案设计有匠心，热点与企业元素的融合有创造性和艺术性。借势切入角度有时政新闻、文化活动、节假日气氛等，关联品、旺销品、竞争品等，消费者、竞争者、意见领袖等。

借势营销成本低，对于品牌热度不高的企业较合适。借势活动采取论坛、贴吧、QQ群、博客等组合推广，效果更佳。借势企业要审时度势，把握分寸和尺度，传播正能量，底线为不要造成受众反感，对自然灾难类热点事件借势要慎重。优质的借势营销既自然贴切，又出人意料，方可达到潜移默化和事半功倍的效果。

营销智慧火花：借势营销是一种具有成本意识的营销思维升级。

八、资源类创新营销方式

资源类创新营销方式有很多，比如资源营销、人力资源营销、资源整合营销等。本部分重点介绍整合营销、合作营销、交叉营销、跨界营销四种方式。

（一）整合营销

1991 年，美国西北大学市场营销学教授唐·舒尔茨（Don Schultz）提出了“整合营销沟通”的新概念。其后，1995 年，保斯蒂安·楚德（Paustian Chude）首次提出了“整合营销”的概念，即“根据目标设计（企业的）战略并支配（企业各种）资源以达到企业目标”。

整合营销是指企业以消费者为核心，以整合内外资源为手段，提升企业生产及市场行为，调动一切积极因素，促进企业价值增值，实现企业整体目标的一种营销方式。它是营销发展到繁荣期出现的一种营销理念，其实质是对“供应商→生产商→中间商→消费者”整条价值链的融合与优化。

整合营销包含两个层次的整合：一是营销部门与生产、研发、企划等职能部门间的横向整合；二是不同营销功能，即市场调研、产品管理、广告、销售、售后服务等的垂直整合。整合营销企业秉持动态观念，借助自身及外脑智慧随时整合资源产生协同效应，应对市场变化，保持核心竞争力，为企业发展谋利。

（二）合作营销

合作营销是指拥有不同关键资源的厂家与商家，为了彼此利益结成战略联盟，协同开展产品促销及品牌建设等营销活动，共同分担营销费用，以共享营销资源、巩固营销脉络、创造竞争优势为目的的营销方式。

合作营销的最大特点是可使合作成员以较少成本获得较大营销效益，达到单独营销无法达到的营销效果。合作营销也称联合营销、协同营销、联动营销。合作营销包括三种合作形式：水平合作营销、垂直合作营销、交叉合作营销。

（三）交叉营销

交叉营销有企业内部交叉营销、企业之间交叉营销、网络交叉营销。

企业内部交叉营销是指企业借助客户信息资源，充分发掘现有客户或与之有关联的其他客户的潜在价值，不断吸引其享用企业其他产品或服务，激发其多种需求，在不断的横向市场拓展中获利的一种营销方式。

企业之间交叉营销是指企业充分利用时空、资金、客户、创意等现有资源，通过整合在两个拥有相关需求客户群的企业间开展交叉营销，各自推荐成本较低的渠道，接触更多潜在客户，在激烈的市场竞争中交叉借力，向合作企业和自己企业客户推广的一种手段。

网络交叉营销是指两个拥有互补需求客户的企业，利用不同层次的网络资源，比如拥有一定访问量的网站，用户信息资源，各自专业独特资源，免费邮箱、论坛、E-book 等资源，进行网站广告交换链接，利用各自注册客户资料互为推广、结成战略联盟，甚至资本合作的营销方式。

交叉的方式主要有产品交叉、渠道交叉、市场交叉，目的是削减营销成本、提高顾客保有率。以交叉营销为基础而建立的合作关系，对交叉企业的各自发展都具有战略意义。

（四）跨界营销

跨界营销是指企业与其他行业的企业在不同品牌、渠道、营销、文化之间进行跨界融合，打破行业界限，策划创意活动联合造势，借助品牌强强联合的协同效应，给消费者带来新鲜体验，使双方品牌更具立体感和纵深感，最终实现双方共赢的营销方式。互联网跨界营销成为企业营销的新方式，比如，万科广州公司曾经联合腾讯公司推出一款地产互联网金融产品“万科理财通”。

跨界营销有七大原则：资源匹配、品牌效应叠加、消费群体一致性、品牌非竞争性、非产品功能性互补、品牌理念一致性、以消费者为中心。跨界营销合作企业提炼出各自品牌优势元素，使之相互渗透与契合，把双方品牌形象从平面转向立体，扩充了消费者的想象张力，从不同角度感受品牌魅力。跨界营销是营销方式的创新，其颠覆了传统营销思维模式，加速了营销方式的新陈代谢，是竞争激烈环境下企业创造品牌奇迹的共赢之道。

> 营销智慧火花：只有想不到，没有做不到。

第四节　市场营销组合理论

市场营销组合是企业市场营销战略的重要组成部分，它把企业可控的各种资源组成一个优化的整体。这个概念是由美国哈佛大学教授尼尔·鲍顿（N. H. Borden）于1964年最早提出的。

企业制订市场营销组合策略可以保证从整体上满足消费者的需求，即在选定的目标市场上，综合考虑环境、能力、竞争状况等对企业自身可控的元素，并加以优化组合与运用，以此完成企业的经营目标。

一、4Ps市场营销组合理论

1960年，麦卡锡（E. J. McCarthy）在《基础营销》一书中提出了著名的4Ps市场营销组合理论。市场营销组合（Marketing Mix）是企业市场营销战略的重要组成部分，把企业可控的基本营销策略组成一个整体性优化系统，可以保证企业从整体上满足消费者需求，形成对付竞争者的强有力手段。

（一）4Ps市场营销组合要素

4Ps市场营销组合理论认为，企业从事市场营销活动，一方面要考虑企业的各种外部环境，另一方面要制订市场营销组合策略。通过实施策略适应环境，满足目标市场需要，实现企业的目标。

4Ps市场营销组合的四个要素包括产品（Product）、渠道（Place）、价格（Price）、促销（Promotion），即4Ps。1967年，菲利普·科特勒在其畅销书《营销管理：分析、规划与控制》第一版中，又进一步确认了以4Ps为核心的市场营销组合理论。

（二）4Ps 市场营销组合特性

组合式的市场营销相较于单一式的市场营销，具有三个鲜明的特性，即动态性、层次性，整体性。

1. 动态性

构成营销组合的“4Ps”的各个自变量，是最终影响和决定市场营销效益的决定性要素，而营销组合的最终结果就是这些变量的函数，即因变量。从这个关系看，市场营销组合是一个动态组合。只要改变其中的一个要素，就会出现一个新的组合，产生不同的营销效果。

2. 层次性

市场营销组合由许多层次组成，就整体而言，4Ps 是一个大组合，其中每一个 P 又包括若干层次的要素。这样，企业在确定营销组合时，不仅更为具体和实用，而且相当灵活；不但可以选择四个要素之间的最佳组合，而且可以恰当安排每个要素内部的组合。

3. 整体性

企业只有在准确分析判断特定的市场营销环境、企业资源及目标市场需求特点的基础上，才能制定出最佳的营销组合策略。所以，最佳的市场营销组合作用，绝非产品、价格、渠道、促销四个营销要素的简单数字加合，而是使它们产生一种整体协同的作用。

（三）4Ps 市场营销组合策略

影响企业营销的因素有两类，一类是企业外部环境给企业带来的机会和威胁，这是企业很难改变的；另一类则是企业自身可以通过决策加以控制的四个单项子策略。

1. 产品策略

产品策略包括产品发展、产品计划、产品设计、交货期等决策内容，其影响因素包括产品的特性、质量、外观、附件、品牌、商标、包装、担保、服务等。

2. 价格策略

价格策略包括确定定价目标、确定产品价格原则与技巧等内容，其影响因素包括分销渠道、区域分布、中间商类型、运输方式、存储条件等。

3. 分销策略

分销策略主要研究使商品顺利到达消费者手中的途径和方式等内容，其影响因素包括付款方式、信用条件、基本价格、折扣、批发价、零售价等。

4. 促销策略

促销策略主要研究促进顾客购买商品以实现扩大销售的策略，其影响因素包括广告、人员推销、宣传、营业推广、公共关系等。

总之，上述四个方面的子策略组合起来总称为 4Ps 市场营销组合策略。企业经营的成败，在很大程度上取决于这些组合策略的选择及其综合运用的效果。

营销智慧火花：营销追求的终极境界就是没有营销的营销。

二、其他市场营销组合策略

本节分别阐述6Ps大市场营销组合策略、7Ps服务营销组合策略、4Cs顾客营销组合策略、4Rs关系营销组合策略、4Ss消费者营销组合策略、4Vs个性营销组合策略。

（一）6Ps大市场营销组合策略

在20世纪80年代，随着大市场营销观念的提出，人们提出在4Ps的基础上，把政治力量（Political Power）和公共关系（Public Relation）两个元素也加进来，作为企业开展营销活动的可控因素，协调地运用经济、心理、政治、公关等手段，以博得东道主或各方，比如供应商、经销商、消费者、研究机构、政府人员、各利益集团及宣传媒介等的合作及支持，营造良好的国际市场营销环境，形成无国界竞争态势，从而达到预期目的。因此，便产生了6Ps大市场营销组合策略。

6Ps大市场营销组合策略是对传统市场营销组合策略的发展。6Ps大市场营销组合策略由菲利普·科特勒提出，主要应用于实行贸易保护主义的特定市场。

（二）7Ps服务营销组合策略

服务营销与产品营销有很大的差别，两者的营销层面和范围不同，决定了两者的营销方式和手段不同。1981年，美国服务营销学家布姆斯（B. Booms）和毕纳（M. Bitner）将4Ps扩展到7Ps，提出了7Ps服务营销组合策略。

7Ps服务营销组合在传统4Ps的基础上，增加三个服务性的"P"，即人员（People）、过程（Process）、物质环境（Physical Environment）。

1. 人员

所有的人都直接或间接地被卷入某种服务的消费过程，这是7Ps服务营销组合很重要的一个观点。知识工作者、白领雇员、管理人员以及部分消费者将额外的价值增加到既有的社会总产品或服务的供给中，这部分价值往往非常显著。

2. 过程

此处的过程指服务通过一定的程序、机制以及活动得以实现的过程，亦即消费者管理流程，是市场营销战略的一个关键要素。

3. 物质环境

物质环境包括服务供给得以顺利传送的服务环境，有形商品承载和表达服务的能力，当前消费者的无形消费体验，以及向潜在顾客传递消费满足感的能力。

（三）4Cs顾客营销组合策略

随着市场竞争日趋激烈，媒介传播速度迅猛快捷，4Ps理论愈加受到挑战。20世纪90年代，美国市场学家罗伯特·劳特伯恩（Robert Lauterborn）提出了与传统营销4Ps相对应的4Cs顾客营销组合策略。4Ps营销组合向4Cs营销组合转变，即产品向消费者（Consumer）转变，价格向成本（Cost）转变，渠道向便利（Convenience）转变，促销向沟通（Communication）转变。

4Cs营销组合针对产品策略，提出要更关注消费者的需要与欲望；针对价格策略，提出要重点考虑消费者为获得某件商品或某项服务所愿意付出的代价；强调促销过程是一个与消费者保持双向沟通的过程。4Cs 营销组合要素为消费者、成本、便利、沟通。

营销智慧火花：“销家族”成员有营销、推销、促销、直销、分销、代销、适销、试销、赊销、滞销、畅销、旺销、行销、返销、展销、吊销、经销、包销、运销、脱销、产销、购销、统销、供销、兜销、内销、冲销、定销、开销、（反）倾销、（非法）传销

（四）4Rs 关系营销组合策略

20 世纪初，美国学者唐·舒尔茨（Don Shultz）提出了基于关系营销的 4Rs 关系营销组合策略，受到广泛关注。4Rs 阐述了一个全新的市场营销组合要素，即关联（Relevance）、反应（Response）、关系（Relationship）、回报（Return）。4Rs 理论以竞争为导向，在新的层次上概括了营销新框架，体现并落实了关系营销的思想。

1. 与顾客建立关联

顾客群体具有动态性，其忠诚度也呈多变性。为提高顾客忠诚度，赢得长期而稳定的市场，企业必须与其建立牢固的关联，大大减少其流失的可能性。

2. 提高市场反应速度

站在顾客角度，及时倾听其希望、渴望、需求，迅速给出反应并及时答复，建立快速反应机制，了解顾客与竞争者的一举一动，迅速给出应对决策。

3. 开展关系营销

企业通过不断改进与顾客的关系，实现关系固定化，把满意顾客变成亲密顾客。从一次性顾客到终生顾客，分清关系类型，便于集中营销力量。

4. 回报是营销的源泉

市场营销为企业带来短期或长期收入和利润。首先，回报是市场营销发展的动力；其次，回报是维持市场关系的必要条件。

（五）4Ss 消费者营销组合策略

4Ss 消费者营销组合策略主要强调从消费者需求出发，建立起一种“消费者占有”的导向。它要求企业对产品、服务、品牌不断进行改进，使消费者满意最大化，进而使消费者对企业产品保持忠诚度。4Ss 是指满意（Satisfaction）、服务（Service）、速度（Speed）、诚意（Sincerity）。

1. 满意

这是强调企业要以顾客需求为导向，以顾客满意为中心，站在顾客立场上考虑和解决问题，把顾客的需要和满意放在一切考虑因素之首。

2. 服务

这是强调企业营销人员要经常与顾客联络沟通，为其提供尽可能丰富的信息；对其态度要亲切友善，用体贴入微的服务使其感动；视每位顾客为特殊和重要人物，为其营造温馨的服务环境。

3. 速度

这是强调不让顾客久等，能迅速地接待办理，用最快的速度迎接最多的顾客。

4. 诚意

这是强调以他人利益为重，真诚服务客人。为赢得顾客喜好，必先投之以情，用真情服务感化顾客，以有情服务战胜无情竞争。

（六）4Vs 个性营销组合策略

进入20世纪90年代以来，高科技产业迅速崛起，高科技企业及其产品或服务不断涌现，互联网、移动通信工具、发达的交通网、先进的信息技术，让企业和消费者之间信息不对称的状况得以改善，沟通渠道呈多元化。很多跨国企业在全球范围进行资源整合，企业的营销观念不断更新，4Vs 营销组合观念就是其中之一。

4Vs 是指差异化（Variation）、功能化（Versatility）、附加价值（Value）、共鸣（Vibration）的营销组合理论。该理论首先强调企业要实施差异化营销，使自己与竞争对手区别开来，树立自己独特的形象，便于消费者辨识，满足其个性化需求；其次，该理论要求产品或服务有更大柔性，能够针对消费者的具体需求进行组合；最后，4Vs 理论更加重视产品或服务中的无形元素，通过品牌、文化等元素满足消费者情感需求。该理论的缺点是操作性不强，实际中仅能作为企业的一种宏观策略。

营销智慧火花：营销战略是谋划竞争格局的方略，营销战术是设计战胜对手的方案。

第五节　市场营销观念发展

市场营销观念是指企业进行经营决策、组织管理市场营销活动的基本指导思想，也就是企业的经营哲学。它是一种观念，一种态度，或一种企业思维方式。

企业的市场营销观念随着市场营销环境的变迁而不断演变，经历了从最初的生产观念、产品观念、推销观念到市场营销观念和社会市场营销观念的发展和演变过程。

一、传统市场营销观念

市场营销观念是在一定的历史条件下产生的，并随企业外部环境的变化而变化。在某种意义上，市场营销学产生和发展的过程就是市场营销观念产生和发展的过程。

生产观念、产品观念、推销观念被称为市场营销传统观念，它们是以企业为中心、以企业利益为根本导向的经营思想。

（一）生产观念

生产观念是一种传统的以产定销的经营思想，在产品供不应求、产品销售不成问题、卖方竞争有限的条件下一直支配着企业的生产经营活动。生产观念以生产者为中心，企业以消费者买得到和买得起产品为出发点，其主要任务是扩大生产经营规模，增加供给并努力降低成本和售价。

在近现代工业发展史上，在这种经营观念指导下，不少企业获得过成功。但是，在客观环境和市场状态变更以后，固守这种观念，会使企业走向衰亡。

（二）产品观念

产品观念是指企业不是通过市场分析开发相应的产品及其品种，而是把改良产品、扩大产品生产数量、提高产品质量、降低产品成本作为生产经营活动的中心，以此扩大销售、取得利润的一种经营指导思想，它是企业较早的一种生产经营观念。

产品观念认为，消费者最喜欢高质量、多功能、有特色的产品，企业应致力于生产高值产品，并不断加以改进。产品观念产生于产品供不应求的卖方市场情形下。

在企业发明新产品时，此观念尤显突出，最易导致“市场营销近视症”，看不到市场需求的变化，致使企业经营陷入困境。

（三）推销观念

推销观念产生于20世纪20年代至50年代，是在社会上许多产品供过于求的条件下出现的一种营销观念，被许多企业所采用。

推销观念是指以推销现有产品为中心的企业经营思想，认为消费者通常表现出一种购买惰性或抗拒心理，若顺其自然，消费者一般不会足量购买某企业产品，企业必须积极推销和大力促销，以刺激消费者大量购买本企业的产品。

二、现代市场营销观念

市场营销观念、社会市场营销观念和生态营销观念皆属于现代市场营销观念。市场营销观念以满足消费者需求为中心经营思想；社会市场营销观念是市场营销观念的补充和完善，是其的发展和延伸，在维护消费者个体利益的同时，以维护社会整体利益、长远利益为中心；生态营销观念一是注重自然环境保护的自然生态营销观念（绿色营销观念），二是注重社会环境与自然。

（一）市场营销观念

市场营销观念形成于20世纪50年代，是以消费者需要和欲望为导向的新型经营哲学，是消费者主权论的体现。此观念核心思想是：以目标市场为起点；以消费者为中心，明确其消费的需要及欲望；以竞争为基础，比竞争对手更有效地满足消费者需求；以沟通、协调各种营销职能为手段；实现企业利润目标。

市场营销观念秉承的是以需定产、以销定产的经营指导思想，是在社会产品供过于求、社会由短缺经济转为过剩经济、整个市场由卖方市场转变为买方市场条件下产生的一种营销理论。市场营销观念的产生是市场营销哲学一次质的飞跃，是一场市场营销观念的革命。

（二）社会营销观念

社会营销观念是社会市场营销观念的简称，是对市场营销观念的补充和修正、延伸和发展。从20世纪70年代起，全球环境污染、资源浪费、人口爆炸、通货膨胀、忽视社会服务等问题日益严重，要求企业生产经营不仅要顾及自身眼前利益，还要顾及社会的长远利益；不仅要顾及消费者个人利益，还要顾及社会整体利益。

企业在确定营销策略时，必须兼顾社会、消费者、企业三方利益，企业利益应该建立在消费者利益和社会利益的基础之上。

社会营销观念要求企业从微观角度注重消费者利益和企业利益，从宏观角度注重公共利益和社会利益，承担社会责任。企业在确定决策和开展营销活动之前都应该考虑对社会公众利益的影响，担负起对消费者、员工、股东、社区、政府、环境等所应承担的社会责任，遵守社会公德和法律法规，恪守营销伦理和职业道德，为社会奉献爱心，为国家和社会分忧，回报社会。

（三）生态营销观念

营销学者在20世纪70年代提出了“生态营销”的概念。生态营销的前提是经营者、营销者、消费者都含有内在的对生态环境施以友好行为的意识和道德动机。生态营销观念倡导企业在从事营销活动过程中，保护环境、防止污染，减少资源浪费，注重可再生资源的开发利用，注重社会经济可持续性发展，注重社会生态环境与自然生态环境二者关系的和谐，以及二者的协同发展。

生态营销观念是对社会市场营销观念的新发展，在兼顾社会、消费者、企业三方利益的基础上，进一步强调生态利益的一种新观念，把保护生态利益视为保证前三方利益永续存在的关键，主张现代企业树立生态营销观念，维护生态平衡，放眼于经济、社会、生态的长远利益与全球利益。

营销智慧火花：保护环境就是在保护我们自己。

三、市场营销新观念

市场营销新观念是对市场营销传统观念的发展和延伸。从宏观的角度看是一种营销领域的新思想和新理念；从微观的角度看，把这些市场营销新观念融入传统的市场营销方式，就可转化成具体的市场营销新方式。

（一）绿色营销观念

绿色营销观念，即自然生态营销观念，是20世纪90年代以来绿色革命掀起的绿色浪潮，是对市场营销现代观念的进一步延伸和发展，具体是指企业顺应时代可持续发展战略的要求，以绿色文化为企业伦理价值导向，以保护自然环境为经营指导思想，以绿色产品、绿色消费、保护消费者健康为出发点的营销观念。

绿色营销观念要求：其一，在环保方面，倡导企业从产品研发设计、原材料采购、能源消耗、生产、消费、报废到回收等的每个环节都担负起环保责任，有效利用资源，保护环境；其二，在健康方面，从选材、生产、运输、销售到售后服务等的每个环节在满足消费者需求的同时，确保产品安全与无害，保护消费者健康。

绿色营销观念倡导企业完善生产经营方式，协调企业营销活动与自然环境的关系，确保二者短期利益与长远利益、局部利益与全局利益和谐一致，确保消费者利益、企业利益、社会利益、自然环境利益协调一致。

（二）体验营销观念

1998年，美国学者约瑟夫·派恩（B. Joseph Pine Ⅱ）和詹姆斯·吉尔摩（James H. Gilmore）在《体验经济时代来临》一文中发出“体验式经济时代已经来临”的呼吁。消费者体验分为五种类型：知觉体验、情感体验、思维体验、行为体验、相关体验。

体验营销是指商家让消费者通过看、听、用、参与等方式，充分刺激和调动其感官、情感、思考、行动、关联等感性因素和理性因素，使之重新审视商品、设计消费的一种营销观念。此观念突破了传统上"理性消费者"的假设，认为消费者的消费过程是理性和感性兼具的，消费者在消费前、消费中、消费后的体验是研究消费者行为与企业品牌经营的关键。企业不再是单纯商品和劳务的提供者，而是消费者体验的策划者。

（三）情感营销观念

情感营销就是企业把消费者的情感需要作为企业确定营销策略的出发点，通过情感设计、情感包装、情感广告、情感促销、情感口碑等策略，刺激其消费欲望，满足其消费需求，以此实现企业经营目标的一种营销方式。

情感营销观念的内涵是：在情感消费时代，商品提供给消费者的既有满足其生理需求的物质利益，又有满足其心理需求的精神利益，使消费者从情绪上达到某种排遣和解脱，从情感上找到寄托和归宿，从精神上得到某种补偿和慰藉。

消费者不只关注商品质量与价格，还看重感性元素，追求一种情感满足、心理认同、精神享受，这提升了消费的档次和品味。

企业在营销定位的要素中付诸人情味，寓情感于营销活动之中，从而引发消费者情感共鸣，以情感取胜。情感营销观念已经成为市场营销观念发展的一种新趋势。

> 营销智慧火花：不怕不识货，就怕货比货。

（四）系统营销观念

系统营销观念是指企业从营销组织结构、管理机制、运营方式等各个层面树立和奉行长远的全局营销观念，从系统营销思维模式出发，营造一个系统化的总体营销格局开展活动，不断消除有悖于系统营销观念的做法，使企业在竞争多变的复杂市场环境中胜出。

企业导入系统营销观念，多维参与竞争，形成全方位的竞争能力与竞争优势。现代企业的竞争是综合实力与战略优势的竞争，企业间的竞争就是整个系统的竞争。

企业的产品及品牌、包装、价格、渠道、广告、推广、服务、团队等营销元素往往"牵一发而动全身"，每个营销元素都是决定企业营销成败的关键。系统化构建市场营销体系才可使企业在营销各个环节无懈可击。

系统营销观念强调各个营销要素缺一不可，其间的协调配合能够形成 $1+1>2$ 的合力效果。由这些营销要素所组成的营销子系统，构建成完整的营销系统，支撑整个企业良性运作。

（五）服务营销观念

在20世纪80年代后期，由于科技进步和生产力水平提高，产业升级和生产专业化程度加大，产品市场由卖方转向买方；消费者收入水平的提高带来需求层次的提升，使产品的服务密集度增大。服务作为一种营销组合要素，引起企业极大重视，服务营销观念得以形成。

服务营销观念的核心思想是，在当今科技信息化时代，不同企业生产的同类产品，其设计与技术、品质与功能等属性同质化严重，消费者不再依此对产品进行选择和评价，营销成功在很大程度上取决于企业的服务技能。该观念促使企业把服务意识和观念贯穿于商品售前、售中、售后的整个营销过程中。

服务营销亦称有形商品的无形营销，它丰富了市场营销的内涵，提高了企业应对市场竞争的综合素质，引发出更高层次的竞争。

（六）关系营销观念

关系营销观念于20世纪80年代末在西方企业界兴起，它以管理企业的各种市场关系为出发点，其核心思想是与市场相关各方建立和发展良好关系。此观念在宏观上认为，企业的市场营销行为对一系列市场领域都会产生影响或受其影响，其中包括消费者市场、供应市场、劳动力市场，以及金融市场等很多相关市场，企业需要协调处理与这些市场的关系。此观念在微观上认为，企业与消费者的关系应从过去简单一次性的交易关系转变成长期的永续关系，企业是社会经济大系统中的一个子系统，其营销活动是一个与消费者、竞争者、供应商、分销商、政府机构和社会组织发生相互作用的过程，正确理解企业与这些个体与组织的关系是市场营销的核心，也是营销成功的关键。

关系营销可应对新时期市场营销环境带来的新挑战，也是对人类商业与贸易活动本源关系的一种回归。

> 营销智慧火花：在营销惯性和营销创新之间永远存在着紧张关系。

（七）文化营销观念

文化包括宏观的国家或民族文化，以及微观的企业文化。民族文化是指为其成员遵循和传承的风土人情、传统习俗、生活方式、价值观念等意识形态；企业文化是指其在生存和发展中形成，在生产和经营中为多数成员所信奉和遵守的理想信念、职业道德、行为规范等意识形态。

文化营销观念是指企业在生产经营活动中，把民族文化或企业文化元素融入其中，提升企业及其产品或服务的品位和价值，有利于实现企业经营目标的一种营销观念。

文化元素渗透于企业生产或营销过程的始终，一是商品蕴含文化，商品不仅是劳动价值和使用价值的载体，而且凝聚着企业的经营智慧、审美价值等文化元素；二是营销过程蕴含着文化，营销的成功往往得益于企业全体成员共同遵从和恪守的企业文化。

文化营销观念体现了现代企业营销活动的经济与文化的不可分割性，挖掘并利用文化资源是现代企业的一种经营思想，企业应该以民族文化为本，从中汲取营养，以利于参与国际市场竞争。

（八）人文营销观念

人文就是人类文化中的先进部分与核心部分，即人类先进的价值观等，主要体现在重视人、尊重人、关心人、爱护人。现代企业呼唤一种双赢的商品交易、一种合作的竞争境界，呼唤一种兼具亲和力与人性化的现代营销观念，人文营销观念便应运而生。

人文营销观念倡导企业把人文要素融入其营销活动的每个环节，营造人文环境，重视企业与企业之间、企业与消费者之间的良性沟通与人文关怀。现代企业倡导人文营销观念，自觉启动文化战略工程，研究人性，尊重人的价值，满足人文需求等。

（九）大市场营销观念

1986年，美国著名市场营销大师菲利普·科特勒，针对现代世界经济迈向区域化和全球化，形成了无国界竞争的态势，提出了“大市场营销”概念，即为了成功地进入壁垒森严的封闭型或保护型市场，并在其中从事业务经营，企业在战略上协调使用经济、心理、政治和公共关系等手段，以获得有关各方如经销商、供应商、消费者、市场营销研究机构、有关政府人员、各利益集团及宣传媒介等的合作及支持的系列活动及其过程。

在4Ps传统市场营销组合的基础上，科特勒又加上2Ps，即政治权力（Political Power）和公共关系（Public Relation）两个元素，形成6Ps大市场营销组合策略。这是对市场营销理论的进一步发展。大市场营销观念强调企业开展营销活动，既要灵活适应外部环境，又要发挥主观能动性来影响外部环境，使外部环境朝着有利于企业的方向转变。

大市场营销观念的核心在于当代企业需要借助政治力量和公共关系技巧排除产品通往目标市场的各种障碍，取得相关各方的协作与配合，进而实现企业营销目标。

（十）全球营销观念

在1983年，西奥多·莱维特（Theodore Levitt）明确提出了“全球营销”这一概念。全球营销观念是对市场营销观念的进一步发展，是指导企业在全球市场进行营销活动的一种崭新的营销思想。此观念在某种程度上完全抛弃了一国市场或企业与外国市场或企业的概念，是把整个世界作为一个经济单位来统筹，以最低成本、最优化的营销活动去满足全球市场的需要。

全球营销是指企业通过全球性布局与协调，使其在世界各地的营销活动一体化，以便获取全球性的竞争优势。它有全球运作、全球协调、全球竞争三个重要特征。

开展全球营销的企业在评估市场机会和确定营销战略时，不以国界为限，在全球范围内采用统一的标准化营销策略，但其应用前提是各国市场具有相似性、规模经济性等。未来的国际营销不是跨国营销，而是全球营销。

第六节 市场营销岗位设置

一、市场营销部门的演变过程

多年以来，企业市场营销部门由简单的具有销售功能的部门发展成一个复杂的功能群体。现代化的市场营销部门是经过长期演变而形成的产物，其演变过程可以分为四个阶段。

（一）简单销售部门阶段

任何一个企业想要顺利地开启其经营活动，都必须具备四种基本的功能，即融资功能、生产功能、销售功能和会计功能。这些不同的功能由不同的部门经理来承担。当企业只重视销售功能时，销售主管主要负责处理销售事务、领导销售团队，有时自己也直接从事某些销售活动。

在这一阶段，销售部门只是偶尔地处理简单的营销工作，如市场调查、广告宣传等，而企业必须进行的其他营销工作，如企业目标规划、新产品开发、价格管理等，则由生产部门和财务部门来完成。对于刚刚成立的小企业而言，大多始于这个阶段，此时企业以销售管理为主，较少涉及营销管理。

（二）销售部门兼其他附属功能阶段

随着企业规模的不断扩大，常规性、专门化的市场调研、广告促销以及为顾客服务等营销功能成为企业正常运转的必要条件，在这种情况下，销售部门所负责的营销工作开始增加。

随后，销售主管就有必要聘用一名市场专员负责处理非销售的市场营销工作。这时，市场营销业务开始得到重视，但企业销售部门的重点还是在销售工作上。

（三）逐步分化独立的市场部门阶段

在企业进一步发展的情况下，相对于销售功能而言，市场营销的其他功能，比如市场调研、市场拓展、新产品的开发、广告宣传、公共关系、销售促进、顾客服务等的重要性开始大大增强。对于市场业务而言，市场专员则提出各种理由要求增加其他功能。

最终，企业高层认识到，设立一个独立于销售部门之外的、与销售部门平行的市场部门对企业管理而言会使组织得以优化，于是原来销售主管所领导的营销专员提升为市场主管，同销售主管一道对企业总经理负责。

（四）现代市场部门阶段

一般而言，由于业务上的冲突，销售部门和市场部门之间常常出现互相竞争和互不信任的情况。销售主管不甘心他的销售团队在市场营销组合业务中的重要性有所降低，而市场主管则寻求在扩大非销售的市场功能方面拥有更大的营销业务权力。

销售部门主管以物（企业的产品）为中心，追求短期目标，即关注于目前的销售任务；而市场部门主管则秉承现代市场营销理念，以人（消费者）为中心，着眼于企业的长期发展目标，致力于从满足消费者长远需求出发来规划和研发最恰当的产品并确定营销策略。

从上述演变过程可以看出：其一，销售部门的职能先于营销（市场）部门职能而产生，从历史起源来看，先有销售后有营销；其二，销售管理是市场营销管理的基础，只有销售管理有效，生产营销管理的功能才能实现；其三，从现代营销观念的角度而言，销售管理应服从于营销（市场）管理，不可将二者混淆。

二、企业市场营销岗位族群

岗位族群是指企业岗位群中所包括的全部成员岗位，以及由其组成的互相关联的一套岗位谱系。企业制定市场营销策略的工作任务归属于企业各个部门及其下设的专员岗位，企业主要市场营销部门的设置如下。

企业主要市场营销部门有市场部、销售部、企划部、广告部、客户部，另外还包括研发部、生产部、公关部、财务部、人力资源部等各部门，因为企业的经营项目和规模不同，以及不同阶段的市场营销和竞争环境等状况的不同，企业设置的部门不尽相同。一般企业市场营销部门的岗位族群设为：其一，市场部主管岗位，及其下设的市场部专员岗位；其二，销售部主管岗位，及其下设的销售部专员岗位；其三，企划部主管岗位，及其下设的企划部专员岗位；其四，广告部主管岗位，及其下设的广告部专员岗位；其五，客户部主管岗位，及其下设的客户部专员岗位。

现代企业设置的市场营销部门是企业运用市场营销理论完成企业市场营销任务，获取市场营销利润，实现企业市场营销目标的专业组织。设置具体岗位群，以此发挥岗位的职能，使在岗专员履行工作职责，严格遵循工作流程，发挥各个岗位的最大效能。

现代企业结合市场需求和应对市场竞争态势，优化企业有限资源，一般现代企业设置的岗位族群如图 1－2 所示，该岗位族群体现了现代企业市场营销岗位设置的专业性、逻辑性、严密性、经济性、组织性和统一性。

企业市场营销岗位族群体现了现代企业从事市场营销活动的组织管理架构，是企业应对市场环境与竞争环境变化的内在反应，反映了企业针对市场营销人力资源的优化配置，彰显了企业运用有限的人力、财力、物力、信息、技术、时间六大资源，获取最大的经济利益。

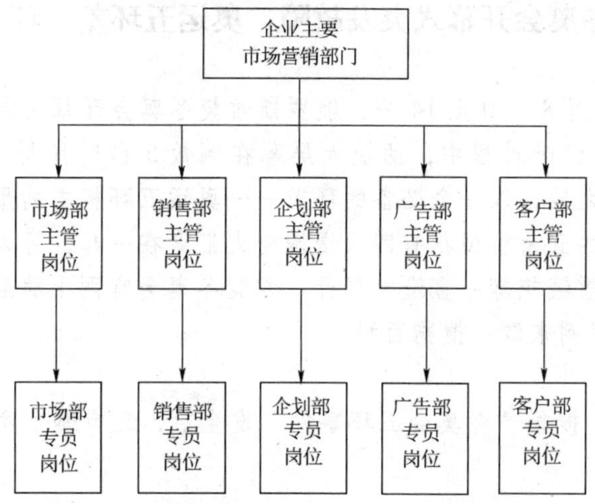

图 1－2　现代企业市场营销部门岗位族群设置

三、市场营销岗位及岗位技能要求

市场营销部门的各个专员岗位要求专员在市场营销调研、市场营销环境分析、制定市场营销策略、制定市场营销策划方案、从事市场营销管理工作时，必须严格按照企业的岗位技能要求和工作流程进行操作。

市场营销理论知识的学习要与企业市场营销实践活动相结合，企业市场营销专员要把理论知识转化为岗位技能，把专业知识融入企业营销实践活动，表 1－1 列出了现代企业市场营销岗位需要员工必须具备的通用技能和专业技能，这些技能是市场营销专员参加企业营销活动并为企业获取利润和创造价值的必备条件和职业素养，可以在学习市场营销理论课程的同时融入企业实践技能和专业素养实训环节。

表 1－1　企业市场营销各个岗位通用技能和专业技能

通用技能	专业技能
●语言表达与人际交往能力	◆能够制订市场调研工作计划

续表

通用技能	专业技能
●信息搜集与统计分析能力	◆能够进行市场营销环境分析
●洞察市场与逻辑分析能力	◆能够制定市场营销组合策略
●规范文案的撰写能力	◆能够撰写市场营销策划方案
●Office 软件应用能力	◆能够胜任市场营销管理工作

【案例分析】

冬奥会开幕式突发故障，奥运五环差一环

北京时间 2014 年 2 月 8 日 0 点 14 分，俄罗斯索契冬奥会开幕式在全世界的注目下揭开神秘的面纱。在 10 秒倒计时过程中，两块大屏幕在倒数 5 秒时黑屏。与往届奥运会类似，开场介绍了俄罗斯风情之后，以一个必备的环节——奥运五环标志的形成收尾。伴随着优雅的音乐，空中一直漂浮的五朵雪绒花有四朵慢慢变大汇聚在一起，可以看出即将形成奥运五环。但是右上角的一朵雪绒花却一直没有展开。索契冬奥会官网上随后发出消息，承认五环展示环节出现失误。(案例来源：搜狗百科)

【问题】 通过网络，搜集“冬奥会五环事件”发生后，还有哪个商家有类似的借势营销行为?

【本章小结】

本章从市场营销基本术语入手，对专业术语的概念进行了界定和比较；在市场营销基础知识一节，对市场营销的功能、发展阶段、价值传递、管理程序做了总体概要介绍；从平台类、载体类、服务类、工具类、传播类、数据类、势态类和资源类共八个层面阐述了市场营销方式创新；随后主要阐述了 4Ps 市场营销组合策略，以及 6Ps 大市场营销组合策略、7Ps 服务营销组合策略、4Cs 顾客营销组合策略、4Rs 关系营销组合策略、4Ss 消费者营销组合策略、4Vs 个性营销组合策略；从传统和现代两个角度介绍了市场营销观念的类型；最后，对现代企业的市场营销岗位设置情况做了概括阐述。

【思考题】

1. 举例运用不同维度对“顾客”和“消费者”这两个核心术语进行辨析。
2. 请归纳出传统市场营销观念的特征，并举例说明。
3. 怎样理解大数据营销的“消费行为数据跟踪和消费者画像”的内涵?
4. 简述你对绿色营销观念和体验营销观念的理解，并举例说明。
5. 怎样理解“现代市场营销观念是企业的经营哲学”这句话?

第二章 市场环境分析

【教学要求】

1. 了解企业宏观环境与外部环境、微观环境与内部环境的区别。
2. 了解企业所处行业环境的构成元素及其与企业微观宏观、内部外部环境的关系。
3. 熟悉营销中介中的服务机构。
4. 掌握企业 PEST 宏观环境分析模型。
5. 掌握企业内外环境 SWOT 分析方法及其作用和局限性。

【本章术语】

◆潜在竞争者　◆企业竞争战略　◆波士顿矩阵　◆行业环境　◆市场占有率

【课程思政】

●企业和个人都有保护环境的义务，自觉遵守《中华人民共和国环境保护法》，企业经营谋发展不能以牺牲环境为代价。

●企业及营销从业人员分析市场环境，理性参与市场竞争，严格恪守公平竞争原则、杜绝恶性竞争，严格遵守《中华人民共和国反不正当竞争法》和《中华人民共和国反垄断法》。

第一节　微观宏观环境分析

市场环境泛指一切影响和制约企业市场营销活动的内部条件和外部条件。每个企业的营销活动都在千变万化的社会环境中进行，受到来自企业内外部各种条件的约束。企业营销活动成功的关键在于适应动态的市场营销环境。

首先，市场环境是与企业营销活动有直接、间接关系的所有内部、外部力量和相关因素的集合，它影响着企业保持和发展与其目标市场顾客的交换效力，是企业生存和发展的各种内在、外在条件的总和。

其次，为了全面了解现代企业的市场营销环境构成要素，需要以行业环境为切入点，解释说明企业微观环境与内部环境、宏观环境与外部环境的区别和联系，列出企业宏观环境与微观环境、外部环境与内部环境的分布情况，如表 2－1 所示。

最后，企业在与微观、宏观环境的各种交易关系中取得平衡，从而谋求生存和发展。明确在市场环境中的位置，理清与各类营销对手的关系，通过适当的营销战略选择，协调和处理与相关各方的关系，企业才能顺利实现其市场营销目标。

总之，企业生存在微观、宏观、内部、外部和行业五大环境之中，环境分析需要明确五大环境之间的逻辑关系：一是企业的内部环境与微观环境有重叠交叉部分，“微观环境＝内部环境＋行业环境”；二是企业的外部环境与宏观环境有重叠交叉部分，“外部环境＝宏观环境＋行业环境”。企业市场营销环境模拟如图 2－1 所示。

表 2－1　企业市场营销环境的划分

<table>
<tr><td rowspan="18">企业市场营销环境</td><td rowspan="12">微观环境</td><td colspan="2">企业机构设置</td><td rowspan="6">内部环境</td></tr>
<tr><td colspan="2">企业治理结构</td></tr>
<tr><td colspan="2">企业责权分配</td></tr>
<tr><td colspan="2">企业内部审计</td></tr>
<tr><td colspan="2">人力资源政策</td></tr>
<tr><td colspan="2">企业文化建设</td></tr>
<tr><td>供应商</td><td rowspan="6">行业环境</td><td rowspan="12">外部环境</td></tr>
<tr><td>中间商</td></tr>
<tr><td>消费者</td></tr>
<tr><td>竞争者</td></tr>
<tr><td>服务商</td></tr>
<tr><td>社会公众</td></tr>
<tr><td rowspan="6">宏观环境</td><td colspan="2">人口状况</td></tr>
<tr><td colspan="2">经济状况</td></tr>
<tr><td colspan="2">政治法律</td></tr>
<tr><td colspan="2">科学技术</td></tr>
<tr><td colspan="2">自然地理</td></tr>
<tr><td colspan="2">社会文化</td></tr>
</table>

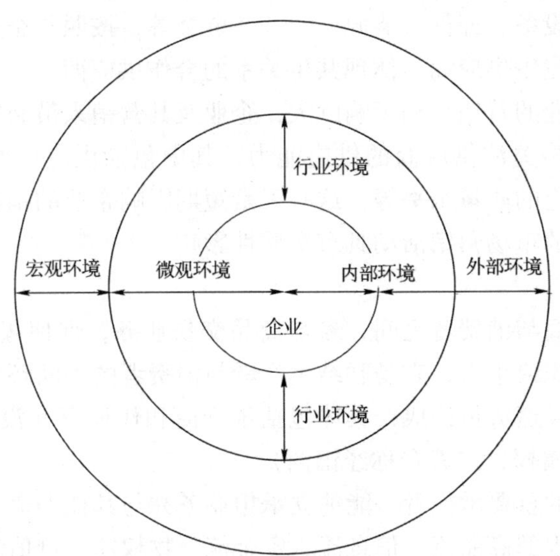

图 2-1　企业市场营销环境模拟

一、微观环境分析

市场营销微观环境是指与企业紧密相连、直接影响企业营销能力和效率的各种力量和因素的总和，企业微观环境主要包括企业自身的内部环境和企业所处的行业环境。

（一）企业自身的内部环境

企业从事市场营销活动，起主导作用的是企业自身环境。它处于市场营销的中心地位，具体包括企业机构设置、企业治理结构、企业权责分配、企业内部审计、人力资源政策、企业文化建设等。

企业为实现其经营目标，进行研发、采购、制造、营销、财务等各项业务活动，需要协调、优化、综合考虑企业内部的诸多环境因子，涉及资源、生产、技术、质量、管理、战略等各个方面。

企业治理结构既是企业微观环境因子之一，也是企业内部环境要素之一，是指在企业内部分工协作的基础上由层次、部门、职务、职权等构成的组织体系，以及企业同外部其他企业之间的组织联系。企业组织结构是否合理，对于能否充分发挥营销部门和营销人员的积极性、增强企业市场竞争能力和应变能力，都会产生重要影响。

企业文化既是企业微观环境因子之一，也是企业内部环境要素之一，是企业员工在从事经营和商务活动时所共同持有的理想信念、价值观念和行为准则。企业文化具有导向、约束、凝聚、激励、调试、辐射等功能，对企业营销活动的影响是非常大的。

（二）企业所处的行业环境

企业（制造商）开展营销活动所处的行业环境，主要由渠道成员（供应商、中间商、消费者）和非渠道成员（竞争者、服务商、社会公众）六类人员构成，在企业微观环境之下形成了行业环境。

1. 供应商

供应商是指向企业（制造商）供应各种从事生产经营活动所需资源的企业或个人，供应的资源包括原材料、设备、配件、能源、劳务、资金等，按照与企业的对抗程度，把供应商分为体现寄生关系的竞争供应商、体现共生关系的合作供应商。

供应商的状况对企业的营销活动影响巨大，企业及其营销人员必须对供应商进行全面的了解和透彻的分析，严格关注供应商的供应能力，其中包括供应成本的高低、供应的稳定性、供应的及时性、供应的质量水平等，这些因素短期影响企业的销售额，长期影响顾客的满意度。供应商对企业的市场营销活动具有实质性影响。

2. 中间商

中间商是指在制造商与消费者之间，参与商品交易业务，促使买卖行为发生和实现的，具有法人资格的经济组织或个人，它是联结生产者与消费者的中间环节。

中间商主要由四类渠道成员构成，具体包括生产商和代理商（没有商品所属权）、批发商和零售商（有商品所属权，二者合称经销商）。

中间商是渠道功能的重要承担者，能独立承担业务并与其他渠道成员通力合作，可以全部或部分参与分销渠道内部商品流、信息流、资金流、物权流、价值流的传递活动。

生产者选择中间商时应考虑：中间商经营的市场范围、产品知识和产品策略、促销策略和技术、地理区位优势、预期合作程度、财务状况及管理水平、综合服务能力等条件。

3. 消费者

消费者是企业的目标市场，目标市场就是企业期望并有能力开拓和占领，能为企业带来最佳营销机会与最大经济效益的消费者群体。

消费者群体是企业服务的对象，是营销活动的出发点和归宿点，满足消费者需求是企业一切营销活动的中心。消费者需求的变化要求企业提供随之变化的产品或服务，进而影响企业的营销决策。消费者是企业最重要的环境因素。企业的目标市场可分为消费者市场、生产者市场、中间商市场、政府市场、国际市场等。

4. 竞争者

竞争者是指那些与本企业提供的产品或服务相似，并且所服务的目标顾客也相似的其他企业。企业不可能独占市场，会面临形形色色的竞争者，避免不了要受到竞争者的攻击。竞争者除来自本行业之外，还有来自代用品的生产者、潜在加入者、原材料供应者等。

企业所要做的并非仅仅迎合目标消费者的需要，而且还要通过有效的产品定位，使企业产品与竞争者产品在消费者心目中形成明显差异，从而取得竞争优势。企业要想成功，必须在满足消费者需要和欲望方面比竞争对手做得更好。

企业的营销市场总是被一群竞争者包围和影响着，企业必须对竞争者进行分析研究，熟知对本企业构成威胁的主要竞争对手及其竞争策略，知己知彼、扬长避短，在消费者心目中牢固树立所提供产品的地位，以获取竞争优势。

5. 服务商

服务商亦称营销中介或广义中间商，即在制造商把产品销售给终端用户（消费者）的供应链中，协助制造商进行销售、分销、促销、储存、运输、服务、投资等活动的组织或个人，其中包括储运机构、金融机构、保险机构、服务机构、咨询机构、策划机构、法务机构等组织。

（1）储运机构。它是一种经营与物流相关的运输、仓储、配送等行业的公司，比如物流公司。物流公司在供货商与零售商之间从事集货、理货、库存、配送等业务，涉及公路、铁路、水运、空运等货运方式。物流公司对于供货商而言，可以降低运输与仓储的成本。物流公司能使企业集中精力于核心业务，把主要资源集中于企业擅长的主业，减少固定资产投资，加速资本周转等。

(2) 金融机构。这是指金融中介机构，其协助企业融资或分担货物购销储运风险，包括银行、投资机构、保险公司、证券公司等。金融机构间接影响企业的营销活动，企业间的财务往来需要通过银行结算，企业的货物需要通过投保获得风险保障。信贷渠道的畅通与否、贷款利率与保险费率的上下波动，都会影响企业营销活动的开展。

(3) 保险机构。这是指符合中国银保监会规定的资格条件，经中国银保监会批准取得经营保险代理业务许可证，根据保险人的委托，向保险人收取佣金，在保险人授权的范围内专门代为办理保险业务的单位。

(4) 其他机构。渠道成员常常借助专门从事调研、策划、咨询、信息、广告、会计、审计、律师等活动或业务，且拥有比较优势的服务组织开展营销活动，借此降低营销成本。比如，咨询公司就是从事软科学研究开发，提供知识和智慧的服务公司，又称顾问公司，其按照委托者的意向和要求，运用专门的知识和经验，用脑力劳动为渠道企业提供具体的价值增值服务。

6. 社会公众

社会公众是指对企业的营销活动有实际的或潜在影响的团体和个人，一般包括融资机构、传播媒介、政府机关、地方公众（如社区居委会）、业务部门（如电力、水业、工商、税务、卫生等部门）、行业协会（如消费者协会），群众团体（如环保组织等）、企业内部公众（如董事会、管理者、员工等），以及一般公众。

社会公众对企业营销活动能够给予严格规范和监督，企业要处理好与公众的关系，因为社会公众直接或间接地影响着企业营销能力的发挥。比如，金融机构影响企业的融资能力，宣传媒介对消费者具有导向作用，政府制定相关政策和法规等，社会公众对企业的生存与发展会产生巨大影响和制约。

营销智慧火花：一个成功的销售顾问在销售产品时，更多的时候是在推销自己。

二、宏观环境分析

宏观营销环境是指企业无法直接控制的因素，是通过影响微观环境来影响企业营销能力和效率的一系列社会力量，它包括人口状况、经济状况、政治法律、科学技术、社会文化及自然地理等因素。宏观环境因素直接或以微观环境因素为媒介而对企业营销战略施加影响。

分析宏观营销环境的目的在于更好地认识环境，通过企业营销努力来适应社会环境及变化，达到企业营销目标。图 2－2 直观、清晰地展示了企业宏观环境所包含的六大环境构成要素，体现了企业宏观环境的多维性和复杂性。

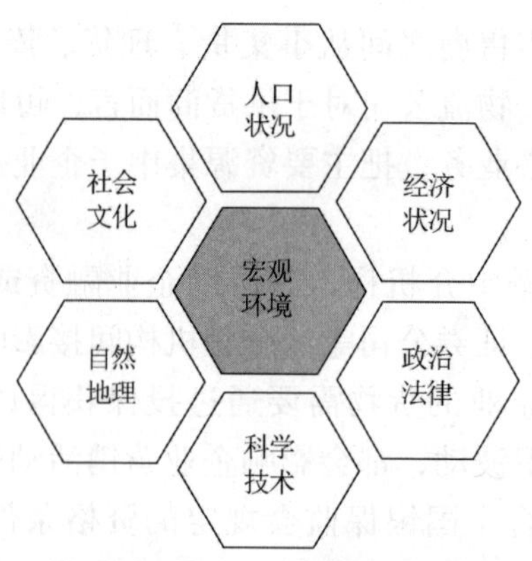

图2－2　企业宏观环境

（一）人口状况

人口是市场的第一要素。人口数量直接决定着市场规模和市场容量，人口结构对市场格局产生深远影响。企业应重视对人口环境的研究，密切关注人口状况及其变化趋势，及时调整营销策略。

不同年龄结构的消费者对商品和服务的需求不同，会形成具有年龄特色的市场。

性别差异反映到市场上，就会出现满足男女不同消费需求的商品市场。人口的教育程度与职业不同，对市场需求也表现出不同的倾向。处在未婚期、新婚期、满巢期、空巢期、孤独期等不同周期的家庭结构，可以直接影响市场的需求结构。

我国有56个民族，各自的文化传统、风俗习惯等不尽相同，尤其是在饮食、居住、服饰、礼仪等方面的消费需求有各自的特色，企业营销要重视我国特有的民族结构及其催生的特色市场。我国农业人口众多，这样的社会结构要求企业营销活动应充分考虑到农村这个大市场。城市化进程带来的人口流动改变了相关区域的消费结构，企业营销活动应该提供适销对路的产品，满足流动人口的需求。

（二）经济状况

经济环境是指企业营销活动所面临的外部经济条件，其运行状况和发展趋势会直接或间接地对企业的营销活动产生影响。

1. 经济环境的直接影响因素

首先，消费者收入水平。消费者的购买力来自消费者的收入，而消费者的收入一般包括工资、福利、租金、退休金、馈赠、第二职业取得的收入等。消费者收入是影响社会购买力、市场规模以及消费者支出数额和支出模式的一个重要因素。

其次，消费者支出模式和消费结构。随着消费者收入水平的变化，消费者的支出模式会发生相应的变化，继而使一个国家或地区的消费结构也发生相应变化。

最后，消费者储蓄和信贷水平。储蓄来源于消费者的货币收入，其最终目的还是消费。但是，在一定时期内储蓄的数额将影响消费者的购买力和消费支出。当收入一定时，储蓄越多，现实消费量就越小，但潜在的消费量就越大；反之，储蓄越少，现实消费量就越大，但潜在的消费量就越小。

2. 经济环境的间接影响因素

首先，经济发展水平。企业市场营销活动要受到一个国家或地区整体经济发展水平的制约。经济发展阶段不同，居民收入不同，顾客对产品的需求也不同，在一定程度上会影响企业的营销。

其次，经济体制。世界上存在着多种经济体制，有计划经济体制，也有市场经济体制，还有混合经济体制，不同经济体制对企业营销活动的制约和影响不同。

最后，地区与行业的发展状况。我国地区经济发展很不平衡，逐步形成了东部、中部、西部三大地带和东高西低的发展格局。同时，在各个地区的不同省市，呈现出多极化发展的趋势。这种地区经济发展的不平衡，对企业的目标市场定位以及营销战略的确定等都会产生巨大影响。

营销智慧火花：顾客内心真正想要的不是便宜，而是感觉自己占了便宜。

（三）政治法律

政治法律环境也是企业生存和发展的有力保证。企业应该遵守政治法律的游戏规则，营销人员要明确了解和把握政治法律环境对营销活动的影响，据此来确定营销活动战略，维护企业的正当利益。

1. *政治环境*

营销人员要善于分析当前国内外的政治形势，估计可能遇到的阻力和风险，及时调整营销战略，随时关注政治的稳定性和政府实行的各项政策。

首先，政治局势。国家或地区的政治稳定程度是企业开展营销活动必须要考虑的关键因素，政局稳定与否主要体现在政治冲突和政策稳定性两个方面。

其次，政府的方针政策。企业开展营销活动必须分析产业政策、人口政策、能源政策、价格政策、财政金融政策等各项方针政策可能会给企业营销活动带来的机遇和威胁。

最后，国际关系。国际市场营销人员需要研究目标市场国政府对国际营销活动的干预程度，包括进口限制、外汇控制、市场控制、劳工限制等。

2. *法律环境*

国家的法律体现了政府的政策倾向，政府的政策通过法律来实施，每项新法令法规的颁布或调整都会影响企业的营销活动。政府对营销活动实行法律干预主要是指导和监督企业的行为，保护企业间的公平竞争，制止企业非法牟利，维护消费者利益和社会利益。

法律是评判企业营销活动的准则，企业开展营销活动，必须了解并遵守国家或政府颁布的有关经营、贸易、投资等方面的法律、法规。当前法律体系越来越完善，政府机构执法更加严格。企业必须懂法守法，规范自己的营销行为，自觉接受执法部门的管理与监督。

（四）科学技术

科学技术是生产力最活跃的因素，是社会向前发展的根本推动力，它不仅使社会的经济发展程度和社会文化发生深刻变化，还影响到企业的生产和营销等行为，营销人员要善于运用职业的敏感性来预测科技的发展趋势，密切注意科技环境变化对营销的影响。

技术革新的步伐加快，产品更新换代的周期大大缩短，发明新技术的领域不断扩大，尤其是在信息技术、生物技术、新型材料、激光技术、空间技术、纳米技术、转基因技术等领域的科技进步令人瞩目，这些技术的进步与发展在不同程度上摧毁旧市场、创造新市场。

在互联网技术下的虚拟世界里，企业的电子商务活动使消费者的消费观念和消费模式发生了颠覆性变化。

营销智慧火花：技术是一种创造性的、破坏平衡的环境影响因素。

（五）自然地理

营销活动受自然环境的影响。自然环境包括资源状况、生态环境和环境保护等方面，面对不断短缺的自然资源和日益加剧的环境污染，企业应在可持续发展的战略指导下，加强对污染的控制和治理，采取措施节约能源，实行生态营销、绿色营销来保护环境。气候因素对市场营销的影响也是不可忽略的，一个国家的海拔高度、湿度和温度等的变化都可能会影响某些产品和设备的使用及性能的发挥。地形的复杂程度和土地面积的大小，对商品价格和运输方式都有直接影响。

（六）社会文化

社会文化环境是影响企业营销诸多变量中最复杂、最深刻、最重要的变量。社会文化是某一特定人类社会在其长期发展历史过程中所形成并继承的态度和行为模式等的总称。它主要由特定的价值观念、物质文化、教育状况、审美观念、风俗习惯及宗教信仰等构成，影响和制约着人们的消费观念、需求欲望及特点、消费行为和生活方式，对企业营销行为产生直接影响。

1. 价值观念

价值观念是人们对社会生活中各种事物的态度和看法，继而形成传统的评判标准。不同的文化背景会形成不同的价值观念，其差异主要表现在人们对待时间、风险和金钱的态度。消费者对商品的需求和消费行为深受价值观的影响，某种新商品的消费可能会引发一场社会观念的变革，对于沿袭传统消费方式的消费者，企业在确定营销策略时应考虑文化传统元素的注入。企业营销人员应针对消费者不同的价值观念采取不同的营销策略。

2. 物质文化

物质文化是指人们所创造的物质产品以及用来生产产品的方式、技术和工艺。物质文化体现一个社会的生活水平和经济发展程度，通常用技术和经济状态来表述。物质文化的差异直接反映需求水平和需求模式的差异。进入一个新市场之前，要对当地的运输、通信、动力系统、金融保险系统、市场保障系统进行调查评估。

3. 教育状况

教育是通过正规及非正规的训练对受教育者施加影响的一种活动。一国的教育水平受社会生产力、经济状况的影响，同时也反映生产力发展程度和经济状况的改变，影响着人们的文化素质、消费结构、消费偏好和审美观。因此，教育状况影响企业选择目标市场，影响营销研究，影响产品的分销和促销策略。

近年来，世界各国的教育水平在不断提高，这要求营销人员要用更聪明的办法应对日益聪明起来的消费者。

> 营销智慧火花：没有学问的营销员只能视为投机分子，因其无法体验真正的营销乐趣。

4. 审美观念

人们在市场上挑选、购买商品的过程，实际上是审美观念在日常生活中的实践与应用。近年来，我国人民的审美观念随着物质生活水平的提高，发生了巨大变化。一是追求健康美，二是追求形式美，三是追求环境美。

企业营销人员必须注意消费者审美观念的变化，把消费者对商品的评价作为重要信息反馈给企业的决策部门，以使商品的功能效用、外观设计、艺术化的展示与经营场地的美化融为一体，以达到刺激消费、扩大购买的效果。

审美观是人们对美丑、雅俗、好坏、善恶的评判，包括对艺术、音乐、颜色、形状等的鉴赏力。通常由于国家、民族、地域、宗教、社会阶层、教育等的差异，在审美观念上也存在着不同。

5. 风俗习惯

不同国家和地区的人都有自己的风俗和生活习惯，不同的生活习惯具有不同的需求，研究风俗和生活习惯，不但有利于组织好消费用品的生产与销售，而且有利于积极主动地引导消费。了解目标市场消费者的禁忌、习俗、避讳、信仰、伦理等是企业进行市场营销活动的重要前提。

风俗习惯是人们在长期的生活中形成的习惯性的行为模式和行为规范，风俗习惯是人们世代沿袭下来的社会文化的一部分，在饮食、婚丧、服饰、节日、居住、人际关系、商业等方面都表现出独特的心理特征、生活习惯和消费习惯。例如，在饮食上，法国人爱饮酒，日本人好吃生鱼片和酱菜，韩国人喜吃辛辣但不油腻的菜肴，巴西人则很少吃早餐。

虽然风俗习惯具有高度的持续性和强烈的区域性，但随着频繁的文化交流，某些风俗习惯会产生变化。因此，营销人员不仅要研究不同的风俗习惯，还要研究不同风俗习惯之间的相融程度，以更好地适应千变万化的市场。

6. 宗教信仰

宗教作为文化的重要组成部分，影响和支配着人们的生活态度、价值观念、风俗习惯和消费行为。企业的营销人员需要了解目标市场中各种宗教的节日、仪式和禁忌，以便利用有利的营销机会，创造或扩大市场。例如，基督教的圣诞节、感恩节、狂欢节等都是开展营销活动的大好时机。

三、企业 PEST 宏观环境分析

宏观环境是企业生存和发展的大气候，是企业成长的土壤、阳光和水分，它涉及一系列影响企业战略规划和经营管理的外部要素，是企业确定市场营销规划工作的前提。

哈佛大学教授迈克尔·波特提出了 PEST 模型，如图 2－3 所示，该模型为企业宏观环境分析提供了基本框架。PEST 宏观环境分析的关键是在确定政治、经济、社会、技术四大维度前提下，分析影响企业战略和经营的具体因素。

其一，通过政治环境分析，可发现新的经营机会，提前识别潜在经营风险。

其二，经济环境分析需要数据的准确性和全面性，通常需要参考权威的报告和统计数字。

其三，社会环境的变化常常是从量变到质变的长期演化过程，重在见微知著，及早发现趋势，及时评估影响，识别外在机遇和威胁。

其四，评估技术对企业影响至关重要，尤其对于叠加其他三因素影响的技术变革趋势，像“新基建”“数字中国战略”“中国制造2025”等，企业更应尽早进行适应性和前瞻性的规划。

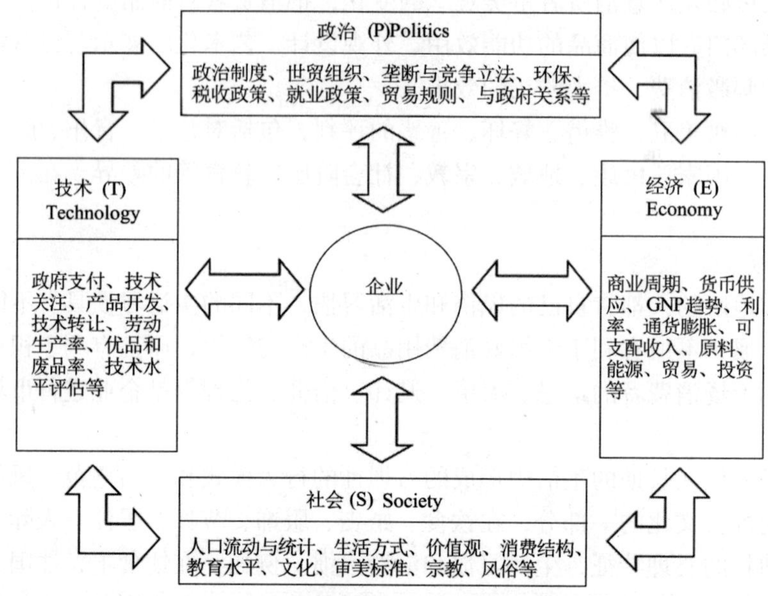

图 2-3　企业 PEST 宏观环境分析模型

> 营销智慧火花：如果把企划、销售比为两个筑路人，企划是在拓路，销售是在铺路。

第二节　企业内外环境分析

以市场环境对企业营销活动发生影响的方式和程度为划分标准，市场环境分为宏观环境和微观环境。同时，以企业自身边界为划分标准，企业市场环境划分为内部环境和外部环境。

一、企业内部环境分析

企业内部环境是指企业内部的物质、文化环境的总和，包括企业资源、企业能力、企业文化等因素，也称企业内部条件，具体包括企业结构设置、企业治理结构、企业权责分配、企业内部审计、人力资源政策、企业文化建设等。另外，企业内部环境也是企业组织内部的一种共享价值体系，包括企业的指导思想、经营理念、团队精神、工作作风等。

（一）企业内部环境分析的目的

企业内部环境分析的目的在于掌握企业历史和目前的状况，明确企业所具有的优势和劣势。它有助于企业确定有针对性的战略，有效地利用自身资源，发挥企业的优势；同时避免企业的劣势，或采取积极的态度将企业劣势转化为优势。

内部战略环境是企业内部与战略有重要关联的因素，是企业经营的基础，是确定战略的出发点、依据和条件，是竞争取胜的根本。企业战略目标的确定及战略选择要知己知彼，知己是要分析企业的内部环境或条件，认清企业内部的优势和劣势。

（二）内部环境是企业内部控制的基础

企业内部环境包括治理结构、机构设置、员工素质、授权与权责分配、内部审计、人力资源政策等。企业内部环境由存在于组织内部、通常短期内不为企业高层管理人员所控制的变量构成，具体包括企业的组织结构、文化、资源三部分，企业内部环境是企业内部控制的基础。

（三）企业内部环境分析的内容

企业内部环境分析的内容包括很多方面，如组织结构、企业文化、资源条件、价值链、核心能力分析、SWOT 分析等。按照企业的成长过程，企业内部环境分析又分为企业成长阶段分析、企业历史分析和企业现状分析等。企业内部环境分析可以从企业内部管理分析、市场营销能力分析、企业财务分析和其他内部因素分析几个方面进行。

（四）企业的市场营销能力分析

企业的市场营销能力分析，即从企业的市场定位和营销组合两方面来分析企业在市场营销方面的长处和弱点。企业要为自己的产品和服务确定一个目标市场，从产品、地理位置、顾客类型、市场等方面来规定和表述。企业市场定位明确合理，可以使企业集中资源在目标市场上创造位置优势，从而在竞争中获得优势地位。

企业市场定位的准确性取决于企业市场研究和调查的能力、评价和确定目标市场的能力、占据和保持市场位置的能力。市场营销组合是指可以用于影响市场需求和取得竞争优势的各种营销手段的组合，主要包括产品、价格、分销和促销等变量。

营销智慧火花：多一门知识就多一种让客户喜欢你的方法。

二、企业外部环境分析

企业外部环境由存在于组织外部、通常短期内不为企业高层管理人员所控制的变量所构成。

（一）企业所处的行业环境

行业环境主要包括供应商、中间商、消费者、竞争者、服务商、社会公众等。因为一个特定的企业总是存在于某一产业环境之内，所以这个产业环境直接地影响企业的生产经营活动。

（二）企业面临的宏观环境

宏观环境主要包括企业外部的人口状况、政治法律、经济状况、科学技术、自然地理社会文化等各种宏观因素，这些因素会直接或间接、综合或潜在地对企业产生不可改变的影响。

（三）外部环境的度量

为了使企业战略适应环境的特点，企业必须确认环境的状况。分析和确认环境的状况，一是看环境的复杂性，二是看环境的稳定性。

1. 外部环境的复杂性

外部环境的复杂性指企业在进行外部环境分析时所应考虑的环境因素的总量水平。一般说来，随着时代的发展，企业作为一个开放系统，需要所分析的外部环境因素会越来越多且越来越多样化。

2. 外部环境的稳定性

企业应从两个方面来考察环境的动荡程度：一是看环境的新奇性，二是看环境的可预测性。

（1）看环境的新奇性。这说明企业运用过去的知识和经验对这些事件的可处理程度。动荡水平低的环境，企业可以用过去的经验、知识处理经营中的问题；而动荡程度高的环境，企业就无法仅用过去的经验、知识处理经营中的问题。

（2）看环境的可预测性。随着环境动荡程度的提高，环境的可预测性逐渐降低，不可预测性逐渐提高。在高动荡水平的环境里，企业所能了解的只是环境变化的弱信号，企业环境中更多地存在着许多不可预测的突发事件。

三、企业内外环境分析的关键因素

企业内部环境分析的关键因素涉及技术、成本、产品、规模、资源等方面，企业外部环境分析的关键因素涉及企业的市场拓展、潜在竞争态势、市场需求状况、国家政策、经济形势等方面，具体的构建因素如表 2－2 所示。

（一）内部环境分析的关键因素

企业内部环境分析关键的优势因素包括技术产权与成本优势、竞争优势与核心能力、产品创新与规模经济、财务资源与行业领先、职员素养与企业形象五个方面；企业内部环境分析关键的劣势因素包括技术滞后与管理不善、竞争优势与地位恶化、战略迷失与产品线窄、设备老化与资金拮据、销售水平低与利润率下降五个方面。

（二）外部环境分析的关键因素

企业外部环境分析关键的威胁因素包括竞争压力大与市场增长慢、有新的竞争者与替代品增多、顾客需求变化与买方市场、波动的市场与经济形势四个方面；企业外部环境分析关键的机会因素包括纵向一体化与市场增长快、增加互补品与争取新用户、进入新市场与竞争业绩良好、扩展产品线与企业合作良好四个方面。

表 2-2 企业内外环境分析的关键因素

	内部优势	内部劣势
内部环境	⊙技术产权 成本优势 ⊙竞争优势 核心能力 ⊙产品创新 规模经济 ⊙财务资源 行业领先 ⊙职员素养 企业形象	⊙技术滞后 管理不善 ⊙竞争劣势 地位恶化 ⊙战略迷失 产品线窄 ⊙设备老化 资金拮据 ⊙销售水平低 利润率下降
	外部威胁	外部机会
外部环境	⊙竞争压力大 市场增长慢 ⊙有新竞争者 替代品增多 ⊙顾客需求变化 买方市场 ⊙波动的市场 经济形势	⊙纵向一体化 市场增长快 ⊙增加互补品 争取新用户 ⊙进入新市场 竞争业绩良好 ⊙扩展产品线 企业合作良好

四、企业内外环境 SWOT 分析

对企业内部环境和外部环境进行 SWOT 分析，可以帮助企业把资源和行动聚集在自己的强项和有更多机会的地方，并让企业的战略变得更加明朗。

优劣势分析主要着眼于企业自身的实力及其与竞争对手的比较，对机会和威胁的分析应把注意力放在外部环境的变化和影响上。在分析时，应把所有的内部因素（即优劣势）集中在一起，然后利用外部力量针对这些因素进行评估。

（一）SWOT 分析模型

SWOT 分析法即态势分析法，于 20 世纪 80 年代初由美国旧金山大学的管理学教授韦里克提出，经常被用于企业战略确定、竞争对手分析等情形。SWOT 分析代表分析企业优势（Strengths）、劣势（Weaknesses）、机会（Opportunities）和威胁（Threats）。因此，SWOT 分析法实际上是对企业内外部条件各方面内容进行综合和概括，进而分析组织的优劣势、面临的机会和威胁的一种方法。

（二）SWOT 分析的基本步骤

（1）分析企业的内部优势、弱点，这些优势、弱点既可以相对企业目标而言，也可以相对竞争对手而言。

（2）分析企业面临的外部机会与威胁，这些外部机会与威胁可能来自与竞争无关的外部环境因素的变化，也可能来自竞争对手力量与因素的变化，或二者兼有，但关键性的外部机会与威胁应予以确认。

（3）将外部机会和威胁与企业内部优势和弱点进行匹配，形成可行的战略。

（三）SWOT 分析法的作用

SWOT 分析法是将企业内部环境的优势与劣势、外部环境的机会与威胁加以对照，从内外环境相互联系中进行更深入的分析与评价。内部环境优劣势是企业独有的信息，外部的机会与威胁属于共有信息，SWOT 分析为确定企业因素提供了一个分析框架。

(四) SWOT 分析法与营销战略选择

企业战略确定的本质在于实现企业内部资源(优势和劣势)和企业外部环境(机会和威胁)的匹配,SWOT 分析是在企业内部资源与外部环境因素综合分析基础上得出的结论。

根据 SWOT 分析法,企业能够确定自己在市场中的地位,有利于企业选择最佳战略以实现企业目标。图 2-4 直观地表述了在 SWOT 四个要素形成的四个象限中,根据不同的竞争资源状况,分别恰当地选择增长型战略、扭转型战略、防御型战略、多种经营战略。

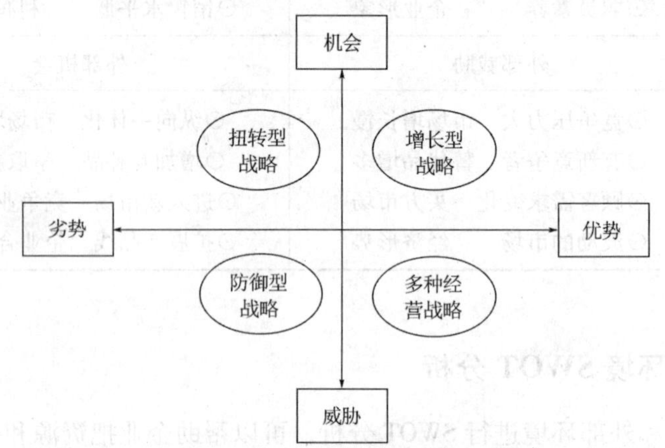

图 2-4 根据 SWOT 分析法选择最佳企业竞争战略

(1) 处于第一象限的企业,具有很好的内部优势以及众多的外部机会,应当采取增长型战略,如开发市场、增加产量等。企业自身实力够硬(优势),市场环境又锦上添花(机会),企业就会一帆风顺。

(2) 处于第二象限的企业,面临着巨大的外部机会,却受到内部劣势的限制,应采用扭转型战略,充分利用环境带来的机会,设法消除劣势。企业自身实力不够的情况下(劣势),市场环境能够提供机会让企业扭转局势,企业就要把握机会。

(3) 处于第三象限的企业,内部存在劣势,外部面临强大威胁,应采用防御型战略,进行业务调整,设法避开威胁和消除劣势。企业在自身实力不足的情况下(劣势),市场环境又给了当头一棒(威胁),而企业又不想放弃,只能硬着头皮继续支撑。

(4) 处于第四象限的企业,具有一定的内部优势,但外部环境存在威胁,应采取多种经营战略,利用自己的优势,在多样化经营中寻找长期发展的机会;或进一步增强自身竞争优势,以对抗竞争对手。多种经营战略亦称多元化战略。

营销智慧火花:真正的营销高手不在过度竞争的市场中周旋,而是寻觅竞争疲弱的市场。

(五) SWOT 模型要素组合战略

运用 SWOT 方法对企业内外环境进行分析,制定并执行 SWOT 要素组合战略,目的就是优化企业现有资源,提高企业的竞争优势。

1. 优势—机会(SO)组合战略

这是一种发展企业内部优势与利用外部机会的战略,是一种理想的战略模式。当企业具有特定方面的优势,而外部环境又为发挥这种优势提供有利机会时,可以采取该战略。例如有良好的产品市场前景、供应商规模扩大和竞争对手有财务危机等外部条件，配以企业市场份额提高等内在优势，可成为企业收购竞争对手、扩大生产规模的有利条件。

2. 劣势—机会（WO）组合战略

这是利用外部机会来弥补内部弱点，使企业改劣势而获取优势的一种战略。存在外部机会，但由于企业存在一些内部弱点而妨碍其利用机会，可采取措施先克服弱点。例如，若企业弱点是原材料供应不足和生产能力不够，从成本角度看，会导致开工不足、生产能力闲置、单位成本上升，而加班加点会导致一些附加费用。在产品市场前景看好的前提下，企业可利用供应商扩大规模、新技术设备降价、竞争对手财务危机等机会，实现纵向整合战略，重构企业价值链，以保证原材料供应，同时可考虑购置生产线来克服生产能力不足及设备老化等缺点。

3. 优势—威胁（ST）组合战略

这是一种企业利用自身优势，回避或减轻外部威胁所造成的影响的战略。如，竞争对手利用新技术大幅度降低成本，给企业很大成本压力；原材料供应紧张，价格可能上涨；消费者要求大幅度提高产品质量；企业还要支付高额的环保成本等，这些都会导致企业成本状况进一步恶化，使之在竞争中处于非常不利的地位。但若企业拥有充足的现金、熟练的技术工人和较强的产品开发能力，便可利用这些优势开发新工艺，简化生产工艺过程，提高原材料利用率，从而降低原材料消耗和生产成本，降低外部威胁影响。

4. 劣势—威胁（WT）组合战略

这是一种旨在减少内部弱点，回避外部环境威胁的防御性战略。当企业处于内忧外患的境况时，往往面临生存危机，降低成本也许成为改变劣势的主要措施。当企业成本状况恶化，原材料供应不足，生产能力不够，无法实现规模效益，且设备老化，使企业在成本方面难以有大作为时企业不得不采取目标聚集战略或差异化战略，以回避成本方面的劣势，并回避成本原因带来的威胁。

SWOT 分析运用于企业成本战略分析可发挥企业优势，利用机会克服弱点，回避风险，获取或维护成本优势，将企业成本控制战略建立在对内外部因素分析及对竞争势态的判断等基础上。SWOT 组合战略矩阵如表 2-3 所示。

表 2-3　SWOT 组合战略矩阵

内部	外部	
	机会（O）	威胁（T）
优势（S）	优势 + 机会（SO）	优势 + 威胁（ST）
劣势（W）	劣势 + 机会（WO）	劣势 + 威胁（WT）

（六）应用 SWOT 分析模型的注意事项

SWOT 模型已提出很久了，带有时代的局限性。以前的企业比较关注成本、质量，现在的企业更强调组织流程。SWOT 分析法具有很强的主观评判性，不要过多依赖于它，或仅仅依赖于它，可以把它视为参考方法，但不能作为唯一方法。

其一，对企业进行 SWOT 分析时，必须对企业现状和前景加以区分。

其二，对企业进行 SWOT 分析时，必须与企业竞争对手进行比较。

其三，对企业进行 SWOT 分析时，确保简洁化，避免复杂化，避免过度分析。

其四，对企业进行 SWOT 分析时，必须明确该分析方法可能会因人而异，有一定的主观性。

其五，在运用 SWOT 分析法的过程中，要注意其适应性。

其六，SWOT 分析法可与 PEST 等分析方法一起使用。

五、企业市场环境分析流程

企业市场环境分析流程如图 2－5 所示。具体流程分析如下。

第一步，结合企业市场资源状况和产品营销战略，根据企业内部环境和外部环境的现状，制订市场环境分析计划。

第二步，通过分析市场政策和企业自身的市场战略，结合现实跟踪市场动态，适时采集各类媒体发布的相关信息，搜集市场环境信息。

第三步，借助企业 SWOT 内外环境分析工具，从内部环境分析企业的优势和劣势，从外部环境分析企业的机会和威胁，对市场环境开展定性和定量分析。

第四步，通过对市场现有竞争者及其竞品、潜在竞争者的营销战略分析，总结市场竞争环境下的竞争态势及竞争格局。

第五步，通过各相关环境因素分析，预测市场变化趋势。

第六步，在完成以上分析流程之后，从内容和形式的角度，运用市场营销理论知识，结合企业市场营销实践活动经验，撰写比较规范的市场环境分析报告。

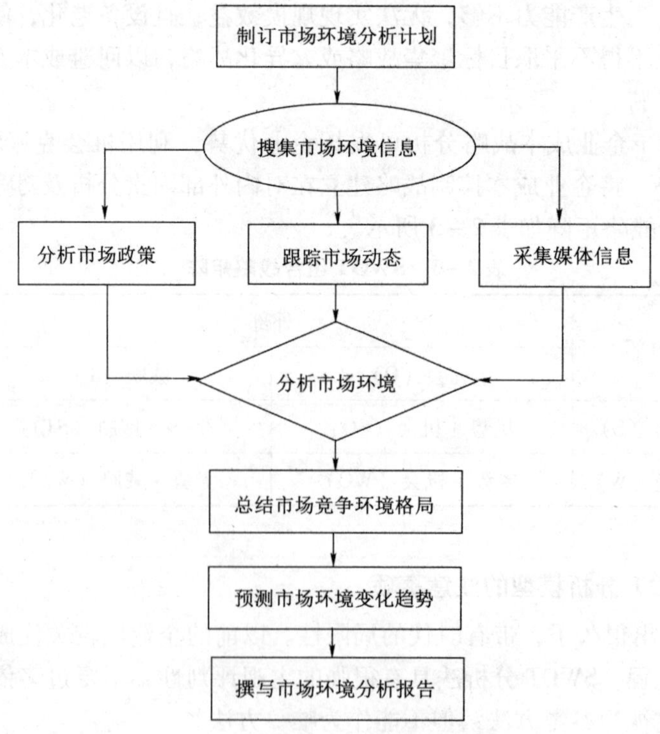

图 2－5　企业市场环境分析流程

六、企业的行业环境分析

企业的行业环境分析要求明确行业的定义，明晰企业行业环境与宏观环境、外部环境的关系；明晰企业的行业环境与微观环境、内部环境的关系，以及行业竞争力的分析。

（一）行业

行业是由企业构成的群体，它们的产品有着众多相同的属性，它们为争取同样一个买方群体而展开激烈的竞争。

（二）行业环境

行业环境是企业生存和发展的空间，是与企业关系最为直接、密切的外部环境，直接影响着企业所获的利润，是企业进行战略选择的基础。行业环境与企业内部环境构成企业的微观环境，行业环境与企业的宏观环境构成企业的外部环境。

（三）行业环境分析

行业环境分析对一个企业来说是非常重要和关键的。分析行业态势，可以预测行业与企业获利之间的关系，以及未来获利能力的变化；可以了解行业投资回报能力，评价行业吸引力；可以寻找利用机会，缓解企业间竞争，分析消费者需求，明确行业成功的关键因素。

行业环境分析的内容包括行业的确定、行业历史和发展趋势分析、行业结构分析、行业内企业行为，以及行业关键成功因素五个方面。

（四）行业竞争能力分析

行业竞争能力分析有一个模型，即波特五力模型，该模型由迈克尔·波特（Michael Porter）于20世纪80年代初提出。波特认为，行业中存在着决定竞争规模和程度的五种力量，这五种力量综合起来影响着产业的吸引力以及现有企业的竞争战略决策。

这五种力量分别为同行业内现有竞争者的竞争能力、潜在竞争者进入的能力、替代品的替代能力、供应商的讨价还价能力、购买者的讨价还价能力，具体模型如图2-6所示。

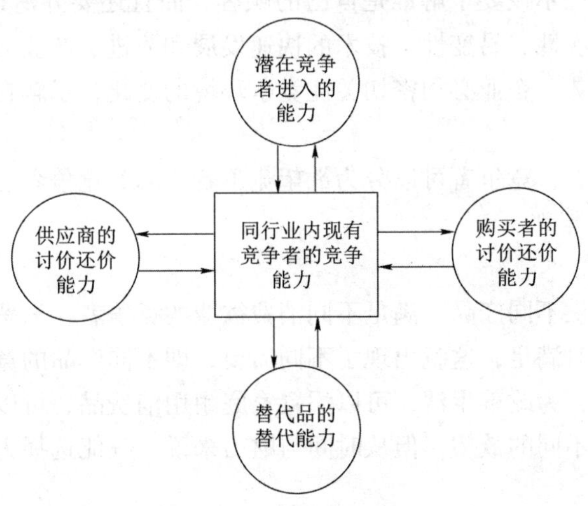

图2-6　波特五力模型

其一，波特五力模型将大量不同的因素汇集在一个简便的模型中，以此分析一个行业的基本竞争态势。五种力量模型确定了竞争的五种主要来源，即供应商和购买者的讨价还价能力，潜在进入者的威胁，替代品的威胁以及来自在同一行业的企业间的竞争。

其二，竞争战略从一定意义上讲是源于企业对决定产业吸引力的竞争规律的深刻理解。任何产业，无论是国内的或国际的，无论生产产品的或提供服务的，竞争规律都将体现在这五种竞争的作用力上。因此，波特五力模型是企业确定竞争战略时经常利用的战略分析工具。

第三节　竞争者及竞争战略

企业在开展市场营销活动过程中，会遭遇各种各样的竞争者，为了在激烈的竞争中战胜对手，企业需要全面了解自己面对的竞争者及其类型，尤其是潜在的竞争者。

企业还要善于从多个角度及早发现竞争者，及时确定应对战略，知彼知己，百战不殆；更要熟悉竞争者的市场目标，以及竞争者依附的战略群体；熟悉竞争者针对市场竞争格局的行为类型和反应模式，对症下药，明确企业自身在竞争中的角色定位，发挥优势，打败竞争者。

一、竞争者及其类型

（一）竞争者

狭义的竞争者是指与自身企业提供的产品或服务相同或相似，并且所服务的目标顾客也相似的其他同行的一个或多个。

广义的竞争者是指来自市场的各个环节，与自己企业的顾客、供应商、中间商等之间都存在某种意义上的各种竞争关系的企业。

（二）竞争者类型

企业参与市场竞争，不仅要了解谁是自己的顾客，而且还要弄清谁是自己的竞争对手。由于需求的复杂性、层次性、易变性，技术的快速发展和演进、产业的发展，市场竞争中的企业面临复杂的竞争形势。企业必须密切关注竞争环境的变化，了解自己的竞争地位及彼此的优劣势。

从消费需求的角度看，竞争者可以分为欲望竞争者、属类竞争者、产品竞争者、品类竞争者、品牌竞争者五种类型。

1. 欲望竞争者

欲望竞争者是指提供不同产品、满足不同消费欲望的竞争者。消费者在同一时刻的欲望是多方面的，但很难同时满足，这就出现了不同需要，即不同产品的竞争。例如，消费者在年终收入有较多增加后，为改善生活，可以添置家庭耐用消费品，可以外出旅游，也可以装修住宅等，出现了许多不同的欲望，但从时间与财力来说，只能选择力所能及的项目，作为在这一时期的欲望目标。

2. 属类竞争者

属类竞争是指满足同一消费欲望的不同产品之间的可替代性，是消费者在决定需要的类型之后出现的次一级竞争，也称平行竞争。例如，需要购买家庭耐用品，到底是购买家庭娱乐设备，还是购买新式家具，或是购买家庭健身器材，要选择其中的一类。

3. 产品竞争者

产品竞争是满足同一消费欲望的同类产品不同产品形式之间的竞争。消费者在决定了需要的属类之后，还必须决定购买何种产品。例如，决定购买家庭娱乐设备，到底是购买大屏幕电视机，还是购买摄像机，或是购买高级音响设备。

4. 品类竞争者

产品还有许多品类。如决定购买大屏幕彩色电视机，市场上有显像管彩色电视机、背投彩色电视机、等离子彩色电视机、液晶彩色电视机，到底选择其中的哪一种类，消费者还需要考虑。

5. 品牌竞争者

同一类产品还有不同的品牌，例如，大屏幕电视机由许多不同的厂家生产，如长虹、TCL、康佳等。

营销智慧火花：理想是美好的，现实是残酷的，市场永远都是正确的！

二、潜在竞争者及其类型

（一）识别潜在竞争者

潜在竞争者是指暂时对企业不构成威胁但具有潜在威胁的竞争对手。潜在竞争对手的可能威胁，取决于进入行业的障碍程度以及行业内部现有企业的反应程度。入侵障碍主要存在于六个方面，即规模经济、品牌忠诚、资金要求、分销渠道、政府限制及其他方面的障碍，如专利等。

企业一般只关注现实的竞争对手，而忽略了潜在的竞争对手。为了能够在激烈的市场竞争中生存下来，企业应该具备识别潜在竞争对手的能力，随时准备迎战新的对手，因为潜在竞争对手突然转变成现实竞争对手时往往会给企业带来极大的冲击。

（二）潜在竞争者类型

企业面对的潜在竞争者类型常见的有不在本行业但能够轻易克服行业壁垒的企业、进入本行业可产生明显协同效应的企业、行业战略的延伸必将导致加入本行业竞争的企业、可能前向整合或后向整合的客户或供应商，以及可能发生兼并或收购行为的企业。

1. 不在本行业但能够轻易克服行业壁垒的企业

当提供互补或替代产品的企业对另一方的市场情况，例如需求状况、价格水平、销售渠道、生产成本、原料供应都比较了解时，进入对方市场的壁垒就比较低。如果企业进入互补或替代的市场能显著地提高原有产品的销量和竞争能力，进入的可能性就非常大。它们有现成的品牌和声誉，一旦有合适的机会，就有可能进入替代品的行业，在同一市场中展开激烈竞争。

2. 进入本行业可产生明显协同效应的企业

企业进行整体性协调后所产生的整体功能的增强，称为协同效应。正是这种企业整体功能的增强，为企业带来了竞争优势。因此，如果本行业成为某企业的一种产业后能够使该企业产生明显的协同效应，那么该企业进入本行业的可能性就很大。

3. 行业战略的延伸必将导致加入本行业竞争的企业

例如，长虹、海尔两家都力图成为整个中国家电业的领先企业，长虹在加强彩电生产的同时，开始生产空调等白色家电，而海尔也开始从白色家电领域向黑色家电渗透。长虹和海尔在中国家电市场上的竞争不可避免。

4. 可能前向整合或后向整合的客户或供应商

从企业关系的层次来看，有从制造商向批发商和分销商再到最终用户的前向整合，以及从制造商到供应商的后向整合。某些政策上的优惠会导致企业间的前向整合或后向整合，如采取按最终产品征税，就会促使许多企业纵向兼并。这些经过整合后产生的新企业，往往具有很强的竞争力。

5. 可能发生兼并或收购行为的企业

为了追求规模经济效益、加强生产经营的稳定性、促进企业的快速发展或减少竞争对手扩大或垄断市场，有一定实力的企业很可能会兼并与收购一些相关企业。例如，纵向收购可以使企业拥有自己的原材料供应地或产品的最终用户，确保原材料、半成品的供应或者提供产品的销售渠道和用户，从而节省销售费用，减少经营风险。

相对于重新建厂而言，通过收购进行生产的扩张可以节约时间和投资，可以利用对方现成的人力、技术、销售渠道、业务网络，从而可以加快进入新市场的速度，减少投资风险。一些有实力的企业通过兼并或收购其他企业的方式进入新市场，会激化企业间的竞争。

营销智慧火花：客户想花点时间考虑一下，意味着他想去你的竞争者处了解情况。

三、识别竞争者的三个视角

将行业、市场需求和市场细分三个角度结合在一起分析竞争者是最客观的，既能考虑与本企业所提供的产品（或服务）的相似性和替代性，也考虑到与本企业所欲满足的消费者的一致性。一般情况下，如若这两方面的程度都最高，便可以认定该企业为本企业的主要竞争对手。

（一）从本行业角度发现竞争者

由于竞争者首先存在于本行业之中，企业先要从本行业出发来发现竞争者。提供同一类产品或服务的企业，或者提供可相互替代产品的企业，共同构成一个行业，如家电行业、食品行业、运输行业等。在同行业内部，如果一种商品的价格变化，就会引起相关商品的需求量变化。

如果滚筒式洗衣机的价格上涨，就可能使消费者转向购买其竞争产品波轮式洗衣机，这样，波轮式洗衣机的需求量就可能增加。反之，如果滚筒式洗衣机的价格下降，消费者就会转向购买滚筒式洗衣机，使得波轮式的需求量减少。因此，企业需要全面了解本行业的竞争状况，确定企业针对行业竞争者的战略。

（二）从市场需求角度发现竞争者

企业还可以从市场或消费者需要的角度出发来发现竞争者。凡是满足相同的市场需要或者服务于同一目标市场的企业，无论是否属于同一行业，都可能是企业潜在的竞争者。例如，从行业来看，电影可能是以同属于影视业的电视为主要的竞争对手。但是从市场的观点来看，消费者感兴趣的是满足欣赏影视作品的需要。因此，能够直接播放 VCD、DVD 的计算机构成了对电影业的竞争威胁。从满足消费者需求出发发现竞争者，可以从更广泛的角度认识现实竞争者和潜在竞争者，有助于企业在更宽的领域中制定相应的竞争战略。

（三）从市场细分角度发现竞争者

为了更好地发现竞争者，企业可以同时从行业和市场两个方面，结合产品细分和市场细分来进行分析。假设市场上同时销售五个品牌的某产品，而且整个市场可以分为十个细分市场。如果某品牌打算进入其他细分市场，就需要估计各个细分市场的容量、现有竞争者的市场占有率，以及各个竞争者当前的实力及其在各个细分市场的营销目标与战略。从细分市场出发发现竞争者，可以更具体、更明确地确定相应的竞争战略。

营销智慧火花：你说的话客户记不住多少，但你带给他们的感受，他们却终生难忘。

四、竞争者的市场目标分析

企业竞争者的市场目标分析需要注意如下四个方面的内容：一是不同竞争者目标组合侧重点不同，二是要根据竞争者行为的反应进行正确的评价，三是发现竞争者的市场目标及其行为变化，四是确认竞争者的市场目标存在差异。

（一）不同竞争者目标组合侧重点不同

企业必须了解每个竞争者的目标重点以及目标组合的侧重点，优化企业拥有的有限资源，只有这样，才能对其展开竞争攻势。

（二）根据行为的反应进行正确的评价

一个以技术领先为主要目标的竞争者，将对其他企业在研究与开发方面的进展有强烈的反应，而对价格方面的变化相对不那么敏感。

（三）竞争者的市场目标及其行为变化

通过密切观察和分析竞争者目标及其行为变化，可以为企业的竞争决策提供方向。例如，竞争者开辟了一个新的细分市场，也就意味着可以产生一个新的市场机会；竞争者试图打入自己的市场，则需要加以认真对待。

（四）竞争者的市场目标存在差异

竞争企业的市场目标可能存在着差异，从而影响到企业的经营模式。例如，竞争者是寻求长期业绩的增长还是寻求短期业绩最大化，将影响到竞争者在利润与收入增长之间的权衡。竞争者的目标差异对企业确定营销战略有影响。

五、竞争者的战略群体分析

企业竞争者的竞争战略分析要从同一策略群体的不同竞争者、不同策略群体的竞争者两个角度进行。

（一）同一策略群体的不同竞争者

凡采取类似竞争策略的企业，可以划为同一策略群体。例如，某些大型百货公司采取的是面向高档市场的高价策略，而连锁商店采取的则是面向工薪阶层的低价策略。属于同一策略群体的不同竞争者一般采用类似的策略，相互之间存在着激烈的竞争。

（二）不同策略群体的竞争者

凡采取不同竞争策略的企业，可以划为不同策略群体。在不同的策略群体之间也存在着竞争：其一，企业具有相同的目标市场，从而相互之间存在着争夺市场的竞争；其二，策略差异的不明确性，使顾客混淆了企业之间的差别；其三，企业策略的多元性，使不同策略群体企业的策略发生了交叉；其四，企业可能改变或扩展自己的策略，加入另一策略群体的行列。属于不同策略群体的企业尽管采用不同的策略，但仍然存在着不同程度的竞争。

营销智慧火花：记在本子里的叫笔记，记在脑海里的叫知识，拿出来就能用的才叫能力。

六、竞争者市场反应的行为类型

企业竞争者市场反应的行为类型主要包括迟钝型竞争者、选择型竞争者、强烈反应型竞争者、不规则型竞争者四种。

（一）迟钝型竞争者

某些竞争企业对市场竞争措施的反应不强烈，行动迟缓。这可能是因为竞争者受到自身在资金、规模、技术等方面的能力的限制，无法进行适当的反应；也可能是因为竞争者对自己的竞争力过于自信，不屑于采取反应行为；还可能是因为竞争者对市场竞争措施不够重视，未能及时捕捉到市场竞争变化的信息。

（二）选择型竞争者

采取选择型反应模式的竞争者只对某一类或几类攻击有所反应，而对其他攻击没有反应。例如，竞争者可能对削价反应强烈，而进行较大幅度的降价；竞争者也可能对公关和广告有所反应而采取抗衡策略。选择型竞争者比较常见，对于该类竞争者，企业要识别它对哪些竞争类型有所反应。

（三）强烈反应型竞争者

许多竞争企业对市场竞争因素的变化十分敏感，一旦受到挑战就会迅速产生强烈的市场反应，进行激烈的报复和反击。这种报复措施往往是全面的、致命的，甚至是不计后果的，不达目的决不罢休。

强烈反应型竞争者通常是市场上的领先者，具有某些竞争优势。一般企业轻易不敢或不愿挑战，尽量避免与其进行直接的正面交锋。

（四）不规则型竞争者

这类竞争企业对市场竞争进行的反应通常是随机的，往往不按规则出牌，使人感到不可捉摸。不规则型竞争者在某些时候可能会对市场竞争的变化有反应，也可能不反应；既可能迅速反应，也可能反应迟缓；反应既可能是剧烈的，也可能是柔和的。

营销智慧火花：处理营销问题要有三赢思维，从公司、客户、自己三个角度力求平衡。

七、竞争者反应模式

当企业采取某些竞争措施和行动后，不同的竞争者往往会有不同的反应。竞争者的反应模式主要有从容型竞争者、选择型竞争者、凶猛型竞争者、随机型竞争者四种类型，其具体表现如表2－4所示。

表2－4 竞争者反应模式

反应模式	具体表现
从容型竞争者	一些竞争者反应较弱、行动迟缓，其原因或是认为顾客忠诚于自己的产品无须做出反应，或是因重视不够没有发现对手的新措施，或是因资金缺管无法做出反应
选择型竞争者	一些竞争者可能会对某些竞争措施反应强烈，而对某些竞争措施不加理会，因为认为这些竞争措施对自己威胁不大
凶猛型竞争者	一些竞争者可能对任何形式的挑战都迅速而强烈地做出反应
随机型竞争者	有些竞争者的反应模式难以捉摸，其在特定场合可能采取也可能不采取行动，而且无法预料到将采取何种行动

八、企业竞争战略的市场角色

企业在市场上的竞争地位，决定其可能采取的竞争策略。企业在特定市场的竞争地位，大致可分为市场领先者、市场挑战者、市场追随者和市场补缺者四类。

（一）市场领先者

市场领先者为了保持自己在市场上的领先地位和既得利益，可能采取扩大市场需求、维持市场份额或提高市场占有率等竞争策略。为扩大市场需求，采取发现新用户、开辟新用途、增加使用量、提高使用频率等策略。为保护市场份额，采取创新发展、筑垒防御、直接反击等策略。

（二）市场挑战者

市场挑战者是指那些在市场上居于次要地位的企业，它们不甘于目前的地位，通过对市场领先者或其他竞争对手的挑战与攻击，来提高自己的市场份额和市场竞争地位，甚至拟取代市场领先者的地位。它们采取的策略有价格竞争、产品竞争、服务竞争、渠道竞争等。

（三）市场追随者

市场领先者与市场挑战者的角逐，往往两败俱伤，从而使其他竞争者三思而行，不敢贸然向市场领先者直接发起攻击，更多的还是选择市场追随者的竞争策略。它们的策略有仿效跟随、差距跟随、选择跟随等。

（四）市场补缺者

几乎所有的行业都有大量中小企业，这些中小企业盯住大企业忽略的市场空缺，通过专业化营销，集中自己的资源优势满足这部分市场的需要，其策略有市场专门化、顾客专门化、产品专门化等。

营销智慧火花：成功的销售 =20% 真诚 +30% 技巧 +30% 专业技能 +20% 品牌企业背景。

第四节　波士顿矩阵竞争战略

波士顿矩阵（BCG Matrix）由美国著名管理学家、波士顿咨询公司（Boston Consulting Group，BCG）的创始人布鲁斯·亨德森于1970年首创。波士顿矩阵是一种规划企业产品组合的方法，该方法用市场增长率—相对市场占有率矩阵来对企业的战略业务单位进行分类和评价。

一、波士顿矩阵

波士顿矩阵又称市场增长率—相对市场份额矩阵、波士顿咨询集团法、四象限分析法、产品系列结构管理法等。波士顿矩阵的优点是简单明了，可以使企业在资源有限的情况下，合理安排产品系列组合，收缩或放弃萎缩产品，加大在更有发展前景产品上的投资，提高企业竞争优势。

（一）波士顿矩阵简介

确定公司层战略最流行的理论之一就是波士顿矩阵理论，该理论认为，一般决定产品结构的基本因素有两个：市场引力与企业实力。

1. 市场引力

市场引力包括企业销售（量/额）增长率、目标市场容量、竞争对手强弱及利润高低等。其中最主要的是反映市场引力的综合指标——销售增长率，这是决定企业产品结构是否合理的外在因素。

2. 企业实力

企业实力包括市场占有率，技术、设备、资金利用能力等。其中，市场占有率是决定企业产品结构的内在要素，直接显示出企业竞争实力。

3. 市场引力与企业实力的关系

销售增长率与市场占有率既相互影响，又互为条件：市场引力大，市场占有高，可以显示产品发展的良好前景，企业也具备相应的适应能力，实力较强；如果仅有市场引力大，而没有相应的高市场占有率，则说明企业尚无足够实力，则该种产品也无法顺利发展；相反，企业实力强，但市场引力小的产品也预示了该产品的市场前景不佳。

4. 四种不同性质的产品类型

以上两个因素相互作用，会出现四种不同性质的产品类型，形成不同的产品发展前景，相应采取不同的市场竞争战略：第一，销售增长率和市场占有率“双高”的产品群（明星产品）；第二，销售增长率和市场占有率“双低”的产品群（瘦狗产品）；第三，销售增长率高、市场占有率低的产品群（问号产品）；第四，销售增长率低、市场占有率高的产品群（现金牛产品）。

> 营销智慧火花：朋友不一定是生意伙伴，但你一定要把生意伙伴变成朋友。

（二）波士顿矩阵原理

波士顿矩阵将企业所有产品从销售增长率和市场占有率角度进行再组合。在坐标图上，以纵轴表示企业销售增长率，横轴表示市场占有率，各以10%和20%为区分高、低的中点，将坐标图划分为四个象限，依次为“问号”“明星”“现金牛”“瘦狗”，波士顿矩阵的具体分布如图2－7所示。

在使用中，企业可将产品按各自的销售增长率和市场占有率归入不同象限，使企业现有产品组合一目了然，同时便于针对处于不同象限的产品制定不同的市场竞争战略。其目的在于通过产品所处不同象限的划分，使企业采取差异化战略，以保证其不断地淘汰无发展前景的产品，保持产品的合理组合，实现产品及资源分配结构的良性循环，形成企业竞争优势。

图2－7　波士顿矩阵

二、波士顿矩阵市场竞争战略

波士顿矩阵对企业产品所处的四个象限有不同的定义，采取不同的市场竞争战略。

（一）明星产品：采用市场发展战略

明星（Stars）产品是指处于高增长率、高市场占有率象限内的产品群。这类产品可能成为企业的现金牛产品，需要加大投资以支持其迅速发展。采用的市场发展战略是：积极扩大经济规模和市场机会，以长远利益为目标，提高市场占有率，加强竞争地位。市场发展战略以及明星产品的管理与组织最好采用事业部形式，由对生产技术和销售都很在行的经营者负责。

（二）现金牛产品：采用市场收获战略

现金牛（Cash Cows）产品是指处于低增长率、高市场占有率象限内的产品群，其已进入成熟期，财务特点是销售量大、产品利润率高、负债比率低，可以为企业提供资金。而且由于增长率低，也无须增大投资，因而成为企业回收资金，支持其他产品，尤其明星产品投资的后盾。对于这一象限内的大多数产品，市场占有率的下跌已成不可阻挡之势，因此可采用市场收获战略，即投入资源以达到短期收益最大化。

把设备投资和其他投资尽量压缩可采用“榨油式”方法，争取在短时间内获取更多利润，为其他产品提供资金。对于这一象限内的销售增长率仍有所增长的产品，应进一步进行市场细分，维持现存市场增长率或延缓其下降速度。对于现金牛产品，适合于用事业部制进行管理，其经营者最好是市场营销型人物。

如果公司只有一个现金牛业务，说明公司的财务状况是很脆弱的。因为市场环境一旦变化导致这项业务的市场份额下降，公司就不得不从其他业务单位中抽回现金来维持现金牛的领导地位，否则这个强壮的现金牛可能就会变弱，甚至成为瘦狗。

（三）问号产品：采用选择性投资战略

问号（Question Marks）产品也叫稚童产品，是指处于高增长率、低市场占有率象限内的产品群。高增长率说明市场机会大，前景好，而低市场占有率则说明在市场营销上存在问题。其财务特点是利润率较低，所需资金不足，负债比率高。例如，在产品生命周期中处于引进期、因种种原因未能开拓市场局面的新产品即属此类产品。

对问号产品应采取市场选择性投资战略，即首先确定对该象限中那些经过改进可能会成为明星的产品，进行重点投资，提高市场占有率，使之转变成“明星产品”；对其他将来有希望成为明星的产品，则在一段时期内采取扶持的对策。因此，对问号产品的改进与扶持方案一般均应列入企业长期计划。对问号产品的管理组织，最好采取智囊团或项目组织等形式，选拔有规划能力、敢于冒风险、有才干的人负责。

（四）瘦狗产品：采用市场撤退战略

瘦狗（Dogs）产品是指处在低增长率、低市场占有率象限内的产品群。其财务特点是利润率低、处于保本或亏损状态，负债比率高，无法为企业带来收益。对这类产品应采用市场撤退战略，首先应减少批量，逐渐撤退；对那些销售增长率和市场占有率均极低的产品，则应立即淘汰；其次是将剩余资源向其他产品转移；最后是整顿产品系列，最好将瘦狗产品与其他事业部合并，统一管理。

营销智慧火花：能够赚大钱的人，都是懂得如何让别人赚钱的人。

三、波士顿矩阵的局限

其一，在实践中，企业如要确定各业务的市场增长率和相对市场占有率，是比较困难的。

其二，波士顿矩阵过于简单。首先，它用市场增长率和企业相对占有率两个单一指标，不能全面反映这两方面的状况；其次，两个坐标各自的划分都只有两个，比较粗糙。

其三，波士顿矩阵事实上暗含了一个假设：企业的市场份额与投资回报是成正比的。但在有些情况下，这种假设可能是不成立或不全面的。

其四，波士顿矩阵的另一个条件是，资金是企业的主要资源。但在许多企业内，要进行规划和均衡的重要资源不仅是现金，还有技术、时间和人员的创造力。

其五，波士顿矩阵在具体运用中遇到很多困难。

【案例分析】

王老吉创造营销奇迹

王老吉凉茶于清道光年间（1828 年）由王泽邦创立，至今有近两百年的历史，被公认为凉茶始祖，有“凉茶王”之称。凉茶是广东、广西地区的一种由中草药熬制，具有清热去湿等功效的“药茶”。在众多老字号凉茶中，尤以王老吉最为著名。到了近代，王老吉凉茶跟随着华人的足迹遍及世界各地。

从 2012 年 6 月到 2013 年 12 月，短短 19 个月，王老吉的东家，即广药集团招揽数千名精英，全面开展招商和销售布点工作，在全国 31 个省市区的商超、批发、小店等渠道的铺货率达到 85%，餐饮渠道达到 60%，创造了 150 亿元的营销奇迹。

近几年，一句“怕上火，就喝王老吉”，令其红遍大江南北。2014 年 3 月，王老吉正式宣布将首期投入 10 亿元在北京设立北方总部，形成南北双核，不仅助力实现 2014 年 200 亿元销售目标，更直接剑指 2020 年实现 600 亿元销售目标。

（案例来源：搜狗百科）

【问题】 运用 SWOT 分析工具，分析王老吉市场营销的内外环境及其市场竞争战略。

【本章小结】

本章主要针对企业的微观环境与宏观环境、内部环境与外部环境进行了分析，并重点对企业内外环境的 SWOT 分析工具进行了阐述，该分析工具的用途在于优化分配企业有限资源，明确企业竞争优势。在此基础上，阐述了企业市场竞争战略的基础知识、竞争者识别、市场竞争战略类型。最后介绍了波士顿矩阵。

【思考题】

1. 举例说明企业宏观环境与外部环境、微观环境与内部环境的不同含义。
2. 举例说明行业环境对区分宏观环境与外部环境、微观环境与内部环境的作用。
3. 简述企业潜在竞争者的类型。
4. 绘制 SWOT 组合战略矩阵图，并解释该图的内涵。
5. 简述 SWOT 分析工具的局限性。

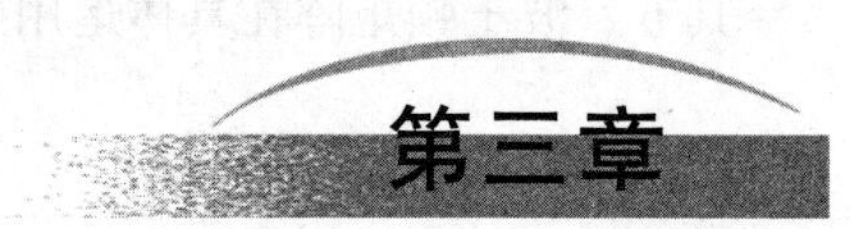

第三章

市场调查研究

【教学要求】

1. 了解市场调查研究的类型及其五个方面的调研内容。
2. 了解市场调查研究的程序，以及开展市场调查研究活动的工作流程。
3. 熟悉市场调查研究方法及其适应条件。
4. 掌握市场调研技术及数据整理加工能力，撰写规范的市场调查研究报告。
5. 掌握市场趋势预测的程序和预测方法。

【本章术语】

◆市场调研　◆市场预测　◆问卷调查　◆抽样调查　◆市场调查研究报告

【课程思政】

●没有调查就没有发言权。

●实事求是，是无产阶级世界观的基础，是马克思主义的思想基础。

第一节　市场调研概述

市场调查研究（简称“市场调研”，有时也称“市场营销调研”）即指现代企业的调查研究人员，运用各种调查方法，通过大数据云平台，建立标准化信息数据处理模型，采集自动行业监测数据，借助市场调研数据分析系统，准确且客观地收集、整理和分析与市场营销相关的资料和数据，帮助企业市场营销管理层制定有效的市场营销策略或战略的一种市场营销实践活动。

本部分内容主要介绍市场调查研究的基础、市场调查研究的程序、市场调查研究的作用、市场调查研究的手段、市场调查研究的特性、市场调查研究的工作流程等内容。

一、市场调查研究的基础

第一，市场调查研究要求调研员对调查进行周密的计划和思考，并且有条理地组织实施调研工作，公正并中立地对所有信息资料保持客观的态度，对发现的结果保持坦诚且公正的态度。

第二，市场预测即指企业调研员在通过市场调查获得一定资料的基础上，针对企业的实际需要以及相关的现实环境因素，运用理论知识、实践经验和科学方法，对企业的发展和市场变化趋势进行恰当的分析与判断，为有效地开展企业营销及其策划活动等提供可靠依据的活动。

第三，市场调查研究即指企业及其营销人员运用一定的方法和技术对所需信息进行系统收集、整理和分析的过程，是企业进行营销决策的重要前提和基础。

第四，通过市场调研，企业能够了解营销环境，发现和利用最佳的市场机会，满足顾客对产品和服务的需要，最大限度地规避环境风险，企业的生存和发展也就有了保障。

（一）市场调查研究类型

市场调研虽是营销活动的起点，却贯穿整个营销过程。根据不同的调研目的，企业可以采用不同的市场调研类型，主要包括探测型、描述型、因果型、预测型四种类型。表 3－1 对市场调查研究的四种类型的含义进行了解释，并对四种类型的调研内容以及准确性进行了说明。

表 3－1　市场营销调研的类型

类　型	含　义	说　明
探测型	企业在对需要调研的问题不清楚，无法确定调研具体内容时采取的试探性调研	企业内外资料查阅，非结构性个人或小组访问，案例定性研究方法属于此类调研
描述型	针对需要调研的问题，采用一定的方法，对市场客观情况进行如实描述和反映	针对产品市场潜力、顾客态度等问题的调研属于该类，多采用询问法和观察法
因果型	因果型调研在于弄清问题原因和结果间有关变量的关系，有定性和定量调研之分	采用试验法收集数据，再运用统计或数学模型分析，结果最为准确
预测型	这是对市场未来情况所进行的调查研究，事实上是调查研究方法在市场预测中的应用	预测未来一定时期内某一市场环节因素的变动趋势及其对企业营销活动的影响

（二）市场调查研究内容

市场调研是为了提高产品的销售决策质量、解决存在于产品销售中的问题或寻找机会等，而系统客观地识别、收集、分析和传播营销信息的工作。市场调研的内容涉及市场营销活动的整个过程，调查分析企业市场的宏微观环境和内外环境，分析消费者市场需求容量，分析消费者个性需求、消费心理和消费行为，调研行业竞争者及其市场的供给力和竞争力，调查研究营销策略的营销因素等。一般而言，市场调研主要包括以下几方面的内容，如表3－2所示。

表 3－2　市场调研的内容

调研类目	调研内容
市场环境	政治经济、社会文化、科学和自然地理环境等，具体内容为国家方针政策和法律法规、经济结构、风俗习惯、科学发展动态等

续表

<table>
<tr><th colspan="2">调研类目</th><th>调研内容</th></tr>
<tr><td colspan="2">市场需求</td><td>消费者需求量、消费结构、消费者行为，具体内容包括消费者购买产品的原因、类型、时间、数量、方式、习惯、频率、偏好和评价等</td></tr>
<tr><td colspan="2">市场供给</td><td>产品的实体、生产能力等，具体包括市场可以提供的某一产品的数量、功能、品牌、质量、型号，生产供应企业的情况等</td></tr>
<tr><td colspan="2">市场竞争</td><td>竞争企业、同类企业的产品、价格等情况，竞争对手采取的竞争手段或策略等</td></tr>
<tr><td rowspan="4">市场营销因素</td><td>产品</td><td>市场上新产品开发、设计、消费者使用、产品生命周期阶段、产品的组合，以及消费者对产品的评价等情况</td></tr>
<tr><td>价格</td><td>消费者对于价格的接受情况，对价格策略的反应等情况</td></tr>
<tr><td>渠道</td><td>中间商的情况、消费者对中间商的满意情况、渠道的结构等情况</td></tr>
<tr><td>促销</td><td>促销活动效果（人员推销效果、营业推广效果、广告实施效果）和对外宣传的市场反应等情况</td></tr>
</table>

二、市场调查研究的程序

市场调研的成功主要体现在：一是发现市场新契机，二是完善企业营销活动，三是提升企业营销策略。为使调研成功，在市场调研中需要建立一套系统科学的程序。一般而言，市场调研程序分为三个阶段，即策划阶段、资料收集阶段、资料整理分析阶段。

（一）市场调研的策划阶段

市场调查的策划阶段是市场调查工作的准备和开始，策划阶段是否充分周到，对后面的市场调查工作的开展和调查质量影响很大。这一阶段的内容主要包括确定调研目标、确定调研项目、选择调研方法、估算调研费用、编写调研建议书等。

（二）市场调研的资料收集阶段

拟定的调研策划建议书经企业主管部门审查批准后，就进入调研资料的收集阶段。这个阶段的主要任务是组织调研人员按照调研方案和工作计划，通过案头调查和实地调查等多种调查方式，系统收集各种资料数据。

（三）市场调研的资料整理分析阶段

市场调研的资料整理分析阶段是调研全过程的最后一环，是市场调研发挥作用的关键。本阶段包括资料整理、资料分析、市场调研报告的撰写。首先，对获取的大量调研资料进行审核订正，分类汇总；其次，运用统计学的有关原理和方法，研究市场现象总体的数量特征和数量关系，揭示市场现象的发展规律和水平、总体结构和比例、市场现象的发展速度和趋势等。

营销智慧火花：要成功，不要与马赛跑，而要骑在马上，马到成功。

三、市场调查研究的作用

市场调查研究是企业进行市场战略决策的重要依据，能够帮助企业进行有效的市场分析，从而进行科学合理的决策。市场调研对于企业的作用，主要体现在以下几个方面。

（一）有助于现代企业的市场拓展与市场定位

其一，有助于为企业的市场竞争策略提供客观依据。

其二，有助于企业挖掘潜在市场，开拓新市场。

其三，有助于企业准确市场定位，有针对性地满足消费者需求。

其四，有助于企业完善市场信息管理系统，提高企业经营水平。

（二）有助于发现市场需求进而抓住营销机会

任何企业的产品都不会在市场上永远畅销，企业要想为自己的产品或服务推广创造更多的机会，要想生存和发展就要不断开发新产品，而这就必须对市场有一定的了解，就需要对消费者进行调研。通过调研可以了解和掌握消费者的消费趋向、消费偏好的变化及对产品的期望，然后企业可以根据调研结果设计出满足消费者需求的产品，凭此制订营销计划，使企业市场营销走向专业化。

（三）有助于吸收国内外先进经验和最新技术

通过市场调查可以及时了解市场发展动态和科技信息，为企业提供最新的市场情报和技术生产情报，以便更好地学习和吸取同行业的先进经验和最新技术，加速产品更新换代，增强产品和企业的技术含量。

市场调研也有助于改进生产技术，提高管理水平。当今世界，科学技术发展迅速，新发明、新创造、新技术和新产品层出不穷，日新月异。通过市场调查所得到的情况和资料有助于企业及时了解世界各国的经济动态和有关科技信息，助力决策。

（四）有助于增强企业核心竞争力和生存能力

商品市场的竞争由于现代社会化大生产的发展和技术进步而日益激烈化。现代企业为适应这种变化，通过广泛的市场调研，及时了解各种市场及其环境因素的变化，有针对性地采取措施，通过对价格、产品结构、广告等市场因素的调整去应对市场竞争，增强企业核心竞争力和生存能力。

市场调研有助于增强企业的竞争力和应变力。市场的竞争是激烈的，情况也在不断发生变化。市场上的各种变化因素可以归结为两类：一类是可控制因素，如产品、价格、分销、广告和推广等；另一类是非可控因素，如国内环境和国际环境所包括的有关政治、经济、文化、地理条件等因素。这两类因素相互联系、相互影响，而且不断发生变化。

（五）有助于制订企业计划进而实现生产目的

企业生产的目的是满足人民日益增长的物质和文化生活需要，为此，首先要了解民众需要什么，以便按照消费者的需要进行生产，而消费者的需要在不断变化，要实时开展调研活动。因此，市场调查是国民经济各部门制订计划及企业实现生产目的的重要一环。

（六）有助于为现代企业管理者提供决策依据

任何现代企业都只有在对市场情况有了实际了解的情况下，才能有针对性地确定市场营销策略和企业经营发展策略。企业管理部门和有关人员在针对某些问题进行决策，如进行产品、价格、分销、促销策略的确定时，只有将通过市场调查研究获取的信息作为决策的依据，才不会做出盲目而脱离实际的决策。

企业制定经营决策，需要了解内部和外部的环境及信息；要掌握信息，就必须进行市场调研。人们常常羡慕某些成功的企业家善于把握机遇，殊不知他们这种料事如神的“天赋”源于科学的市场调研。

营销智慧火花：市场是个晴雨表，调查研究不可少；数据优于空谈，事实胜于雄辩。

四、市场调查研究的手段

（一）组织座谈

座谈会是由训练有素的主持人以非结构化的自然方式对一小群调查对象进行的有组织的访谈。座谈会由主持人引导讨论全过程，目的是在适当的目标消费者群中抽取一组人，听取他们讨论对座谈主题所表达的观点。该手段的价值在于小组自由讨论，经常会得到意想不到的新信息。座谈会乃最重要的一种定性研究手段。

（二）定点街访

定点街访（Central Location Test，CLT）是一种综合了入户访问与街头拦截访问优点的调查数据采集方式。定点街访运用广泛，可在人流量大的繁华地带设定安静、优雅的会场，街访员在户外邀请合格的过路行人到会场依序接受访问；也可先通过电话预约目标被访者，再将之集合到同一个会场接受访问，即固定点集合访问。

（三）流动街访

流动街访即选定繁华或者目标人流较大的户外场所，街访员随机地、有间隔地拦住过往行人，就地进行问卷调查活动。该调研手段比较适合对人群特征或目标市场相对比较清晰的调研项目，产品或服务的渗透率较低的研究项目。

（四）深度访谈

深度访谈是通过一对一的访谈方式进行的一种非结构化的、径直的调查方式。非常有技巧的访谈员对单个的调查对象进行深入的当面访谈，可挖掘出关于某访谈主题所涉及消费者的潜在行为动机、信仰、态度以及感觉等。

五、市场调查研究的特性

市场调查研究的特性包括调研目标的明确性、调研方法的科学性、调研内容的保密性、资料收集的经济性等。

（一）调研目标的明确性

在市场调研过程中，只有目标明确，才可以确定调研方向。市场调研是指用科学的方法，有目的、有系统地搜集、记录、整理和分析市场情况，了解市场的现状及其发展趋势，为企业的决策者确定政策、进行市场预测、做出经营决策、制订计划提供客观正确的依据。

（二）调研方法的科学性

市场调研的方法必须具有一定的科学性。若只是非逻辑的胡乱调查，得出的结果不仅不准确，还可能给人造成错误的市场判断，带来较大的经济损失。科学的调研方法有助于市场调研活动的顺利完成，且得出准确的调研结果。

（三）调研内容的保密性

市场调研是企业的决策者制定策略、进行市场预测等的依据，调研内容保密才不会致使公司的营销机密泄露，造成损失。

（四）资料收集的经济性

在调研过程中，企业会产生一定的经济成本支出。资料收集方法一般要选择成本、低耗时少的方法，比如在原始资料的收集方法中，邮寄调查成本费用最低；在所有抽样调查方法中，便利抽样是成本最低、耗时最少的一种。

六、市场调研的工作流程

市场调研工作流程是指企业内部市场调研人员从起始到完成所发生的一项业务的执行全过程，由多个部门、多个岗位、多个环节，按照工序共同完成，是一组输入转化为输出的完整过程。

市场调研工作流程包括实际工作过程中的工作环节、步骤和程序，但是各项工作之间的逻辑关系是一种动态关系。市场调研工作流程如图 3－1 所示。

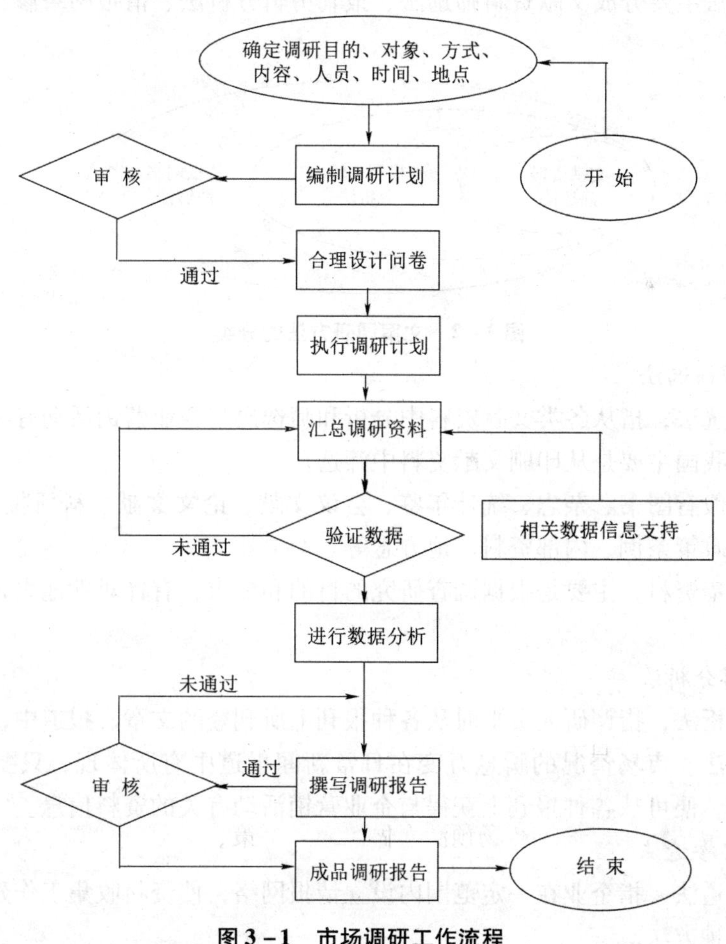

图 3－1　市场调研工作流程

第二节　市场调研方法

大部分市场调研属于非全面性调研，即调研者利用只占调研对象部分比例的信息来反映调研对象的总体情况。

企业调研人员的主要任务就是根据特定的调研目的和调研任务合理地选择调研对象和调研方法，搜集可靠的市场信息资料，确保调研结果不失真。常用的市场调研方法有文案调研方法、实地调研方法和网络调研方法。

一、文案调研方法

文案调研方法又称间接调研法、案头调研法，是指通过查阅、收集历史和现实的各种资料，并经过甄别、统计、分析得到的调研者需要的各类资料的一种调研方法。

文案调研的资料来源一是企业内部的各种业务、统计、财务及其他有关资料，二是企业外部各级图书馆及各类情报单位的资料。

（一）文案调研方法分类

文案调研方法主要分成文献资料筛选法、报刊剪辑分析法、情报网络渗透法三种，如图 3－2 所示。

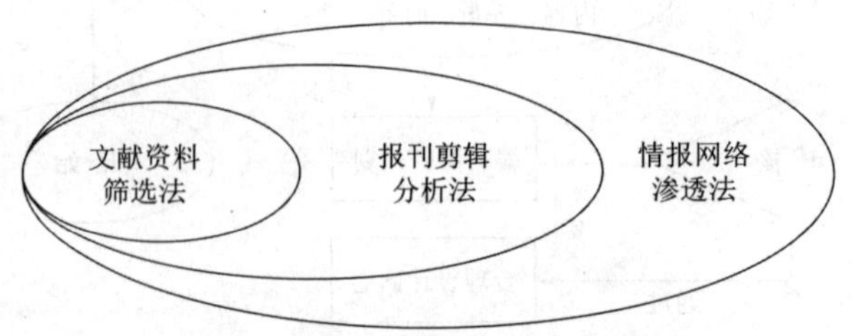

图 3－2　文案调研方法的分类

1. 文献资料筛选法

文献资料筛选法，指从各类文献资料中分析和筛选出与企业营销活动有关的信息和资料的一种方法。在我国主要是从印刷文献资料中筛选。

印刷文献一般有图书、杂志、统计年鉴、会议文献、论文文献、科研报告、专利文献、档案文献、政府政策条例、内部资料、地方志等。

采用此法搜集资料，主要是根据调查研究的目的和要求，有针对性地去查找有关的文献资料。

2. 报刊剪辑分析法

报刊剪辑分析法，指调研人员平时从各种报刊上所刊登的文章、报道中，分析和收集情报信息的一种方法。市场情况的瞬息万变在日常新闻报道中有所体现，只要我们用心去观察、收集、分析，便可从各种报刊上获得与企业营销活动有关的资料信息。

3. 情报网络渗透法

情报网络渗透法，指企业在一定范围内设立情报网络，使资料收集工作延伸至企业想要涉及的地区的一种方法。

企业建立情报网可在重点地区设立固定情报点派专人或地区销售人员兼职，在一般地区可与同行业、同部门以及有关的情报资料部门合作，定期互通情报，以获得各自所需资料。

如果企业没有人力、财力和物力建立自己独立的情报网，可借助其他部门的有偿情报网，支付适当的报酬获取急需资料。

（二）文案调研工作流程

文案调研方法共有五个环节：明确所需调研资料，审查分析现有资料，寻找资料信息来源，筛选分析已获资料，撰写文案调查报告。由这五个环节构成的文案调研工作流程如图3－3所示。

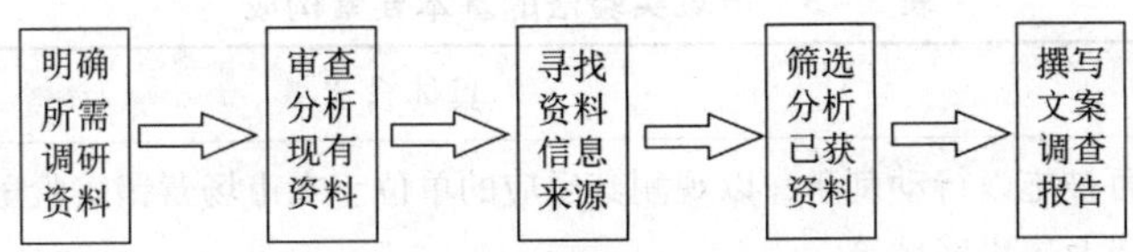

图3－3 文案调研工作流程

二、实地调研方法

实地调研方法按照所采用的形式可分为访问调研法、现场观察法和市场实验法。选择哪一种调研方法，与调研目标、调研对象和调研员的素质等有直接关系。每一种调研方法，其反馈率、真实性及调研费用都不同。

（一）访问调研法

访问调研法是指将拟调研的事项以当面、电话或书面等不同形式向被调研者进行询问，以获得所需调研资料的调研方法。这是一种最常用的市场实地调研方法，也可以说是一种特殊的人际关系或现代公共关系。正因如此，调研人员应清楚地认识到，通过调研不仅要收集到调研所期望的资料，还要给调研对象留下良好的印象，树立公司的形象，可能时应将被调研者视为潜在的用户进行产品或服务的宣传。访问调研法的类型如图3－4所示。

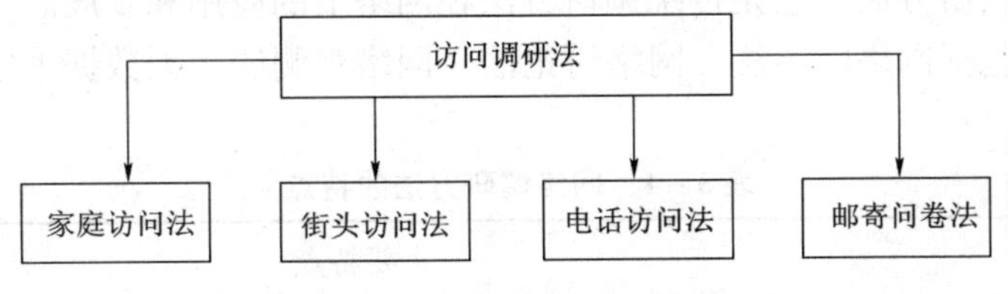

图3－4 访问调研法的类型

（二）现场观察法

现场观察法是指调研者根据调研的目的，有组织、有计划地运用自身的感觉器官或借助科学的观测工具，直接收集当时正在发生的、处于自然状态下的市场现象的调研方法。

现场观察法是在不向当事人提问的条件下，通过各种方式对调研对象进行直接观察，被观察者的行为、反应或感受较为真实。

现场观察法是调研人员凭借自己的眼睛或借助摄录像器材，在调研现场直接记录正在发生的市场行为的一种有效的资料收集方法，其特点是被调研者是在不知晓的情况下接受调研的。

> 营销智慧火花：走马观花看花眼，眼见不为实；下马看花做调研，事实不争辩。

（三）市场实验法

市场实验法是指市场调研人员有目的、有意识地通过改变或控制一个或几个市场影响因素的实践活动，观察市场现象在这些因素影响下的变动情况，认识市场现象的本质和发展变化规律的一种方法，对于研究事物之间的因果关系非常有效。市场实验法由四个基本要素构成，具体情况如表3－3所示。

表3－3　市场实验法的基本要素构成

基本要素	具体含义
实验主体	可被施以行动刺激，以观测其反应的单位。在市场营销实验里主体可能是消费者、商店及销售区域等
实验投入	研究人员实验其影响力的措施变量。实验投入可能是价格、包装、陈列、销售奖励计划或市场营销变量
环境投入	影响实验投入及其主体的所有因素。环境投入包括竞争者行为、天气变化、不合作的经销商等
实验产出	亦即实验结果，主要包括销售额的变化、顾客态度与行为的变化等

三、网络调研方法

信息时代的消费者需求呈现出多样化、个性化等特点。随着互联网的迅速发展，企业进行市场调研经常应用这种现代化的技术工具，以便满足消费者各具特色的需求。

网络调研方法泛指在网络上发布调研信息，并在互联网上收集、记录、整理、分析和公布用户反馈信息的调研方法。它是传统调研方法在网络上的应用和发展。

网络调研方法包括网络问卷法、网络讨论法、网络观测法、大数据采集法等，其特点如表3－4所示。

表3－4　网络调研方法的特点

项目	主要特点
调研费用	调研费用低廉。信息采集无须派出调研员，无须印刷调研问卷。信息检验和处理由计算机自动完成
调研范围	无时空、地域限制，自由度大，样本信息海量，多媒体电子问卷，信息公开、平等对称
调研周期	问卷回收快，时效性强，自动生成数据库，计算速度快、调研周期短
优劣势	网络调研具有自愿性、实时性、互动性、经济性、隐匿性等优势，但受访对象的代表性、信息的可信度、网络的安全性等难以控制

（一）网络问卷法

网络问卷法的被调研者通过网络填写问卷而完成调研。网上问卷调研一般有两种：一种是站点法，即将问卷放在网络站点上，由访问者自愿填写；另一种是用 E - mail 将问卷发送给被调研者，问卷回收到指定邮箱。该法比较客观、直接，但交互性很差，不能进行深入调研和分析。

（二）网络讨论法

网络讨论法的实现途径有聊天工具（QQ 等）、电子布告栏系统（BBS）、即时通信软件（ICQ）、新闻组（News - Group）、网络实时交谈（IRC）、网络视讯会议（Net - meeting）、贴吧、微博、微信等。主持人在各类讨论组中发布调研项目，被调研者参与讨论，发布各自观点和意见，该法对信息收集和数据处理的模式设计要求很高，难度较大。

（三）网络观测法

网络观测法是一种对网站访问情况和网民行为进行观察和监测的方法，大量网站在使用这种网上监测。很多公司提供免费下载的软件，其实质是在进行网上行为监测，目的是全面了解网站和用户的情况。另外，基于 TCP/IP 进行的网络调研不仅记录了网站用户访问量，还记录了网民上传和下载的软件、收发的电子邮件等全部网上行为。

（四）大数据采集法

大数据采集法是指依托网络多个平台采集海量数据，运用大数据技术进行分析与预测，全面而准确地刻画描述网民行为的一种调研方法。大数据的数据来源呈多样化、广泛性的特点，数据采集平台包括互联网、移动互联网、广电网、智能电视，以及户外智能屏等。

营销智慧火花：没有调查研究就没有发言权；实践是检验真理的唯一标准。

第三节 市场调研技术

市场调研技术涉及的内容很多，比如市场调研的随机抽样技术与非随机抽样技术、问卷设计及调研技术，市场调研数据的假设检验方差分析、聚类分析、判别分析技术，市场需求预测的定性与定量分析技术。还有消费者购买态度、动机、行为调研技术，消费者及零售商固定样本连续调研技术，产品及其价格的实体测试技术，以及广告信息及广告活动效果调研技术等。

一、问卷调查技术

市场调查问卷是指调查者事先根据调研目的和要求设计的，由一系列问题、说明以及备选答案组成的调查项目表格。市场调查问卷是收集资料的重要工具，是调查人员开展调研活动的一个总体思想构架。

高质量的调查问卷会提高调研效率、降低调研成本，如获取的信息资料系统、充足、真实、准确，则有助于统计归类与分析。

（一）问卷的基本结构

一份完整的调研问卷一般由前导词、内容、编码、结束语四个部分组成。

1. 前导词

前导词是开始询问前的前导介绍词，主要内容包括介绍调研员自己、所代表的调研咨询公司或机构、进行此次调研的目的与意义、选择方法，以及填答说明等。前导词能够不同程度地影响被调研者的合作态度。

2. 内容

问卷的调研内容主要包括各类问题、问题的回答方式和导语，这三项内容构成问卷的主体。问卷中的问题类型可分为开放型、封闭型、混合型。开放型问题无备选答案，由被调研者自由作答；封闭型问题有备选答案，由被调研者选择作答；混合型问题是封闭型问题与开放型问题的结合。

3. 编码

编码是指为调研问卷中的调研项目以及备选答案配置统一设计的代码。编码一般应用于大规模的问卷调研中，因调研资料的统计汇总工作繁重，借助编码技术和计算机程序可使之简化。编码在问卷设计时进行配置称为预编码，编码在问卷调研后配置称为后编码。

4. 结束语

结束语用于简洁地对被调研者的合作表示感谢，征求被调研者对问卷设计和问卷调研的看法和感受等。

营销智慧火花：纸上得来终觉浅，绝知此事要躬行。

（二）问卷的问题设计

调研问卷的问题类型根据不同的标准可划分为直接与间接、开放与封闭、机动型与意见型。在市场调研过程中，几种问题类型常常综合使用，调研者可根据具体情况选择不同的问题设置。

1. 直接型问题和间接型问题

直接型问题是指通过直接提问就能立即得到答案的问题。直接型问题一般是一些已经存在的事实或对于被调研者不太敏感的话题。

间接型问题是指被调研者感到敏感、尴尬、有威胁、有损形象的问题，或是被调研者思想有顾虑而不愿意或不直接回答的问题。间接型问题一般采用迂回的方式提问，如家庭收入、婚姻状况等内容，否则可能会引起被调研者的反感，导致调研不愉快而中断。

2. 开放型问题和封闭型问题

开放型问题的优点是能使被调研者积极自由地表达看法，调研者能收集到预料之外的信息；缺点是被调研者的答案各异，标准化程度低，资料的后期整理和加工比较困难，也可能因表达不准确而导致偏差。

封闭型问题的优点是回答方便省时，针对性较强，标准化程度高，结果易于处理和分析；缺点是被调研者易受备选项诱导，可能猜测答案或随意乱选，导致调研信息失真。

3. 机动型问题和意见型问题

机动型问题是针对被调研者具体行为产生的原因和理由而设计的问题，其收集的难度很大。调研者可使用多种询问方式，尽可能将调研者的动机挖掘出来。

意见型问题则主要是针对被调研者对某些事物的意见而设计的问题。意见型问题是很多调研者准备收集的关键性资料，因为意见常常影响动机，而动机决定着消费者的行为。

二、抽样调查技术

在采用实地调研方法时，一般可选取市场普查和抽样调查两种调查方式。市场普查是将市场调查总体中所包含的每个个体单位作为调查对象，无一例外地进行调查。抽样调查则是在调研对象总体中按照随机性原则抽取一部分单位作为样本进行调查，然后根据对样本调查的结果来推断总体情况的一种调查方式。抽样调查又分为随机抽样调查和非随机抽样调查两类方法。抽样调查一般可以分为四个步骤，具体步骤如图 3－5 所示。

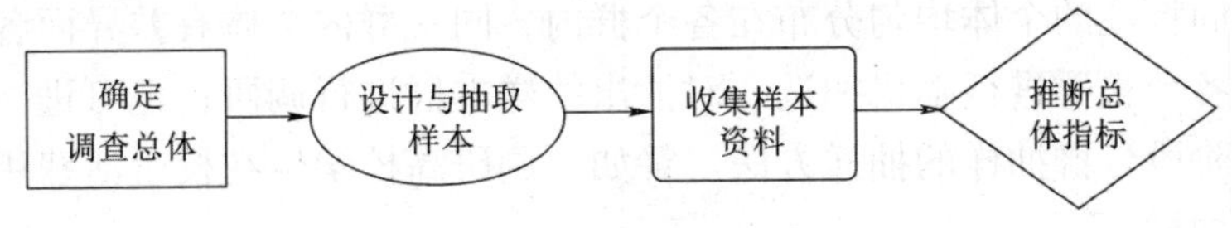

图 3－5 抽样调查的步骤

（一）抽样调查基本概念

本部分主要介绍总体、样本、抽样单位三个抽样调查的基本概念。

1. 总体

总体就是人们欲认识对象的全体。一个总体是在特定的调查目的下的认识客体。在市场调查中，总体通常有时空的限制。构成总体的元素称作单位或个体，若这些单位不能够进一步分解，则称为基本单位；若能够进一步分解，则称作群体单位。

2. 样本

样本是来自总体的个体集合。样本的抽取必须遵循一定的原则。构成样本的个体称作样本单位，通常用 n 表示一个样本的单位数量，也称作样本容量。在市场调研中，总体是唯一的、确定的，而从总体中抽出一部分个体所组成的样本却不是唯一的，它可以有多种的组合，但一个样本及其所包含的样本单位是具体的、明确的。

3. 抽样单位

抽样单位是指样本抽取过程中的单位形式。抽样单位与总体单位在形式上有时并不一致。抽样单位不同于样本单位，从抽样单位中抽出的构成样本的单位是样本单位，即样本单位是从抽样单位中产生的，且样本单位的形式一般是基本单位，而抽样单位则不尽然。

> 营销智慧火花：调查百日功，文章一朝成；胸中有数，心中有术。

（二）随机抽样设计

随机抽样分为简单随机抽样、分层随机抽样、整群随机抽样。在三者中，分层随机抽样的误差最小，整群随机抽样误差最大。在有一定调研精度要求时，若采用分层随机抽样，所需样本单位数最少；若采用整群随机抽样，所需样本单位数最多。

1．简单随机抽样

简单随机抽样就是不对被研究对象进行任何处理，直接按随机原则从中抽取调查单位来构成样本的抽样方法。一般适用于个体差异不大的均匀总体或难以分组的调研总体。譬如，对居民家庭某食品消费量的调查，可选此类抽样方法。

2．分层随机抽样

分层随机抽样即把总体按照某种特征分成若干层，比如分成组，使各层内的个体具有同质性，但确保层间具有明显差异性，然后在各层中按随机原则抽取调研单位来构成样本的抽样方法。该抽样法一般适用于个体间差异较大的总体。譬如，调研我国目前城乡居民的家电产品消费量，就可采用分层抽样方法。

3．整群随机抽样

整群随机抽样就是先把总体按一定的相似性分成若干群，主要是自然形成的行政或地理区域，尽量使不同特性的个体均匀分布在各个群内，同一群内个体有差异而各个整群之间差异不大，然后对各个整群进行随机抽选，对抽出的样本群进行调研；也可进一步划分成若干个小群，进行多阶段分群抽样的抽样方法。譬如，调研高校学生在校生活费用支出情况，即可使用整群随机抽样。

（三）非随机抽样设计

非随机抽样即指抽样时按照调研人员的主观经验或其他条件来抽取样本的一种抽样方法。其适用情况包括：严格的概率抽样几乎无法进行；调查对象无法确定；总体各单位间离散度不大，且调研人员有丰富的经验；调研目的仅是初步探索或提出假设。

1．方便抽样

方便抽样是从调研者的工作方便出发，把总体中易于抽到的部分作为样本，一般适用于探索性调研。最常见的方便抽样是偶遇抽样，即研究者将在某一时间和环境中所遇到的每一总体单位作为样本成员。街头拦截法就是一种偶遇抽样。方便抽样的样本受偶然因素影响大，其代表性难以保证。

2．判断抽样

判断抽样是在调研者对调研对象有一定了解的情况下，根据自己的主观判断选择有代表性的单位构成样本进行调研，一般适用于样本数量较少的情况。譬如，要调研高档汽车的需求状况，则可选择对高档住宅区的部分居民进行调研。

3．配额抽样

配额抽样是先把总体按照控制特性进行分类，规定具有一种或几种控制特性的样本数目，并对不同群体分配样本数额，在配额内凭调研者的主观判断抽选样本。譬如，要调研某城市居民对旅游服务的需求状况，则可以先根据消费者的年龄、性别、职业、收入水平等进行分类，再定出各类群体的样本数目，最后凭调研者的主观判断，从每类群体中抽取规定数目的样本单位。

4．滚雪球抽样

滚雪球抽样以若干个具有所需特征的人为最初的调查对象，然后依靠他们提供认识的合格的调查对象，再由这些人提供第三批调查对象，以此类推，样本如同滚雪球般地由小变大。滚雪球抽样一般适用于总体单位数不多且分散、信息不足、做观察性研究的情况。其优点是能够快速、准确地找到调研单位，降低被拒访的概率。比如，调研老年产品市场需求，可先在清晨去公园结识散步的老年朋友。

营销智慧火花：先知者先行；不先审天下之势而欲应天下之务，难矣。

第四节　调查资料分析

调查资料整理是调研人员在实施调查项目时的主要工作任务之一，是指针对企业市场营销调查部门的一手及二手资料进行复核、整理、分组，确保调查资料的有效性。调查资料整理有利于随后的资料分析，以此为依据得出调查结论，寻求营销活动的改进对策。调查结论应以调查报告的方式反映出来，以此作为市场预测和营销决策的重要依据。

一、调查数据资料整理

在实地调查结束后，首先对市场调查所取得的信息资料进行复核、整理、分组，随后才能进行资料分析，剖析存在的问题，探寻其中的内在变化规律。调查数据资料整理通常运用问卷登记与审核、调查数据资料分组两种方法。

（一）问卷登记与审核

在资料采集完成之后，把获得的资料汇总在一起，防止信息丢失。有关负责人要对信息资料按地区、调查员等进行登记，分别记录实发问卷数量、收回问卷数量、丢失问卷数量、交付时间等情况。对于收回的问卷，进行质量检查，剔除无效或不合格的问卷。

一般而言，出现以下情况之一的为无效问卷：在同一份问卷中，大部分题目未作答；不该回答的问题，问卷中做了回答；在调研针对性较强的产品时，无关人员成了调研对象；问卷中答案前后矛盾或有明显错误；答案选择可疑，如都选某一项备选答案，或开放式答案均未作答；答案笔迹不清，无法辨认；问卷残缺，如个别页码丢失或页面破损，影响阅读。

（二）调查数据资料分组

对所取得的调查资料进行分组，一方面可以清楚地表明各组资料中频数的分布情况，从而使研究者对调查对象的结构情况有大体了解；另一方面还可使许多普通分组显示不出来的结论明显化，从而为企业寻找目标和对策提供基础数据。

选择合理的分组标志，确定具体的分组界限，对调查资料进行合理分组。分组标志是对调查资料进行分组的依据和标准，总体内各总体单位标志很多，要根据调研目的和总体单位的特点来确定。确定分组界限是指根据分组标志设定组与组之间的界线，即在分组标志变异范围内划定各相邻两组之间的性质界限和数量界限，将总体中的各单位划归各组。

二、调查数据资料分析

在市场调查中，调查资料的分析是一个非常重要的环节，也是一项比较复杂而细致的工作，其任务是得出某些市场调查研究的结论或推断，以指导企业的营销工作。

调查资料分析方法可以分为定量分析方法和定性分析方法，任何事物都是质和量的统一体，一定的质决定着一定的量，同时任何事物的质都受其数量的限制。在市场调查分析过程中，坚持定性分析和定量分析相结合的原则，才能全面地认识市场。

（一）定量分析方法

定量分析是指从事物的数量特征方面入手，运用一定的统计学或数学分析方法进行数量分析，从而挖掘出事物的数量关系中所包含的特性及规律性的分析方法。定量分析中最常用的方法是统计分析方法。根据不同的研究目的，可以把统计分析分成描述性统计分析和推论性统计分析。根据设计变量的多少，还可将统计分析分为单变量统计分析和双变量统计分析。

定量分析是利用数理统计手段对所收集的资料进行的量化分析，弥补了定性分析的缺陷。它可以深入细致地研究事物内部的构成比例，研究事物规模的大小及水平的高低。

（二）定性分析方法

定性分析是对事物质的规定性进行分析的方法，即主要根据逻辑判断和推理，从非量化的资料中得出对事物的本质、发展变化的规律性认识。定性分析可以确定事物质的界限，是区分事物和认识事物的基础，但不能从数量关系上精确地把握事物的总体。

定性分析能够指明事物发展的方向及其趋势，但无法表明发展的广度和深度，也无法得到事物数量上的认识。定性分析是对构成事物的质的有关因素进行理论分析和科学阐述的一种方法，常用来确定市场的发展态势与市场发展的性质。定性分析方法可以分为以下三种。

1. 对比分析法

对比分析法将比较的事物和现象进行对比，找出其异同点，从而分清事物和现象的特征及其相互联系。如通过对普通洗衣机的销售分析来推测全自动洗衣机的销售变化规律及特点。

2. 推理分析法

推理分析法把调研资料的整体分解，对形成的分类资料进行本质和特征研究，形成对调研资料整体和综合性认识的逻辑方法。

3. 归纳分析法

归纳分析法由具体、个别或特殊的事例推导出一般性规律及特征。

> 营销智慧火花：精于析，诚于心，锐于创，执于信。

三、撰写市场调研报告

调研包括调查和分析两个阶段。市场调研报告是对产品及其市场营销状况进行深入调查后，将调查收集到的材料加以系统整理和分析，从而得出结论，以书面形式向组织和领导汇报调查和分析情况的一种文书，其特点是具有写实性、针对性、逻辑性。

调查资料经过整理、加工、严谨的科学分析之后，便得到比较清晰的调研结果。调研人员通过撰写调研报告，将调研情况上报企业相关部门，以此作为市场预测和营销决策的依据。一份完整的市场调研报告应包括标题、目录、引言、摘要、正文、结论、附件七项内容。市场调研报告的写作格式说明如下。

（一）标题

标题有两种写法。一种是规范化的标题格式，如“××关于××××的调研报告”“关于××××的调研报告”“××××调查”等。另一种是自由式标题，包括陈述式、提问式、正副标题结合式三种。陈述式如“××××情况调查”；提问式如“为什么××××”；正副标题结合式，正标题陈述调查报告的主要结论或提出中心问题，副标题表明调研的对象、范围、问题。标题页面还包括市场调研单位、报告日期、调研时间地点、委托方和调研方等内容。

（二）目录

如果调研报告的内容和页数较多，应当建立目录，以便于读者阅读。目录必须与正文的纲目一致、页码一致。市场调研报告的目录一般不多于三级。目录的编号要规范、统一。

（三）引言

引言有三种写法：一是写明调查起因、目的、对象、范围、团队成员等情况，引出调研结论；二是写明调查对象的历史背景、发展历程、现实状况、突出问题、主要成果等，提出主要观点；三是开门见山，直述调查结果，指出问题、揭示影响等。引言要画龙点睛，直奔主题。

（四）摘要

摘要简明扼要地将调研报告的主要内容，准确地摘录出来，使读者于最短的时间内获知报告大意，并据以决定是否要阅读全文。摘要的主要作用是说明调研工作的主要对象和范围、采用的手段和方法、原始资料的选择与评价、得出的结论和建议等，这可能成为决策者阅读的唯一部分。

（五）正文

正文是市场调研分析报告的主体部分，包括从问题的提出到结论的得出的全部过程。正文必须准确阐明全部有关证据，即对调研获得的第一手资料进行分析与评论，介绍分析和研究问题的方法，以此证明调研报告结论的科学性、严密性，同时方便决策者从调研资料及其分析中得出结论。正文要写得具体深刻、层次分明、详略得当、逻辑严密、层层深入。

总之，在写正文部分时要注意，选用的调研资料不能简单堆砌，必须经过概括、分析和研究，得出有实用价值的结论和建议。

（六）结论

结论是撰写调研报告的主要目的。结论部分对引言和正文所提出的主要内容进行总结，得出结论，提出可供选择的建议。结论和建议要与正文部分的论述紧密呼应，有根有据。

（七）附件

附件是指市场调研报告正文不能包含或没有提及，但与正文有关的必须附加说明的部分。它是对调研报告正文的补充或详尽说明。每个附件都应编号。

四、中国知名市场调研机构

随着中国市场经济的快速发展，市场调查行业在中国得到了迅猛的发展，市场调研行业的特点一是整体发展迅猛，规模增长显著，二是地域分布呈现集中性，市场份额向规模大、业内声誉高的企业集中。我国目前知名市场调研机构，如表 3－5 所示。

表 3－5　我国知名市场调研机构

序号	调研机构	序号	调研机构
1	上海 AC 尼尔森市场研究公司	6	益普索（中国）市场研究咨询有限公司
2	TNS 市场研究公司	7	GFK（赛诺、科思瑞智）市场研究公司
3	盖洛普（中国）咨询有限公司	8	华通明略市场信息资讯有限公司
4	华南国际市场研究公司	9	国际数据公司（IDC）
5	央视市场研究股份有限公司	10	北京零点研究集团

第五节　市场趋势预测

市场趋势预测就是在市场调研和市场分析的基础上，利用各种信息资料，运用逻辑和数学方法，预先对市场未来的发展变化趋势进行描述和量的估计，从而为企业的正确决策提供依据。

市场趋势预测具有重要作用，一是为企业确定目标市场提供决策依据，二是可作为企业确定营销策略的前提，三是可作为提高企业竞争能力和经营管理水平的重要手段。

一、市场预测历史背景

其一，市场预测产生的历史悠久，根据《史记》记载，公元前 6 世纪到 5 世纪，范蠡的经商建树取决于他对市场的预测，比如“论其有余不足，则知贵贱；贵上极则反贱，贱下极则反贵”，这是他根据市场商品供求情况进行预测商品价格的变化。

其二，市场预测始于 19 世纪下半叶。一方面，资本主义经济的市场变化极其复杂，只要能获取利润，降低经营风险，就要把握经济周期的变化规律；另一方面，数理经济学对现象数量关系的研究已经逐步深入，各国统计资料的积累也日益丰富，适用于处理经济问题，市场预测的统计方法也逐步完善。

其三，奥地利经济学家兼统计学家斯帕拉特·尼曼运用指数分析方法研究了金、银、煤、铁、咖啡和棉花的生产情况，研究了有关铁路、航运、电信、国贸以及 1866—1873 年的进出口数据方面的问题，这是市场预测的里程碑。

二、市场预测四大要素

市场预测四大要素包括预测信息、预测方法、分析评价、审视判断四个方面。

（一）预测信息

信息是客观事物特性和变化的表征和反映，存在于各类载体之中。信息是预测的主要工作对象、工作基础，以及成果反映。

（二）预测方法

方法是指在预测过程中进行质和量的分析时所采用的各种手段。预测方法按照不同的标准可以分成不同的类别。

（三）分析评价

分析是根据有关理论所进行的思维研究活动过程。根据预测方法得出预测结论之后，还必须进行两个方面的工作：一是在理论上要分析预测结果是否符合经济理论和统计分析的条件；二是在实践上对预测误差进行精确性分析，并对预测结果的可靠性进行评价。

（四）审视判断

判断是对预测结果所依据的相关经济和市场动态是否恰当，是否需要修正进行的权衡和评判。同时，对信息资料、预测方法的选择也需要审视和评判。判断是市场预测技术中的重要元素。

三、市场趋势预测分类

根据不同的分类标准，市场预测可以分为中长期和近短期预测、定性预测和定量预测、宏观预测和微观预测等类型。

（一）中长期和近短期预测

按预测时间的长短，市场预测可分为长期预测、中期预测、短期预测和近期预测。长期预测是指对未来五年以上的市场发展前景的预测。中期预测是指对未来一至五年市场发展前景的预测。短期预测是指对未来三个月以上一年以下市场发展前景的预测。近期预测是指以日、周、旬、月为单位到三个月以下市场发展前景的预测。

（二）定性预测和定量预测

按预测方法划分，可分为定性预测和定量预测。定性预测是指凭直觉或经验，对未来市场发展的一般变动方向和大致趋势的预测，它侧重在对经济过程本身性质的分析和预见。常用的定性预测方法有购买者意向调研法、营销员意见综合法、专家意见法等。定量预测是根据调研得到的数据资料，运用数学方法对未来市场的发展变化做出量与度的测算和判定。

（三）宏观预测和微观预测

按预测对象划分，市场预测可分为宏观预测和微观预测。宏观预测是从宏观经济管理的角度，对商品生产和流通总体的发展方向进行综合性的预测，研究经济活动中各个有关的总量指标、相对指标和平均指标之间的联系和发展趋势。微观预测是从企业角度对影响企业生产经营的市场环境以及企业生产的产品、市场占有率、经营活动进行的预测。它以单个经济单位的经济活动前景为考察对象，研究各个单位的各项经济指标之间的联系和发展趋势。

营销智慧火花：耳闻之不如目见之，目见之不如足践之。

四、市场趋势预测内容

市场预测的内容比较广泛，主要有以下几个方面：产品发展预测、产品价格变动趋势预测、市场需求预测、市场占有率预测。

（一）产品发展预测

产品发展预测是对现有产品的市场生命周期的发展变化，以及新产品的发展方向、规格、结构等变化方向的预测。预测产品生命周期的发展变化趋势，可以使企业根据生命周期的不同阶段，采取不同的营销手段，以提高企业的竞争能力和经济效益。

企业应该对新开发产品的发展方向，顾客对新产品式样、规格、质量、售价等方面的需求预测，以及新产品上市后的销售量和市场需求潜量进行预测，确保在新产品开发工作中目标明确，降低开发新产品的风险和可能遭受的损失。

（二）产品价格变动趋势预测

产品价格变动趋势预测是指对产品价格的涨落及其发展趋势进行预测。在正常情况下，价格是市场波动的主要标志和信息载体，产品价格的变动对企业的经济效益和市场需求都产生重要影响。预测价格变动便于企业及时调整产品结构，适应市场供求状况。

通过分析产品成本构成因素的变化趋势、产品市场供求关系变化对价格的影响、主要竞争对手的价格策略对市场总需求量和本企业产生的影响、本企业的价格策略对市场需求和企业效益的影响，预测产品价格的变动趋势。

（三）市场需求预测

市场需求预测是指在营销调研基础上，运用科学理论和方法，对未来一定时期的市场需求量及其诸多影响因素进行分析，寻找市场需求变化规律，为企业提供未来市场需求的预测性信息的过程。

首先，产品需求预测量应该介于市场需求最低点与市场需求潜量之间，并随营销费用的增减而变化。市场需求最低点与市场需求潜量之间的数量差额由于产品类别的不同而不同。

其次，对于生活必需品，市场需求最低点较高，与市场需求潜量之间差额较小；而对于非生活必需品，市场需求最低点相对偏低，但市场需求潜量较高。在不同的市场环境下同一产品的市场需求最低点和市场需求潜量不同，在同样的营销费用水平下产品的需求预测量也不同。

最后，了解市场需求最低点、市场需求潜量、产品需求预测量三项市场需求指标的关系，对于企业确定市场营销战略具有指导意义。

（四）市场占有率预测

市场占有率是指在一定时期、一定市场范围内，企业所生产的产品销售量占该产品同一市场销售总量的比重。对于企业产品市场占有率，主要预测企业市场占有率的发展趋势及其影响因素，充分估计竞争对手的变化，并对各种影响本企业市场占有率的因素采取适当的营销策略并加以控制。

要准确预测企业的市场占有率，首先要分析本企业产品在市场中的地位，预测同类产品、替代产品等的未来发展趋势；其次要分析竞争对手的情况，包括分析它们可能采取进入市场的营销策略、生产的规模、产品质量等的变化，分析是否会有潜在的竞争者进入，以便企业掌握市场竞争的动态状况，采取相应的市场竞争策略。

营销智慧火花：博学之，审问之，慎思之，明辨之，笃行之。

五、市场趋势预测程序

市场趋势预测对于企业的营销活动具有重要作用。为了节约企业的预测成本，企业必须在预测过程中遵循确定预测目标、收集整理资料、选择预测方法、预测评价与修正、撰写预测报告五个程序，使预测工作有序化开展与统筹规划。

（一）确定预测目标

确定预测目标就是根据企业在一定时期的任务和经营活动存在的问题，依据市场及企业营销活动的需要，确定预测项目，制订预测计划，确定预测的地域范围、时间要求、各种指标及其准确性要求等，编制预算、调配力量、组织实施，确保市场预测工作有序进行。确定预测目标是市场预测的第一步，也是重要的一步。

（二）收集整理资料

搜集和整理预测资料是进行市场预测的重要一环，也是一项基础性工作。收集整理资料，首先要根据预测目标收集和占有各种相关资料，资料是否充足与可靠对预测结果都产生直接影响。其次，对市场调研收集的资料进行认真核实与审查，统一计算口径，分析整理，保证资料具有针对性、真实性、完整性。

（三）选择预测方法

根据预测的目标以及各种预测方法的适用范围和条件，结合资料情况选出合适的预测方法。方法恰当与否会直接影响预测的精确性和可靠性。

在预测过程中，为保证预测结果的准确性，可同时选用几种方法进行初步估测，将估测结果进行比较，并根据理论分析和经验判断，选择最佳方法进行正式预测。

运用预测方法的核心就是建立能够概括研究对象特征和变化规律的模型，根据模型进行计算或者处理，然后得出预测结果。

（四）预测评价与修正

通过计算产生的预测结果只是初步结果，需要经过多方评价和检验才能最终使用。检验初步结果的方法通常有理论检验、资料检验和专家检验。

理论检验是运用市场学等理论知识，采用逻辑分析方法，检验预测结果的可靠程度。资料检验是重新验证、核对预测所依赖的数据，将新补充的数据和预测初步结果与历史数据进行对比，检查初步结果是否合乎市场发展逻辑。专家检验是邀请相关专家对预测初步结果进行检验和评价，综合专家意见对预测结果进行充分论证。在多方检验的基础上，根据最新信息对原预测结果进行评估和修正。

（五）撰写预测报告

预测报告应该涵盖市场预测研究的主要活动过程，内容应该包括预测目标、预测对象、预测指标、资料和数据来源、预测方法、选择模型、预测结论及其评估和修正等。决策者根据最终的预测结论，得出决策。

> 营销智慧火花：凡事预则立，不预则废。言前定，则不跲；事前定，则不困；行前定，则不疚。

六、市场趋势预测的方法

市场趋势预测本身经常需要借助数学、统计学等方法，也需要借助其他先进的预测技术和手段。市场预测方法对于预测目标的达成具有极为重要的作用。综观营销预测的各类方法，常用的市场预测方法有定性预测方法和定量预测方法。

（一）定性预测方法

定性预测方法也称为直观判断法，主要依靠预测人员所掌握的信息、经验和综合判断能力，预测市场未来的状况和发展趋势。这类预测方法简单易行，适用于那些难以获取全面的资料进行统计分析的问题。定性预测方法又包括购买者意向调研法、营销员意见综合法、专家意见法等。

1. 购买者意向调研法

购买者意向调研法是市场调研最常使用的一种市场需求预测方法。这种方法以问卷形式征询潜在购买者的预期购买量，分析需求变化的趋势。

在征询中若潜在购买者能如实反映购买意向，据此得出的市场需求预测是有价值的，特别在购买者不多的情况下，使用这种预测方法更为有效。因为非耐用消费品的购买意向往往容易受到许多因素的影响而发生变化，因此该法对生产资料和耐用品的购买预测较非耐用品更为精确。

购买者意向调研法在使用时会受到许多条件的限制，尤其是在购买者较多的情况下，要对每位购买者进行访问，事实上是难以做到的，另外有些购买者不愿意表达真实购买意向，故增加了信息的不确定性。

2. 营销员意见综合法

市场预测中，营销员的作用是不可忽视的，他们直接参与市场上的各种营销活动，因而对购买者的需求，企业竞争对手的情况、产品销量，市场供求关系变化等都有直接体验。营销员能够获得市场一线的丰富资料，所以能得出近乎实情的预测。

但营销员的预测往往需要修正，因为他们的意见带有一定的主观因素，易受个体的认知水平和偏见的影响；易受他们最近营销成败的影响，对市场过于乐观或悲观；营销员所处地位的局限性，对企业顶层设计和营销整体规划可能不甚了解，所以其意见需要经综合分析和修正才能采纳和使用。

3. 专家意见法

专家意见法的典型代表是德尔菲法。德尔菲法于20世纪40年代由美国兰德公司首创，是市场营销预测中应用广泛的一种定性方法。

（1）具体做法。聘请一批专家，采用问卷或表格的形式，征询专家的匿名预测意见，将得到的初步结果综合整理，再将问卷或表格重新发给专家，要求专家在反馈信息的引导下对原有的预测进行修正或不予修正，然后把这些意见再行汇总。这一过程经过多次反复，当专家意见趋于一致时，对最后一轮征询预测问卷或表格进行统计整理，得出预测结果。

（2）德尔菲法的特点。第一，真实性。在整个预测过程中，专家们彼此不发生联系，完全消除权威心理影响，独立自主进行判断，预测结果比较真实。第二，多向反馈性。它是一个“征询→答复→反馈→再征询→再答复→再反馈”的多重循环往复的过程，有利于预测的修正和完善。第三，数字化与统计性。它要求用表格形式与定量的表达方法进行专家间的交流与意见征询，因而预测结果便于汇总统计，也更具准确性、科学性。

（二）定量预测方法

定量预测方法是利用比较完备的历史资料，运用数学模型和计量方法预测未来的市场需求的方法。定量预测方法主要分为两类，一是时间序列预测法，二是回归分析法。

1. 时间序列预测法

时间序列预测法是根据预测对象的历史资料所形成的时间序列进行分析，推算事物未来的发展趋势，从而进行预测的方法。由于采用的方法不同，时间序列预测法又可分为若干不同的种类。

（1）简单平均数法。该法根据观察期的数据计算算术平均数，将此作为下期的观察值。这种方法简单易行，但精确度差，不能充分反映发展趋势和季节变动影响，适用于短期预测。

（2）加权平均数法。该法对不同时期的观察值根据其重要性，分别给予不同的权数处理，再求平均数。一般给近期数据的权数大，给远期数据的权数小，以体现各期数据的不同影响程度，减小误差，因而预测结果比简单平均数法准确。

（3）移动平均法。该法是在简单平均数法的基础上发展起来的，它是将观察值按顺序逐点分段移动平均，以反映出预测对象的长期发展趋势。其具体做法是：将观察期的数据由远而近按一定跨越期进行平均，取其平均值，随着观察期的推移，按既定跨越期的观察期数据也相应向前移动，逐一求得移动平均值，并将接近预测期最后一个移动平均值，作为确定预测值的依据。

2. 回归分析法

回归分析法是一种因果分析预测方法。大量的经济现象都是多种因素影响的结果，且各因素之间还存在着因果联系。例如，供求关系与商品价格、消费者购买支出与收入等。

回归分析法就是通过研究引起未来状态变化的各种因素所发挥的作用，找出各种因素与未来状态的统计关系进行预测的方法。如果研究的因果关系只涉及两个变数，叫作一元回归分析；如果涉及两个以上的变数，叫作多元回归分析。

营销智慧火花：心之官则思，思则得之，不思则不得也；敏于观察，勤于思考；好学深思，心知其意。

七、市场趋势预测的原则

市场趋势预测的原则主要有相关原则、类推原则、惯性原则、概率原则四项。

（一）相关原则

相关原则是建立在分类思维的高度上的，它关注事物及其类别之间的关联性，当了解或假设已知的某个事物发生变化时，可推知另一个事物的变化趋势，最典型的相关有正相关和负相关。从思路上来讲，不完全是数据相关，更多的是定性的。

1. 正相关

正相关是指事物之间相互促进，比如，居民平均收入与空调拥有量。企业从正相关中可发现商机，比如某地区政府十分重视人民物质文化生活水平的提高，商家预测未知市场蕴含着一个巨大商机，先后推出家电产业、厨房革命、保健品等正相关的市场项目。

2. 负相关

负相关是指事物之间相互制约，一种事物发展导致另一种事物受到限制。比如资源政策、环保政策出台必然导致一次性资源替代品的出现。嗅觉敏锐的企业，也可根据负相关原则抓住商机，比如，某地强制报废“助力车”，该地一家电动自行车企业敏锐地抓住了负相关的这个机遇，大力推荐电动自行车。

（二）类推原则

类推原则也是建立在分类思维的高度上的，即关注事物之间的关联性。

1. 由小见大类推

从某个现象推知事物发展的大趋势，例如，现在有人开始在抖音平台带货直播，您预见到什么？运用这一思路时，要防止以点代面、以偏概全。

2. 由表及里类推

从表面现象推实质，比如，一次性液体打火机在市场上出现，火柴厂就会意识到来自市场的威胁。

3. 由此及彼类推

例如，落后国家可以引进发达国家的先进技术，发达地区淘汰的东西，在落后地区可能还有市场。

4. 由远及近类推

比如，国外的产品技术、营销经验、管理模式，引入国内进行学习和借鉴。

5. 自下而上类推

从典型的局部现象推知到全局状况，逐级类推。比如，一个规模适中的乡镇，需要三台收割机，这个县有五十个类似的乡镇，可以初步估计这个县收割机的市场容量为一百五十台。

6. 自上而下类推

从上游企业市场状况推知下游企业市场状况。

（三）惯性原则

任何事物发展都具有一定的惯性，即在一定时间、一定条件下保持原来的趋势和状态。

这是大多数传统预测方法比如线性回归和趋势外推等的理论基础。

（四）概率原则

企业不可能完全把握未来，但根据历史和经验，在很多情况下，企业能预估事物发生的概率，根据这种可能性，适时采取对应措施。企业在博弈型决策中，会不自觉地使用概率原则，通过抽样设计和调查等科学方法来确定某种情况发生的可能性。

第六节 调研与预测的关系

市场调研即市场调查研究，是对市场的需求、容量、范围的调查分析；市场预测即市场趋势预测，是对某一特定地区某种特定产品需求量和供应量的预测，二者既有联系，又有区别。

一、市场调研与市场预测的联系

市场调研与市场预测有着密切的联系，市场调研是基础，只有好的基础才能有好预测。通过市场调研，掌握事物的发展变化规律，推断未来结果。用市场调研来研究经济运动发展变化规律，用预测的理论和方法推断未来结果。

市场调研是市场预测的根基，市场预测是市场调研的结果分析。只有建立在充分的市场调研基础之上，市场预测才是有意义的，市场调研与市场预测是前因与后果的关系。

二、市场调研与市场预测的差别

市场调研与市场预测两者的实质存在明显不同。

（一）两者的实质存在差别

市场调研的实质是为现代企业经营决策提供依据，市场预测的实质是对未来市场供求趋势进行分析和推断。

1. 市场调研的实质

市场调研是运用科学的方法，有目的地并系统地搜集、记录、整理和分析市场情况，了解市场现状及其发展趋势，为企业决策者制订政策、做出经营决策、制订发展规划提供客观、可靠的依据。

2. 市场预测的实质

市场预测是在市场调研获得的各种信息和资料的基础上，通过分析研究，运用科学的预测技术和方法，对市场未来的商品供求趋势、影响因素及其变化规律所进行的分析和推断过程。

（二）两者的作用存在差别

市场调研的作用与市场预测的作用有很大差别。

1. 市场调研的作用

市场调研有助于更好地吸收国内外先进经验和最新技术，改进企业的生产技术，提高管理水平；为企业管理部门和有关负责人提供决策依据；增强企业的竞争力和生存能力。

2. 市场预测的作用

市场预测为决策服务，为了提高管理的科学水平，减少决策的盲目性，现代企业需要通过预测来把握经济发展形势，掌握未来市场变化的有关动态，降低未来的不确定性，降低决策可能遇到的风险，使决策目标得以顺利实现。

（三）两者的方法存在差别

市场调研的方法与市场预测的方法在定性和定量两个方面存在很大不同。

1. 市场调研的方法不同

（1）定性调研方法最常被使用，简单来说就是从受访者的数字回答中去分析，不针对整个人口，也不会进行大型的统计。

（2）定量调研方法采用假说的形式，使用任意采样，并从样品数来推断结果。这种手法经常用于人口普查、经济实力调查等大型的市场调查。

2. 市场预测的方法不同

市场预测方法主要分为定量预测方法和定性预测方法。

（1）定量预测方法。时间序列预测法是典型的定量预测方法。在市场预测中，经常遇到一系列依时间变化的经济指标值，如企业某产品按年（季）的销售量、消费者历年收入、购买力增长统计值等，这些按时间先后排列起来的一组数据称为时间序列，依时间序列进行预测的方法称为时间序列预测法。

（2）定性预测方法。定性预测法也称直观判断法，是市场预测中经常使用的方法。定性预测方法主要依靠预测人员所掌握的信息、经验和综合判断能力，预测市场未来的状况和发展趋势。这类预测方法简单易行，特别适用于那些难以获取全面的资料进行统计分析的问题。定性预测方法在市场预测中得到了广泛的应用。

（四）两者呈现的成果存在差别

市场调研分析报告是基于先实践后分析而得出的成果，侧重理论联系实际；市场趋势预测报告是基于过去与现在预示未来而得出的成果，侧重推理，推陈出新，观往知来。

市场调研活动最后需要呈送的调研成果是市场调研分析报告，该报告是对市场情况和动向进行详尽的调查后，经过深刻、细致的分析和研究，得出正确的结论，然后撰写的专题书面报告。

市场预测活动最后需要呈送的预测成果是市场趋势预测报告，该报告是以一定的经济理论为基础，以市场的历史和现状为出发点，运用经济预测手段，将预测对象、预测区域、预测结果用文字表述出来的书面报告。

（五）两者活动时间段存在差别

市场调研活动在初期、中期进行，市场预测活动在后期进行。

三、市场调研与市场预测存在共同的必要性

其一，市场调研与市场预测是现代企业开展市场营销活动的出发点。

其二，市场调研与市场预测有利于现代企业有针对性地满足市场需求。

其三，市场调研与市场预测有利于现代企业提高竞争力与应变力。

其四，市场调研与市场预测为现代企业制定、检验、调整营销决策提供依据。

其五，市场调研与市场预测是现代企业果断进行正确经营决策的必备前提。

营销智慧火花：走马看花不如驻马看花，驻马看花不如下马看花。

【案例分析】

小米手机微信营销策略调查研究

小米手机的微信营销有其独到之处，其微信营销方法及策略首先体现在通过微博、第三方合作、小米官方渠道等多手段相结合吸引微信粉丝。2013 年小米微信粉丝 105 万人，10% 来自新浪、腾讯的微博，40% 来自与腾讯微信的第三方合作，50% 来自小米官方渠道。

小米官网拉粉首先是直接广告拉粉；其次是小米官网每周组织开放购买活动，在“点击预约”按键下，设置了二维码广告“关注小米手机微信”，一天增加 3 万粉丝。2013 年从 2 月份开始，每个月进行 4 次活动，共开展 12 次。

微信营销定位于客服而不在于营销，提升其客户关系管理。对于微信的定位，小米早期也有迷茫期，后来明确定位为客服。这也跟微信的产品形态有关系，微信的关键词回复机制，很适合打造自助服务的客服平台。

微信带来的最大直接好处是省下了短信费，一年下来给小米节省几百万元。小米微信每天接收的信息量是 30 000 条，每天后台自动回复量为 28 000 条，每天人工处理消息量达到了 2 000 条。另外，针对客服中出现的问题，小米专门开发了一个技术后台，普通问题就是关键词的模糊、精准匹配；而一些重要的关键词，比如死机、重启，会找到相应的人工客服。

（案例来源：案例 1—解读小米的微信营销策 [EB/OL]．(2014－10－26) [2021－1－5]．https：//wenku. baidu. com/view/f0edc81401f69e314232944a. html.）

【问题】 每位同学撰写一份“小米手机微信营销策略调研报告”。

【本章小结】

本章主要介绍了市场调查研究的概念、类型、内容和程序，目的是让读者对市场调查研究有一个大概的理解。随之介绍了市场调查研究的技术，包括市场调查问卷设计、抽样调查设计、非抽样调查设计。调研数据收集上来之后，进行数据资料的整理、加工和分析，撰写市场调研报告。最后介绍了市场发展趋势预测，主要包括市场预测的分类、预测的内容、预测的程序、预测的方法，撰写市场趋势预测报告。

【思考题】

1. 市场调查的内容和程序都有哪些?
2. 请归纳问卷调查和抽样调查的各自优点和不足，并举例说明。
3. 怎样理解“调查数据的整理、加工”? 其是否属于数据造假?
4. 请表述市场趋势预测的内容和方法，并举例说明。
5. 经过调查研究之后，撰写一份“本地区华为手机市场需求预测报告”。

第四章

目标市场定位

【教学要求】

1. 了解市场调查研究的类型及其调研内容。
2. 熟悉市场细分的效果评估方法、选择目标市场的影响因素、市场定位的步骤。
3. 掌握市场细分的依据、方法和程序。
4. 掌握目标市场的覆盖模式以及目标市场战略的制定方法。
5. 掌握市场定位的内容以及市场定位战略的制定方法。

【本章术语】

◆市场细分　◆目标市场　◆市场定位　◆差异化战略　◆战略转型

【课程思政】

●市场如战场，市场细分的目的就是优化企业的有限资源，集中优势兵力削弱对手。

●企业选准了进入的目标市场，犹如人生的航船锚定了未来的航向。

●经营产品需要精准的市场定位；历练人生需要坚如磐石的定力。

第一节　市场细分

市场细分即按照消费者欲望与需求，把因规模过大导致企业难以服务的总体市场划分成若干具有共同特征的子市场，处于同一细分市场的消费群被称为目标消费群。

市场细分是在第二次世界大战后，美国众多产品市场由卖方市场转为买方市场这一新的市场形式下企业营销思想和营销战略的新发展，是企业贯彻以消费者为中心的现代市场营销观念的必然产物。

市场细分的概念由美国营销学家温德尔·史密斯（Wendell R. Smith）在 1956 年最先提出，随后，美国营销学家菲利普·科特勒发展和完善了他的理论，并最终形成 STP 理论。

一、STP 理论

STP 理论是指导企业确定目标市场的精髓和灵魂，其核心是指企业在一定的市场细分的基础上，确定自己的目标市场，最后把产品或服务定位在目标市场上。

首先，S、T、P 分别是 Segmenting、Targeting、Positioning 三个英文单词的首字母，分别表示市场细分、目标市场、市场定位。STP 理论的架构如图 4－1 所示。

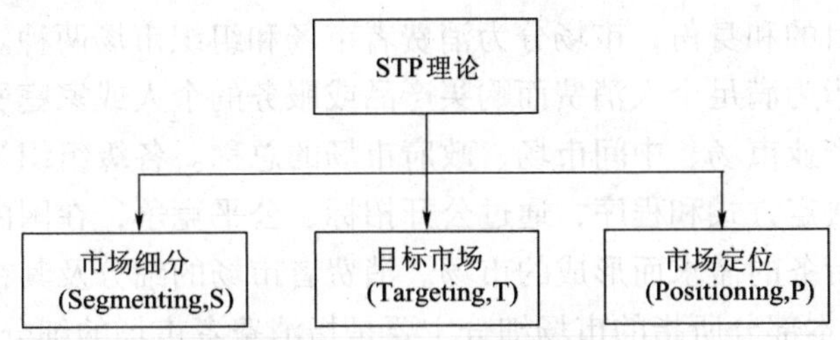

图 4－1　STP 理论的结构

其次，STP 理论认为市场是一个具有多层次、多元化消费需求的综合体系，任何企业都无法满足其所有需求，只能根据不同消费者的需求和购买力等诸多因素，把市场分成具有相似需求的消费群，形成若干个子市场，此过程称为市场细分。

最后，企业根据自身产品和战略等情况，选取具有一定规模和发展前景、符合企业能力和目标的细分市场作为企业的目标市场，随后在营销过程中将产品或服务定位在目标消费者所偏好的位置上，最终完成竞争性定位。

本章内容分别从 STP 理论的市场细分、目标市场、市场定位三个要素展开。

二、市场细分概述

要对市场进行细分，首先要明晰市场的定义和内涵，以及市场形成的要素，并且在指定的市场大类下面进行细分。

（一）市场的定义

市场的含义随着社会分工和市场经济的发展，其内涵和外延都在变化，体现出多重含义。市场的定义有狭义和广义之分。狭义的市场指买卖双方商品交换的场所，如商场、集市、批发站等。广义的市场指消费者对某类商品或劳务的所有现实或潜在的需求总和，是各种市场主体之间交换关系乃至全部经济关系的总称。即所有产权发生的转移，以及交换关系的建立，都可以构成市场，比如人才市场、证券市场、网络虚拟市场等。

（二）市场三要素

市场构成要素包括人口、购买力、购买欲望。

1. 人口

人口是构成市场的最基本要素，消费者人口的多少决定着市场规模和容量的大小，人口的构成及其变化影响着市场需求的构成和变化。

2. 购买力

购买力是消费者支付货币以购买商品或服务的能力，是构成现实市场的物质基础。

3. 购买欲望

购买欲望是消费者购买商品或服务的动机、愿望和要求，由消费者心理需求和生理需求引发，产生购买欲望是消费者将潜在购买力转化为现实购买力的必要条件。

市场三要素相互制约、缺一不可，可以用一个等式描述：市场 = 人口 + 购买力 + 购买欲望。

（三）市场的分类

按购买者的购买目的和身份，市场分为消费者市场和组织市场两种。

消费者市场，是指为满足个人消费而购买产品或服务的个人或家庭所构成的市场。

组织市场，是指产业市场、中间市场、政府市场的总称。各级组织为了开展日常活动或为公众提供服务，以法定方式和程序，通过公开招标、公平竞争，在国内为满足其各部门购买货物、工程用料、劳务的需求而形成的市场。消费者市场的细分及其在整体市场中的分布情况如图 4－2 所示。本部分所指的市场细分主要是指消费者市场的细分。

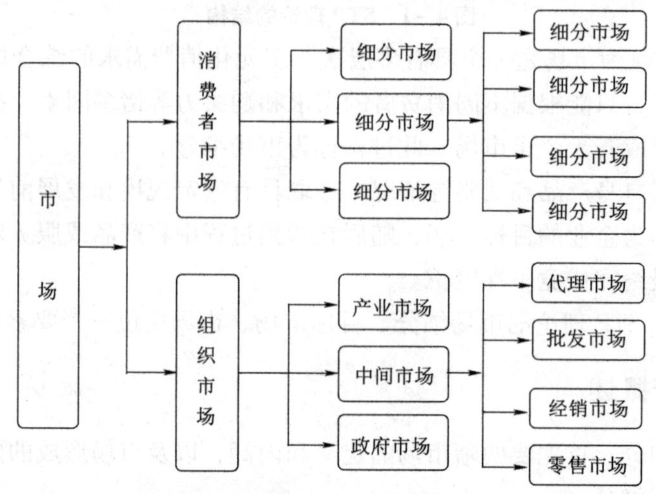

图 4－2　消费者市场的细分及其在整体市场中的分布情况

（四）市场细分

市场细分是指营销者通过市场调研，依据消费者的需要和欲望、购买行为和购买习惯等方面的差异，把某一产品的市场整体划分为若干消费者群的市场分类过程。

首先，市场细分是企业根据消费者的不同需求，把整个市场划分成不同的消费者群。这一概念的提出，对于企业的发展具有重要的促进作用，其客观基础是消费者需求的异质性。

其次，市场细分是企业及其营销人员通过市场调研，根据消费者受人文、地理等各种变量影响而导致的需求差异，把某个产品或服务的整个市场逐层分为若干具有相似需求消费者群的分类过程，其理论基础是人口统计学、心理学、行为科学等。

（五）市场细分的实质

市场细分的实质就是在异质市场中求同质。根据消费者的需求、动机、购买行为的多元性和差异性划分市场，在异质需求的市场中寻找需求相似的消费者群，把需求相似的消费者聚拢在一起，细分成一个或多个子市场及其次子市场。

三、消费者市场的细分

消费者市场不同于组织市场，它是现代市场营销理论研究的主要对象，是构建市场体系的基础，是起决定作用的市场。消费者市场又被称作最终消费者市场、消费品市场、生活资料市场，是个人或家庭为满足生活需求而购买或租用商品的一种市场。消费者市场具有四个方面的特点。

（一）从交易商品看

个人或家庭是其终端消费者，商品交易受人为因素，诸如收入水平、消费习惯、文化修养等的影响较大；商品种类繁多，生命周期较短；商品的专业技术性不强，替代品较多，价格变动对需求量的影响较大。

（二）从交易规模看

消费品市场分散，成交频度较高；消费者众多，但交易数量零星，绝大部分商品通过各级中间商传递到终端消费者手中。

（三）从消费行为看

消费者的消费行为具有很强的可诱导性、自发性、冲动性。消费品市场的消费者大多缺乏相应的商品和市场知识，其消费行为属于非专业性消费，选择商品受广告的影响较大。

（四）从市场动态看

由于消费者的需求复杂，供求矛盾频发，随着城市化进程的加快、旅游事业的发展、国际交往的增多，人口的流动性越来越大，购买力的流动性也随之加强。

营销智慧火花：市场细分的标准是动态的，随着消费者观念、动机、行为的变化而变化。

四、市场细分的作用

由于市场需求的多样性和差异性，企业不太可能完全满足市场上的所有需求，因此市场细分和目标市场的选择对于企业而言至少有以下作用。

（一）把握市场

市场细分能使企业对市场的把握更细致、更具体、更深入。作为一个企业，不可能也没有必要深刻了解整体市场，但是对自己所经营的市场必须有充分的理解和把握。

（二）经营有序

市场细分能使企业经营的有序性更强。多数企业营销战略的混乱无序，实际上是企业对目标市场选择和理解不明确，导致企业的经营方向、产品服务方向、营销策略陷于混乱。

（三）针对需求

市场细分能使企业的经营更加具有针对性。针对特定的市场，才能有更加细致到位的营销规划和营销措施，才能更加贴近顾客的需求从而更好地满足顾客需求。

（四）发现机遇

动态、细致地把握目标市场有助于企业发现新的市场机遇和开发新产品，对市场的把握、机遇的发现，离不开对市场的细致分析，企业可以通过对市场的动态把握来发现新的需求、通过对市场的有效细分来发现潜在的顾客。

（五）获得优势

通过市场细分，企业在特定的市场上专业经营，可以在技术、生产制造、销售方面获得自己达到的专业优势和效率，从而成为竞争的重要砝码。越来越多的消费者认为，专业从事某个产品制造的企业往往比什么都能生产的企业更值得信赖，特别是中小企业。

五、市场细分的依据

市场上消费者的需求差异很大，任何一个企业均无法为市场中所有消费者提供全部商品或服务，企业只能根据自身优势，划分、选择、确定能够提供有效产品或服务的各级子市场进行营销活动。

进行市场细分的主要依据是在异质市场中需求一致的消费者群，每一个消费者群就是一个细分市场。市场细分就是为了聚合，即在需求不同的市场中把需求相同的消费者聚合到一起。市场细分的主要依据，包括人口、心理、行为、地理四个维度的变量，如表4－1所示。

表4－1　市场细分的四维变量

变量	变量元素
人口	年龄、性别、职业、收入、教育、家庭、国籍、民族、宗教、地位
心理	个性、态度、兴趣、生活方式、价值观念、社会阶层
行为	数量时机、利益、产品使用率、忠诚度、购买准备阶段
地理	国家、地区、城市、农村、气候、地形

（一）人口变量依据

依据人口变量细分市场，即按消费者的性别、年龄、收入、民族、国籍等具体细分变量将市场进行细分。人口变量是区分消费者群体最常用的变量，因其与消费者对商品的需求、爱好和消费行为有密切关系，且人口统计变量资料相对容易获得。

1. 性别

按性别可将市场划分为男性市场和女性市场。男女消费者在购买行为、动机等方面存在很大差异，女性是服装、化妆品、食品、厨具等市场的主要消费者，男性则是汽车、香烟、酒类、体育用品等市场的主要消费者。

2. 年龄

不同年龄段的消费者处在不同的生命周期阶段，其生理、性格、爱好、经济等状况都在发生变化，对消费品的需求存在很大差异。按照年龄变量可将市场划分为婴幼儿市场、青少年市场、中老年市场等。从事服装、保健品、健身器材等商品经营的企业，可采用年龄变量进行市场细分。

3. 收入

收入的变化直接影响消费者的需求欲望和消费模式。根据平均收入水平，可将消费者大致划分为高收入、中等收入、低收入三个消费群体市场。相对于低收入者而言，高收入者更愿意购买豪宅、汽车、珠宝首饰等高价商品。汽车、旅游、房地产等商品或服务市场，一般按收入变量细分市场。

（二）心理变量依据

心理变量是根据购买者的个性特征、生活方式、价值观念，把市场划分为不同群的子市场或次子市场。例如，有的消费者追求名贵商品，喜欢穿金戴银，以彰显其经济实力和社会地位；有的穿得花俏、艳丽，以张扬个性。

1. 个性特征

个性即个别性、个人性，是一个人在思想、性格、品质、审美、修养、意志、情感、态度等方面不同于他人的特质，拥有言语、行为、情感等外在表现形式。性格外向的消费者，容易冲动购买能表现自己个性的商品；性格内向的消费者则喜欢大众化的商品；富于创造性和冒险心理的消费者，则对新奇、刺激性强的商品感兴趣。

2. 生活方式

生活方式是人们在工作、消费、娱乐中养成的特定习惯和行为模式，不同的生活方式会产生不同的消费需求和行为。生活方式可分为传统型、新潮型、节俭型、奢侈型等。服装、化妆品、家具、娱乐等市场能突出心理需求的差异性，可依据生活方式进行细分。

3. 社会阶层

这里指在某一社会中具有相对同质性和持久性的消费群体，生活在不同社会阶层的成员在价值观、兴趣爱好等方面存在较大差异。识别不同社会阶层的消费者特征，可以为市场细分提供重要依据。比如在选择休闲活动时，不同阶层的人就有不同的消费心理。

（三）行为变量依据

消费者的购买行为指消费者在整个购买过程中所表现出的一系列有意识的活动，其中包括需求欲望、形成动机、对比选择、决定购买、购后评价等行为。

1. 数量

根据消费者使用某一商品的数量规模细分市场，通常可分为大量使用者、中度使用者、少量使用者三个子市场。大量使用者人数可能并不是很多，但消费量在全部消费量中所占比重却很大。

2. 时机

企业可根据消费者产生需求、购买、使用商品的时间对市场进行细分。许多商品的消费具有时间性。比如，羽绒服的消费时机主要在秋冬季节。

3. 使用

根据消费者使用商品的频度，可把市场细分为从未使用者、曾经使用者、潜在使用者、首次使用者和经常使用者五大类子市场。大企业注重吸引潜在使用者，而小企业则注重于保持现有使用者，设法吸引使用竞品的消费者转而使用本企业产品。

4. 利益

消费者从同一种商品中追求的利益不尽相同。例如，购买化妆品，有的消费者是为了增白，有的是为了抗皱、防晒，有的追求综合效用。

5. 忠诚度

根据消费者的忠诚度进行市场细分。有的消费者忠诚于某些品牌；有的消费者忠诚于某些企业。根据消费者的品牌忠诚度，可将其分为核心忠诚者、中度忠诚者、易变型忠诚者、经常转换者四类。

（四）地理变量依据

地理细分是将市场划分为不同的地理单位，如国家、地区、城市、乡镇。处于不同地理区域的消费者，其需求不同。比如，麦当劳根据美国东部和西部消费者对咖啡口味的不同偏好，对咖啡进货市场进行地理区域细分。

可以从事前与事后两个角度对市场细分依据的四个维度及内容进行总结，如图 4－3 所示。

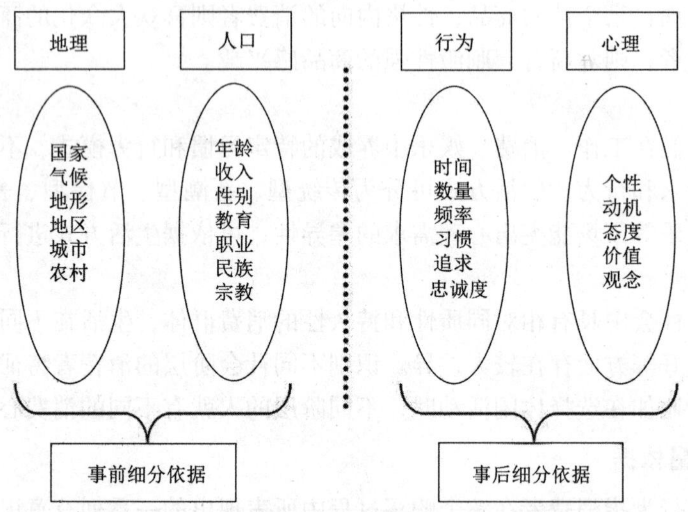

图 4－3　市场细分依据的四个维度及内容

六、市场细分的程序及方法

市场细分共七步，包括：选定市场范围、确定细分变量、分析潜在需求、粗略划分市场、筛选细分市场、分析市场容量、确定目标市场。市场细分方法包括单一因素法、综合因素法、系列因素法、主导因素法。

（一）市场细分的程序

市场细分作为一个比较、分类、选择的活动过程，必须按照一定的逻辑和程序进行，通常分为如下七个。

1. 选定市场范围

选定进入的市场范围，即确定进入的行业、生产的产品、提供的服务。产品市场范围应以消费者群体需求而非产品自身特性来确定。

2. 确定细分变量

企业可以根据自身和市场情况，从人口、行为、心理、地理的变量出发，对不同的潜在消费者进行抽样调查，列出影响产品市场需求和消费者购买行为的各项变数，并对需求变数进行评价，确定细分标准变量。

3. 分析潜在需求

列出选定市场范围内所有潜在消费者的需求状况，根据细分标准，列出潜在消费者的全部需求并进行分类；根据列举的需求进行调查问卷设计；进行市场调查，对问卷进行统计、分析和比较；初步识别不同消费群体的需求差异和侧重点，估测目前出现或将要出现的消费需求。

4. 粗略划分市场

企业将所列出的各种需求通过抽样调查进一步搜集有关消费者市场的信息，根据产品或服务不同属性对用户的重要程度，初步划分需求差异最大的细分市场，分析每一细分市场的需求特点及其成因，据此决定是否对细分市场进行合并，或者进行深层次细分。

5. 筛选细分市场

根据有效市场细分标准，对所有细分市场进行分析研究，放弃不合要求、无益的细分市场；剔除潜在顾客的共同需求，以特殊需求为细分标准，合并较小且与其他需求相似的细分市场，拆分内部需求差异较大的细分市场。

排除重复细分市场，使提供的产品或服务在每个细分市场中的用途、比重、相对价值、获取利益都各不相同。企业根据自身的综合实力决定控制细分市场的数量。

6. 分析市场容量

市场容量即目标市场的整体规模，企业根据调查数据和商业数据，估计每一细分市场的人口数量、需求、购买力，结合目标产品的产值、产量、竞品状况等进行市场潜力分析。

市场容量的研究方法较多，如果细分市场的下游市场应用领域较分散，可从供应端和专家处获取信息进行市场推测；如果下游市场比较单一，应用领域相对集中，可从消费端进行分层抽样，再进行数据汇总分析；如果产品或行业相对垄断，供应和消费都较集中，可采集供应端和消费端数据，进行数据交叉验证，最终确定企业可以进入的目标市场。

7. 确定目标市场

各个细分市场都需要进行进一步的跟踪调研、复核与调整，最后确定目标市场。为便于操作，可结合各个细分市场的特点，用形象化、直观化的方法为细分市场命名，比如，旅游市场可以分别命名为商人型、舒适型、好奇型、冒险型、享受型、外出型等名称。

选择与本企业经营优势和特色一致的子市场作为企业的目标市场，这是细分市场的最终目的。

（二）市场细分的方法

市场细分的常见方法包括单一因素法、综合因素法、系列因素法、主导因素法。企业应根据自己的产品状况和经营方向选择不同的市场细分方法。

1. 单一因素法

单一因素法是指根据市场营销调研结果，把影响消费者需求的最主要因素作为细分变量，从而达到市场细分的目的。这种细分法要求企业在宏观变量或微观变量之间，找到一种能够有效区分消费者需求的变量作为细分标准。单一因素法不排斥环境因素的影响。

2. 综合因素法

综合因素法选用两个或两个以上影响消费者需求的因素，从多个维度进行市场细分。比如，可以依据消费者的年龄、收入、生活区域三个因素将某类商品市场细分为多个子市场，综合因素细分法的立体形象化结构如图4－4所示。

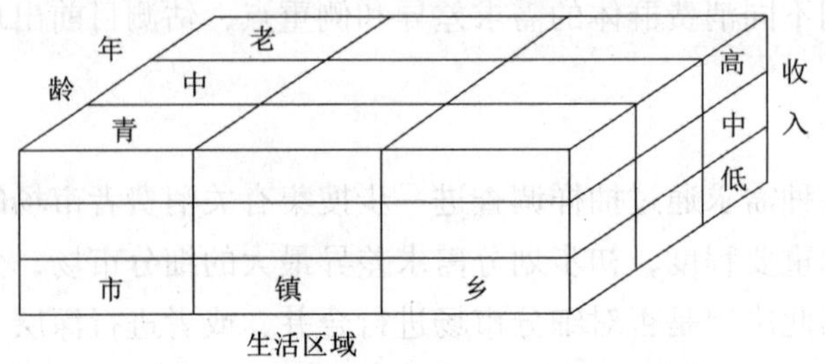

图4－4　综合因素细分法的立体形象化结构

3. 系列因素法

系列因素法是企业依据影响消费者需求倾向的多种因素对某一产品市场由外到里、由大到小、由粗到细地按一定顺序逐层进行市场细分，使目标市场越来越清晰和具体的一种方法。皮鞋市场就可以运用系列因素法进行细分，如图4－5所示。

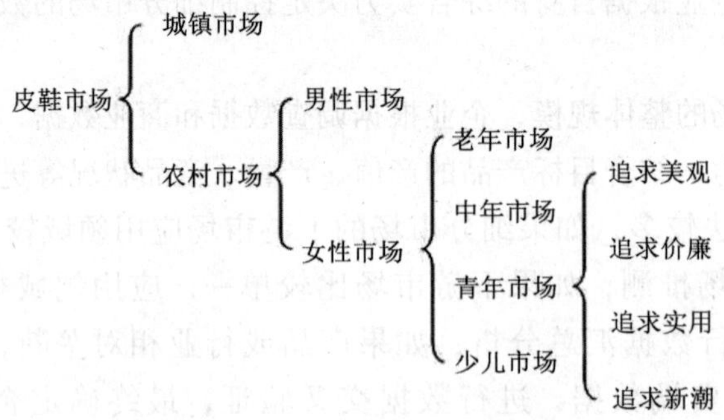

图4－5　皮鞋市场的系列因素法

4. 主导因素法

主导因素法是指当选择细分市场面对多种影响因素时，可以从消费者特征中寻找和确定主导因素，然后与其他因素有机结合，确定细分市场。

若对青年女性服装市场进行细分，收入与职业一般是影响青年女性选择服装的主导因素，而文化、婚姻等则属于从属因素，但无论是主导因素还是从属因素，其中任何一项因素的变动，都可能形成新的次级市场。主导因素法虽然简便易行，但难以反映复杂多变的消费者需求。

七、市场细分的原则

企业进行市场细分的目的是通过对消费者需求差异予以定位，取得较高经济效益。产品的差异化必然导致生产成本和营销费用的相应增长，企业必须在市场细分所得收益与市场细分所增成本之间进行权衡。现代企业在进行市场细分时，必须遵循以下原则。

（一）可进入性

可进入性即指所选定的细分市场必须与企业自身状况相匹配，企业拥有优势占领这一市场。可进入性具体表现在信息进入、产品进入和竞争进入。考虑市场的可进入性，实际上是研究其营销活动的可行性，企业能够有效地进入细分市场并为之服务。

（二）可盈利性

可盈利性是指细分市场要有潜在购买力和足够的市场容量，市场规模要大到使企业足以获取利润目标的程度。细分的子市场必须具备足够的市场规模和可盈利性以吸引企业为之服务，如果市场划分过细、容量太小，产品的销量和盈利都得不到保证，那么这样的市场细分是不可取的。

（三）可实现性

可实现性指细分结果有利于企业确定相应的营销方案，以有效地吸引和服务于细分市场。另外，消费需求的个性化和差异性致使市场细分有了实现的可能。

> 营销智慧火花：细分市场是一种创造活动，不能完全拘泥于书本。

八、市场细分的效果及评估

我们应该意识到，不是所有的市场细分都是有效的，寻找合适的细分标准，对市场进行有效的细分，在营销实践中并非易事。选用的细分标准越多，相应的子市场就越多，每一子市场的容量相应就越小，反之亦然。

（一）市场细分的效果特性

市场细分的效果特性主要从可量性、亲和性、差异性、稳定性四个指标维度进行界定和确认。

1\. 可量性

可量性是指企业对细分市场的市场需求、购买力、市场规模都能进行数量化的准确评估，并可以获取有关消费者的信息。有些市场变量信息，企业一时难以获取、衡量、测算，致使企业无法界定市场，则不能作为细分标准。

2\. 亲和性

亲和性是指企业所划分和选定的细分市场与企业的自身状况相匹配，通过营销能力企业的信息、产品或服务都能够流畅地进入，满足消费者需求，并且具有一定的竞争优势，从而使企业的资源得到充分利用。

3. 差异性

差异性即指细分市场在观念上能被辨识和区别开来，在各个子市场对不同营销组合要素的变动和市场营销方案的调整，都拥有灵敏的差异化反应。企业划分和锁定的细分市场及其提供的产品或服务也应该具有明显的差异性、可识别性。

4. 稳定性

稳定性指企业确定的细分市场必须具有相对的稳定性，能够保证企业有足够的时间实施营销方案，进入市场，获取利润。如果细分市场变化太快，市场细分便失去意义，更不宜被确立为目标市场，因其不利于企业确定较为长期的市场营销战略。

（二）市场细分的效果评估

企业在评估细分市场时，必须考虑评估细分市场的规模和空间、评估细分市场的结构吸引力、评估细分市场与企业融合度三个方面。

1. 评估细分市场的规模和空间

企业的各个细分市场必须具有一定的市场容量，特别是潜在市场的需求容量。一定的市场规模有利于降低企业融入市场的成本，增强企业的获利能力。细分市场的规模经济、成长性、获利性等都有利于企业短期、中期、长期发展。

大中型企业重视细分市场的销售量、增长率等，关注细分市场的增长潜力；小微型企业由于缺乏必要的技术和资源，不能充分满足较大细分市场的需求，选择较小的细分市场可能更加有利。

2. 评估细分市场的结构吸引力

影响细分市场长期吸引力的威胁因素可能使细分市场失去吸引力。评估市场细分的效果，必须评价细分市场中威胁因素的有无和强弱，评估细分市场的总体吸引力。

3. 评估细分市场与企业融合度

企业仍需将自身的目标和资源与其所在的细分市场结合在一起考虑。某些细分市场虽然有较大的吸引力，却分散了企业的注意力和精力，不符合企业的长远目标，因此企业应该考虑退出。为使市场细分有效并盈利，企业还应考虑自身的资源条件、选择有条件介入、能充分发挥资源优势的细分市场作为目标市场。

营销智慧火花：市场细分的标准并非越细越好，细分市场的数量并非越多越佳。

九、市场细分的极端状况

著名学者兰晓华认为，市场细分有两种极端的方式：完全市场细分与无市场细分。

（一）完全市场细分

完全市场细分即市场中的每一位消费者都单独构成一独立的子市场，企业根据每位消费者的不同需求为其生产不同的产品。理论上说，只有一些小规模的、消费者数量极少的市场才能进行完全市场细分，这种做法对企业而言是不经济的。尽管如此，完全市场细分在某些行业，如飞机制造业等还是大有市场。

（二）无市场细分

无市场细分是指市场中的每一位消费者的需求都是完全相同的，或者是企业有意忽略消费者彼此之间需求的差异性，而不对市场进行细分。

十、市场细分的工作流程

市场细分要遵循严格的工作流程。首先，要明确市场细分的目标及其设定的必要性和重要性。其次，在确定市场细分的目标之后，要广泛收集市场资料，包括市场发展的历史资料，并对其进行整理分析。再次，在收集和整理资料之后，制订市场细分执行方案，并制订该方案的评估与选择方案。最后，确定市场细分方案的具体实施措施。图 4－6 展示了市场细分工作流程的框架和各道工序的逻辑走向。

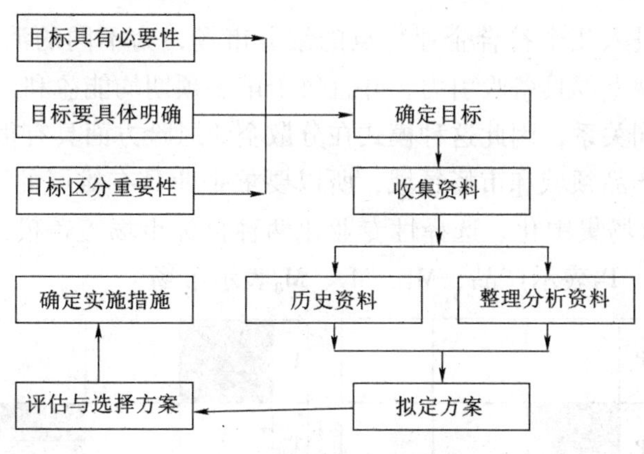

图 4－6　市场细分的工作流程

第二节　目标市场

著名的市场营销学者麦卡锡提出应当把消费者看作一个特定的群体，并称其为目标市场。市场细分有利于明确目标市场，而市场营销策略的应用，有利于满足目标市场的需要。目标市场实质上是评估不同市场细分的吸引力，并据此选择为之服务的目标消费者。

一、目标市场概述

目标市场是指通过市场细分，被企业选定并准备以相应的产品或服务去满足其现实或潜在需求的一个或几个子市场，是对企业最有利的市场组成部分。例如，服装市场按年龄标准可细分为儿童服装市场、青少年服装市场和中老年服装市场。

企业选择目标市场的标准有三点：一是细分市场需求量大，能满足企业的生产经营；二是企业有能力经营好细分市场；三是细分市场上竞争不激烈，或企业在激烈的市场竞争中有获胜的把握。

二、目标市场的覆盖模式

企业在评估了不同的细分市场之后，在选择目标市场时有产品与市场集中化、选择性专业化、产品专业化、市场专业化、市场全面化五种可供选择的市场覆盖模式。

（一）产品与市场集中化

产品与市场集中化是最简单的目标市场覆盖模式。只选取一个细分市场，生产一类产品，故能充分深入地了解细分市场的需求，对某类单一的消费者群体进行集中营销。比如，某服装厂仅加工儿童服装。优点：策略单一，有助于集中力量有针对性地满足某一顾客群体的需求，容易建立稳固的市场地位。不足：经营风险大，市场容量小或需求波动大都会给企业带来损失。

（二）选择性专业化

企业有选择性地进入几个符合企业特点的细分市场，为不同的消费群体提供不同的产品。每个细分市场客观上都具备吸引力，并且每个市场预期均能盈利。优点：各细分市场之间很少有或者没有协同关系，因此这种模式在分散企业风险方面具有很大优势。不足：该模式由于涉足了不同的产品领域和市场领域，所以要求企业具有雄厚的资源条件和营销实力。图 4 –7 即为产品与市场集中化、选择性专业化两种目标市场覆盖模式的具体形象化表示。在图 4 –7 中，P_1、P_2、P_3表示产品，M_1、M_2、M_3表示市场。

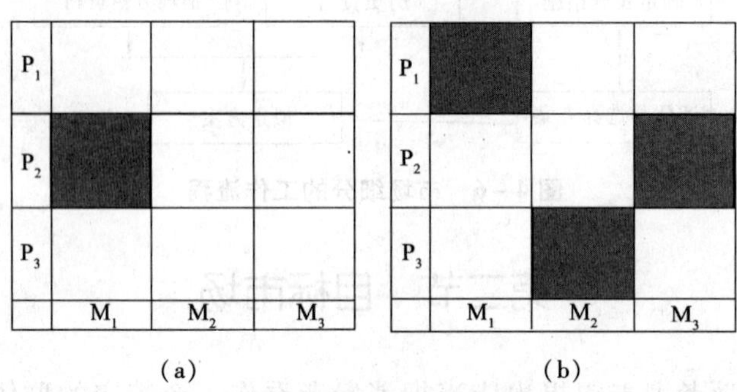

图 4 –7　目标市场覆盖模式

（a）产品与市场集中化；（b）选择性专业化

（三）产品专业化

企业集中生产同一种产品，销往不同细分市场，满足各类消费群体需求。比如，饮水机厂商为不同客户群体生产同一种类、不同规格的饮水机，同时向家庭、机关、学校、餐厅等各类用户出售产品。优点：容易形成生产和技术优势，在专业产品领域能够建立很高的声誉；由于面对不同的细分市场，故能有效降低经营风险。不足：产品一旦被含有全新技术的竞品所取代，其销量将急剧下滑。

（四）市场专业化

企业专注于满足某一特定消费群体的多种需求。比如，火车站不仅为旅客提供客运服务的主体项目，还设立餐厅、旅馆、超市、寄存等多种附加项目满足旅客需求。企业专门满足固定群体的各类需求，易于建立良好声誉，利于拓展新产品营销渠道。优点：经营多种产品，能有效分散风险。不足：如果顾客需求潜量或支付能力发生突变，企业承担的风险较大。

（五）市场全面化

市场全面化即市场全面覆盖，企业全方位进入各个细分市场，致力于为所有消费者提供不同种类的全部产品。只有实力雄厚的大型企业或市场领先企业，阶段性地选用这种模式，才能收到良好效果。例如国际商用机器公司 IBM（计算机市场）、通用汽车公司 GM（汽车市场）和可口可乐公司 Coca－Cola（饮料市场）。这种模式是一种理论上的构架，受各种现实条件的制约，即使大型企业也很难做到市场长期全覆盖，只能做到接近，却很难达到极致。

图 4－8 即为产品专业化、市场专业化、市场全面化三种目标市场覆盖模式的具体形象化表示。在图 4－8 中，P_1、P_2、P_3表示产品，M_1、M_2、M_3表示市场。

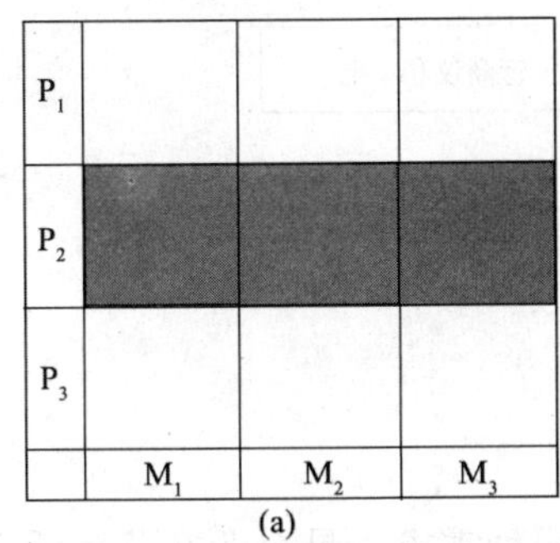

(a)

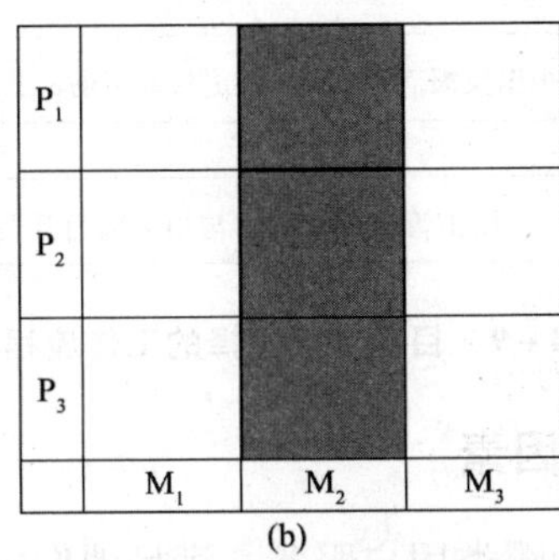

(b)

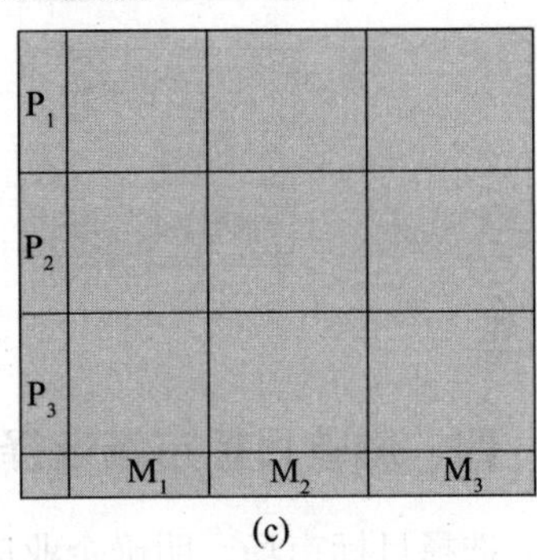

(c)

图 4－8 目标市场覆盖模式

（a）产品专业化；（b）市场专业化；（c）市场全面化

总之，企业的市场覆盖模式不是一成不变的，一般要根据市场和环节的变化进行动态调整，它既受市场特性、市场环境的影响，也受企业能力和条件的制约，同时还与企业经营战略、经营目标等因素有关。

三、目标市场选择工作流程

遵循严格的工作流程，才能精确选择出适合企业自身营销资源状况、针对性较强的目标市场。图 4－9 即为目标市场选择的工作流程，展示了目标市场选择的严谨性、逻辑性、专业性和科学性。

市场是企业从事营销活动的场所。首先，要通过收集市场信息，识别竞争者，结合市场状况分析企业营销环境。其次，通过分析企业销售状况，评价企业及其产品面临的市场机会。随后，通过确定市场细分变量和标准，进行市场细分。进而，通过市场潜力和市场竞争状况，评价细分市场的价值，确定目标市场。以此，在目标市场上运用营销策略开展营销活动，并根据反馈信息商议修正审批。最后，通过反馈信息，调整改进目标市场，经过审批开展后续营销活动。

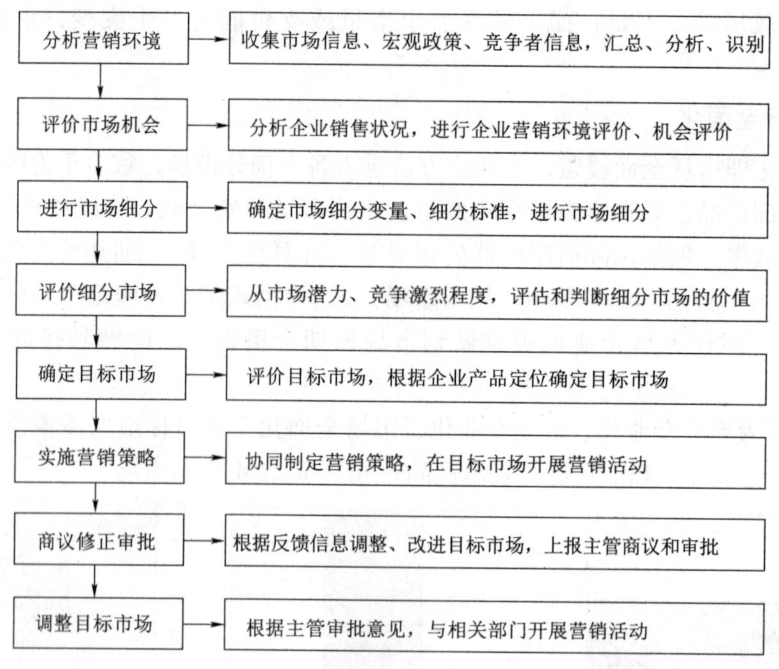

图 4-9　目标市场选择的工作流程

四、影响目标市场选择的因素

选择目标市场，明确企业应为哪类用户服务，满足他们的哪种需求，是企业在营销活动中的一项重要策略。不是细分市场中的所有子市场对本企业都有吸引力，任何企业也没有足够的资源去满足整个市场而追求过大的目标，因此，企业经常扬长避短，选择有利于发挥本企业现有人、财、物等优势的目标市场。影响企业选择目标市场的因素主要有以下几种。

（一）企业实力

企业实力是指企业满足市场需求的能力，主要包括财力、生产能力、技术开发能力，以及营销管理能力。如果企业规模较大，技术力量和设备能力较强，资金雄厚，原材料供应条件好，则可采用差异性营销策略或无差异营销策略。反之，规模小、实力差、资源缺乏的企业宜采用集中性市场营销策略。比如，我国医药工业的整体水平相对落后，所以，采用集中性营销策略，重点开发一些新剂型和国际市场紧缺品种，利用劳动力优势，建立自己的相对品种优势，不失为一条积极参与国际竞争、提高医药工业整体水平的捷径。

（二）市场特点

当消费者对产品的需求欲望、偏好等较为接近，购买数量和使用频率大致相同，销售渠道或促销方式也没有大的差异时，这就显示出市场的类似性，可以采用无差异性营销策略。如果各消费者群体的需求、偏好相差甚远，则须采用差异性营销策略或集中性营销策略，使不同消费者群体的需求得到更好的满足。

（三）产品特点

对于具有不同特性的产品，应采取不同的策略。对于同质性产品，虽然由于原材料和加工不同而存在质量差别，但这些差别并不明显，只要价格适宜，消费者一般无特别的选择，无过分的要求，例如大米、食盐、火柴等产品，可以采用无差异性营销策略。而异质性商品，如服装、家用电器、儿童玩具等，宜采用差异性营销策略或集中性营销策略。

（四）产品生命周期阶段

产品所处的生命周期不同，采用的市场营销策略也是不同的。一般来说，企业的新产品在投入期或成长期，通常采用无差异性市场营销策略，以探测市场需求和潜在顾客情况，也有利于节约市场开发费用；当产品进入成熟期时，宜采用差异性市场营销策略，才能延长成熟期，开拓市场；当产品进入衰退期时，宜考虑采取集中性市场营销策略，以集中力量于少数尚有利可图的目标市场。

（五）竞争对手营销策略

企业生存于竞争的市场环境中，对营销策略的选用也要受到竞争者的制约。当竞争者采用了差异性营销策略时，如企业采用无差异性营销策略，往往就无法有效地参与竞争，很难处于有利的地位，除非企业本身有极强的实力和较大的市场占有率。

当竞争者采用的是无差异性营销策略时，则无论企业本身的实力强于或弱于对方，采用差异性营销策略，特别是采用集中性营销策略，都是有利可图、有优势可占的。

总而言之，影响目标市场选择的因素主要包括企业实力、市场特点、产品特点、产品所处生命周期、竞争对手的营销战略。选择适合企业目标市场的营销策略，是一项复杂的、随时间变化的、有高度艺术性的工作过程。

企业的目标市场策略应该慎重选择，一旦确定，要确保相对的稳定性，不能朝令夕改；但灵活性也不容忽视，没有永远正确的策略，需要密切注意市场需求的变化和竞争动态。

五、目标市场竞争战略

企业在评估不同的细分市场之后，选定一个或几个细分市场作为目标市场，为更好地满足目标市场消费者的各种需求，企业应该结合自身的内外环境选择恰当的目标市场战略。

STP 市场理论根据目标市场的数量与规模、需求特性、产品数量、企业实力、营销组合方案、经济效益、风险大小等多维指标，把企业可以选择的目标市场战略划分为无差别市场战略、差异化市场战略、集中性市场战略三种类型。

（一）无差别市场战略

无差别市场战略从其含义、优点、缺点、案例四个维度进行立体分析和阐述。

1. 含义

无差别市场战略是指企业把整个市场作为自己的目标市场，不考虑各细分市场消费者需求的差异性，只考虑满足整个市场中尽可能多的消费者的共同需求，设计生产单一产品、一种价格，运用市场营销组合方案，吸引所有消费者的市场战略。

采用该市场战略的企业，主要着眼于顾客需求的共性或同质性，忽略顾客需求的差异性，对市场不进行细分，只求满足大多数顾客的共性需求。

2. 优点

无差别市场战略的理论基础是成本经济性，不进行市场细分可以减少企业在市场调研、产品开发、制订营销组合方案等方面的市场投入；生产单一产品，质量容易得到保证，可以减少生产与储运成本；无差异的广告宣传可以降低促销费用。

该战略适用于需求广泛、市场同质性高、能大规模生产、批量销售的产品，比如标准量具、螺丝和螺母等，能够充分发挥规模经济的效益，产销成本低，经济性好，在价格上能够获得有利的竞争地位。

3. 缺点

该市场战略忽视了市场需求的差异性，难以满足消费者的个性化需求；如果同类企业也采用这种策略，必然引起激烈竞争，应对竞争有其局限性，企业难以保持长久的规模经济效益；对目标市场的依赖性较大，应变能力较差，潜在风险较大，不宜长期采用。

4. 案例

美国可口可乐公司从1886年问世以来，一直采用无差别市场战略，生产一种口味、一种配方、一种包装的产品满足多个国家和地区的需求，被称为“世界性的清凉饮料”。

由于百事可乐等饮料的竞争，1985年4月，可口可乐公司宣布改变配方，不料该决定在美国市场掀起轩然大波，不少人对公司改变配方表示不满和反对，公司不得不继续大批量生产传统配方的可口可乐。

采用无差别市场战略，要求产品的内在质量和外在形式都有独特风格，并得到多数消费者的认可。

> 营销智慧火花：市场竞争的本质就是对实体资源和虚拟资源的占有与垄断。

（二）差异化市场战略

差异化市场战略从其含义、优点、缺点、评价、案例五个方面进行全面介绍。

1. 含义

差异化市场战略是一种以市场细分为基础的目标市场战略，就是把整个市场细分为若干子市场，选择多个细分市场作为企业的目标市场，并针对各个细分市场的不同特点，设计和生产多种不同的产品，采用不同的营销组合方案，满足不同的消费者需求。

2. 优点

企业生产及其产品的特点是小批量、多品种，生产机动灵活；针对性强，有的放矢，能满足不同消费者的多元化要求，增加整体销量；在细分市场上占有优势，易于塑造企业形象，提升企业声誉，提高市场占有率；在多个细分市场上经营，在一定程度上能够分散投资和经营风险，增强企业竞争力；如果细分市场选择得当，企业便能赢得较高的投资回报率。

3. 缺点

一是企业生产多种产品，采用多种营销组合，增加了生产成本、存储成本、营销成本、管理成本；二是企业的资源分散在多个领域，不能集中使用，易顾此失彼，甚至企业内部出现彼此争夺资源的现象，企业难以塑造拳头产品，不易形成竞争优势。

4. 评价

差异化市场战略适用于异质市场和需求量波动较大的产品，比如服装、家电、家具、汽车等；适用于实力雄厚的大企业。由于差异化市场战略在获得较高销量的同时也增加了成本，所以并不是市场划分得越细，效果就越好。

5. 案例

宝洁公司是全球最大的日用品公司之一，其推进的是多品牌战略。在美国，宝洁拥有九种洗衣粉品牌、七种洗发水品牌、六种香皂品牌等。同一类产品的不同品牌是为了满足不同顾客希望从产品中获得不同的利益组合。

宝洁公司在中国销售三种洗发水，这三种洗发水品牌也代表了三个细分市场。海飞丝的主要功效在于去屑，潘婷主要是保护秀发健康，而飘柔是使头发光滑柔顺。同一类产品的不同品牌在同一市场上相互竞争，但不影响它们的销售，原因在于它们的目标是占领市场中各个具有差异性的细分市场。

（三）集中性市场战略

本部分从含义、优点、缺点、评价、案例五个方面阐述集中性市场战略的内涵。

1. 含义

集中性市场战略也称密集性市场战略，即企业选择一个或几个细分市场作为目标市场，集中全部力量满足目标市场的需求。通过生产、营销组合等专门化分工，实行专业化生产和销售，以此在目标市场上形成较强的竞争优势，获得较高的经济利益。企业追求的不是在一个整体市场中进行角逐，而是在一个或几个较小的细分市场上争取优势地位，取得较高的市场占有率。

2. 优点

一是生产的专业化程度高；二是能够充分运用企业有限资源，满足个别细分市场的特殊需求，有利于企业产品在该细分市场取得优势地位，提高产品市场占有率和企业知名度；三是营销目标相对集中，便于管理，能够集中企业优势力量，使企业及时了解市场需求变化；四是营销组合方案针对性强，有利于产品适销对路，降低成本。

3. 缺点

采用此战略比其他战略拥有更大风险。一是目标市场范围过于集中和狭小，市场发展潜力不大，企业的长远发展可能会受到限制；二是企业产品生产过于专业化，产品种类过于单一，回旋余地小，市场应变能力差，不易分散风险，一旦遭遇强大竞争对手的介入、消费者购买力下降或兴趣转移、替代品出现等情况，企业可能因应变不及时而陷入困境。

4. 评价

集中性市场战略比较适合于生产周期短、需求量波动大的产品，也适合特色鲜明的产品，比如某服装厂专门为特殊身材的消费者量身定做服装。该战略适合实力不强的中小企业采用。受资源、技术等因素的制约，中小企业在整体市场上可能无力与大企业抗衡，而在大企业尚未顾及或不愿涉足的细分市场中经营，往往容易成功。另外，由于经营风险相对集中，企业应该选择一定数量的细分市场作为目标市场，以此分散风险。

5. 案例

日本尼西奇起初是一个生产雨衣、尿布、游泳帽等多种橡胶制品的综合小厂，由于订货不足，面临破产。企业总经理多川博偶然从一份人口普查表中发现，日本每年约出生 250 万名婴儿，如果每个婴儿用两条尿布，一年需要 500 万条。

他们决定放弃尿布以外的所有产品，集中实行尿布专业化生产。小小尿布却使该企业起死回生，随后又不断研制新材料、开发新品种，不仅垄断了日本国内尿布市场，还远销世界70多个国家和地区，成为闻名于世的“尿布大王”。尼西奇奉行的理念“只要市场需要，小商品同样做成大生意”。

总之，三种目标市场战略各有利弊。选择目标市场战略，必须考虑企业面临的内外状况，如企业的规模和资源、产品同质性、市场类似性、产品所处生命周期的阶段、竞争者的数量、强弱，及其战略等各种因素。

选择适合企业自身特点的目标市场战略是一项较为复杂多变的工作，因为企业的内部条件和外部环境都在不断发展和变化。企业应该不断通过市场调查和预测，掌握市场波动的趋势与竞争态势，把握时机，扬长避短，发挥优势，选用灵活性和适应性都比较强的市场战略。

营销智慧火花：没有战略的企业就像一艘没有舵的航船，只能在原地转圈。

第三节　市场定位

市场定位是20世纪70年代由美国学者阿尔·赖斯提出的一个重要营销学概念。企业在选定目标市场之后，就要在该市场上进行企业与产品的市场定位。

通常的情况是市场已经有许多竞争者，企业为了能在市场上战胜竞争者，必须了解竞争者，使自己的战略规划与众不同，以确定进入目标市场后的市场定位。这是企业市场战略体系中的重要组成部分，关系到企业与产品在消费者心目中的地位。

一、市场定位的概念

市场定位是指企业根据目标市场特征以及竞争者产品的地位，针对消费者对企业产品特征或属性的重视程度，把企业产品塑造成与竞品有明显差异、具有鲜明特色的产品形象，并将这种形象生动地传递给消费者，吸引更多的消费者购买企业产品，从而在目标市场上为产品确立适当的地位，形成企业不可替代的竞争优势。

企业在进行市场定位时，应当慎之又慎，要通过反复比较和调研找出最合理的突破口，避免出现定位混乱、定位过宽、定位过窄等现象。一旦确立了理想的市场定位，企业就应该全力维持，并经常加以监测调整，以随时适应消费者和竞争者策略的改变。

二、市场定位的原则

以差异化为基础的市场定位必须满足相应原则，定位才是有意义和有价值的。具体以差异化为基础的市场定位原则有重要性原则、明晰性原则、优越性原则、沟通性原则、接近性原则、替代性原则、盈利性原则，具体内容如表4-2所示。

表 4-2　以差异化为基础的市场定位原则

原　则	内　容
重要性	保证能够向消费者让渡较高价值，而不是无足轻重的定位
明晰性	该定位是企业以一种突出、明晰的方式提供的
优越性	该定位明显优越于通过其他途径而获得相同的利益
沟通性	该定位是消费者易见的，消费者的需求可以通过沟通达到
接近性	该定位是买主有能力购买的，而不是凭空想象出来的
替代性	该定位是其他竞争者难以替代的，能在较长时间内独自保持
盈利性	企业将通过此定位获得利润

三、市场定位的作用

市场定位主要有两个方面的作用，一是有利于树立企业产品形象，二是有利于制定营销组合策略。

（一）有利于树立企业产品形象

市场定位有利于凸显企业及其产品的特色及形象。多数市场因产品供过于求而形成买方市场，众多生产同类产品的厂家为争夺有限客源，竞争异常激烈。为使自己的产品获得稳定销路，以期在消费者心中形成一定的偏爱，防止被竞品替代，市场定位成为企业及其产品树立形象的重要环节。

（二）有利于制定营销组合策略

市场定位是企业制定营销组合策略的基础。如果企业产品定位于优质低价，产品策略主打高质量，价格策略主打低价位，促销策略突出产品的质优价廉、货真价实，渠道策略要求分销储运效率高，确保低价仍能获利。市场定位影响、制约着企业的市场营销组合策略。

四、市场定位的方式

市场定位的方式主要分为避强定位方式、迎头定位方式、重新定位方式三种。

（一）避强定位方式

避强定位方式是企业避免与强有力的竞争对手发生直接竞争，而将自己的产品定位于另一市场的区域内，使自己的产品在某些特征或属性方面与强势对手有明显的区别。这种定位方式可使自己迅速在市场上站稳脚跟，并在消费者心中树立起一定形象。这种做法风险较小，成功率较高，为多数企业所采用。

（二）迎头定位方式

迎头定位方式是企业根据自身的实力，为占据较佳的市场位置，与市场上占支配地位、实力最强或较强的竞争对手发生正面竞争，从而使自己的产品进入与对手相同的市场位置。由于竞争对手强大，这一竞争过程往往相当引人注目，企业及其产品能较快地为消费者了解，达到树立市场形象的目的。这种定位方式可能引发激烈的市场竞争，具有较大的风险，企业必须知己知彼，了解市场容量，正确判定自己的资源和能力。

（三）重新定位方式

重新定位方式是企业对销路少、市场反应差的产品进行二次定位。初次定位后，如果由于顾客的需求偏好发生转移，市场对此企业产品的需求减少，或者由于新的竞争者进入市场，选择与此企业相近的市场位置，企业就需要对其产品进行重新定位。一般而言，重新定位是企业摆脱经营困境，寻求新的活力的有效途径。企业如果发现新的产品市场范围，可采用重新定位方式。

五、市场定位的内容

市场定位是企业及产品确定在目标市场上所处的位置，其含义是指企业根据竞争者现有产品在市场上所处的位置，针对顾客对该类产品某些特征或属性的重视程度，为企业及其产品塑造与众不同的、印象鲜明的形象，并将这种形象生动地传递给顾客，从而使该产品在市场上确定恰当的位置。市场定位是多维度的、多方位的，不是一成不变的，当企业内部条件及外部环境发生变化时，需要重新进行市场定位。企业的市场定位从内容上来讲，包括产品定位、顾客定位、企业定位、竞争定位，四种市场定位缺一不可、相互影响，对目标市场发挥综合作用。图 4 – 10 形象地表示出市场定位的四项内容。

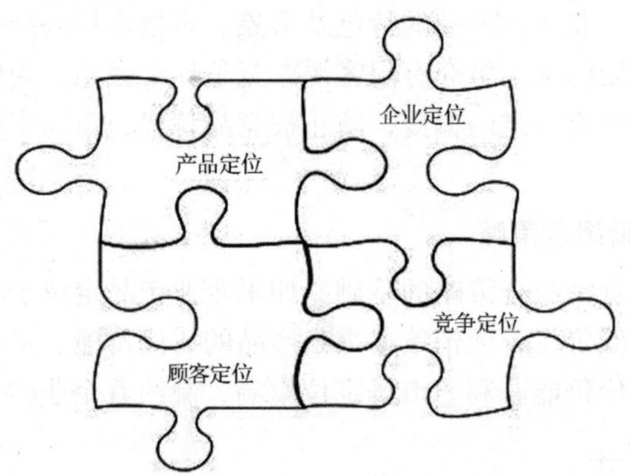

图 4 – 10　市场定位的四项内容

（一）产品定位

产品定位是指确定某产品在消费者心目中的形象和地位，即通过塑造产品的鲜明个性或特色，树立产品在市场上的形象，从而使消费者了解和认识企业的产品。

市场定位最初主要指产品定位，即权衡企业产品和竞争产品在目标市场上的各自位置。产品定位直接影响产品销量和企业效益。随着科技进步，产品差异化硬性指标的作用逐渐淡化，消费者更加看重产品的品牌形象等。

1. 产品特色定位

产品的特色定位亦即形象定位。企业为使产品具有鲜明个性，与众不同，竭力全方位培育和突出产品特色，在目标市场中塑造产品的独特形象，形成良好的市场知觉和市场印象。

每个产品的特色都是多种因素的综合反映，包括质量、性能、构造等。市场定位就是企业选择消费者比较重视的一个或几个产品因素，强化或放大，作为产品市场定位的特色要素。

2. 产品品类定位

在同一市场上有许多同一品种的产品，面对过量的产品或服务信息，消费者为了简化购买决策过程，经常根据平时对产品的内心归属和定位来进行购买决策。消费者对产品各种属性和特性的重视程度千差万别，即消费者对产品的品类定位相差很大。

3. 产品质价定位

一般情况下，消费者在购买产品时，质量和价格是两个首先考虑的因素。有的企业采用高质高价的定位，并且使消费者感到每一分钱都花得很值；也有许多企业把自己产品定位在经济实惠上，在强调价格优势的同时，也向顾客传递质量保证信息。

企业通过对市场上主要竞争对手产品的深度分析，准确合理地对产品进行质量定位和价格定位，与竞争产品相比，质优价廉、技术含量高等都能确立企业产品在消费者心中的地位。

（二）顾客定位

顾客定位即指企业准确定位目标顾客群，维持和保有自己的顾客数量，提供令其满意的产品，使产品特征在顾客心里留下深刻印象和独特位置，比如舒服、典雅、豪华、朴素、时髦等，从关注产品的使用价值朝着满足顾客的消费心理让渡，培育顾客的情感偏爱和价值主张，借此赢得顾客的认同。顾客定位是多维度的，比如从年龄上，有少年、青年、老年；从性别上，有男人、女人；从消费层次上，有高、中、低等不同收入群体；从职业上，有工人、医生、教师等。

1. 顾客心理定位

顾客心理定位是指企业针对潜在顾客的心理进行市场规划，企业在选定目标市场的同时，也就界定了自己的顾客群。

2. 顾客利益定位

顾客利益定位指根据商品为顾客提供的利益进行定位，所谓利益既包括顾客购买商品时所追求的利益，也包括购买商品时所能获得的附加利益。例如，流行于国内各大城市的世界公园，能为游客提供世界各地著名景区的游览服务，满足顾客不出国门就能身临其境观赏世界名胜的市场需求。

> 营销智慧火花：顾客就是上帝，顾客永远都是对的；服务是营销取胜的关键。

（三）企业定位

企业定位是市场定位的重要组成部分，企业定位的实质是使本企业与其他企业严格区分开来，使消费者能够明显感觉到企业间的这种差别，使企业形象具有明显的排他性、可识别性。

1. 企业形象

企业应该根据自身条件，在目标市场的消费者心中，全方位塑造良好的企业形象，这是企业提高竞争力、获取竞争优势的重要环节。企业形象一旦为社会公众接受和认可，其产品也更易为消费者信赖和接受。

2. 巩固市场形象

随着时间的推移，加之竞争者的干扰，企业形象可能会逐渐弱化或模糊，企业应当不断巩固市场形象，维持和强化消费者对企业的良性认知，同时整合各种资源，促进自身发展，确保产品适销对路，赢得顾客满意，取得较好经营业绩。

（四）竞争定位

竞争定位也称竞争性定位，是企业把产品确定在一定的目标市场中，即确立企业产品在目标市场上的竞争地位。企业在选定自己的目标市场时，也就决定了自己的竞争对手。

1. 了解竞争者

在选定的目标市场上，竞争者已捷足先登，甚至已占据了市场有利地位，企业为了出奇制胜，就必须了解现有竞争者的实力、经营特点、市场地位等，然后确定企业进入目标市场的竞争定位。

2. 竞争定位的类型

企业的竞争定位主要包括领导者定位、挑战者定位、跟随者定位和补缺者定位四种类型。企业通过市场调研了解竞争对手的定位类型，制定企业的竞争战略，使自己处于有利的竞争地位，获取竞争优势。

六、市场定位的步骤

市场定位的关键是企业比竞争者创造出更具竞争优势的特性产品。竞争优势一般有两种基本类型：一是价格竞争优势，即在同等质量的条件下比竞争品价格更低，这就必须力求降低单位成本；二是偏好竞争优势，即能提供确定的特色来满足顾客的特定偏好，抵消高价格的不利影响。企业市场定位的过程可通过以下四个步骤完成。

（一）分析消费者产品需求与评价

分析消费者在产品或服务诸多属性中所关注的焦点，分析市场上现有产品或服务是否能满足他们的需求愿望；分析消费者对产品的偏爱，以及他们对产品优劣的评价标准，以此作为企业定位战略的制定依据。比如，明确消费者对某一产品最关心的是购买便利还是价格便宜，是质量优良还是款式新颖等，从而确定企业的定位战略。

（二）了解竞争者及其产品定位

由于企业面临各种竞争者的挑战与市场争夺，因此，企业必须明确竞争者提供的产品或服务的种类，分析竞争者产品在消费者心目中的形象，估测竞争者产品的市场成本及经营状况，了解竞争者产品的市场定位及其竞争战略，正确衡量竞争者的潜力，准确判断其潜在的竞争优势，据此策划形成自己产品的市场定位战略。

（三）识别企业的相对竞争优势

相对竞争优势是指企业能够胜过竞争对手的优越地位，这种优势可以是现有的，也可以是潜在的，最终形成企业的核心优势。根据竞争对手的定位状况，通过与竞争者在产品、促销、成本、服务等方面的对比，企业能够识别自身的长处和短处，以及在目标市场上的现有优势和潜在优势。

识别和选择相对竞争优势的过程实质上是企业与竞争者综合实力的比较过程，在同等条件下，企业可以设法降低单位成本，比竞争者提供价格更低的产品，可以为消费者提供特色鲜明的产品或服务。

（四）传播竞争优势与定位选择

企业应该通过一系列宣传活动，把独特的成本优势和差异化优势准确地传播给目标消费者，并充分了解目标消费者的偏好是否与企业定位一致。企业在进行定位决策时，通过宣传活动把企业的定位理念准确地传播给目标市场，从而在目标市场上形成独特鲜明的企业及其产品形象。例如，一提到饮料，消费者首先想到可口可乐；一提到润喉，消费者首先想到的是金嗓子喉宝等，都是企业定位成功、宣传到位的范例。

七、市场定位的类型

市场定位的类型包括年龄定位、个性定位、职业定位、阶层定位、区域定位五种。

（一）年龄定位

在制定营销策略时，企业要考虑销售对象的年龄，因为不同年龄段的人，有不同的需求特点，只有充分考虑到这些特点，满足不同消费者需求，才能够赢得消费者。如对于婴儿用品，营销策略应针对父母亲，因为婴儿用品是由父母亲来购买的。

（二）个性定位

个性定位是考虑把企业的产品如何销售给那些具有特殊个性的人。选择一部分具有相同个性的人作为自己的定位目标，针对他们的爱好实施营销策略，可以取得较好的营销效果。

（三）职业定位

职业定位是指企业在制定营销策略时要考虑将产品或劳务销售给什么职业的人。将饲料销售给农民及养殖户，将文具销售给学生，这是非常明显的，而真正能产生营销效益的往往是那些不明显的、不易被察觉的定位。在进行市场定位时要有一双善于发现的眼睛，及时发现竞争者的视觉盲点。

（四）阶层定位

每个社会都包含有许多社会阶层，不同阶层的消费者有不同的消费特点和消费需求，企业的产品究竟面向什么阶层的消费者，是企业在选择目标市场时应考虑的问题。根据不同的标准，可以对社会上的人进行不同的阶层划分。阶层定位要牢牢把握住某一阶层的需求特点，从营销的各个层面上满足他们的需求。

（五）区域定位

区域定位是指企业在实施营销策略时，应当为产品确立要进入的市场区域，即确定该产品是进入国际市场、全国市场，还是某地销售等。只有找准了自己的市场，企业的营销计划和盈利目标才会落地和实现。

营销智慧火花：定位是市场从业者对其心智中已有资源的精准认知。

八、市场定位战略

市场定位战略的核心问题是企业及其产品与竞争对手及其产品的竞争关系。各个企业经营的产品不同，面对的消费者不同，所处的竞争环境不同，市场定位战略的确定依据也不同。

（一）对峙定位战略

对峙定位战略是指企业根据自身实力，为占据较佳的目标市场位置，不惜与市场上占据支配地位、实力较强的竞争者发生正面竞争，采取与竞争对手相同的市场定位，与竞争者争夺同一细分市场。

当企业能够提供比竞争者更令消费者满意的产品或服务、比其更具竞争实力，同时市场需求潜力很大时，可以实行对峙定位战略。采用该战略易产生轰动效应，能够平分秋色也是巨大成功。比如百事可乐与可口可乐的竞争，麦当劳与肯德基的竞争，采用的就是迎头交锋、直接对抗的对峙定位战略。

若竞争对手实力雄厚，在消费者心目中处于强势地位，实施对峙定位战略有一定风险，需要企业拥有足够的资源和能力，在知己知彼的基础上实施差异化竞争，否则很难化解市场风险。

（二）跟随定位战略

跟随定位战略是指企业将产品定位在某一个竞争者的同一位置上，与现有竞争者和平共处。对于竞争者而言，如果有足够的市场份额而且既得利益没有受到太大损失，它们一般不在乎身边多一个竞争对手跟随，因为激烈的对抗常常会两败俱伤。很多实力不是特别雄厚的企业经常采用这种定位战略。实行该战略的企业必须注意不能以击垮对方为目的，否则很难持续跟踪。只要能够和平共处、相安无事，各取一杯羹，也是成功。

（三）避强定位战略

避强定位战略是指企业意识到很难与同行业竞争者抗衡而获得绝对优势，力图避免与其直接发生竞争，而是另辟蹊径，开拓新的细分市场领域，使自己的产品在某些特征或属性方面与最强或较强的对手有比较显著的差异。

避强定位战略的优点表现在：能使企业较快地在市场上站稳脚跟，很快在消费者中树立形象，风险小、成功率高，常常为多数企业所采用。该战略的缺点表现在：避强定位战略意味着企业必须放弃某个最佳市场位置，开发目标市场上没有的特色产品，投入比较高。

（四）补缺定位战略

补缺定位战略是指企业寻找目标市场中存在的市场缝隙和空间。由于自身难以正面挑战竞争者，企业便把目标市场定位在竞争者无意占领的狭缝位置，锁定对特色产品有需求的空隙领域，开发新市场，俗称“找枪眼”或者“钻空子”。由于尚无特色产品，竞争者少，甚至可以独占市场，容易积蓄竞争优势，经济效益可观。采用这种定位战略时，企业应明确定位所需的产品技术和经济基础，有无足够的市场容量，能否确保企业持续盈利。

（五）重新定位战略

企业在选定目标市场定位之后，由于市场内外环境变化、竞争者威胁加剧、消费者偏好转移、当初定位不明确等多种原因，需要企业重新定位。市场定位是一个动态过程，需要不断调整。企业通常在产品销路少、市场反应差时，变更产品特色，改变目标消费者对原有产品的印象，采取以退为进的重新定位战略，目的是实施更有效的定位。

万宝路在创业早期的市场定位是女士香烟市场，尽管当时美国吸烟人数年年攀升，但万宝路香烟的销量却始终平平。女士们抱怨香烟的白色烟嘴会染上她们鲜艳的口红而显不雅，后来莫里斯公司把烟嘴换成了红色，但这也没能改变万宝路女士香烟的命运，终于在 20 世纪 40 年代初万宝路女士香烟停产。

在对香烟市场进行深入调查分析之后，莫里斯公司对万宝路进行了全新的定位，将万宝路香烟定位在男士香烟市场，把香烟的清淡型变成重口味，大胆改造万宝路形象：包装采用首创的烟盒平开技术，烟盒以象征力量的红色为主色调；广告强力打造万宝路香烟的男子汉英雄气概，以粗犷、豪迈、壮美的美国西部牛仔为品牌形象，发展成为经久不衰的世界香烟品牌。

总之，企业在市场定位过程中，应该注意的是：一是定位不要过窄，如果企业定位过于狭隘，过分强调产品集中在某一领域，就会限制消费者对该企业其他领域或该产品其他方面的了解，二是定位要清晰，防止消费者对产品及企业形象模糊不清、概念混淆，这种混乱通常由主题太多、产品定位变换太频繁所致，三是不要发生定位矛盾，如企业没有注意确立企业品牌的整体形象，从而造成一些矛盾的宣传，消费者便不能感知企业及产品的鲜明特色；四是防止出现定位偏差、定位重复，甚至没有定位的现象。

第四节 市场分析

现代企业通过市场细分、确立目标市场、锁定市场定位之后，需要对市场进行全面分析，尤其是市场竞争的分析。市场竞争是市场经济的基本特征，在市场经济条件下，企业从各自的利益出发，为取得较好的营销条件、获得更多的市场资源而竞争。

通过竞争，实现企业的优胜劣汰，实现市场资源的优化配置。市场竞争的内在动因在于企业主体自身的利益，要求现代企业进行全面而细致的市场分析。

一、市场分析概述

通过市场分析，企业可以更好地认识消费者市场的商品供应和需求的比例关系，制定正确的市场竞争战略，满足市场需要，提高企业的市场竞争优势。

（一）通过市场分析获取可靠信息

企业市场分析人员，通过深入调研获取可靠信息。调研活动必须运用科学的方法，符合科学研究的要求，确保市场分析活动中的各种偏差达到极小化，保证获取信息的真实性。

（二）通过市场分析制订严密计划

市场分析是严格制订并执行计划的基础工作。市场分析是一个计划严密的系统过程，应该按照预定的计划和思路去收集、分析和解释有关资料。

（三）通过市场分析提升信息质量

市场分析应向决策者提供信息而非资料，所以应把资料升级为数据信息。资料是通过营销调研活动收集到的各种未经处理的事实和数据，它们只是形成信息的原料。信息是通过对资料的分析而获得的认识和结论，是对资料进行加工和处理后的产物。

（四）通过市场分析强化竞争导向

市场分析要以市场竞争为导向，市场分析是应对市场竞争的前提和基础，只有通过市场分析才能强化企业的市场竞争导向。

二、市场分析的作用

市场分析的作用主要表现在如下四个方面。

（一）市场分析是制定市场竞争战略的基础

企业的市场竞争战略只有建立在扎实的市场分析基础上，只有在对影响市场需求的外部因素和影响企业的内部因素有了充分了解和掌握以后，才能增强竞争优势，提高市场竞争战略制定的科学性，从而将市场竞争的风险降到最低。

（二）市场分析是实施市场竞争战略的保证

企业在市场竞争战略的过程中，根据市场分析取得的最新信息资料，检验和判断企业的竞争战略是否需要与时俱进，如何修正以适应新出现的或企业事先未掌握的情况，从而保证营销战略计划的顺利实施。只有利用科学的方法去分析和研究市场，才能为企业的正确决策提供可靠的依据。

（三）市场分析有利于企业解决经营决策问题

通过市场分析，企业可以明确自己在某个市场无经营机会或能否在另一个市场将已经获得的市场份额扩大。市场分析也可以帮助企业的营销经理对一些具体问题进行决策，比如企业是否应该立即对价格进行适当的调整，以适应消费者在节日期间的消费行为；企业是否增加营业推广活动所发放的激励用品，进而加强促销工作的力度等。

（四）市场分析有利于企业调查发现市场机会

企业若想在一个新的市场开辟自己的业务，除了要了解该市场的需求外，还要了解该市场商业上的竞争对手，而这些工作都要通过各种市场分析手段来完成。只有通过细致的市场调查和分析，企业才有可能制定出有针对性的营销策略。企业经营的规模越大，市场分析工作也就越显得重要，也就越需要在市场分析方面投入充足的人力、物力和财力。

三、市场分析的方法

对任何事物的认识都有一个从抽象到具体的过程，市场是一个非常复杂的系统，对其分析研究必须遵循认识规律。市场分析首先要对市场问题进行概括阐述，继而以微观市场、宏观市场相关理论对市场规模容量进行详尽分析，然后对市场结构进行具体解剖，深刻了解市场运行现状及变化规律。具体的市场分析方法有如下九种。

（一）系统分析法

市场是一个多要素、多层级的组合体，既有营销要素的复合性，又有营销过程的整体性，还有营销环境的影响力。运用系统分析的方法进行市场分析，可以使分析人员从企业整体上考虑企业市场营销战略，用联系的、全面的、发展的观点研究市场的各种现象，既看到供给的一面，又看到需求的一面，并预见市场变化趋势，从而得出正确的营销决策。

（二）比较分析法

比较分析法是把两个或两类事物的市场资料信息进行比较，确定它们之间相同点和不同点的一种逻辑分析方法。对于市场，企业不能孤立地去认识，只有把现在与过去的市场、国内与国际的市场进行比较，结合市场政策、市场环境、市场行情等加以审视，才能找出市场需求的本质和特征。

（三）结构分析法

在市场分析中，通过市场调查资料，分析市场需求结构及其各组成部分的需求特点，进而认识市场本质的方法，称为结构分析法。

（四）演绎分析法

演绎分析法就是把市场整体分解为各个组成部分及影响因素，形成分类分级资料，通过对这些分类资料进行研究，分别把握特征和本质，通过推理演绎认识市场，形成对市场的整体认识的一种逻辑方法。

（五）直接资料法

直接资料法是指直接运用已有的本企业营销统计资料，与同行业营销统计资料进行比较或者直接运用行业地区市场的营销统计资料，同整个社会地区市场营销统计资料进行比较。通过分析市场占有率的变化，寻找目标市场。

（六）案例分析法

案例分析就是以典型企业的营销成果为例证，从中找出规律性的东西。市场分析理论是从企业的营销实践中总结出来的一般规律，它源于实践，又高于实践，用它指导企业的市场营销活动，能够取得较大的经济效益。

（七）人物结合法

市场分析的对象是以满足消费者需求为中心的企业市场营销活动规律，企业营销的对象是消费者，消费者需求的商品是物，在分析商品市场运动规律的同时，还要分析消费者的不同需求，以便实现二者的有机结合，保证商品在市场中流动畅通。

（八）定性定量法

任何市场营销活动都是质与量的统一。进行市场分析，必须进行定性分析，以确定问题的性质，同时也必须进行定量分析，以确定市场活动中各个营销指标的数量关系。只有使两者有机结合起来，才能认清市场问题的性质，实现市场营销活动的数量化和数据化，进而实施精准营销。

（九）宏观微观法

市场情况是国民经济的综合反映，要了解市场活动的全貌及其发展方向，不但要从企业的角度去考察，还需从宏观上了解整个国民经济的发展状况。这就要求企业必须把宏观分析和微观分析结合起来，以保证市场分析的客观性和正确性。

四、市场竞争分析

企业参与市场竞争的要素可分为四大项，分别是成本、质量、时间、柔性。参与市场竞争的主要项目有商品竞争、素质能力竞争、服务竞争、信息竞争、价格竞争、信誉竞争。

（一）市场竞争分析内容

市场竞争分析内容包括企业的竞争对手分析、潜在竞争对手分析、所处行业的竞争环境分析、企业自身竞争优劣势分析、企业自身竞争力分析。

（二）收集竞争对手信息

1. 市场信息收集

宏观市场信息来自整个行业渠道，可以从互联网获取销量、市场份额、营业额等信息；微观市场信息是区域、城市、片区的情况，可以以客户的身份去考察和体验，了解竞争对手的情况。

2. 竞争平台收集

参加各种竞标活动，通过参与项目的招标、投标活动，了解竞争对手的信息。比如，有时招标方在招投标后，会公开参标方的信息，这是了解竞争对手信息的绝好通道。

3. 客户反馈收集

在反馈过程中，客户传递自己企业劣势和竞争对手优势的信息。企业应该正视客户的反馈信息，扬长避短，发挥自己企业的长处、规避自己的短板，形成差异化核心竞争力。

4. 个人渠道收集

行业内的从业人员是流动的，人员流动也会带来竞争对手企业的部分信息。

知己知彼，百战百胜，收集分析竞争对手信息，企业才能提升竞争力，战胜竞争对手。

（三）市场竞争分析工具

1. 针对企业内外环境的竞争分析工具

SWOT 分析工具，又称市场强弱危机分析工具、市场优劣分析工具，其实质是一种企业竞争态势分析工具。通过分析评价企业内部自身环境的优势和劣势、企业外部竞争环境带来的机会和威胁，进而确定企业市场拓展战略。

2. 针对企业所在行业的竞争分析工具

波特五力模型分析工具主要用于企业所属行业的基本竞争态势分析。该模型明确了竞争力的五个来源，企业战略的制定必须明确并评价这五种竞争力，不同力量的特性及影响权重因行业和企业的不同而不同。该模型分析工具的出现及运用对企业战略的制定产生了深远影响。

【案例分析】

“脑白金”市场定位战略

在脑白金的原东家上海健特生物科技的网站上，关于“脑白金的疗效”的调查显示，47.79%的人认为“不好”，12.9%的人认为一般。尽管如此，脑白金畅销七年；仅三年内，就创造了十几亿的销售奇迹。脑白金的生命力和它的声誉完全成反比的情形让无数人大跌眼镜：凭什么它可以摆脱夭折的命运？

脑白金市场定位走礼品路线。“今年过节不收礼，收礼只收脑白金”。脑白金悄悄从保健品定位“转型”为时尚礼品定位，在大部分保健品竭力将自己定位于“药品”时，“脑白金”则强调自己的礼品定位，是一种能带给人们健康的礼品，并极力宣传一种送礼更要送健康的消费理念。

礼尚往来乃中国民风，高知名度是体面的代名词。脑白金转变成礼品之后，在几乎没有竞争对手的礼品市场上，迈开了大步。

脑白金的礼品定位，使其在低迷的保健品市场独树一帜。正是由于正确的市场定位，其在短短三年之内，创造了十几亿元的销售奇迹。因此，树立市场定位意识已经成为企业在竞争中制胜的关键。(案例来源：http：//www. docin. com/p－1271378156. html 豆丁网)

【问题】 通过互联网平台进行调查和分析，撰写一份脑白金市场定位战略分析报告。

【本章小结】

本章首先介绍了STP市场理论的市场细分部分，分别从市场细分的作用、依据、程序及方法、效果及评估等方面进行介绍；其次介绍了STP市场理论的目标市场部分，主要从目标市场的覆盖模式、影响目标市场选择的因素、目标市场战略三个方面进行了阐述；然后介绍了STP市场理论的市场定位部分，主要从市场定位的概念、原则、作用、内容、步骤和市场定位战略六个方面进行了阐述。最后介绍了市场分析的作用、方法，以及市场竞争分析等。

【思考题】

1. 市场细分需要哪些依据？应遵循哪些程序？
2. 请归纳出市场细分的作用及市场细分的效果评估方法，并举例说明。
3. 请说明影响目标市场选择的因素，并举例说明。
4. 简述你对企业目标市场三大战略的理解以及选择战略的依据。
5. 怎样理解市场定位的含义？五项市场定位战略有哪些选择依据？

第五章

消费行为分析

【教学要求】

1. 了解消费者的概念界定、消费者市场的基础知识。
2. 熟悉消费者消费心理分析方法和分析流程。
3. 掌握消费者购买行为特征及分析方法，以及网购行为特性分析。
4. 掌握消费者网购行为特性及网购决策影响因素。
5. 熟悉消费者购买决策过程。

【本章术语】

◆黑箱效应　◆6W1H 分析法　◆7Os 分析法　◆购买动机与购买决策　◆网购

【课程思政】

●大学生消费群体要树立正确的消费观念，量入为出，理性消费，不攀比、不炫耀，不沉迷激情消费和超前消费。

●企业及其市场营销从业人员要严格遵守《中华人民共和国消费者权益保护法》，每天都是“3.15 国际消费者权益日”，坚决保护消费者权益不受侵犯。

第一节　消费者概念界定

市场除了可分为狭义市场和广义市场之外，还可以分为消费者市场和组织市场。另外，以交易对象为划分标准，市场还可分成经营者市场和消费者市场。

本部分主要从消费品生产企业的角度，研究消费者市场及其消费者在消费过程中所表现出的心理特征、决策过程、行为特征。

首先，消费品生产企业与消费品零售企业都研究分析消费者及消费者市场，但二者关注的侧重点不同。消费品生产企业是从宏观角度研究消费者市场，从产品（即消费品）的研发、生产、定价、渠道、促销等环节，分析消费者市场规律及消费者消费心理和消费行为特征；也从微观角度间接研究消费者个体，目的是为企业确定高效的市场营销策略。

其次，消费品零售企业研究分析消费者市场，多半是从微观角度，侧重研究消费者个体，直接面对消费者，重点在于研究如何把商品卖给消费者。对消费者的研究和分析属于营销渠道的终端销售及其管理方面的内容，不是本章分析的重点。

最后，在消费者市场研究领域也有专业的研究机构，代表性的研究机构比如策点调研公司、AC 尼尔森公司、益普索公司等，它们主要采取焦点座谈会、街头拦截访问、入户访问、深度访谈、电话访问等调研形式。

在 20 世纪 50 年代，市场营销领域开始重视和研究消费者的消费心理和消费行为，因为在第二次世界大战之后，北美及西欧等市场格局全面由企业卖方市场转为消费者买方市场，企业产品供过于求，使消费者在市场中的主体地位显著增强，研究企业营销活动中消费者行为的各种学派开始出现，同时心理学研究也开始渗入市场营销领域，二者成为营销理论体系的重要组成部分。

消费者是消费者市场的主体，只有认真研究和掌握目标市场中消费者的消费心理特征和消费行为规律，才能确定高效的市场营销策略，从而实现企业的营销目标。

一、消费者的含义

消费者的市场含义是指在不同时空范围内参与消费活动的个人或组织，消费者是为生活消费需要而购买、使用商品或者接受服务的。消费者的法律含义主要涉及消费性质、主体地位、消费对象、消费方式四个方面。

我国 1993 年 10 月 31 日第八届全国人民代表大会常务委员会第四次会议通过《中华人民共和国消费者权益保护法》，2009 年 8 月 27 日第一次修正，2013 年 10 月 25 日第二次修正。消费者市场中的生产商、中间商都应该自觉遵守该法律，保护消费者的合法权益。

（一）消费者的消费性质

消费者的消费性质属于生活消费。消费者的生活消费包括两类：一是物质资料的消费，如衣、食、住、行、用等方面的物质消费；二是精神消费，如旅游、教育、文化等方面的消费。

（二）消费者的主体地位

消费者的消费主体包括公民个人及家庭、进行生活消费的单位，即组织消费者。生活消费主要是公民个人（含家庭）的消费，而且对公民个人的生活消费是保护的重点。但是，生活消费还包括单位的生活消费，因为在一般情况下，单位购买生活资料最后都是由个人使用的，有些单位还为个人进行生活消费而购买商品和服务。

（三）消费者的消费对象

消费者的消费对象即消费客体，指的是商品或服务。商品即与生活消费有关的并通过流通过程推出的有形消费品，不管是否经过加工和制作，不管是动产还是不动产。服务指的是与生活消费有关的、有偿提供的、可供消费者利用的任何种类的无形消费品。本项目所指的消费品即为有形商品。

（四）消费者的消费方式

消费者的消费方式包括购买、使用（商品）、接受（服务）。关于商品的消费，即购买和使用商品，既包括消费者购买商品用于自身的消费，也包括购买商品供他人使用或使用他人购买的商品。

关于服务的消费，不仅包括自己付费、自己接受服务，而且也包括他人付费、自己接受服务。不论是商品的消费还是服务的消费，只要有偿获得的商品和接受的服务是用于生活消费，就属于消费者。

二、消费者的分类

消费者的分类多种多样，以消费行为主体为标准，可以把消费者划分成个体消费者和组织消费者；按照消费者生活形态把消费者分成三派十四族。

（一）按照行为主体划分

根据消费行为的不同主体，可把消费者划分为个体消费者和组织消费者。个体消费者是指为了个人和家庭生活的需要而购买或使用商品的个人或家庭。组织消费者是指以营利为目的而从事生产或转卖等活动的企业、不以营利为目的而购买商品的社会组织和各级政府机构。个体消费者和组织消费者由于购买主体以及购买目的不同，购买行为也有所不同。本章所指的消费者仅为个体消费者。按照消费行为的不同主体对消费者的分类如图 5 – 1 所示。

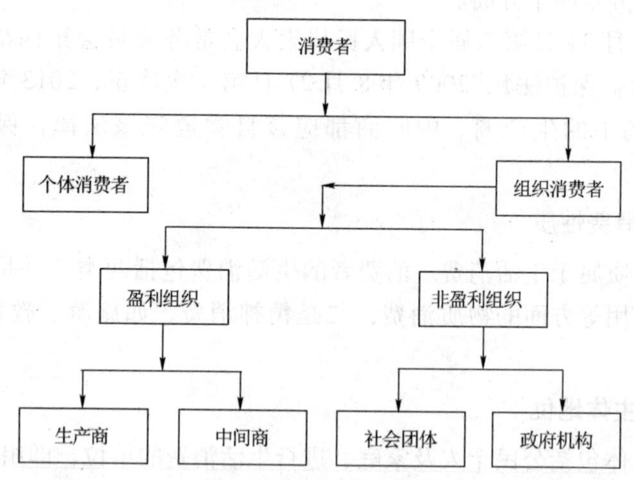

图 5 – 1　按照消费行为的不同主体对消费者的分类

（二）按照生活形态划分

按照消费者生活形态模型——中国消费者分群范式（CHINA – VALS），结合消费心理因素，可把中国消费者分为三派十四族。其中，理智事业族、经济头脑族、工作成就族、经济时尚族、求实稳健族、消费节省族六个族群为积极形态派，个性表现族、平稳求进族、跟随潮流族、传统生活族、勤俭生活族五个族群为求进务实派，工作踏实族、平稳小康族、现实生活族三个族群为平稳现实派。

消费者的消费行为经常受其心理活动的支配。消费者在其身体内部生理因素、心理因素、外部环境的刺激下，产生购买动机，在动机的驱使下进行购买决策，继而实施购买行为，购后对商品进行评价，完成了一次完整的消费过程。

第二节　消费者市场概述

成功的市场营销人员应该有效地研发对消费者有价值的产品，并运用富有吸引力和说服力的方法将产品有效地呈现给消费者，同时研究影响消费者购买行为的主要因素及其购买决策过程，对于有效开展市场营销活动至关重要。

一、消费者市场的含义

消费者市场又称最终消费者市场、消费品市场、生活资料市场，是指个人或家庭为满足生活需求而购买或租用商品的市场。它是市场体系的基础，是起决定作用的市场，是现代市场营销理论研究的主要对象。

二、消费者市场的地位

在整个市场结构中，消费者市场占重要地位，其发展态势直接或间接地影响着生产者市场的发展，影响着生产企业营销决策的确定和企业经营目标的实现，以至于影响整个社会经济的发展。

消费者市场的发展直接受上游的生产者市场供应情况的影响和制约，生产企业只有向消费者市场不断提供量足质优的产品，消费者市场的需求才能得到充分的满足。二者必须保持平衡的发展态势，才能保证社会再生产的顺利进行。图 5 - 2 显示出消费者市场在企业目标市场中的地位。

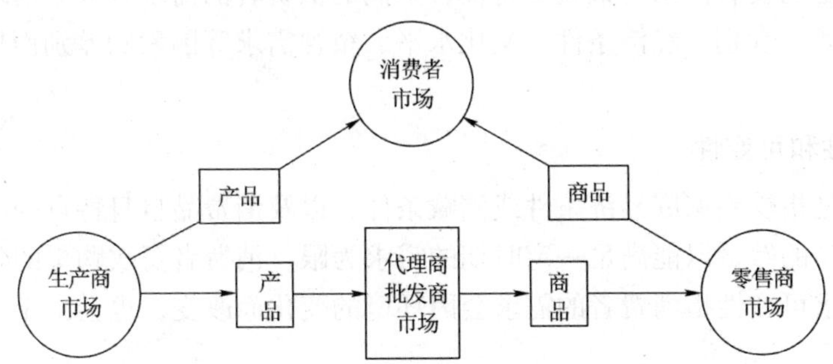

图 5 - 2　消费者市场在企业目标市场中的地位

三、消费者市场的特征

消费者市场与生产者市场（即产业市场）相比，在生产和消费、交易频度和交易量、购买力的流动性等方面都具有鲜明的特征。

（一）集中生产与分散消费

从营销的角度看，消费者市场的总体特征是集中生产、分散消费。消费者市场通常对消费品的价格非常敏感，价格需求弹性比较高；分销渠道多为间接渠道和长渠道；强调广告宣传，尤其注重在大众媒体上开展促销活动。

（二）交易频繁但数量零星

从交易规模和方式看，消费者市场的消费者众多，其需求复杂多变，供求矛盾频发，市场分散，成交次数频繁，但交易数量零星。因此绝大部分生产厂家的产品通过中间商以商品的形式销售给零售商，以方便终端消费者购买。消费者市场不是中间市场而是终端市场。

（三）购买力的流动性增强

从市场动态看，随着城市化进程的加快，城乡交往和地区间往来日益频繁，再加上旅游事业的迅猛发展、国际贸易的繁荣和国际事务交往的增多，人口的流动性不断增强，促使消费者市场的购买力流动性增强。消费品生产企业应该密切注视市场动态，提供适销对路的产品。

四、消费者市场的需求

需要层次理论对研究消费者市场需求具有很强的指导意义。美国人本主义心理学家马斯洛（Abraham Harold Maslow）于 1943 年提出的需要层次理论，将人类需要由低级到高级分成生理需要、安全需要、归属需要、自尊需要、自我实现需要五个层次。

消费者市场的需求不同于生产者市场的需求，特指消费者在消费者市场上获得必要生活资料的能力、愿望、要求的总和，消费者市场的需求具有鲜明的特性，内容可概括为“四面八点”。

（一）多样性和差异性

需求多样性是消费者需求的最基本特征，不同的消费者的需求各异。需求差异性表现在不同消费者因年龄、性别、经济条件、文化水平、精神需求等因素的差别而形成不同的消费需求。

（二）重复性和可变性

需求重复性是指受到家庭经济条件或储藏条件，以及消费品自身特点的制约，消费者每次购买日用消费品的数量以能满足一定时期的需求为限，消费者每次购买的数量比较少，需要反复购买。需求可变性指消费者的需求会因环境的变化而改变，也会由于人为的外部引诱而改变。

（三）层次性和周期性

需求层次性即遵循美国心理学家马斯洛需要层次理论，即消费者的需要从低级到高级呈现五个层次。需求周期性是指消费者需求变化具有循环往复的特点。例如，对食品的需求周期间隔短、循环快；对服装的需求受气候变化的影响，表现出明显的季节性。

（四）弹性和非专业性

需求弹性是指消费者对某种商品的需要会因为诸如心理素质、支付能力、价格升降幅度、促销力度、储蓄利率等因素的影响而发生变化。需求的非专业性意指大多数消费者缺乏专门的商品知识，对其性能、特点、用法、保养和维修等很少有专门的研究，需求带有很强的随意性和冲动性，很容易受商品的包装、广告、现场气氛、导购等多种外在因素的影响。

营销智慧火花：消费者是针对产品、商品而言的，顾客是针对厂家、商家而言的。

五、消费者市场的消费品

对于生产商而言，消费品即其生产的产品；对于中间商而言，消费品即其经营的商品；对于消费者而言，消费品即其购买的对象。

（一）消费品的分类

消费品由于划分标准不同而种类多样，以耐用程度和使用频率为标准，消费品可分为耐用品、非耐用品；以使用时间为标准，消费品可分为常年用品、季节用品、流行品；以购买习惯为标准，消费品可分为便利品、选购品、特殊品三种类型。

1. 便利品

便利品又称日用品，是指消费者需要重复购买的日常生活所需商品，如食品、饮料、香皂等。消费者在购买便利品时，一般不愿花费很多时间比较其价格和质量，愿意接受其他代用品。便利品的生产者应注意分销的广泛性和经销网点的合理分布，以便消费者能就近购买。

2. 选购品

选购品是指在价格上比便利品高，比较贵重，消费者购买时愿花较多时间，在价格、款式、质量等方面对多家商品进行比较，然后才决定购买，比如高档服装、化妆品、家电产品等。选购品的生产者应将销售网点设在商业区，把同类产品销售点集中，以便消费者比较和选择。

3. 特殊品

特殊品是指消费者对其有特殊偏好并愿意花较多时间去购买的商品，比如手机、电脑、汽车等。消费者在购买前对其有一定的了解，偏爱特定的品牌，不愿接受代用品。生产者应努力争创名牌产品，以此赢得消费者青睐，加强广告宣传，扩大产品知名度，切实做好售后服务。

（二）消费品的特点

1. 需求量大但生命周期短

消费品是生产企业提供给消费者市场的产品，即消费者所需的生活资料，其特点是品类繁多、生命周期短；其价格变动对需求量的影响较大，专业技术性含量相对不高，需求量大、进出市场频繁。

2. 具有一定的关联性和替代性

许多消费品之间存在关联性和替代性。比如，购买牙刷时可能就会购买牙膏，购买皮鞋时会买鞋油，购买商品房时会买装修材料等；再如，多买洗衣粉可能会导致少买肥皂，形成关联性和替代性。消费品的替代性很强，因为市场上替代品或竞争品较多。

3. 具有消费者市场终端用品属性

消费品通常直接进入消费过程，一般不会再回流到流通领域，对消费者个人及其家庭的生活质量、身心健康等都会产生直接影响，各国政府一般会制定较为严格的法律对消费者权益进行保护。

总之，以生产为中心的量产时代已经逐渐演变为以消费者为中心的市场行销时代，为了达到以消费者为导向的营销目标，首先必须对消费者的消费心理、消费决策、消费行为进行全面分析。

六、消费者市场分析流程

消费者市场分析有严格的逻辑顺序可以遵循，应明确消费者市场的特征及其市场中对消费品的需求状况，认知消费者的主体地位及其消费的性质，以及熟悉消费对象和消费者的消费方式，全面分析消费者市场的各个构成要素。图 5－3 即为消费者市场分析流程。

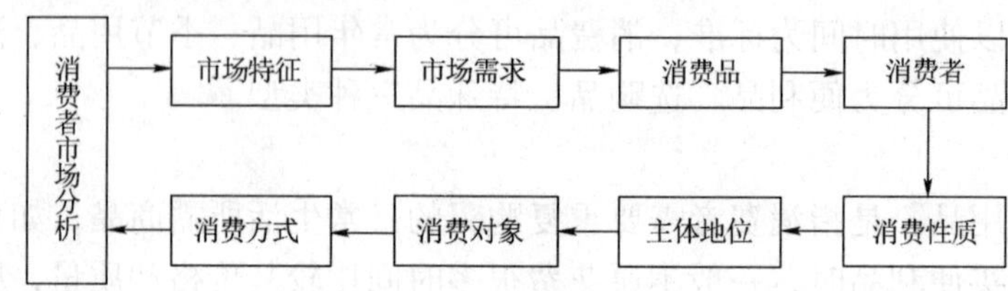

图 5－3　消费者市场分析流程

第三节　消费者消费心理

消费者市场由消费者构成，消费者的消费行为规律是其消费心理特征的外在表现。消费心理是指消费者在购买商品过程中的一系列心理活动。

消费心理活动分析的内容：一是接触商品，引起注意；二是经过了解和比较产生兴趣和偏爱，激发购买欲望；三是在条件成熟后决定购买；四是购买商品；五是通过使用商品而形成消费感受，考虑今后是否再次购买。

一、消费者的消费性格

消费者的消费性格属于其消费心理结构的范畴。具有不同性格的消费者，其购买行为差异很大，消费者个体性格的差异是形成各种独特购买行为的主要原因。消费者的消费性格能够从其面部表情、言谈话语、动作姿态、购物态度和方式等细节中判断出来。消费者的消费性格共有六种类型，如图 5－4 所示。

（一）内向型消费者

内向型消费者在购买商品过程中，沉默寡言，动作和反应迟缓，面部表情变化不大，内心活动丰富而不露声色，挑选商品时不希望营业人员的帮助，对商品广告冷淡，主要凭借自己的经验购买。

（二）外向型消费者

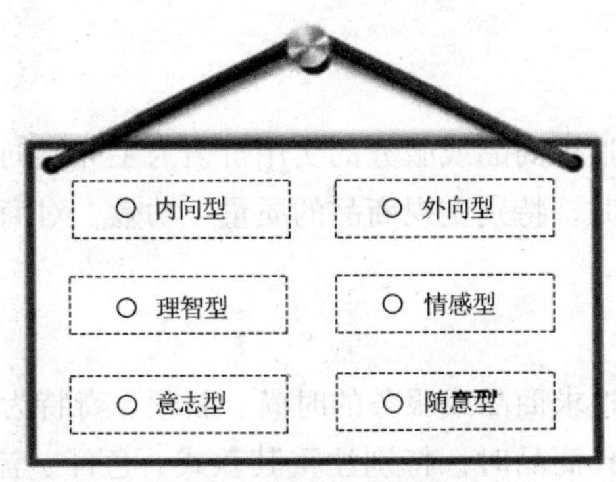

图 5－4　消费者的消费性格

外向型消费者在购买过程中，热情活泼，喜欢与营业人员交换意见，主动询问有关商品的质量、品种、使用方法等问题，易受商品广告的感染，言语动作和表情外露，购买决定比较果断。

（三）理智型消费者

理智型消费者在购买商品过程中，喜欢周密思考，用理智的尺度权衡商品的各种利弊因素。在未对商品各方面了解之前，不轻易决定，挑选商品仔细，购买时间相对较长。

（四）情感型消费者

情感型消费者在购买商品过程中，情绪反应比较强烈，容易受购物现场的各种因素影响，对店面布置、商品广告、商品陈列及营业人员的服务态度等比较看重，购买决定经常受现场气氛和自己情绪的支配，稍有不满便立刻改变购买决定。

（五）意志型消费者

意志型消费者在购买商品过程中，购买目标明确，行为积极主动，按照自己的意图购买商品，即使他人提出反对意见也会坚持自己的购买决定，很少受购物环境的影响和他人意见的左右，购买行为果断迅速。

（六）随意型消费者

在购买活动中，常常注意其他消费者对商品的购买态度和购买方式，会主动听取营业员的商品分析和他人的购买意见，从众心理比较明显，自己缺少主见。

> 营销智慧火花：消费时你可以用任何语言去表达，营销时你必须用消费者的语言来思考。

二、消费者的消费动机

动机这个概念是由伍德沃斯（R. S. Woodworth）于 1918 年率先引入心理学的，他把动机视为决定行为的内在动力。动机是引起个体活动，维持并促使该活动朝着某个目标迈进的内在作用。

引起动机的外在条件是诱因，引起动机的内在条件是需求，需求经唤醒而产生动力，从而驱动有机体去实现需求的满足。消费者的消费动机包括求实、求新、求美、求名、求廉、偏好、模仿、便利八种。

（一）求实动机

求实动机是指消费者以追求商品或服务的实用价值为主导倾向的购买动机。在这种动机支配下，消费者在选购商品时，特别重视商品的质量、功效，对商品的造型与款式等不是特别强调。

（二）求新动机

求新动机是指消费者以追求商品或服务的时尚、新颖、奇特为主导倾向的购买动机。在这种动机支配下，消费者选择商品时，特别注重其款式、色泽、流行性、独特性、新颖性，而商品的耐用性、价格等成为次要的考虑因素。一般在收入水平比较高以及青年群体中，求新动机比较常见。

（三）求美动机

求美动机是指消费者以追求商品欣赏价值和艺术价值为主要倾向的购买动机。在这种动机支配下，消费者在选购商品时特别重视商品的颜色、造型、外观、包装等因素，讲究商品的造型美、装潢美和艺术美。求美动机的核心是讲求赏心悦目，注重商品的美化作用和美化效果，它在受教育程度较高的群体以及从事文化、教育等工作的人群中比较常见。

（四）求名动机

求名动机是指消费者因追求名牌、高档商品，借以显示或提高自己的身份、地位而形成的购买动机。在一些高收入层、大中学生中，求名动机比较明显。购买名牌商品，不仅有显示富有和表现自我等作用，还隐含着减少购买风险、简化决策程序等多方面考虑。

（五）求廉动机

求廉动机是指消费者以追求商品、服务的低廉价格为主导倾向的购买动机。在求廉动机的驱使下，消费者选择商品以价格为第一考虑因素，宁愿多花体力和精力，多方了解和比较商品价格的差异，从而选择价格便宜的商品。怀有求廉动机的消费者对商品的质量、花色、款式、包装、品牌等不挑剔，而对降价、折让等促销活动怀有较大兴趣。

（六）偏好动机

偏好动机是指消费者以满足个人特殊兴趣和爱好为主导倾向的购买动机，其核心是为了满足某种嗜好与情趣。持有这种动机的消费者，大多出于生活习惯或个人癖好而考虑购买某类商品。比如，有些消费者钟爱养花、养鸟、摄影、集邮，有些人喜欢收集古董、古玩、古书、古画，还有人嗜好喝酒、品茶。在偏好动机支配下，消费者选择商品往往比较理智和挑剔，不轻易盲从。

（七）模仿动机

模仿动机是指消费者在购买商品时不自觉地模仿他人的购买行为而形成的购买动机。有的消费者出于仰慕、希望获得认同而效仿，有的人由于保守、惧怕风险而模仿，有的人由于缺乏主见、随波逐流而模仿。

（八）便利动机

便利动机是指消费者以追求商品购买和使用过程中的省时省力等为主导倾向的购买动机。在便利动机支配下，消费者对时间、效率特别重视，对商品本身则不甚挑剔，特别关心能否快速方便地买到商品，并且便于携带、使用、维修。一般时间观念比较强的人，大多持有便利购买动机。

消费者的八种购买动机不是彼此孤立的，而是相互交错、相互制约、共同发挥作用。因此，对消费者的购买动机切忌仅作简单静态的分析。

营销智慧火花：消费者是交易活动事后行为者，顾客是交易活动事前行为者。

三、消费者的消费心理

消费者的心理分析是营销制胜的关键，从品牌、定位到差异化，从定价、促销到整合营销，都是针对消费者心理采取的行动。随着同质化日趋严重，在变革的营销环境下企业将越来越依赖于对消费者心理的把握和迎合，从而影响消费者，最终实现产品的销售目标。

（一）虚荣型心理

1. 面子心理

“人争一口气，佛争一炷香。”中国的消费者有很强的面子情结，营销人员可以利用消费者的这种面子心理，找到市场、获取溢价、达成销售。如，脑白金就是利用了国人在送礼时的面子心理找到了市场；又如，当年的 TCL 凭借在手机上镶嵌宝石，在高端手机市场获取了一席之地，从而获取了溢价收益；再如，在终端销售中，店员往往通过夸奖消费者的眼光独到，并且说明产品如何与消费者相配，让消费者感觉大有脸面，从而达成销售。

2. 炫耀心理

消费者的炫耀心理主要表现为产品带给消费者的心理满足远远超过实用性。正是这种炫耀心理，创造了高端市场。同时利用炫耀心理，在国内企业普遍缺乏核心技术的情况下，可获取市场。这一点在时尚商品上表现得尤为明显。在终端的销售过程中，许多国外奢侈品品牌纷纷抢占中国市场，许多消费者通过对品牌的购买来炫耀其身份与地位。如，一些广告直接就是“成功男人的象征”“成功的生活方式”等；又如，一些企业通过设计时尚的外观造型来标榜个性；再如，一些消费者为了炫耀其地位与财富，不惜花重金对自己进行包装。

3. 攀比心理

消费者的攀比心理是基于消费者对自己所处的阶层、身份以及地位的认同，从而选择所在的阶层人群为参照而表现出来的消费行为。如，很多商品，在购买的前夕，萦绕在消费者脑海中最多的就是，谁谁都有了，我也要去买。营销人员，可以利用消费者的攀比心理，通过对其参照群体的对比，有意强调其参照群体的消费来达成销售。

（二）焦虑型心理

1. 疑虑心理

疑虑消费心理是一种瞻前顾后的消费心理，其核心是怕吃亏上当。这类消费者在购物过程中，对商品的质量、性能、功效始终持怀疑态度，怕不好使用，怕上当受骗，他们会反复向销售人员询问，仔细检查商品，并非常关心售后服务工作，直到心中的疑虑解除，才肯购买。

2. 恐惧心理

害怕生病、害怕死亡、害怕被看不起、害怕失去，其实每一个人在决策的时候，都会有恐惧感。消费者容易在购买之后出现怀疑、不安、后悔等负面心理情绪，并引发不满的行为。在终端销售过程中，为了充分利用消费者的害怕心理，一些广告就为此进行创意，如“买电器，到国美，花钱不后悔”。也有先传播痛苦并扩大痛苦，进而让消费者有恐惧感，最终推出产品，云南白药牙膏就围绕消费者的恐惧进行了广告的创意。一些商机推出限量、限时销售，或者是打绝版的概念等，都是利用消费者的恐惧心理。

3. 不安心理

拥有不安消费心理的消费者对欲购商品总是怀疑其安全性，尤其在购买食品、药品、洗涤用品、卫生用品、电器和交通工具等商品时，必须确保没有任何安全隐患，比如非常重视食品的保鲜期，药品有哪些副作用，洗涤用品有无不良化学反应，电器有无漏电现象等。只有在销售人员解释和承诺之后，他们才会放心购买。

（三）贪利型心理

1. 贪占心理

贪占便宜和爱讨价还价是消费者表现出来的普遍消费心理，一方面，爱还价，“价格太贵”是多数消费者的口头禅。消费者经常追求“物美价廉”，其实消费者不仅想占便宜，还希望“独占”，这就给商家有可乘之机，如在终端销售中，讨价还价比较普遍，许多商家经常打出“最后一件”“最后一天”等宣传语，或者打出“跳楼价”“一折”等概念，让消费者感觉到物美价廉，占了便宜。

2. 逐利心理

逐利心理是一种“少花钱多办事”的消费心理，其核心是“获利”。有逐利消费心理的消费者，在选购商品时往往要对同类商品之间的价格差异进行仔细的比较，还喜欢选购打折或处理商品。具有这种消费心理的消费者以经济收入较低者为多，也有经济收入较高而勤俭节约的人，精打细算，尽量少花钱。有些希望从购买商品中得到较多利益的消费者，对商品的花色、质量都很满意，爱不释手，但由于价格较贵，一时下不了购买的决心，便讨价还价。

> 营销智慧火花：贪占心理追求“物美价廉”；逐利心理追求“精打细算”。

（四）走心型心理

1. 私密心理

拥有私密消费心理的消费者，在购物时不愿为他人所知，常常采取“秘密行动”，一旦选中某件商品，若发现周围无旁人观看便迅速成交。年轻人在购买成人用品时常有这种情况。一些知名度很高的名人在购买高档商品时，也有类似情况。

2. 愧疚心理

常年在外为事业打拼的消费者，想要亲情的补偿，商家在促销过程中，经常利用消费者的愧疚心理、情感补偿心理，开展商品促销活动。比如，许多保健品一到节假日就大肆开展宣传，充分激发部分消费群体对长辈的愧疚心理，激发消费者购买保健品给父母。例如，某保健品的广告语：你哭的时候他们在笑，你笑的时候他们在哭，变化的是表情，不变的是亲情，回报天下父母心。

3. 自尊心理

拥有自尊心理的消费者，在购物时既追求商品的使用价值，又追求精神方面的高雅，他们在购买决策之前，希望其购买行为受到销售人员的欢迎和热情友好的接待。有的消费者满怀希望地走进商店购物，一见销售人员的脸冷若冰霜，立刻就转身而去，选择其他商店购买。

（五）习性型心理

1. 习惯心理

消费者对其所选购的产品潜意识都有习惯，对任何一类产品都有一个“心理价格”，高于“心理价格”也就超出了预算范围，低于“心理价格”则会对产品的品质产生疑问。因此，了解消费者的心理价位，有助于市场人员为产品确定合适的价格，有助于销售人员达成产品的销售。

心理价位在终端销售的表现更为明显，以服装销售为例，消费者如果在一番讨价还价之后，价格还是高于其心理价位，可能最终还是不会达成交易。甚至消费者在初次探询价格时，如果报价远高于其心理价位，就会懒得再看，扭头就走。

2. 偏爱心理

偏爱心理是一种以满足个人特殊爱好和情趣为目的的消费心理，有偏爱心理的人，喜爱购买某一类型的商品。例如，有的人爱养花，有的人爱集邮，有的人爱摄影，有的人爱字画等。这种偏爱心理往往同某种专业、知识、生活情趣等有关，拥有偏爱心理的消费者往往比较理智，指向性也比较明确，具有经常性和持续性的特点。

（六）无主型心理

1. 从众心理

从众心理指个人的观念与行为受群体的引导或压力，而趋向于与大多数人一致。消费者在很多购买决策上，会表现出从众倾向。如，消费者购物时喜欢到人多的商店；在品牌选择时，偏向那些市场占有率高的品牌；在选择旅游点时，偏向热点城市和热点线路。

在终端销售中，店员往往通过说某种型号的产品今天已经卖出了好多套，促使消费者尽快决策，人为造成一些火爆的情景来引导潮流等，都是有效利用了消费者的从众心理。

2. 慕名心理

慕名心理指消费者推崇名人和权威的心理，在消费形态上，多表现为消费决策的情感成分远超理智成分。慕名权威的推崇会导致消费者对权威所购产品无理由选购，把消费对象人格化，从而促进产品畅销。

商家利用某些消费者对名人的推崇，物色名人做代言、打广告。如，许多广告促销中声称某商品经由多少院士、专家、教授的潜心研究，有的引用专家等行业领袖对自己企业以及产品的正面评价等。在终端销售中，经常选择名人出席一些促销活动，放大名人的宣传效应，有效利用行业权威与意见领袖的名气吸引消费者。

四、消费者的消费态度

态度通常是指个人对某一客体所持的评价与心理倾向，即个人对环境中某一对象的看法，以及由此所激发的一种特殊反应倾向。态度的心理结构主要包括认知成分、情感成分、行为成分。

态度作为一种心理现象，既指人的内在心理体验，又指人的外在行为倾向，主要通过人的言论、表情、行为等形式来体现。每个人对于态度对象，比如商品、服务等，在心理上所表现出来的接受、拒绝等评价倾向，就属于消费态度。

（一）消费态度的构成

消费态度是指消费者对待某一商品或服务、从事某项消费活动之前的心理倾向。消费态度与消费者的情感紧密相连，具有一定的主观性和自发性，影响消费者的购买决策和行为倾向，有时甚至发挥决定作用。

1. 认知成分

认知成分是指消费者对商品对象含有评价意义的认识和理解，或赞成或反对，它包括消费者对商品对象的所有思想、信念和知识。

2. 情感成分

情感成分指消费者个体对商品对象的情感体验，包括对商品的评价、偏好和情绪反应。有些消费者对商品评价的尺度是以情感为中心的，若对某种商品有好感，态度就好，评价就高，反之则差。

3. 行为成分

行为成分是指消费者对商品或服务的反应倾向，包括行为和言语表达。态度的行为成分既蕴含于消费者实际消费行为中，又体现在消费行为后的语言评价里。

总之，消费者对各种商品的态度是后天通过认识、感知、使用，再辅以自身的文化素养、知识水平、生活经验而形成的，具有相对的稳定性。如果消费态度发生改变，一是性质的改变，二是程度的改变。

（二）消费态度的类型

消费者的消费态度各有不同，主要分为冲动型、冷静型、疑虑型、情感型、经济型、习惯型。

1. 冲动型消费态度

冲动型消费态度的消费者容易受商品外观、包装、商标或其他促销手段的刺激而产生购买行为。消费过程一般以直观感觉为主，从个人的兴趣或情绪出发，喜欢猎奇、新颖、时尚的产品，购买时不愿进行反复的选择比较。

2. 冷静型消费态度

冷静型消费态度的消费者在每次购买商品前，要进行较为仔细的购前研究比较。购买感情色彩较少，头脑冷静，行为慎重，主观性较强，不轻信广告、宣传、承诺、促销方式及销售员介绍，主要凭借商品的质量、款式等决定购买。

3. 疑虑型消费态度

疑虑型消费态度的消费者具有内倾性的心理特征，购买时小心谨慎、疑虑重重。购买过程一般缓慢、费时多。常常是“三思而后行”，常常会犹豫不决而中断购买，购买后还会疑心是否上当受骗。

4. 情感型消费态度

情感型消费态度的消费者的购买多属情感反应，往往以丰富的联想衡量商品的意义，购买时注意力容易转移，兴趣容易变换，对商品的外表、造型、颜色和命名等都较重视，以是否符合自己的想象为主要消费依据。

5. 经济型消费态度

经济型消费态度的消费者在购物时特别看重价格，对于价格的反应特别灵敏。无论是选择购买高档商品，还是中低档商品，首选的是价格，他们对“大甩卖”“清仓”“血本销售”“跳楼价”等低价促销最感兴趣。一般而言，这类消费态度与消费者自身的经济状况有关。

6. 习惯型消费态度

习惯型消费态度的消费者由于对某种商品或某家商店的信赖、偏爱而产生经常、反复的购买活动。由于经常购买和使用，对商品十分熟悉，体验较深，再次购买时往往不再花费时间进行比较，注意力比较稳定和集中。

五、消费者消费心理分析

消费者消费心理分析涉及的内容包括消费者的年龄、性别、个性、动机、习惯、态度等方面。

其一，消费者消费心理分析的内容主要包括个体消费者的个性消费心理分析、消费需要分析、购买动机分析、购买决策与行为分析，团体组织消费者的消费心理分析，网络消费者的消费心理分析，产品研发设计（命名、商标、包装）及产品定价对消费者消费心理影响分析。制定产品的渠道策略及促销策略（推销、分销、广告、公关）都应该注重和分析消费者的心理体验。

其二，分析家庭成员的消费习惯及消费心理、营销人员的职业素养及服务水平、场景环境及现场气氛等因素对消费者消费心理的影响，以及分析参照群体、社会阶层、社会文化等因素对消费者消费心理的影响。

其三，消费者消费心理分析要遵循严格的工序流程，首先从消费者的消费性格、消费动机、消费态度三个维度进行分析，然后进行购买决策的内在机理分析，详细的消费者消费心理分析流程如图 5－5 所示。

其四，在分析消费者购买决策内在影响因素之后，总结、归纳出消费者进行购买决策的特性，并加以分析，研究消费者做出购买决策的全部过程，以及研究一些消费者购买决策的内外部影响因素，最后撰写并提交消费者消费心理分析报告。

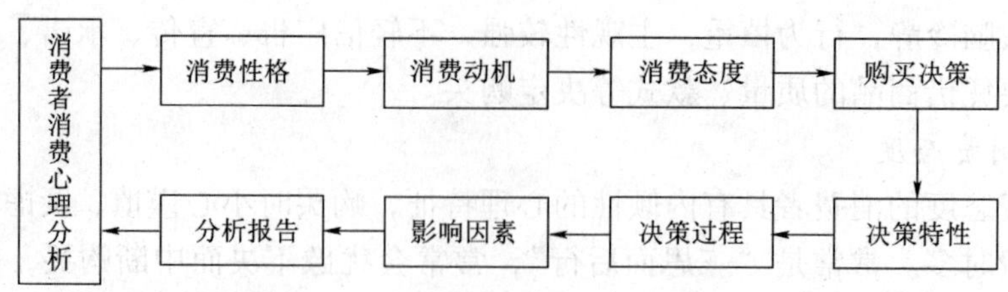

图 5-5　消费者消费心理分析流程

第四节　消费者购买行为

消费者市场的主体是消费者。在分析消费者心理特征、消费者决策过程的同时，研究消费者的消费行为，是生产企业确定产品研发、生产、营销等决策的重要前提，是生产企业策划营销活动所需市场信息的重要来源，消费者购买行为分析对于企业及其营销员而言非常重要。

一、消费者购买行为模式

消费者购买行为是指消费者为了满足这个人及其家庭生活需要，在购买商品或接受服务时所表现出的各种行为。消费品生产企业及其营销人员只有深入研究消费者购买行为特征及其影响因素，掌握消费者购买行为规律，才能确定出针对性较强的营销策略。

在消费者购买行为分析理论中，“刺激（Stimulus）→反应（Reaction）”购买行为模式，即“S→R 模式”最具代表性。在一定内在因素的促动和外在因素的激励之下，消费者进行购买决策，进而引发一系列消费行为反应。

消费者首先受到企业营销活动的刺激及外部环境因素的影响而产生购买意向。不同特征的消费者，对于外界的各种刺激和影响又会基于其特定的内在因素和决策方式作出不同的反应，从而形成不同的购买意向和购买行为。

（一）消费者“刺激→反应”购买行为模式

研究消费者“刺激→反应”购买行为模式，首先应明晰消费者决策过程的“黑箱”效应，其次才研究消费者“外界刺激→消费者黑箱→行为反应”的购买行为模式。

1. 消费者决策过程的“黑箱”效应

在消费者购买行为模式中，外界刺激和消费者最后的决策和选择的外在过程都可以看到，但是消费者如何根据外界刺激进行判断和决策的内在过程却看不到，这就是心理学中的“黑箱”效应。消费者购买行为分析就是要对这个“黑箱”进行分析，了解消费者“黑箱”的购买决策过程及其影响决策过程的各种因素。

2. “刺激→反应”的购买行为模式

消费者“刺激→反应”购买行为模式包括外界刺激（包括营销因素和环境因素）、消费者“黑箱”（包括消费特征和决策过程）、行为反应（时空选择和商家商品、购后评价）。消费者“刺激→反应”购买行为模式架构如图 5-6 所示。

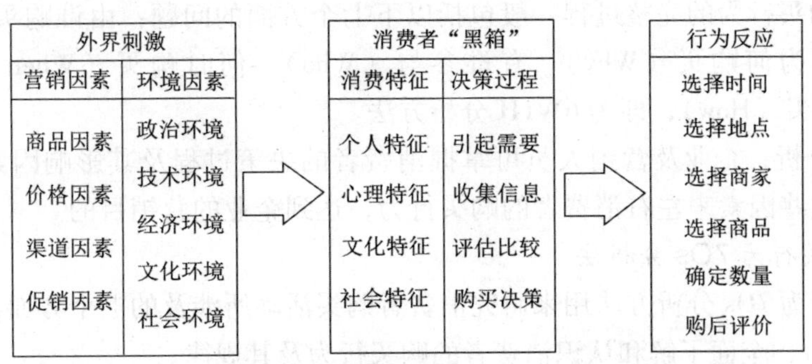

图 5－6　消费者“刺激→反应”购买行为模式架构

（二）消费者担当的行为角色

角色是指与某一特殊位置有关联的行为模式，代表着一整套有关行为的社会标准。消费者购买行为角色是指消费者在整个消费过程中所承担的各种角色。

明确消费者角色类型是有效确定营销策略的基础，如果将消费者各类角色混为一谈，就不能有针对性地为其提供所需商品或服务。消费者充当角色类型可以分为五种。

1. 倡导者角色

倡导者角色，即在自己有消费需要或消费意愿的同时，认为他人很有消费必要，并认为消费后可产生良好预期效果的人，该角色类型属于消费倡导者或消费启动者。

2. 影响者角色

影响者角色，即其观点或建议对购买决策产生影响的人。可能承担该角色的人包括家庭成员、邻居与同事、售货员、广告代言人、名人明星，甚至陌生人等。

3. 决策者角色

决策者角色，即对购买与否作最后决定或作部分决定的人。该角色有权单独作决策或在消费中与其他成员共同作决策。

4. 购买者角色

购买者角色，即为直接、实际购买商品的人，是购买行为的施动者。

5. 使用者角色

使用者角色，即为最终使用该商品并获得商品使用价值的人，或者最终接受服务的人。该角色亦称直接消费者、终端消费者、消费体验者。

> 营销智慧火花：消费者和顾客身份有时一人兼具，有时却分属不同人。

（三）消费者购买行为分析方法

消费者购买行为分析方法主要有 6W1H 分析法与 7Os 分析法。消费者购买行为 6W1H 分析法是把消费者购买行为分解成七个具体问题进行分析，消费者购买行为 7Os 分析法是针对这七个具体问题的解决方法进行分析，两种分析方法在内容上存在问答关系。

1. 消费者购买行为 6W1H 分析法

市场营销策略的制定，必须建立在研究消费者市场和消费者行为的基础之上，消费者购买行为分析要解决的根本问题，即消费者如何进行购买决策。

分析消费者购买行为的完整过程一般包括以下七个方面的问题：由谁购买（Who）、购买什么（What）、为何购买（Why）、有谁参与（Who）、何时购买（When）、何地购买（Where）、如何购买（How），即为6W1H分析方法。

通过6W1H分析，企业及营销人员可掌握消费者的决策过程及其影响因素，从而设法通过影响和控制这些因素来左右消费者的购买行为，达到企业的营销目的。

2. 消费者购买行为7Os分析法

消费者购买行为7Os分析方法用来研究消费者购买活动所涉及的七个方面，即需要解决七个问题（6W1H），全面了解和认识消费者的购买行为及其规律。

企业及营销人员制定消费者市场营销组合策略，必须明确消费者购买行为的七个问题及其对应的七个答案，即确定购买主体（Occupants）、购买对象（Objects）、购买目的（Objectives）、购买组织（Organizations）、购买时间（Occasions）、购买地点（Outlets）、购买行为（Operations）。

形成的7Os分析框架既全面又系统，使消费者购买行为分析具有严谨性和科学性，使企业及营销人员能够制定出可行性、实效性皆较强的营销组合策略。图5－7显示出消费者购买行为6W1H分析法与消费者购买行为7Os分析法的对应关系。

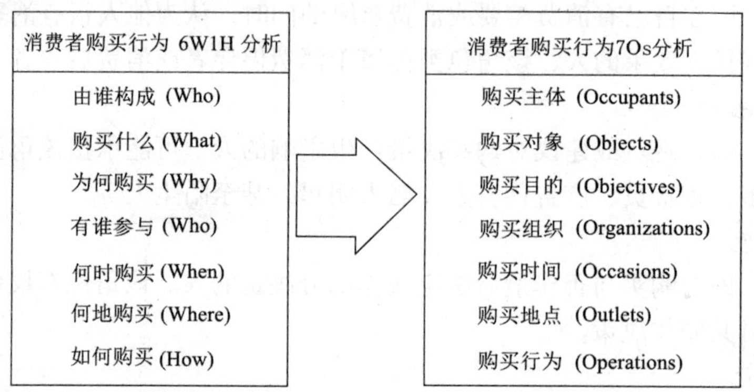

图5－7　消费者购买行为6W1H分析法与消费者购买行为7Os分析法的对应关系

二、消费者购买行为特征

掌握消费者购买行为的基本特征，有助于企业根据消费者购买行为确定营销策略，为消费者提供满意的商品或服务，更好地规划和开展市场营销活动。

（一）购买行为的差异性

受年龄、性别、职业、收入、文化程度、民族、宗教等因素的影响，不同消费者的购买行为存在很大差异，个性化消费的趋势愈加明显。随着社会和经济的发展，消费者的消费习惯、消费心理、消费观念等都在不断变化，消费者购买行为的差异性会更大。

（二）购买行为的频繁性

个体消费者购买行为是以个人和家庭为消费单位的，由于受到消费人数、需求量、购买力、储藏条件、商品保质期等诸多因素的影响，消费者为了保证消费的计划性和低成本，往往购买商品的数量少、次数多、频度高。

（三）购买行为的非专业性

绝大多数消费者在购买商品时缺乏与之相关的专业知识，尤其是购买某些技术性较强、操作比较复杂的商品，非专业性更加突出。在多数情况下，消费者在购买商品时受情感的影响较大，很容易受广告、包装以及其他促销活动等影响。

（四）购买行为的周期性

消费者对有些商品需要常年购买，比如食品、蔬菜等生活必需品；有些商品消费者需要季节性购买或在节假日购买，比如时令服装、节日礼品等；消费者对有些商品的购买周期相对较长，比如家用电器，等到商品的使用价值耗尽才会再次购买。

（五）购买行为的时代性

在商品经济时代，商品数量和种类丰富，消费水平大幅提升，买方市场形成，消费者更加注重商品的品味和商家的服务水平等，远非仅仅关注商品的使用价值和价格。环保消费和节能消费等已逐渐成为当今时代消费者的购买行为特征。

> 营销智慧火花：消费者不一定亲临交易现场，而顾客却一定光顾。

三、消费者购买行为类型

消费者购买行为类型主要有两个划分标准：一是消费者的购买目标，据此可把消费者购买行为分为三类；另一个是消费者的参与程度，据此可把消费者行为分为四类。

（一）根据消费者的购买目标划分

根据消费者的购买目标，将其购买行为分为三种类型：全确定型购买行为、半确定型购买行为、不确定型购买行为。不同的消费者在购物之前拥有不同程度的购买目标，导致不同购买行为的出现。

1. 全确定型购买行为

消费者在购买商品之前，已经有明确的购买目标，对所需商品的名称、型号、规格、颜色、式样、商标等都很清楚，要求很具体、很明确。这类消费者在购物场所能够进行有目的的选择，有针对性地锁定目标商品，并毫不犹豫地购买。

2. 半确定型购买行为

消费者在购买商品之前，已有大致的购买目标，但具体要求还不够明确，比如购买空调是原先计划好的，但购买什么品牌、型号、式样等心中无数。这类消费者进入商店以后，一般要经过较长时间的分析、比较，才能完成其购买行为。

3. 不确定型购买行为

消费者在购买商品之前，没有明确的或既定的购买目标。这类消费者进入消费场所主要是参观欣赏、休闲游览，漫无目标地观看商品或随便了解一些商品的销售信息，对碰到感兴趣的或合适的商品，会偶尔购买。

（二）根据消费者的参与程度划分

消费者在购买商品时，因商品价格、实用性、购买频率不同，而投入购买的程度不同。

根据消费者在购买商品过程中的介入程度，可将消费者的购买行为分为四种类型：复杂型购买行为、协调型购买行为、多样型购买行为、习惯型购买行为。

1. 复杂型购买行为

初次选购大件耐用商品，或者选购品牌多且差异大的商品时，出于慎重，消费者会搜集信息、比较、验证、评价，以此形成对欲购商品的态度，树立对欲购商品的信心，最后才决策。整个购买过程由于消费者购前的高度参与和介入，产生了复杂型购买行为。

2. 协调型购买行为

属于协调型购买行为的消费者，在购买贵重商品时，把注意力过多地集中在了价格优惠上，购后总是怀疑自己所购商品有缺陷，当发现其他同类商品有更多优点时，便产生后悔心理，为了调节心理平衡，消费者会广泛地收集各种对已购商品的有利信息，以此证明自己购买决策的正确，从而形成一种购后介入程度较高的协调型购买行为。

3. 多样型购买行为

多样型购买行为亦称广泛选择购买行为，是消费者介入程度比较低的一种购买行为。消费者在购买商品时存在很大的随意性，不太在乎价格，不经过收集信息和比较便决定购买某类商品的某个品牌，下次购买可能改选其他品牌，不一定对用过的品牌有不满之处，更换的原因是求新和猎奇，体验商品的多样化。

4. 习惯型购买行为

习惯型购买行为也是一种消费者介入程度比较低的购买行为，指消费者在购买小件廉价的日用商品时，由于品牌差异度小而没有引起他们的感知，购前并不搜集信息，而是径直购买，原因不是对这个品牌其有特别的偏好，尤其是老年消费者，往往只是热衷商品的实用性而形成消费惯性，购后多半也不对其进行评价。

营销智慧火花：50元的商品50元买来不叫便宜；100元的商品50元买来才叫占便宜。

四、消费者购买行为分析流程

消费者购买行为分析的第一阶段从分析消费者的行为模式开始，随后分析消费者在消费“黑箱”中进行购买决策的内在过程，分类总结消费者的购买行为角色，对消费者进行6W1H行为分析，从而完成消费者购买行为的前半段逻辑分析流程。

消费者购买行为分析的第二阶段是从消费者7Os购买行为分析开始的，先后分析消费者的消费行为特征和消费行为类型，并且分析在虚拟市场中消费者的网购行为分析，进而完成消费者购买行为后半段的逻辑分析流程，最后对消费者的全程购买行为进行多维度的全面分析。消费者消费行为分析流程由八个环节构成，如图5-8所示。

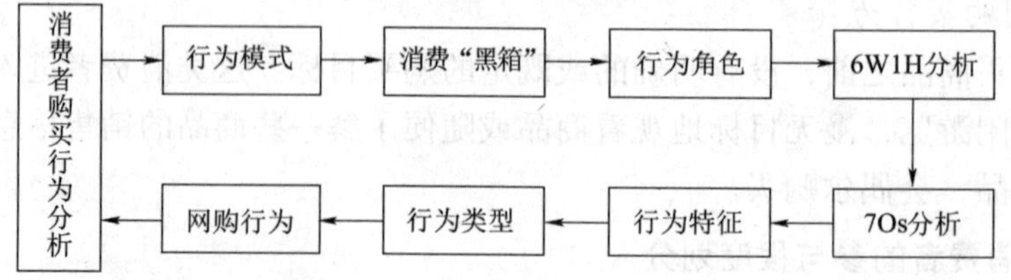

图5-8 消费者消费行为分析流程

第五节　消费者网购行为

网络消费者是指通过互联网在电子商务市场中从事交易活动的消费者群体。随着互联网、电子商务、物流业的飞速发展，消费者的消费观念、消费方式、消费地位等都发生了颠覆性的改变，网络消费者与传统消费者相比拥有明显不同的群体特征，消费者网购行为分析是营销人员必备的专业技能。

一、网络消费者群体特征

网络消费者群体特征：从年龄角度看大多属于年轻一族；从教育角度讲属于高学历人群；从维权角度看追求平等交易，互动意识强；从接受程度讲网购已成常态；从超越性角度看属于引领消费潮流的先锋；从文化角度看是键盘亚文化逐步形成的参与者。

（一）网络消费主体是中青年

网络消费的主流群体是大部分青年人和一部分中年人，且男性居多，他们凭借鼠标、键盘、显示屏在一个虚拟的世界里追寻各种奇特需求的满足。这些主流网民生长在信息技术逐步成熟的社会环境里，乐于追求并接受新奇思想和新生事物；多从事信息技术、科研、教育、商贸、咨询等相关职业，好奇心强、相对富有、追逐时尚、消费随意、比较冲动，是网络消费的生力军。

（二）受教育程度相对较高

网络消费者一般拥有良好的教育背景，大多数受过高等教育。网络消费族群主要包括由职业白领人士组成的上班族、拥有高学历的大学生群体，他们拥有电脑软硬件的基础知识，操作比较熟练，具备解决一般网络技术难题的能力，对网络充满无限兴趣，甚至迷恋网络，在线购物的频率比较高，并从中享受成就感。

（三）网络消费互动意识较强

网络消费者与厂家和商家的互动意识很强，他们通过电商网站设立的服务平台，与厂家或商家直接在线对话，实时发出反馈声音，以此表达诉求，利用话语权直接参与产品生产和商品流通的全过程，形成良性的双向互动，主观推进信息对称和平等交易，降低了电商市场的不确定性。

（四）网络购物成为消费常态

多数消费者在互联网上消费已经形成惯性和依赖感，把网络世界视为现实社会的影子，在虚拟世界里花费大量时间从事工作、学习、交流、消费、娱乐等活动。他们很少光顾实体店铺，经常游走于网络商城之中，网络消费成为日常生活的组成部分。消费者不观望、很随意、无恐惧心理，对于网络购物的消费观念和消费方式拥有很强的认同感和倾向性。

（五）超前意识引领消费潮流

以年轻人为主体的网络消费者具有超前意识，引领时代消费潮流。他们崇尚“新、奇、特”的商品，更看重消费这些商品带给他们的感受，“尝鲜”会给他们带来消费快感，需求和消费都具有一定的超前性，容易接受新上市的新款、新潮商品，故而引领时尚，带动周围易感染消费群体，形成消费气场，掀起新一轮的消费热潮。

（六）构建键盘文化的“E族群”

键盘文化是一种网络亚文化，是一整套普遍认同的网络道德、礼节、语言、商务、偏好、信赖等的价值总和，对网络消费者的购买决策和购买行为具有深刻影响。“E”即电子时代（Electronic Era），意指网络以及电脑等终端在工作和生活各领域中推行普及化的时代。

二、消费者网购行为特性

消费者网络购物已从时尚性消费方式逐步演变成一种普及化、大众化的消费方式，引发消费者不同于实体店消费行为的转变。网络消费者与传统消费者相比，行为特征包括崇尚个性消费、讲求购物效率、注重商品价格、主动搜集信息、追求购物体验、可诱导性明显。

（一）崇尚个性消费

消费者网络消费呈个性化特征。网络消费者都有不同于别人的喜好和偏爱，有自己独到的见解和主张，不愿受外界干预，自我意识较强，善于表现自己、张扬个性，对自己的判断比较自信，自我定义产品质量，按照个人的心理和愿望选择商品，追求个性化服务，经常私人定制商品，将个人的心理感觉和认同作为购买决策的先决条件，喜欢购买新颖、时尚的商品，以此展现自己与众不同的消费品位。

（二）讲求购物效率

消费者时间成本意识很强，为应对工作和生活的快节奏，多数网络消费者把购物的时间效率作为首要的消费追求，网络购物能节省消费者往返商场、寻找和挑选商品、排队付款结账的时间，为消费者减少了许多购物环节，简化了购物过程，提高了购物效率。

（三）注重商品价格

消费者网络购物虽然不把价格看作决定购买的唯一因素，却视之为决定购买的重要影响因素。网络购物之所以具有生命力，就是因为虚拟店与实体店相比商品价格普遍较低，信息透明度较高，尽管网络商家倾向于以各种差别化来减弱消费者对价格的敏感度，以此避免恶性竞争，但价格始终对消费行为产生重要影响，消费者可以通过网络联合起来向商家讨价还价，商品定价逐步由商家定价转向消费者引导定价。

（四）主动搜集信息

消费者网络购物行为特征是积极主动借助网络媒体渠道搜索和查询、浏览商品和商家信息、在线评论，尤其在购买大额或高档商品之前，对多家网络店铺的商品进行比较和分析，最后进行购买决策。主动搜索商品信息的目的是减少购买商品后可能产生的后悔感，增强对商品的信任感和心理上的满足感。

（五）追求购物体验

消费者凭借网络电商平台的巨大信息处理能力，从中获得前所未有的商品选择空间，在商品及其信息的海洋里“冲浪”是一种精神享受：购物省时省力、送货上门便捷、足不出户买遍全球商品。这是网络时代消费者所特有的消费体验，是传统实体店所无法给予消费者的购物乐趣。

（六）可诱导性明显

网络消费者群体的主角是具有情绪化消费倾向的年轻人，即兴即买，冲动消费，其消费行为的引领性和示范性像“病毒”一样极具传染力。

营销智慧火花：真正的物美价廉几乎是不存在的，因为那只是消费者的一种心理感觉。

三、消费者网购决策影响因素

网络消费者购买决策与传统消费者一样，既受个人及其心理方面内在因素的影响，又受经济与文化等外在环境因素的影响。同时，由于互联网虚拟世界的便捷性、时空的无限性、网民群体的年少性，网络消费者在购买决策时，又有许多独特的影响因素。

（一）网店商品特性

网络消费者对于稀缺、新奇、特殊的商品非常感兴趣，互联网成为这些“新、奇、特”商品的交易平台。网店商品特性如下：其一网店经营的电脑、手机、相机以及存储类和游戏类等电子商品，都具有数字智能特性；其二外国热销商品、情侣假日商品、旅游探险商品等具有新潮浪漫特性；其三，休闲类懒人用品、文具类可弯曲铅笔和悬浮地球仪等新奇创意特性；其四，虚拟商品类的话费充值业务、QQ 币值相关业务等，都具有信息时代特性。

这些商品特性都是网络消费者购买决策的主要影响因素。

（二）网页设计水平

网店主页是消费者与商家交流的载体。界面设计友好并有创意、主页更新频率高的商家网站容易激发消费者的浏览兴趣，良好的第一印象会吸引消费者经常来此浏览和购物。

商家利用大数据技术追踪消费者光顾网店的足迹和购买偏好等信息，为消费者提供针对性强的购物界面，对消费者的购买决策产生重大影响。

商品的图片、文字说明、分类目录，以及店内搜索等智能化服务项目，都能使消费者认知的机会成本大大降低，从而提高消费者购物的满足感和决策效率。

（三）网购便捷程度

消费者热衷网络购物的主要原因是节省时间、操作方便。现代社会的快节奏使消费者更愿意将有限的业余时间和精力用于休闲，从事一些有益于身心健康的活动，充分享受生活。

网络购物的优势在于使购物过程不再是一种沉重的负担，大大降低了购物的时间成本和精力成本。消费者普遍认同这种便捷的虚拟消费方式。

（四）网购支付方式

随着网络技术的迅猛发展，网络购物改变了“一手交钱一手交货”的传统付款模式，电子汇款、网上银行、第三方支付、货到付款等交付模式成为主要支付手段，其中以第三方支付工具（比如“支付宝”“财付通”等）支付货款的模式比较流行。

不论是在线交易，还是离线交易，不同消费者对于不同的支付方式有其不同的信任程度和支付习惯，不同的支付方式在一定程度上影响着消费者的网络购物决策。

（五）物流配送速度

商品的配货和运送速度、运输时间、运费、商品的包装完好度等，都会影响网络消费者的购买决策。如果送货速度超过了消费者的等待和忍耐程度，消费者会十分扫兴和不满。有些快递公司尚未建立覆盖全国的运输网络，使得某些商品无法及时送达消费者。物流的快慢直接影响消费者的购买决策。

（六）网络安全环境

消费者对网络购物存在的顾虑，主要表现在对网购缺乏信任感和安全感，其中网络支付系统的安全性成为影响网购决策的重要因素，因该系统注册需要透露真实姓名、住址、联系方式等内容，消费者担心个人信息会被泄露，继而隐私权遭受侵犯。

网络消费具有隐蔽性、虚拟性，网店、商家、商品都不能直接谋面，知情权也容易被侵犯，公平性受到质疑。网络欺诈、诚信缺失、黑客盗贼等，都使网络消费具有一定风险性。

第六节　消费者购买决策

在研究消费者消费心理的基础上，进一步分析消费者做出购买决策的过程、特性、影响因素，从而为全面掌握消费者在决策后所表现出的一系列购买行为规律做好铺垫。进行消费者购买决策分析是营销人员必备的知识和技能。

一、消费者购买决策特性

消费者购买决策是指消费者为了满足某种需求，在某种购买动机支配下，在可供选择的两个或者两个以上的购买方案中，经过分析和评价，选择和实施最佳购买方案，并对其进行购后评价活动的全过程。消费者的购买决策及其过程具有很强的目的性、过程性、独立性、情景性、复杂性。

（一）决策目的性

消费者购买决策的实质就是要促进一个或若干个消费目标的实现，其本身带有很强的目的性。在决策过程中，消费者围绕消费目标进行筹划、选择、安排，体现其消费活动的目的性。

（二）决策过程性

消费者购买决策是指消费者在受到内外因素的刺激之后，产生需求，形成购买动机，选择和实施购买方案，购后经验反馈影响下一次的购买决策，从而形成一个完整的消费循环过程。

（三）决策独立性

消费者购买商品的行为是其主观需求、意愿的一种外在体现，受到许多客观因素的影响。除集体消费形式之外，个体消费者的购买决策一般由消费者个人单独完成，随着消费者支付水平的提高，购买决策中的独立性特点会越来越明显。

（四）决策情景性

影响决策的各种因素复杂而多变，随着时空、环境等变化而变化。同一个消费者的消费决策因所处情景不同而不同；不同消费者由于收入水平、购买传统、消费心理、家庭环境等影响决策因素的差异性，购买同一种商品的决策过程也存在差异。

（五）决策复杂性

购买决策的复杂性主要体现在如下三个方面，即决策思维的复杂性、决策内容的复杂性、决策影响的复杂性。

1. 决策思维的复杂性

决策是人的大脑进行复杂思维活动的过程，消费者在进行决策时不仅要经历感觉、知觉、注意、记忆等一系列心理活动，还要进行分析、推理、判断等一系列思维活动。消费者的购买决策过程是一个复杂思维的过程。

2. 决策内容的复杂性

消费者通过分析，决定在何时、何地，以何种价格、何种支付方式购买，购买何种品牌、购买数量多少，计算费用支出与可能带来的各种利益，构成一系列复杂的购买决策内容。

3. 决策影响的复杂性

消费者的购买决策受多方因素的影响和制约，主观影响因素有性格、兴趣、消费习惯等，客观影响因素有商品价格、促销刺激、商家信誉、服务水平、社会文化等，这些因素对消费者的决策产生交互影响。

图 5 -9 形象地展示了消费者购买决策的目的性、过程性、独立性、情景性、复杂性五个特性及其相互关系。

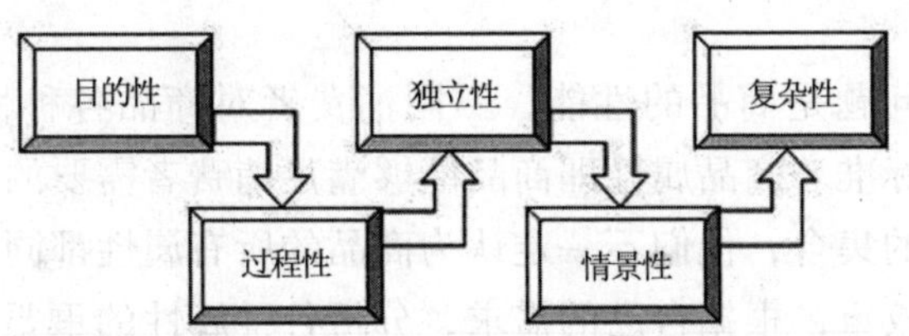

图 5 -9 消费者购买决策的五个特性及其相互关系

二、消费者购买决策过程

消费者只有在感到某种商品是满足其需求的最理想商品时，才会做出购买决策。消费者购买商品都会经历一个动态的决策过程，虽然不同消费者购买不同商品的决策过程会有所不同，但典型的、共性的购买决策过程一般包括五个环节：引起需要、收集信息、评估比较、购买决策、购后评价。

（一）引起需要

引起需要是消费者购买决策过程的起点。当消费者在现实生活中意识到实际与需求之间存在差距时，便产生解决这一差距的要求，购买决策便开始了。消费者的这种需求的产生，既可因体内机能的感受而引发，又可由外部条件刺激诱发，有时还可能是内在、外在因素同时作用的结果。

（二）收集信息

消费者的需求被唤起之后，有的需求不一定能够立刻得到满足，便会把这种需求存入记忆中。这种尚未满足的需求会造成一种心理的紧张感，促使消费者愿意并主动收集与需求相关的信息。消费者主要有四种信息来源，如表 5－1 所示。

表 5－1　消费者主要信息来源

来源类型	信息来源举例
个人来源	家庭、朋友、邻居、同事等
经验来源	购买、使用、维护、比较商品的经验等
商业来源	推销员、经销商、商品包装、广告、展销会等
公共来源	广播、电视、报刊、网络等大众传播媒体，消费者团体等

由于商品种类和消费者个性存在差异，各类信息来源对消费者的影响力也各不相同。一般而言，个人来源和公共来源具有评价的作用，经验来源往往能起评判商品是否有价值的作用，商业来源通常起告知的作用。

（三）评价比较

消费者所得到的各种有关商品信息可能是重复的，甚至是互相矛盾的，消费者将会对多种信息进行整理、分析，对各种可能选择的商品进行比较、评价，这是决策过程中的决定性环节。消费者对商品及其信息的比较和评价内容如下。

1. 分析商品性能

消费者考虑的首要问题是商品的性能，不同消费者对商品各种性能给予的重视程度不同，各自有不同的评价标准。商品属性即商品能够满足消费者需要的特性，消费者一般将某种商品看成一系列属性的集合，他们不一定认为商品的所有属性都同等重要。消费者对商品的不同属性给予不同的权重，根据自己的需求，分析各种属性的重要程度，建立商品的属性等级，排定选择顺序。

2. 确立理想商品

消费者会根据各品牌的属性及其参数，建立起对各个品牌的不同信念，比如确认哪种品牌在哪一属性上占优势，哪一属性相对较差。在这一评价过程中，大多数的消费者总是将实际产品与自己心中的理想产品进行比较。

多数消费者在评选过程中，把实际商品同自己理想中的商品进行比较。消费者的需求只有通过购买才能满足，而他们所期望的从商品中得到的满足，是随商品每一种属性的不同而变化的，每一消费者对不同商品属性的满足程度不同。

3. 得出最终评价

消费者评价就是指消费者自觉地、理性地针对能否满足某种需要、能否获得特定利益而对商品的属性集合得出最终评价。消费者从众多可供选择的商品中，通过一定的方法进行评价，从而形成对商品的态度或对某种品牌的偏好。消费者常用的评价方法如下。

（1）单因素评价。消费者根据自己的具体需求，只按照自己认为最重要的标准进行评价。消费者通常在购买廉价易耗品时采用这种评价方法。

（2）多因素评价。消费者同时根据多个标准对购买方案进行综合评价。消费者在购买高价商品时，通常采用多个评价标准对购买方案进行评价。

（3）互补式评价。消费者综合考虑商品的各种特性，取长补短，选择最满意的商品。

（4）排除式评价。消费者首先确定一个自己认为最合适的标准，据此排除不符合要求的商品，缩小评价范围；然后对入选的商品确定一个最低标准，再把不符合最低标准的商品排除出去。

> 营销智慧火花：丈夫陪妻子在首饰店买了一串项链，妻子由顾客转成消费者，丈夫始终是顾客。

（四）购买决策

消费者在购买商品的决策过程中，经常会面临来自商品功能、购买时间、消费心理、金融形势、社会状况、自然资源六个方面的影响；消费者在决定实施购买意愿时，会做出五种购买决策，即时间决策、品牌决策、卖主决策、数量决策、支付方式决策。消费者通过对商品的反复比较和评价，形成购买意向，最后进行购买决策。

（五）购后评价

消费者在购买商品之后，通过自己的使用和他人的评价等，会对自己购买的商品感到某种程度的满意或不满意。消费者对其购买活动的满意感（Satisfaction，用 S 表示）是其商品期望（Expectation，用 E 表示）和该商品可觉察性能（Perceivable Performance，用 P 表示）的函数，即 $S=f(E, P)$。

1. 若 $E<P$，则消费者感到很满意

消费者在使用商品的过程中，遇到问题时经常怀疑自己的选择是否明智、改买其他商品会不会使自己更满意等，产生一系列的疑惑和莫名的悔意。通过对所购商品使用过程的体验，如果消费者出乎预料地感觉到满意度高于期望值，便会觉得非常满意，极大增加了他们重复购买的可能性，激发了他们对商品的口碑宣传，强化了他们对所购商品的坚定信心。

2. 若 $E=P$，则消费者感到满意

消费者购后的满意程度取决于消费者对商品的某种预期与商品使用中的验证感受，消费者通过对比和权衡，如果能够感到二者之间的对接和匹配，便会产生满意感，并影响其购后行为，比如决定重复购买、对商品进行正面宣传，推荐他人购买而形成连锁效应。

3. 若 $E>P$，则消费者感到不满意

E 与 P 之间的差距越大，消费者的不满意感也就越强烈。消费者根据自己从商家等各种渠道所获取的信息形成对某种商品的期望，如果消费者在购后使用过程中体验不到这种心理期望值，便产生一种被欺骗的感觉，从而形成不满意的感受，可能出现退货、投诉、劝阻他人购买等行为，由此引发诸多负面效应。

三、消费者购买决策影响因素

消费者购买决策的影响因素比较多，主要存在七个方面的影响因素，包括个人因素、心

理因素、他人因素、营销因素、经济因素、文化因素、社会因素。

（一）个人因素

自身特征是影响消费者做出购买决策的重要因素，消费者出生地区或消费地区、年龄、性别、性格、种族、受教育程度、职业、购买力、习惯、生活方式、信仰、价值观、所处社会阶层等诸多因素，都潜移默化地影响着消费者的购买决策。

（二）心理因素

影响消费者做出购买决策的心理因素主要有五种。一是感觉，即为了做出购买决策，对商品信息进行感知、识别的过程；二是动机，即引起消费者实施购买活动，维持并促使其朝着某个消费目标采取行动的一种内部动力；三是经验，即消费者在消费实践中获得的决策知识和决策能力；四是态度，即消费者对商品或商家积极或消极的情感；五是个性，即消费者倾向性消费心理特征的总和，是其消费共性中凸显的部分。这些心理因素都不同程度地影响着消费者的购买决策。

（三）他人因素

消费者容易遵从相关群体的态度和愿望，把他人的建议作为购买决策的重要信息来源和参照依据，其购买意图会因他人的消费观念而增强或减弱，对其购买决策的影响程度取决于他人所持态度的强度及其与消费者之间交往关系的密切程度。

通常而言，家庭或家族成员、亲戚、朋友、同学、同事、邻居、战友，甚至陌生人等的建议或意见对消费者购买决策都具有影响力，与消费者的关系越密切，反对的态度越鲜明，其影响力就越强，消费者改变购买决策的可能性就越大。

> 营销智慧火花：对消费者不要做出过度承诺，而要实实在在地为其超值付出。

（四）营销因素

营销因素包括商品因素、消费刺激因素、购物环境因素、服务因素等，都会对消费者的购买决策产生不同程度的影响。商品因素包括商品的质量、价格、性能、款式、品牌、包装、竞品、替代品等；消费刺激因素比如能为消费者带来附加值的广告、营业推广、公关等促销活动；购物环境因素包括营业时间、卫生状况、现场气氛等；服务因素包括购物方便程度、付款方式灵活度、售后服务承诺、保修期长短、信誉和服务水平等，这四大营销因素都对消费者购买决策产生不同程度的影响。

（五）经济因素

消费者购买决策是在预期的个人及其家庭收入、预期的商品价格、预期的购后满足感等基础上形成的。影响消费者决策的因素包括市场的供给量和物价水平、消费者的经济实力与购买力。小到商品涨价、消费者失业，大到经济危机、通货膨胀、金融风暴等经济现象，都会对消费者的购买决策产生不同程度的影响。

（六）文化因素

文化是社会价值系统的总和，具体包括语言、传统习俗、思想、价值观念等多项元素，渗透于吃、穿、住、行等各个消费环节之中，从而形成消费文化。消费文化是消费者在消费活动中所表现出来的消费理念、消费方式、所处消费环境的总和，包括物质消费文化、精神消费文化、生态消费文化，是人类在消费领域所创造出的优秀成果，潜移默化地影响着消费者及其购买决策过程和结果。

（七）社会因素

如果社会上盛行奢靡之风，崇尚攀比之风，讲排场、比阔气，伴随而来的是奢侈品消费、超前消费、跟风消费、挥霍消费。如果社会出现抢购之风，比如疯传碘盐的功效，消费者就囤积碘盐，形成非理性消费恐慌。如果社会形成绿色环保消费潮流，消费者购买决策会首先考虑商品对环境的影响等。

> 营销智慧火花：消费者的消费行为是其消费心理的最佳译员。

【案例分析】

大一新生“入学季”消费高，家长无奈

大学新生“名牌装备”入学。大部分新生购买了许多名牌服装、时尚电子产品和名牌行李箱包等，而这些名牌消费品和奢侈消费品需要支出近万元的费用，入学报到后还有一笔不菲的消费。大一女生的主要花销在服装上，而一些男生在开学前除了购买球鞋和球衣之外，花销最多的就是电子产品，一台苹果笔记本电脑、一台苹果 iPad、一台苹果 5S 手机，花费 1.5 万多元。一些新生家长勒紧裤带、咬着牙，也得让寒窗苦读踏进大学的孩子高高兴兴走进人生新阶段。

（案例来源：大洋网．大一新生入学很烧钱？正确的入学装备看这里［EB/OL］．（2016－8－25）［2021－1－7］https：//www. sohu. com/a/111952663_ 115401.）

【问题】借助网络资源，撰写一份“大一新生入学季消费行为分析报告”。

大学生情侣“浪漫”消费高，一掷千金

大学生情侣构成了校园中一道浪漫的风景线，许多情侣为了爱情一掷千金。校园情侣们经常光顾西餐厅、咖啡厅、冰吧，追求风格与情调。每逢特殊节日或生日都会互赠礼物、请客吃饭，少则几百元，多则近千元。情侣外出经常打出租车而不坐公交车，因谈恋爱而使大学生消费攀升是不争的事实，而他们的爱情消费主要由家长来承担，为其支付爱情账单的是他们的老爸老妈，过度消费的“啃老族”加重了父母的经济负担。

（案例来源：百度文库）

【问题】借助网络资源，撰写一份“大学生情侣高额浪漫消费行为调查报告”。

大四学生“毕业季”消费高，令人咋舌

大四应届毕业生不惜花费血本购置面试行头：配件类消费，比如一副上档次的眼镜，一款新潮手机，有的毕业生在手腕上还装饰着一块名牌手表，腋下夹着一个名牌包；着装类消费，比如比较名贵的领带、衬衫、西装、皮鞋等；求职材料类消费，比如名牌、完美证件照、求职材料等；仪容仪表类消费，比如有的女生为了面试成功，购买昂贵化妆品；其他类消费，比如求职交通费和培训费，吃散伙饭、互赠纪念品等人情消费。大学生“毕业季消费”已令部分囊中羞涩的家长苦不堪言。

（案例来源：红网．应付“毕业季消费”给予理解宽容［EB/OL］．（2016－6－13）［2021－1－7］．https：//www. sohu. com/a/82687203_ 115910.）

【问题】讨论：怎样进行“大四学生毕业季高额消费行为的归因分析”？

【本章小结】

本章从消费者概念入手，简要介绍了消费者的定义和类型，重点阐述了消费者市场的地位、特征、需求；运用心理学原理，从消费性格、消费动机、消费态度等维度，对消费者的消费心理进行了详细的分析；进一步从消费者的购买行为模式、购买行为特征和类型、购买行为流程分析等方面对消费者购买决策进行了探讨；从群和行为特征两个角度，对消费者的网购行为进行了理论分析。

【思考题】

1. 举例说明大学生消费群体的消费行为特征。
2. 试分析女性消费群体的消费心理特征。
3. 分析影响消费者做出购买决策的各种因素。
4. 针对大学生群体网络购物借助网贷超前消费行为进行归因分析。
5. 针对电商平台中网络消费者“双 11”疯狂购物的消费心理和消费行为进行分析。

第六章

产品策略制定

【教学要求】

1. 了解产品、产品结构理论、产品质量、产品形象、企业识别系统（CIS）。
2. 熟悉产品定位策略、品牌定位策略、产品开发策略的制定方法和流程。
3. 熟悉产品组合结构、产品组合维度，以及产品组合策略的制定方法和流程。
4. 掌握产品生命周期的四个阶段，以及与其相对应的产品营销策略。
5. 掌握产品品牌策略，以及产品包装策略。

【本章术语】

◆产品结构理论 ◆CIS（MI、BI、VI） ◆产品定位 ◆产品生命周期 ◆品牌定位

【课程思政】

●企业及其市场营销从业者，杜绝生产和销售假冒伪劣的产品或商品，自觉遵守《中华人民共和国产品质量法》。

●严厉打击假冒商标的侵权行为，保护知识产权，保护注册商标权利人和消费者合法权益，遵守《中华人民共和国商标法》。

●保护本土品牌，打造更多享誉世界的中国品牌，国货当自强。

第一节 企业产品概述

企业在制定营销策略时，首先要明确其所能提供的产品如何满足消费者需求，即需要解决产品策略的问题。从某种意义上来说，企业成功与发展的关键在于产品满足消费者的需求程度，以及产品策略制定的正确与否。

第一，关于企业产品。在市场营销活动中，企业通过提供一定的产品或服务来满足消费者需求，企业产品是市场交易活动的物质基础，企业和市场通过产品相互联结起来，它是企

业中有目的的劳动生产物，既包括生产企业的有形产品，又包括服务行业的无形产品。企业产品有各种不同的概念与理论、结构与形态、质量与形象、性能与用途等，但都是人们在一定时期内生产经营活动的直接劳动成果。

第二，关于产品策略。产品策略是企业为了在激烈的市场竞争中获得优势，在生产和销售产品时所运用的一系列措施和手段，包括产品定位策略、产品开发策略、产品生命周期各阶段营销策略、产品组合策略、产品品牌策略、产品包装策略等。产品策略是市场营销组合策略的根本要素，是企业制定市场营销组合策略的支柱和基石，直接影响和决定着价格策略、渠道策略、促销策略及其组合策略的执行效度。

一、产品的定义

从内涵范畴的角度而言，产品定义有狭义与广义之分。从系统结构的角度而言，市场营销学理论提出了产品整体概念，其外延与产品广义定义的外延是等同的，只是二者阐述的角度不同：产品整体概念强调层次结构，产品广义定义强调内涵容量。

（一）产品狭义定义

从内涵范畴的角度，产品狭义概念是指物质生产领域的劳动者所创造的所有物质资料，它是具有某种特定形状和用途的物品，即是看得见、摸得着的东西。

（二）产品广义定义

从内涵范畴的角度，产品广义概念是指能够供给市场，满足消费者某种需求和欲望，通过市场交易被人们使用和消费的任何东西，包括有形物品、无形服务、意识观念等及其组合。

产品广义概念从有形物体向无形价值扩展：产品可以是服务（无形产品），比如培训与咨询、贷款与理财等；可以是人员（形象产品），比如产品形象代言人或者卡通产品形象代言；可以是地点（文化产品），比如香格里拉（旅游文化）；可以是软件（知识产品），比如 Windows10；可以是设计（创意产品），比如市场营销策划方案；可以是观念（思维产品），比如 360 网络免费杀毒（营销理念）等。

> 营销智慧火花：产品的叙述主体是消费者，企业的叙述主体是顾客。

二、产品整体概念

从系统结构的角度，产品整体概念是指具有使用价值、能够满足消费者物质需要或精神需要的劳动成果，包括不同层次的物质资料、劳务、精神产品等，是消费者通过交易而获得的、能够满足某种需求和欲望的物质形态实体和非物质形态利益的总和。产品整体概念的外延与产品广义概念相同。

产品整体概念的营销意义是，产品整体概念体现了以消费者及其价值为中心的现代营销理念，是对市场经济条件下企业产品概念所给予的比较完整、系统、科学的表述，是市场营销思维的一种突破，对于企业制定产品营销策略具有重要指导意义。

三、产品整体结构

产品整体结构理论认为，产品结构是包含核心产品、基础产品、期望产品、附加产品、潜在产品五个层次产品的统一体。产品整体结构理论已从初期的三层结构理论发展到目前的五层结构理论。

（一）三层结构理论

三层结构理论将产品划分成三个层次，分析消费者对产品的感觉，刺激消费者的消费感受。

其一，核心产品层，体现的是消费者购买的实质性原因，即能够为购买或使用该层产品的消费者提供哪些服务，能给使用者带来何种利益。

其二，实际产品层，亦即形式产品层，将核心产品转化为外在的有形实体产品，是一种看得见、摸得着的产品层。该层产品有五种特征标志，即品质、形态、特性、品牌、包装。

其三，外延产品层，则是指厂家在销售时能给予消费者在实体商品之外的附加服务和利益，比如免费送货、安装、保修等售后服务。企业营销人员对产品的外延层必须给予高度重视，提供超乎消费者预期的服务，使其体验完整的满足感，提高满意度和再购率。

（二）五层结构理论

在 20 世纪 80 年代，科特勒提出了产品整体五层次理论。产品整体层次理论随着市场的发展而不断完善和深化。企业及其营销者在制订市场产品供应计划时，需要运用现代产品观念，以消费者的角度，综合考虑产品整体的五个层次，全面考虑增加消费者价值，构筑消费者的价值层级。

其一，核心产品层，亦即核心利益产品层，是指消费者购买某种产品时所真正追求的服务和利益，强调消费者购买的不仅仅是产品实体本身，还包括产品附加的核心利益或基本效用。

其二，基础产品层，亦即形式产品层即指产品实体，是一般产品的基本形式，是满足消费者核心利益的物质表现形式，也是核心利益借以传递和实现的物质载体。

其三，期望产品层，指消费者在购买产品时，期望得到的与产品密切相关的一整套属性和条件，比如，符合消费者预期的价格、方便度、功能表现等各个元素。对于不同消费者，期望值亦不同。

其四，附加产品层，亦称外延产品。这一层次包括供应产品时所获得的超出自身期望的全部附加信息和服务，包括送货、维修、保证、安装、指导、技术培训、融资等，还包括企业的声望和信誉。

其五，潜在产品层。一是指在选定购买产品时，还有购销双方未曾发现的效用和使用价值；二是预示现有产品及其附加产品潜在的演变趋势，未来可能改进和发展的前景。企业努力寻求满足消费者需求并与竞争者明显不同的新方法。

营销智慧火花：不绷紧产品质量这根弦，企业就弹奏不好市场营销这支曲。

四、产品分类

企业产品的种类繁多，为方便消费者选购，有利于商业部门组织商品流通，须对众多产品按照不同划分标准进行科学分类，以便于比较相同用途的各种产品的质量、产销情况、性能特点及效用，能促使生产者提高产品质量、增加品种，有利于生产、销售、消费等各个环节的有机衔接。

（一）消费品和工业品

根据使用产品和服务的消费者类型，产品被分成两大类：消费品和工业品。

1. 消费品

消费品是指由消费者购买，用于个人及家庭消费的产品或接受的服务。消费品进一步分成便利品、选购品、特殊品、非渴求品四类。

2. 工业品

工业品是指用于进一步加工或商业运营的产品。工业品可进一步分成三类：一是材料和部件类，包括原材料、制成品和部件；二是资本项目类，即指在购买者生产和运作过程中的辅助品，比如装置和设备；三是供应品和服务类，供应品包括操作配套用品，服务包括维修、维护、咨询等。

（二）有形产品和无形产品

根据产品的存在形态，企业产品被分成两大类：有形产品和无形产品。

1. 有形产品

有形产品又称形体产品或实体产品，是产品满足消费者某种需求的特定形式，是企业核心产品得以实现的形式。有形产品拥有多个不同反映要素，比如质量水平、产品特色、产品功效，以及产品包装等。

2. 无形产品

无形产品是指对一切有形资源通过物化和非物化的转化形式，使其具有价值和使用价值属性的非物质的劳动产品，以及有偿的经济言行等。比如信息、旅游、咨询、教育、金融、贸易、医疗、运输等服务。

（三）产品的其他分类方式

各部门各生产单位的产品也可以从各个不同角度进行分类。按时代和技术的发展阶段，产品可分为传统产品和电子产品；按产品完善程度，可分为试制型产品、未定型产品、已定型产品；按产品间的相互关系，可分为独立品、互补品、替代品；按产品在企业生产中的地位，可分为主要产品和次要产品；按其质量可分为正品、次品、废品等。

> 营销智慧火花：对于产品质量这道测试题，企业的成绩只有两种：满分和零分。

五、产品质量

在国内从事产品生产、销售活动的生产者和销售者，必须遵守《中华人民共和国产品质量法》，承担产品质量责任。该法所称产品是指经过加工、制作，用于销售的产品。

（一）产品质量定义

产品质量指的是在商品经济范畴内，企业依据特定的标准，对产品进行规划、设计、制造、检测、计量、运输、储存、销售、售后服务、生态回收等过程的必要信息披露。产品质量不仅涉及有形实物产品质量，还涉及服务这类无形产品的质量。

（二）产品质量指标

产品质量由各种要素所组成，这些要素亦被称为产品所具有的特性和特征，这些特性和特征的总和便构成了产品质量的内涵。产品质量要求设置多项具体指标要素，包括使用性能、安全、可用性、可靠性、可维修性、经济性和环境等方面。

（三）产品质量监督

国务院产品质量监督部门主管全国产品质量监督工作，县级以上地方产品质量监督部门主管本行政区域内的产品质量监督工作。国家对产品质量实行以抽查为主要方式的监督检查制度，生产者、销售者不得拒绝。

消费者有权就产品质量问题，向产品的生产者、销售者查询，向产品质量监督部门、工商行政管理部门及有关部门申诉，接受申诉的部门应当负责处理。

营销智慧火花：产品能赚钱，质量能活命，企业不能只顾挣钱不要命。

六、产品形象

产品形象是产品在设计、开发、研制、流通、使用中所形成的统一的形象特质，是产品内在品质形象和外在视觉形象完美统一的结果。

（一）产品形象设计

产品形象设计服务于企业整体形象设计，以产品设计为核心，围绕着消费者对产品的需求，更适合个体与社会需求而获得普遍的认同感。

产品形象设计是为了树立企业的总体形象而对产品所做出的形象细化，它是以产品设计为核心而展开的系统形象设计，对产品设计、设计观念、技术、材料、造型、色彩、加工工艺、包装、运输、展示、营销手段、广告策略等一系列活动进行统一策划，形成统一的感官形象和社会形象，起到提升、塑造、传播企业形象的作用。

（二）企业识别系统（CIS）

CIS（Corporate Identity System）意即“企业识别系统”。CIS 的导入能够把产品形象和企业形象作为一个整体进行构建，CIS 包括 VI（Visual Identity 视觉识别）、MI（Mind Identity、理念识别）、BI（Behavior Identity 行为识别）三个元素，其中，VI 包括产品及企业的所有标识（旗帜、歌曲、商标、LOGO、标准字、标准色等）内容，为企业的无形资产。

CIS 运用视觉识别系统将产品和企业的形象具体化，使企业在产品的生产、销售、服务过程中，具有较强的排他性、识别性，有利于企业及其产品的形象塑造。

第二节　产品定位策略

产品定位概念是1972年由阿尔·里斯（Al Ries）与杰克·特劳特（Jack Trout）二人普及和推广的。从理论上讲，首先进行市场定位，然后进行产品定位，产品定位就是企业选择目标市场与企业选择产品相结合的过程，亦即将市场定位企业化、产品化的过程。

一、产品定位的概念

企业在进入市场时必须对产品进行合理定位，确定投放市场的产品对象，创立产品品牌特色，树立特定的市场形象，满足消费者的个性需求，确立产品在消费者心中的强势位置。

产品定位是指权衡企业产品和竞争产品在目标市场上的各自位置，不但指产品的自身定位，而且还指产品及其附属物在消费者心中所树立的形象和确立的地位。

二、产品定位的含义

产品定位不同于市场定位，目标市场定位简称市场定位，是指企业对目标消费者市场的选择；而产品定位是指企业用何种产品来满足目标消费者市场的需求，产品定位是企业目标市场中进行市场定位的主要内容之一。

产品定位即针对消费者或用户对某种产品某种属性的重视程度，塑造产品或企业的鲜明个性或特色，树立产品在市场上的良好形象，从而使目标市场上的顾客了解和认识企业产品。

三、产品定位的内容

产品定位的内容包括需求定位、功能定位、测试定位、品牌定位四项。

（一）需求定位

需求定位就是根据消费者的需求来确定该产品在市场上的位置。消费者的需求亦即市场的需求，消费者的需求除了现实需求之外，还包括心理需求或潜在需求。对产品进行需求定位，可从满足消费者这三项需求入手，寻找产品的市场位置，刺激消费者的购买欲望。

需求定位是了解需求的过程，是细分目标市场并进行子市场选择的过程。目标市场需求要根据顾客的需求价值来确定，不同消费者对产品有着不同的价值诉求，满足这些诉求有助于新产品的开发。

（二）功能定位

从某种意义上说，功能是产品的核心价值，功能是检验产品的一个重要指标，功能定位直接影响产品的最终使用价值。影响企业产品功能定位的因素很多，如企业自身实力因素、市场需求因素、地域市场因素、消费者因素等。

在进行功能定位过程中，企业要综合考虑，明确哪些因素是决定性的。功能定位一般分为单一功能定位和多重功能定位。单一功能定位造价低、成本低，但不能适应消费者多方面的需要；多重功能定位成本相对较高，然而能够满足客户多方面的需要。

（三）测试定位

测试定位即确定企业提供何种产品、提供的产品能否满足市场需求，主要针对企业自身产品的设计或改进而言。企业通过使用符号或实体形式展示产品特性，考察消费者对产品概念的理解、偏好、接受程度。产品测试是最终用户或目标市场对企业所提供产品或服务的评价过程，其主要内容包括考察产品概念的可解释性与传播性、同类产品的市场开发程度，进行产品属性定位与消费者需求的关联分析，对消费者的选择购买意向进行分析。

（四）品牌定位

品牌定位针对产品品牌，其核心是要打造品牌价值。品牌定位的载体是产品，其承诺最终通过产品兑现，因此品牌定位包含在产品定位之中。

品牌定位包括首席定位、加强定位和空档定位三种。首席定位，即追求品牌成为本行业领导者的市场地位，或者市场占有率第一，或者销售量第一；加强定位，即在顾客心目中巩固现有的地位；空档定位，即寻找顾客所重视的但尚未被开发的市场空间。

> 营销智慧火花：消费者是市场上唯一的营销专家，他会教你怎样做营销。

四、产品定位策略

产品定位策略主要包括五项，即人本位定位策略、品质型定位策略、利益型定位策略、差异化定位策略、组合式定位策略。

（一）人本位定位策略

人本位定位策略是以产品的使用者，即消费者为本的定位策略。企业产品针对某些特定的使用者（即消费者）进行定位生产和销售，甚至有时为其量身定做，以便在使用者心目中树立产品形象和地位。

产品定位应有针对性地锁定恰当的使用者、使用地点、使用时间、需要何种服务等，尤其在产品的属性和特性方面，满足消费者不同风格的个人偏好，突出产品定位的人性化。

（二）品质型定位策略

首先，确立产品属性在消费者心中的基本位置，具体谋划产品的材料、质量、规格、构造、用途、功效、价格等属性的直观定位，突出适用性和实用性。

其次，塑造产品的品质特性，追求产品实体和品牌创新，在设计、造型、款式、色彩、包装、商标等环节升级打造产品特性，提高产品的品位，增加美感和欣赏性等附加值，吸引消费者的关注，赢得他们的偏爱，巩固和强化原有的印象和地位。

（三）利益型定位策略

产品为消费者提供的利益，既包括消费者购买产品时所追求的直接利益，又包括所能获得的附加利益。通常产品所能提供的利益与其属性有直接关系，独有的产品属性能为消费者提供特殊的利益。

利益型定位策略是一种将产品与消费者所追求的某种利益联系在一起的定位方法。消费者追求的利益有三种主要类型：功能性利益、情感性利益、自我表现利益，品牌的价值主张即是对这些利益的一种阐释。

（四）差异化定位策略

差异化定位策略可以从产品的品质、样式、风格、耐用性等多方面体现，除了产品及其附加服务。即使是标准化的产品，同样可以进行差异化塑造，比如食盐、纯净水等。

产品的独特性是产品差异化的灵魂，产品有特色、有个性，才能与竞争者的商品相区别，突显产品排他性；才能在消费者心中树立鲜明特性，提升产品竞争力。

（五）组合式定位策略

组合式定位策略能够促使企业在市场上形成产品定位的组合优势，而不是简单一味地追求"高价撇脂"或者"低价倾销"，可以在规模和利润之间取得平衡，最终实现可持续性发展。

影响产品或服务的营销要素很多，但是考虑把产品性能、产品品质、产品价格相结合的产品组合定位策略必然会提升产品的市场竞争力，从而形成性价比优势，成为营销制胜的关键。

总之，产品定位策略有利于提高产品在目标市场上的地位，强化在竞争战略中的优势，增加在营销活动中的效益。其营销人员应该学会运用定位思想，善于向消费者的头脑中根植产品属性和特性，树立良好形象，在目标对象记忆中占据首要和突出位置。

第三节　产品开发策略

产品开发策略也称新产品开发策略。

一、产品开发过程

产品开发过程的实质是一个新产品创意逐步实现"物化"，分阶段实现商品化的过程。产品开发过程由八个阶段构成，即激发创意、评估创意、形成概念、制订计划、分析效益、研发试制、试销产品、投产上市。

（一）激发创意

新产品开发过程从寻求产品创意开始，产品创意即是开发新产品的构思和设想。寻求尽可能多的创意，可为开发新产品提供较多的成功机会。新产品创意的外部来源主要有企业顾客、专家、竞争者、推销员、经销商、市场研究公司、广告代理商等。除此之外，企业还可从高校、咨询公司、行业协会、相关媒介等机构寻求有用的新产品创意。新产品创意的内部来源是所有员工，企业凭借各种激励制度，激发员工的热情来寻求创意。

（二）评估创意

在取得足够创意之后，企业要对其加以评估，研究其可行性，并挑选出可操作性较高的创意，此过程的目的是对创意加以甄别，淘汰那些不可行或可行性较低的创意，使企业有限的资源集中于成功机会较高的创意上。

评估创意时一般要考虑两个因素：一是该创意是否与企业的战略目标相适应，表现为利润目标、销售目标、销售增长目标、形象目标等方面；二是企业对这种产品是否具有足够的开发能力，即相应的资金能力、技术能力、人力资源、销售能力等。

（三）形成概念

经过评估筛选而保留下来的产品创意还要进一步转化成产品概念。明晰产品创意、产品概念、产品形象三者的区别，是准确理解产品概念的前提。所谓产品创意，是指企业从自己角度考虑的它能够向市场提供的可能产品的构想。所谓产品概念，是指企业从消费者的角度对这种创意进行详尽描述。所谓产品形象，则是消费者对某种现实产品或潜在产品所形成的特定印象。

（四）制订计划

在形成产品概念之后，企业需要制订初步的市场营销计划。企业相关人员要拟定一个把新产品投放到市场中的市场营销计划书，其包括三个部分：第一，描述目标市场的规模、结构、消费者行为，新产品在目标市场上的定位，最初几年的销售额、市场占有率、利润目标等；第二，简述新产品的计划价格、分销战略，以及第一年的市场营销预算；第三，阐述计划长期销售额和目标利润，以及不同阶段的市场营销组合。

> 营销智慧火花：真金不怕烈火炼，好酒不怕巷子深，花香自引蜂蝶来。

（五）分析效益

新产品开发过程的第五个阶段就是对欲开发的新产品进行本量利综合分析。在此阶段，企业市场营销管理者要组织人员对新产品将来的生产成本、销售额、利润进行预算与复核，审视其是否符合企业的目标，如果符合，就可以进行此项新产品的开发，否则就弃之。

（六）研发试制

在产品概念通过本量利综合分析之后，企业研发部门及工程技术部门便可把该项产品概念转变成产品实体，进入试制阶段。其中，新产品的初步设计需要从原理、结构、外形、性能等方面把抽象产品具体化，把描述产品的文字、图表、模型等设计元素变为物化产品。

该阶段需要解决的问题是通过新产品实体的设计、试制、测试、鉴定等环节把产品概念转变为技术上和商业上皆为可行的新产品实体。

（七）试销产品

如果企业高层管理者对某种新产品开发的试验结果感到满意，便着手制订产品品牌及包装计划，以及初步的市场营销方案，把产品推向市场进行试销，其目的在于了解消费者和经销商对于使用、再购、经营此类新产品的实际状况及市场规模，然后酌情采取应对方案。

试销规模取决于两个方面：一是投资费用和风险越高的新品，试销的规模越大一些，反之可小一些；二是所需市场试销费用越多、时间越长的新品，市场试销规模越小一些，反之可大一些。

（八）投产上市

经过市场试销，企业高层管理者已经占有了足够信息资料来决定是否将这种新产品投放市场。如果决定向市场推出，新产品的商品化过程进入批量投产上市的新阶段，此时企业须要付出巨额资金：一是建设或租用全面投产所需要设备，企业规模大小是至关重要的投产决策因素，很多企业为了慎重起见把生产能力限制在所预测的销售额内，以免新产品不能盈利而收不回成本；二是企业需要支付大量的市场营销费用。

二、产品开发方式

企业研制开发新产品的方式通常有独创研制、技术引进、混合开发、协作开发四种方式。企业在开发新产品的过程中，需要把有限的人、财、物有效地分配到急需的开发项目上，使新产品开发取得最佳效果，其关键在于准确地把握新产品开发的方向，因为新产品开发呈现出多能化、系列化、复合化、微型化、智能化、艺术化等发展趋势。

（一）独创研制

独创研制是一种企业进行独创性研制新产品的方式。企业根据市场情况和消费者需求、针对现有产品存在的问题，从根本上探讨产品的原理与结构，开展新技术、新材料等环节的研究，开发出具有企业自身特色的新产品，特别是研制出换代型新产品或全新型新产品。

企业自行研制新产品，须具备雄厚的科研技术力量。

（二）技术引进

技术引进是指企业开发某种新产品时，在市场上已经拥有成熟的技术可供借鉴，为了赢得时间、抓住机遇，从国外生产同类产品的企业引进技术的一种新产品开发方式。其优点是节省科研经费，缩短技术差距，快速提升技术水平，确保新产品有足够长的经济寿命。

引进技术不仅需要付出较高的代价，还经常附带限制条件，有能力的企业应逐步建立自己的研发机构进行独创开发。

（三）混合开发

混合开发是将独立研制与技术引进相结合的一种新产品开发方式。在对引进技术进行充分消化和吸收的基础上，与本企业的研发技术结合起来，充分发挥引进技术的造血功能，提高企业研发水平。混合开发方式适用于企业已拥有一定研发基础，市场上已有成熟的新技术可借鉴的情况。其优势一是成本低、见效快，产品赋有先进性，二是促进企业新产品自行开发能力的提升。

（四）协作开发

协作开发是指企业间，企业与科研、教育机构进行协作开发新产品的一种方式，其有利于企业充分利用社会科研力量把研发成果迅速转化为现实生产力。

协作开发突破了企业界限，通过两个及以上的部门协作，共同完成新产品开发项目。其优点是降低产品开发风险和成本，缩短开发周期，提高企业对新技术的反应能力，不同程度控制竞争态势。

> 营销智慧火花：企业营销应该从顾客开始，而不是从生产开始。

三、开发新产品类型

企业新产品类型主要包括全新型新产品、换代型新产品、改进型新产品、仿制型新产品四种。

（一）全新型新产品

全新型新产品是运用新原理、新技术、新材质开发和生产出来的新颖程度最高的产品。全新型新产品开发的条件是：企业需要投入大量资金，拥有雄厚的技术基础，产品开发实力强。其特点是开发过程用时较长，新产品要有一定的需求潜力，企业承担的风险较大。

（二）换代型新产品

换代型新产品就是在原有产品的基础上，使其发生质的更新。选择和实施换代型新产品的开发，企业只需投入较少的资金，费时不长，亦即通常所谓的老产品更新换代。因新产品具有新功能，故能够满足顾客新需求。

（三）改进型新产品

改进型新产品是在原有产品的基础上进行改进，使新产品在结构、功能、品质、花色、款式、包装上具有新特色，使其结构更加合理，功能更加齐全，品质更加上乘，能够最大化满足消费者不断变化的新需求。改进型新产品开发代价最小、收获最快，但容易被竞争者模仿。

（四）仿制型新产品

仿制型新产品指企业还没有但市场上已存在、进而企业加以仿制的新产品。仿制型新产品的开发无须太多资金和尖端技术，比研制全新型产品容易，有利于企业寻找市场空间、快速提高竞争力、增加销售收入。企业应对仿制产品的缺陷和不足加以改造，开发适销对路产品，不宜全盘照抄。

四、产品开发策略

产品开发策略即企业通过开发新产品来维持和提高其产品的市场占有率。企业既可开发全新型新产品，也可在原产品的基础上加以改进，调整产品结构、增加新功能、简化操作、改善外观造型和包装等，从而达到一定的市场效果。

（一）进攻式开发策略

进攻式开发策略的含义是指拥有强烈第一个占据市场的意识的企业抢先推出新产品，捷足先登、先发制人，迅速将产品投放市场，率先促成品牌偏好，获取市场有利地位和竞争优势。

消费者对企业及其产品形象的认知大都先入为主，普遍认为只有第一个上市的产品才是正宗的，所以率先占领市场的新产品易于在消费者心中占据有利地位。

采用该策略的前提条件是：企业对市场动态具有超强的判断力，拥有雄厚的科研与经济实力，开发的新产品短期内不易被竞争者模仿，决策者具有冒风险精神。

（二）防御式开发策略

防御式开发策略就是企业在对其经营状况基本满意的情况下，在环境动态变化中维持和强化企业现有的产品策略。该策略的着眼点在于控制风险，尽可能减少因开发新产品失败而造成的损失，稳住市场份额，防止利润下降，维持原有经营状况。这种策略经常采用营销手段降低产品成本、提高产品质量等。运用这种策略开发的新产品，一般不采取抢先入市的投放方式，而是权衡利弊，瞄准最佳时机投放。

（三）差异化开发策略

差异化开发策略亦称产品创新策略。新产品开发贵在创新，企业开发新产品重在追求与其他同类产品的差异性，为消费者提供特色鲜明、与众不同的新产品，满足不同消费者的个性化需求，增强其吸引力和竞争力，博得消费者的青睐。资源条件好、研发实力强的企业可采用这种策略开发出标新立异的新产品。

（四）系列化开发策略

系列化开发策略亦称系列延伸策略。企业围绕自己原有产品的上下、左右、前后进行全方位延伸开发，形成不同类型、不同规格、不同档次的系列新产品。比如，一款新型手机上市，能够延伸出对 USB 连接线、线控麦克风功能的耳机、电源适配器、外壳等相关系列产品的需求。

针对消费者在使用某种新产品时所衍生的新需求，推出系列配套新产品，企业可以加深其产品组合的深度，充分利用企业原有资源优势，节省开发费用。

> 营销智慧火花：企业高层次竞争不在于生产什么产品，而在于产品拥有多少附加值。

（五）潮流式开发策略

消费者易受各路名人引发的各种流行元素的影响，为迎合消费者前卫、跟风、从众等消费意识，企业运用该策略不失时机地开发出不同类型新产品，进而取得超额利润。把握消费流行的周期性有利于企业超前开发潮流式的新产品。

该策略要求企业拥有较强的实时捕捉消费者心理、引领社会消费潮流的意识，并对消费潮流具有敏锐的感知能力。

（六）补缺式开发策略

补缺式开发策略存在的依据在于，消费者对产品的需求层次不同，实力较强的大企业往往会放弃盈利少规模小的低层次产品，甚至放弃某些中等层次产品的研制，使市场形成一定的产品空档。一些实力偏弱的中小企业开发研制中低档的适销对路的产品，补缺市场需求，在各大企业高档品牌产品的夹缝中，仍能获得中低档产品的可观市场份额。这种策略对于资金实力相对较弱的中小企业而言，不失为一项权宜之策。

（七）模仿式开发策略

模仿式开发策略即待其他企业推出新产品后，随即加以仿制和建设性地改进，推出其升级版。采用该策略的企业不把投资用在抢先研制新产品上，而是绕过开发环节，专门仿制市场上刚刚成功推出并畅销的新产品。

此“模仿”是一种追随性竞争模仿，不是机械模仿，而是在模仿中有创新。采用该策略的目的在于节约产品研发成本、消除产品上市缺陷、规避市场风险、使之顺利进入市场，最后可能后来居上。该策略要求企业能迅速掌握其他企业研发动态，具有高水平的技术情报专家，拥有高效研制新产品的综合实力。

五、产品开发流程

产品开发需要严格遵循严格工作流程，主要包括如下三个阶段。

第一阶段，提出产品立项申请并提交申请书，获得批准之后，下发产品开发任务书，随之进行开发技术设计和产品模具设计。

第二阶段，通过技术专家评审之后，启动模具制作环节，对生产出的产品样品进行评审，通过工艺和设备专家组的评审之后，便可进行小批量试产。

第三阶段，对试产情况进行全面总结，发现问题需要及时改进和调整，把试产总结报告文件移交给试产技术部门进行技术调整和技术变更，完善获得批准后，全面实现量产。

图 6－1 全面展示了产品开发流程的全部环节，及其各道工序的逻辑思路和走向。产品开发流程是保证新品的质量、技术含量、功能效度等的生命线。

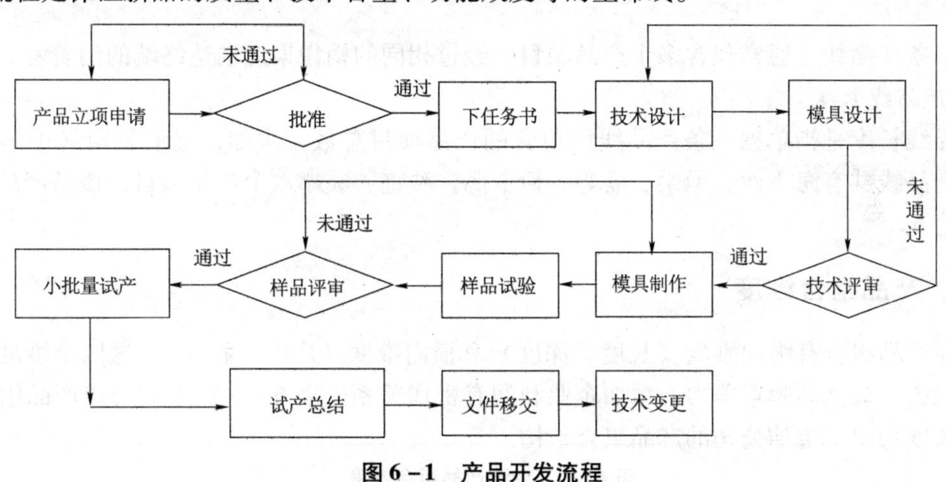

图 6－1 产品开发流程

第四节 产品组合策略

企业的产品组合策略包括三种，一是产品组合纵向策略，如产品线延伸策略、产品线收缩策略；二是产品横向组合策略，如产品线削减策略；三是产品纵横组合，如策略产品扩展组合策略。

企业执行产品组合策略所遵循的三个基本原则是：有利于促进销售，有利于竞争，有利于增加企业利润。产品组合获利能力强、前端产品低价，甚至免费提供给消费者，后端产品盈利。

一、产品组合结构

首先，产品组合是指一个企业在一定时期内生产经营的全部产品线及其所有产品项目的集合方式。产品组合也称产品的各色品种集合。

其次，企业生产经营的产品不是单一的，是多品种的，企业把全部产品配置成有机的比例关系，就形成了企业的产品组合。企业产品组合由产品线构成，产品线由产品项目构成。

最后，产品组合纵向结构由不同的产品项目组成，产品项目的量化维度是产品线长度和深度。产品组合横向结构由不同的产品线组成，产品线量化的维度是产品组合广度和黏度。

（一）产品项

产品项，亦称产品项目，是指在同一产品线下企业生产或销售的不同花色、型号、规格、款式、质地、品牌等最基本的产品单位，通常指企业产品目录上开列的每一个产品。产品项目定位是指企业确定其产品项目与竞争对手的产品项目在市场竞争中的位置。

（二）产品线

企业如果能够确定产品线的最佳长度，就能从中获得最大利益。

1. *产品线*

产品线是指同类产品不同产品项目所形成的产品类别。一条产品线就是由使用功能相同、能够满足同类消费者需求，但规格、型号、花色等不同的若干个产品项目所组成的系列产品。

每一条产品线，通常包含多个产品项目，经过相同的销售渠道送达终端的消费者。

2. *产品线长度*

产品线长度是指单独一条产品线所包含的产品项目总数。假如，宝洁公司（中国）的洗发水产品线共有海飞丝、飘柔、潘婷、伊卡璐、沙宣、威娜六个产品项目，该条产品线的长度即为6。

二、产品组合维度

企业产品组合有纵向维度（长度、深度）和横向维度（广度、黏度）。这四个维度与促进产品销售、提高品牌竞争力、增加企业利润有密切关系。表6－1从宝洁公司产品组合的广度和长度列出了宝洁公司的产品组合结构。

表6－1　宝洁产品组合维度

	宝洁产品组合广度						
	洗涤剂	洗发水	牙膏	香皂	小家电	纸巾	尿布
宝洁产品组合长度	象牙雪 洁拂 汰渍 快乐 奥克多 达士 大胆 吉思 碧浪 黎明	飘柔 潘婷 海飞丝 沙宣 伊卡璐 威娜	格里 佳洁士 欧乐B	象牙 柯柯 拉瓦 佳美 爵士 舒肤佳 海岸 玉兰油	博朗 金霸王	媚人 白云 普夫 旗帜	帮宝适 露肤

（一）产品组合长度

产品组合长度即企业全部产品线长度的总和，具体指企业拥有的全部产品线中所包含的所有产品项目的总数。

（二）产品组合深度

产品组合深度是指在企业产品组合中，每条产品线上每个产品项目包含的种类（按照样式、花色、规格、配方、形态、品牌等分类），产品项目及产品种类的数量越多，产品组合的深度就越深，也可以利用产品种类的数量加总，除以产品线的总数，计算出企业产品组合的平均深度。

假设某大型汽车制造企业按照车型分类共有 7 条轿车产品线：星越、缤越、豪越、博越、星瑞、博瑞、帝豪，在每条产品线中各种车型的款式数量如下：星越车型有 2 款、缤越车型有 4 款、豪越车型有 3 款、博越车型有 5 款、星瑞车型有 2 款、博瑞车型有 3 款、帝豪车型有 5 款，该企业轿车整车产品组合深度为 2 +4 +3 +5 +2 +3 +5 =24。

（三）产品组合广度

产品组合广度即产品组合宽度，指企业产品组合中全部产品线的数量，产品组合中包含的产品线越多，产品组合的广度就越宽，反之其产品组合的广度就越窄。企业若要扩展产品组合宽度，需要开发和经营市场潜力较大的新产品大类，扩大生产经营范围，实行跨行业多样化经营，有利于发挥企业资源潜力，开拓新市场，降低经营风险，增强竞争力。

（四）产品组合黏度

产品组合黏度即产品组合关联度，具体指企业全部产品线之间在生产条件、销售渠道、最终用途等方面相互关联的程度。对于不同的产品组合，其产品线之间存在着不同的关联程度。

总之，延长产品线长度或挖掘产品组合深度都有利于满足更多消费者的特殊需求；拓宽、增加产品组合广度有利于企业发挥潜力，开拓新的市场领域；加强产品组合中产品线的黏度，可以提升企业在市场中的地位，提高企业对市场的驾驭能力。

企业在进行产品组合时，需要思考和解决两个问题，一是哪些产品项目需要增加或剔除，二是需要增设、扩展、填充或淘汰哪些产品线，以此确定最佳的产品组合。图 6 -2 列出了企业产品组合长度和广度的分布模型。

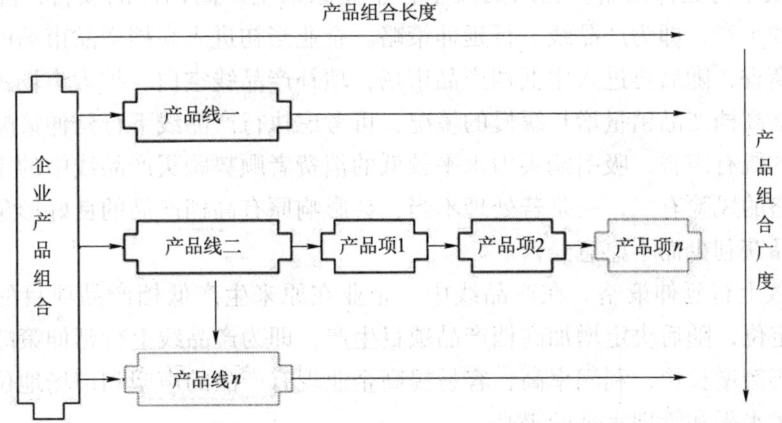

图 6 -2　企业产品组合长度和广度的分布模型

三、产品组合策略

产品组合策略包括产品纵向组合策略、产品横向组合策略、产品纵横组合策略三大类。

（一）产品纵向组合策略

产品纵向组合策略就是产品线策略，是产品组合策略的重要组成部分，包括产品线收缩策略、产品线延伸策略（上行延伸策略、下行延伸策略、双向延伸策略）、产品线优化策略（特色化策略、现代化策略）。

产品线策略的最大特点是产品线的数量不发生变化，只是产品线中的产品项目数量发生增减，使产品线达到最优化。

1. 产品线收缩策略

企业各个产品线的经营状况各异，产品线中可能含有不利于增加利润的产品项目，或者企业缺乏足够的生产能力，企业及其管理者应该不定期地审核和分析产品线及其产品项目的市场状况，从而决定哪些产品线的长度需要收缩。

对于竞争处在劣势地位、持续走下坡路、给企业带来的利润很低甚至亏损的产品项目要进行削减，避免无益投入；集中精力经营占优势、利润大的产品项目，节约成本，使产品线的总利润上升，保证产品线的盈利能力和长远发展。

营销智慧火花：若把产品的良品率预定为85%，那便表示15%的次品的存在是合理的。

2. 产品线延伸策略

企业发展到一定规模和较成熟的阶段后，如想把市场做大做强，获取更多的市场份额，阻止或反击竞争对手，往往会采用产品线延伸策略，利用消费者对现有品牌的认知度和认可度，推出副品牌或新产品，以期通过较短的时间、较低的风险来快速盈利，迅速占领市场。

产品线延伸策略包括三种类型：下行延伸策略、上行延伸策略、双向延伸策略。

（1）产品线下行延伸策略。在产品线中，企业原来生产高档产品项目，随后决定增加低档产品项目的生产，即为产品线下行延伸策略。企业当初进入高档产品市场的目的是为企业和产品树立商誉，随后再进入中低档产品市场，填补产品线空白，扩大市场占有率。

若企业面临高档产品销量增长缓慢的境况，可考虑执行产品线下行延伸策略，利用企业生产高档产品的既有声誉，吸引购买力水平较低的消费者顺势购买产品线中的中低档产品。

采用该策略的风险有二，一是若处理不当，会影响原有高档产品的良好形象；二是经销商认为低档产品获利少而不愿意经营。

（2）产品线上行延伸策略。在产品线中，企业在原来生产低档产品项目的基础上，重新进行产品线定位，随后决定增加高档产品项目生产，即为产品线上行延伸策略。因为高档产品畅销，销售额增长快，利润率高，容易提高企业现有产品的声望和市场地位，有利于带动企业生产技术水平和管理水平的提高。

企业实行该策略同样面临风险，一是原有的企业销售代理商和经销商可能没有能力经营高档产品，企业需要重新培训和物色新的人选，成本增加；二是低档产品的企业形象在消费者心中的转变需要时间，高档产品项目不易打开销路，影响其研发等各项费用的快速回笼。

（3）产品线双向延伸策略。双向延伸策略是指企业现在生产中档产品，在取得了市场优势以后，决定将在现有的产品线内，一方面增加高档同类产品项目，向上渗透进入高档产品市场；另一方面增加低档同类产品项目，向下渗透进入低档产品市场，从而扩大企业的市场阵容，充分利用企业的生产能力，满足不同层次消费者的需求。

只有企业在中档产品市场上已取得市场竞争优势，且有足够的资源和实力，才可以双向延伸产品线，否则还是单向延伸较为稳妥。

3. 产品线优化策略

产品线的特色化，即指企业在产品线中选择一个或几个高端或低端的产品项目，进行特色化打造，提升产品线等级和声望，吸引顾客注意力，改善整条产品线的形象。

产品线的现代化，即指企业为确保产品生产线与多变市场同步，对其现代化改造已成必然，改造方式有二，各有利弊，需要权衡。

（1）渐进更新、逐步现代化，容易了解顾客与市场反应，据此实时修正，使企业节省投资，但不易保密，竞争者知情会快速跟进。

（2）全面更新、一步到位，容易抢占先机，市场效果快捷，对竞争者形成威胁，但投资过大。因市场常变，把握产品线更新时机太早太迟都有弊端，企业应经常对产品线进行分析和调整，力求使产品线的结构最优化。

营销智慧火花：商品强调价值的交换，物品强调价值的使用。

（二）产品横向组合策略

产品横向组合策略，其实质就是从产品组合结构的横向角度，削减产品组合结构中的生产线数量。

1. 产品组合削减策略的内涵

产品组合削减策略是重要的产品组合横向策略，其内涵就是减少产品线的数量，属于产品组合的广度策略，亦称市场专业型策略。

企业及其营销人员必须定期检查产品线，通过销售额和成本分析，识别出直接导致企业利润下降的累赘产品项目或衰弱产品项目，把其所在的整条产品线全部削减。

2. 产品组合削减策略的目的

企业定期检查产品项目，如果发现产品线中含有不利于增加企业利润的产品项目，或者企业缺乏足够的生产能力，可以考虑缩减产品线的数量，减掉一些产品系列（即产品项目），特别是那些获利少的产品，以集中力量经营获利多的产品线及其中少数几个产品项目，实现产品生产、经营高度专业化，减少资金占用，降低消耗，减少成本，提高质量，实施有针对性的广告促销，集中拓展有效的分销渠道，提高企业营销效率。

3. 产品组合削减策略的优点

在市场繁荣时期，维度较宽的产品组合结构会给企业带来较多的盈利机会。但是，在市场不景气或原料、能源供应紧张时期，缩减产品线反而能使企业的总利润上升，因为剔除了那些获利少甚至亏损的产品线及其产品项目，企业可集中力量发展获利多的产品线及其产品项目。

产品组合削减策略的优点有：集中企业资源和技术力量，改进和提升产品的品质，提高产品商标的知名度；使企业生产经营专业化，减少资金占用，加速资金周转，降低生产成本，提高生产效率；有利于企业寻求合适的目标市场，并向市场的纵深方向发展。

4. 产品组合削减策略举例

在1999年，联合利华宣布了它的“成长之路”方案，计划要在2003年之前，通过削减其1 600个不同产品项目的3/4，以便从其精简的产品投资组合中获得最大价值。

通过分析得知，联合利华超过90%的利润仅仅来自400个产品品牌，这促使联合利华当时的联合主席尼尔·菲茨杰拉德（Niall Fitzgerald）下定决心进行产品项目削减，公司主要保留了像立顿（Lipton）这样的全球品牌、一些区域品牌、英国洗涤剂市场领导品牌宝莹（Persil）等产品，其他不能带来利润的产品线及其产品项目都被削减掉了。随后的事实证明，联合利华实施的这项产品组合削减策略获得了巨大成功。

> 营销智慧火花：愚者看不见商机，错失之；智者善于抓商机，创造之。

（三）产品纵横组合策略

产品纵横组合策略是面状拓展策略，包括产品组合扩展策略、产品组合动态平衡策略、产品组合结构调整策略等。

1. 产品组合扩展策略

产品组合扩展策略的实质就是从产品组合的广度和深度两个维度，共同拓展和推进产品组合结构优化。

（1）纵向增加产品项目数量。在产品扩展组合策略中，从纵向挖掘产品组合深度，在原有产品线上再增加产品项目数，以及增加每个产品项目量，从而增加深度。具体方式是在维持原产品品质和价格的前提下，增加同一产品的规格、型号和款式，增加不同品质和不同价格的同一种产品，在原有产品线上增加新项目。

（2）横向增加产品线的数量。在产品扩展组合策略中，从横向上开拓产品组合广度，即在原有产品线的基础上再增添一条或几条产品线，扩展产品经营范围，增加与原产品类似的产品，或增加与原产品毫不相关的产品。

当企业预测现有产品线的销售额和盈利率在未来可能下降时，就需要考虑在现有产品组合中，增加新的产品线，或加强其中有发展潜力的产品线。

（3）产品组合扩展策略优点。执行产品扩展组合策略的优点在于：一是满足不同偏好的消费者多方面的需求，提高产品市场占有率；二是能够充分利用企业信誉和商标的知名度，完善产品系列，扩大企业生产和经营规模；三是能够充分利用企业资源和剩余生产能力，提高经济效益；四是减少由市场需求变动而给企业带来的影响和冲击，分散市场风险，降低损失程度。

2. 产品组合动态平衡策略

由于市场需求和竞争形势不断发生变化，产品组合中的每个产品项目或产品线，必然会随之发生分化：一部分产品仍然获得较快成长，继续为企业赢得较高利润，另一部分产品则趋于衰退，产品分化使原有的产品组合体系失去了平衡。

企业采取的产品组合动态平衡策略就是经常分析产品组合中各个产品项目或产品线的销售成长率、利润率、市场占有率，判断各项产品资源在市场环境变化中的成长潜力或发展趋势，重视新产品的开发、衰落产品的剔除，使不健康、不平衡的产品组合再次达到新的平衡，使企业继续维持最大利润的产品组合态势。及时优化调整产品组合是企业对其产品组合的一种动态保护策略，并且是循环往复的，因为动态平衡是产品组合的存在方式。

3. 产品组合结构调整策略

产品组合结构调整策略是指企业为实现预期目标，对产品及其组合状态进行调整的策略，包括多产品线的企业调整产品之间各种比例关系、淘汰部分产品、增加新产品、产品升级换代，单一产品线的企业改变为多产品线企业，反之亦然。

企业产品结构调整一般拥有以下七种状况：其一，企业经营的某种产品处于微利或亏损状态，且与企业其他产品无相关性，遂将其淘汰；其二，试产产品已成熟且市场看好，顾客已接受，企业增加新品；其三，市场结构发生变化，企业退出某目标市场或全部市场，进入新的产品领域；其四，基于扩张的产品组合调整，包括在横向或纵向一体化战略下的产品领域扩张；其五，企业中间产品转变为商品，产品组合有变，企业同以往一样向顾客提供终端产品，并开始向顾客提供中间产品；其六，完全基于资本运营的产品组合调整，产品间关系多样化；其七，上述六种状况的任意组合。

营销智慧火花：企业面临的营销问题不是产品短缺，而是顾客稀少。

第五节　产品营销策略

产品营销策略是指处于生命周期不同阶段的产品营销策略。产品从进入市场到退出市场，经历了一次“生命”周期，其中产品经历了四个阶段，每个阶段的产品在成本、销量、利润、消费者、竞争者等环节上都有各自的特点。企业应根据产品所处生命周期的不同阶段，确定不同的产品营销策略。

一、产品生命周期理论

产品生命周期理论是美国哈佛大学教授雷蒙德·弗农（Raymond Vernon）于 1966 年在其《产品周期中的国际投资与国际贸易》一文中首次提出的。

产品生命周期包括典型产品生命周期和非典型产品生命周期两种，通常所说的产品生命周期是指典型产品生命周期，是一种理想状态；非典型产品生命周期在本节中仅简单介绍。

（一）产品生命周期的定义

产品生命周期（Product Life Cycle，PLC），是指产品的市场寿命，即一种新产品从开始进入市场到被市场淘汰的整个循环过程。就如同人一生所经历的诞生、成长、成熟、衰亡四个人生阶段一样，产品同样经历了由导入、增长、成熟、衰退四个阶段形成的市场生命周期。若企业对处于生命周期各阶段的产品能够制定出切实有效的产品策略，产品生命周期就可以延长。

营销智慧火花：产品生命周期指的是产品的市场寿命，而不是使用寿命。

（二）产品生命周期四阶段

在产品诞生之前，它首先经历产品开发期，企业研发人员开始进行市场调查、产品设计与打样、开模与试模、评估验证、产品试产、实现量产等一系列开发程序，然后把产品导入市场。

在结束产品研发期后，产品真正进入了生命周期，并经历生命周期的四个阶段：产品导入期、产品增长期、产品成熟期、产品衰退期。

1. 产品导入期

产品导入期也称作产品引入期，是指产品从研发、设计、试销一直到投产，批量上市。处在导入期的产品品种少，生产规模小，生产成本和销售成本都相对较高，消费者对其不甚了解，比较陌生，除少数追求新奇的消费者外，几乎无人购买。

厂家（生产者）及商家（中间商）为了扩大销路，投入大量的促销费用，通过各种促销手段，对新产品进行宣传推广，产品广告费用大，产品销售价格偏高，销售量极为有限，企业通常不能获利，甚至可能亏损。

2. 产品增长期

产品增长期也称产品成长期，是指产品在导入期的促销活动获得成功之后，销量上升，产品便进入了需求增长阶段。处在增长期的产品因其基本定型，逐步得到了消费者的认可和接受，在市场上站稳脚跟，并且打开了销路。

随着生产与营销规模的逐步扩大，产品需求量、销售额、利润迅速上升，生产成本大幅降低。看到有利可图，大批竞争对手介入市场参与竞争，威胁到企业的市场地位，同类产品供给量增多，市场竞争加剧，价格随之下降，企业利润的增长速度放缓。

3. 产品成熟期

产品成熟期指产品实现规模化生产，成本大幅降低，市场基本开发完毕，市场占有率达到高峰。处在成熟期的产品数量众多，本阶段持续的时间比导入期、增长期持续的时间都要长，产品日趋标准化。由于竞争品和改良品大量涌入市场，需求趋于饱和，销售量在高水平上稳定下来，销售增长速度放缓。

由于竞争加剧，同类产品生产企业在产品质量、花色、规格、包装、服务等方面纷纷加大投入，争夺竞争优势。成熟期的市场竞争最激烈。

4. 产品衰退期

产品衰退期是指产品已经进入淘汰阶段，产品的销售量持续下降，有些产品的销售量可能迅速降到零，转入产品更新换代的时期。

产品在市场上逐步老化，已不能适应市场的需求，出现了性能更好、价格更低的新产品来满足消费者的需求。此时，成本较高的企业会由于无利可图而陆续停止生产，撤出市场。

有些产品在销售量和利润率下降的过程中，仍然会维持一段时间才完全退出市场。对于大多数企业而言，大部分产品进入衰退期是一个必然的结果。

> 营销智慧火花：同一产品在 A 市场处于衰退期，在 B 市场处于导入期，市场有时差。

（三）典型产品生命周期曲线

典型产品生命周期曲线就是通常所指的产品生命周期曲线，形状比较有规律，如图 6－3 所示。此图不包括风格型、时尚型、热潮型、扇贝型等非典型产品的生命周期曲线。典型和非典型产品生命周期曲线都只考虑销售和时间两个变量。

在产品开发期，产品销售量为零，企业投资在不断增加；在导入期，销售缓慢，期初通常利润偏低或为负数；在增长期，销售量快速增加，利润也显著增加；在成熟期，利润在达到顶点后逐渐走下坡路；在衰退期，产品销售量显著衰退，利润也大幅滑落。

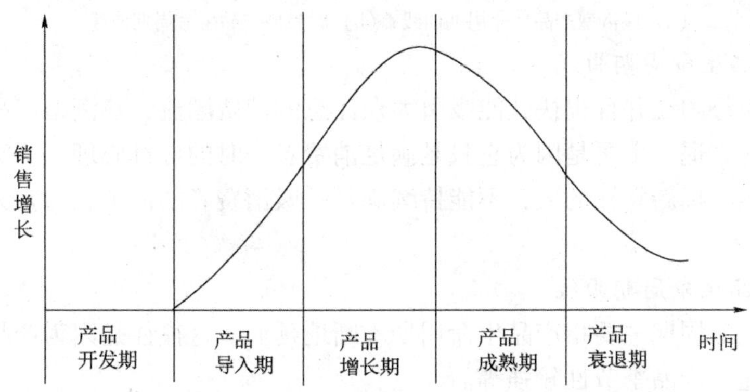

图 6－3　典型产品生命周期四个阶段的销售曲线

（四）非典型产品生命周期曲线

非典型产品也叫特殊产品，包括风格型、时尚型、热潮型、扇贝型等产品类型。其生命周期不同于典型产品的生命周期，其生命周期曲线也不是典型产品生命周期曲线的形状。

1. 风格型产品生命周期曲线

风格是人类生活的一种基本表现方式，并且不同个体或群体风格各异、特点突出。风格一旦形成，会保持相对稳定性，并且会不断延续和继承。

企业产品的销售量会随着时间或季节等元素的变化在一定范围内呈波动起伏、循环往复的曲线状态，反映出消费者对该产品形成了一种特定的消费风格。

2. 时尚型产品生命周期曲线

时尚型产品生命周期的特点是：刚上市时很少有人接纳，产品处于独特阶段；但接纳人数随着时间的推移而慢慢增多，产品处于模仿阶段；随后被消费者广泛接受，产品处于流行阶段；最后缓慢衰退，产品进入衰退阶段，消费者开始将注意力转向另一种更吸引人的产品。

风格型、时尚型这两种特殊产品的生命周期曲线，如图 6－4 所示。

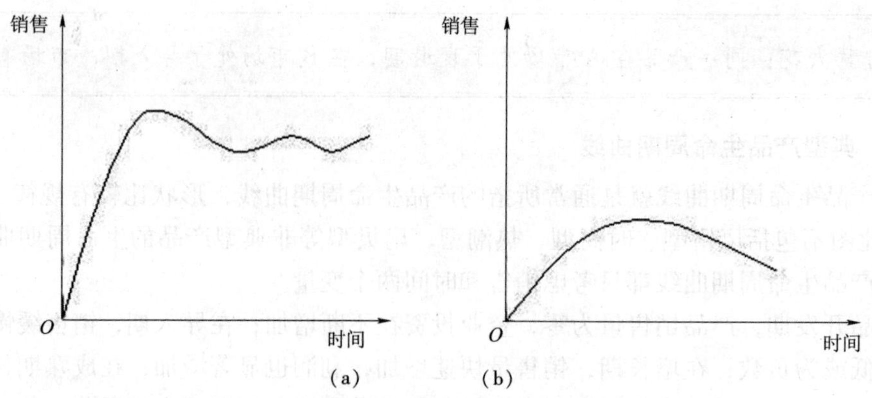

图 6-4 风格型、时尚型产品生命周期曲线

（a）风格型产品生命周期曲线；（b）时尚型产品生命周期曲线

3. 热潮型产品生命周期曲线

热潮是一种来势凶猛并且很快就能吸引大众注意的消费潮流。热潮型产品的生命周期往往快速增长又快速衰退，主要是因为它只是满足消费者一时的好奇心理，所吸引的消费者仅限于少数寻求刺激、标新立异的人，不能持续满足一般消费者的需求，通常无法维持销售量（额）的高峰。

4. 扇贝型产品生命周期曲线

扇贝型产品生命周期主要指产品生命周期不断地延伸，这往往是因为产品不断创新、不时发现产品新用途、产品季节性较强等。

热潮型、扇贝型这两种特殊产品的生命周期曲线，如图 6-5 所示。

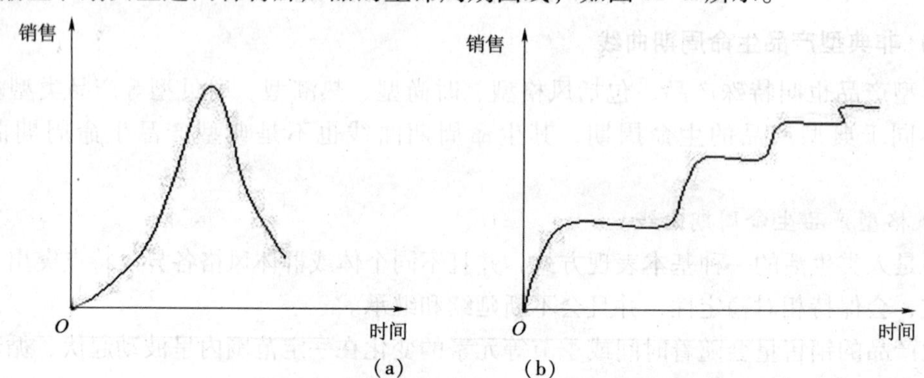

图 6-5 热潮型、扇贝型产品生命周期曲线

（a）热潮型产品生命周期曲线；（b）扇贝型产品生命周期曲线

（五）产品生命周期理论的作用及局限

1. 产品生命周期理论的作用

企业通过认真研究和运用产品生命周期理论，可以采取有效的措施延长产品的市场生命周期，赚取足够的利润，以补偿为推广产品所付出的一切努力和遭受的一切风险，增强企业竞争力，提高企业经济效益。

营销人员运用产品生命周期理论工具，能够判断产品处于生命周期的哪个阶段，推测产品的发展趋势，准确把握产品的市场寿命，还可根据各阶段特点，确定切实可行的产品营销策略。

2. 产品生命周期理论的局限

产品生命周期各阶段起止点的划分不易确定统一标准，并非所有产品生命周期曲线的形状都是标准的，比如，非典型产品生命周期曲线形状就不太规范。

产品生命周期曲线只考虑销售和时间的二元关系，并未涉及成本、价格等其他影响销售的动态指标，容易盲目地过早将拥有市场剩余价值的余热产品剔出产品线。如果企业采用合适的改进策略，衰退期产品也非常有可能再创新一轮的生命周期循环。

营销智慧火花：营销人的职业信念就是把接受别人的拒绝看作一种职业常态。

二、产品营销策略

产品营销策略由于产品所处生命周期的阶段不同而大不相同，对于处在不同阶段的产品而言，企业采取的产品营销策略各异。

（一）导入期的产品营销策略

导入期的产品营销策略主要集中在产品价格、产品促销两个方面，一般有四种可供选择的产品价格与促销组合策略。

1. 快速撇脂营销策略

快速撇脂营销策略亦称双高营销策略，即高价格、高促销，其目的在于面对潜在竞争者，先声夺人、抢占市场，快速建立品牌形象，在采取高定价的同时，配备大规模的促销活动进行造势，把新产品迅速推进市场，力争在竞争到来之前就收回成本，获取利润。

采用该营销策略的条件有：产品的潜在市场需求量大，品质较高、功效奇特、不可替代性强，对消费者有较强的亲和力。

2. 慢速撇脂营销策略

慢速撇脂营销策略也称缓慢掠取策略。这种策略的特点是高价格、低促销，可使企业单位产品的利润增加。采用高价格的目的在于及时收回投资，获取利润；开展少量的促销活动可以减少销售成本。

适合这种营销策略的产品条件是：产品市场规模较小、市场比较稳定、竞争威胁不大，多数潜在消费者已经熟悉该产品、对产品价格不太敏感、愿出高价购买，产品生产和经营的门槛较高，不利于一般企业参与竞争。

3. 快速渗透营销策略

快速渗透策略的特点是以低价格、高促销的方式推出新产品。在采用低价格的同时进行促销，目的是把产品迅速打入市场，给企业带来最高的市场渗透率和市场占有率，有效遏制竞争者进入市场。

该策略的市场环境适应性比较强，在产品的市场容量很大，潜在消费者对其不了解但对其价格十分敏感，产品易被仿制、潜在竞争比较激烈，产品的单位制造成本会随生产规模和销量的扩大而迅速下降的情况下都可采用。

4. 慢速渗透营销策略

慢速渗透营销策略亦称双低营销策略，即低价格、低促销，企业以低价格和低促销成本推出新产品，其价格弹性较大、促销弹性较小。低价格是为了促使消费者迅速接受新产品；低促销是为了降低成本而实现更多净利，以弥补低价格造成的低利润甚至亏损。

适合这种营销策略的市场环境是：产品的市场容量大；消费者对企业产品有所了解，对价格十分敏感；有相当数量的潜在竞争者准备加入竞争行列。

> 营销智慧火花：针对产品营销策略而言，没有无理的要求，只有不够的服务。

（二）增长期产品营销策略

在增长期，企业应把营销重点放在扩大市场份额上，尽可能拉长产品增长期，延长获取最大利润的时间，以便能最大限度地提高产品销售量或市场占有率。

1. 产品策略

在增长期内，产品策略的重点是改进和提升产品品质、提高产品竞争力。比如增加新款产品，创立产品新型号，增加产品新功能，开发产品新用途等，改进产品质量，扩大生产批量，满足消费者更广泛的需求，延长产品增长期。

2. 价格策略

在增长期内，产品价格策略的重点就是采用降价策略，以此吸引消费者、打击竞争者。随着批量生产规模的扩大，产品的成本会逐步降低，企业适时降低产品价格，能使对价格比较敏感的消费者产生购买动机、发生购买行为。企业利润即使减少也是暂时的，随着市场份额的增加，企业的长期利润会持续上升。

3. 渠道策略

在增长期内，渠道策略的重点是开拓新渠道，提高市场占有率。通过对产品特性、产品分销渠道、产品市场的评价，这个阶段企业可以增加新的分销渠道、升级原有分销渠道，增设营销网点和经销代理机构等，增强渠道功效，开拓新市场，稳固企业产品在分销渠道中的地位。

4. 促销策略

在增长期内，促销策略的重点是宣传产品特色、树立产品形象。为了在产品市场上形成消费者的品牌偏好和信任度，企业重点突出产品的特色，在商标、包装、款式、规格等多方面进行改进和革新，以吸引新的消费者，提高产品在市场中的形象、在社会中的声誉。

> 营销智慧火花：顾客若能到我们的店里来，我们就能走进顾客的心里去。

（三）成熟期产品营销策略

成熟期产品的销售量经历了从缓慢增长、逐步达到最高峰、稳定到开始缓慢下降的过程，其间销售增长率和销售利润率逐步下降，甚至出现负增长。企业确定成熟期产品营销策略的主要原则是尽力延长成熟期，应系统分析和修正产品策略、市场策略、营销组合策略。

1. 产品改进策略

产品改进策略侧重于产品特性的改进，成熟期的产品技术成熟，拥有较大的自由度来提高产品性能，突出产品的耐用性、实用性、便利性、安全性，提升产品的吸引力，为消费者提供新的附加值。式样的改进主要根据美学欣赏观念而进行款式和外观等元素的改变，突出个性，增强产品美感。服务的改进侧重于提供良好的售前、售中、售后服务。成熟期产品趋于同质化，服务是竞争根本。

2. 市场调整策略

市场调整策略重点在于发现产品新市场。通过市场细分，寻找未被开发的新市场，挖掘潜在的、曾被忽略的消费者群体市场，把产品引入其中，使产品不断拥有新的购买者、消费者，保持和扩大产品的市场份额，增加产品的销售量。

通过宣传推广，刺激已有消费者的购买量，增加现有产品的销售量。另外，既可以通过调整市场结构，促使产品打入新的市场领域，吸引竞争者产品的现有消费者，扩大市场份额，也可以重新为产品定位，寻求新买主。

3. 组合优化策略

产品进入成熟期后，内外环境都发生了变化，市场营销组合需要做出相应的调整和优化，延长产品成熟期。根据产品在成熟期的特点，企业通过调整营销组合中的某一元素或多个元素，促成营销组合的动态优化：其一，通过适时转换设计理念，完成产品转型，改变产品用途，扩展产品的销售面；其二，通过降低产品价格吸引消费者，提升竞争力；其三，通过扩展产品销售渠道增加产品销售量；其四，通过采用进攻性促销手段，扩大产品的认可度和知名度。

营销智慧火花：世上没有卖不出去的货，只有卖不出货的人。

（四）衰退期产品营销策略

企业处理衰退期产品不能简单地一弃了之，也不能“依依不舍”，要有一套识别疲软产品的方法和制度，定期检查产品的销售量、市场份额、成本、利润走势，研究产品在市场中的真实地位，锁定衰退期产品，以便及时决策。

1. 维持策略

维持策略，即继续保持在原有市场的产品营销策略。产品步入衰退期后，很多竞争者纷纷退出市场，因此该产品在市场上尚有一定的需求空间，有条件的企业可以适当维持一定规模的产品生产和销售，在目标市场、价格、渠道、促销等方面维持现状，遇到恰当时机再退出。

维持衰退期产品的生产和销售，代价高昂，经营业已衰退的产品对企业成本、销量、利润等指标影响巨大，企业对是否采取维持策略要慎重决策。

2. 缩减策略

缩减策略，即企业在原来目标市场上，根据市场变动情况适时缩减产品生产和营销规模，有利于缩短产品退出市场的时间，把所有营销力量和有限的企业资源都集中到最有利的一个或几个细分市场上，缩短战线，利用剩余的生产能力，在保证获得边际利润的前提下，有限地生产一定数量的产品，满足市场上少部分消费者的需求，从最有利的市场和渠道中获取剩余利润。

另外，企业应该大幅降低营销费用及其他开支，精简营销人员，增加企业利润。

3. 撤退策略

撤退策略，即企业有计划、有步骤地把处于衰退期的产品撤出市场。当产品的售价和销量急转直下之时，企业应当立即停止产品的生产和销售。对于某些退出障碍较高的产品可采取逐步放弃的方式，使资源逐步转向其他产品；对于生产工艺、设备等残余资源，可以转让给异地企业，因产品于异地未必处在衰退期；适量保留存货，以便为老顾客提供保修等收尾服务，企业不能轻易将老顾客推给竞争对手；放弃衰退期产品不能影响正处于导入期、增长期、成熟期的其他产品的形象和企业声誉。

4. 开发策略

企业在决定放弃衰退期产品时，应该考虑定位新的目标市场，开发新产品，满足消费者需求。企业应该注意，有的衰退期产品拥有再生潜力，通过开发新用途或新功能，又会重新进入新一轮的产品生命循环周期。

> 营销智慧火花：营销不是兜售产品或服务，而是艺术性地创造消费者价值。

第六节　产品品牌策略

品牌是一种资产，能够增加或减少企业所销售产品或服务的价值，主要包括品牌忠诚度、品牌认知度、品牌感知、品牌联想，以及其他专有资产，比如商标、专利、渠道关系等。这些资产通过多种方式向消费者和企业提供价值。

以品牌为媒介，在产品的品牌所有者与品牌消费者之间，会产生不同心灵间的共同反应，于是形成品牌共鸣，其实质体现了消费者与品牌之间的一种心理感应，进而能够增强消费者对品牌的认同和依赖，使企业产品获得较高的品牌忠诚度。

一、品牌定义

品牌是一种产品名称、术语、标记、符号、图案及其组合，以此识别企业的产品或服务，是企业组织提供有形产品或无形服务的综合表现，是企业所有无形资产的总和，其目的是辨认企业组织的产品或服务，并使之同竞争对手的产品或服务区别开来。品牌展示的是一种识别标志、一种精神象征、一种价值理念。

二、品牌要素

品牌构成三要素包括品牌名称、品牌标识、品牌商标。

品牌名称是指品牌中可以读出声音的部分，如文字、字母、数字等及其组合等，比如，娃哈哈、海底捞、555 香烟、TCL 等。

品牌标识，是指品牌中不可以发声的部分，如符号、图案、色彩、字体等比如耐克品牌“一个勾”的造型，小天鹅品牌的天鹅造型，IBM 的字体和深蓝色的标准色等。

品牌商标是识别厂家产品或服务、商家商品或服务的标志。符号（Registered Trademark）表示某个商标经过注册，受法律保护。字母组合™（TradeMark）表示某个标识已经成为商标。

三、品牌特性

产品品牌主要有排他性、无形性、表象性、扩张性、价值性、风险性六大特性。

（一）品牌的排他性

品牌拥有者经过法律程序认定后，享有品牌的专有权，有权要求其他企业或个人不得仿冒或伪造。当消费者在同类产品中选购某品牌时，则意味着对其他品牌的放弃。品牌是用以区分和识别生产商产品及服务或经销商商品及服务的。

（二）品牌的无形性

品牌作为企业的无形资产，不具有实体，不占有空间，无形品牌与有形产品结合，树立企业及其产品形象。品牌可以作为商品进行交易，使企业的无形资产增值。无形的品牌可以有形量化，将品牌转化成股份，以入股的形式组建企业。

（三）品牌的表象性

品牌的目的是让消费者通过一个易记的形式记住某一产品及其企业，所以需要通过一系列的物质载体来物化自己，使品牌有形化。品牌的表象性通过各种载体来表现，直接载体主要有文字、图案和符号，间接载体有产品质量与服务、知名度、美誉度、市场占有率等。

（四）品牌的扩张性

品牌具有识别功能，代表一种产品、一个企业，企业可以利用这一优点展示品牌对市场的开拓能力，还可以帮助企业利用品牌资本进行扩张。

（五）品牌的价值性

品牌拥有者可以凭借品牌的优势不断获取利益，可以利用品牌的市场开拓力和扩张力，被特许经营者、连锁加盟者有偿使用，因此品牌具有价值性，在使用中增值，并且可以作为商品在市场上进行交易，为消费者传递信息、创造价值。

（六）品牌的风险性

品牌创立后，在成长的过程中，由于市场不断变化、需求不断提高，企业的品牌资产可能累加，也可能萎缩，对品牌效益的评估也存在不确定性。企业产品和服务质量不过关，品牌资本盲目扩张而运作不佳，可能导致品牌萎缩，甚至某一品牌在竞争中退出市场。

> 营销智慧火花：品牌不仅是一种识别标识，还是一种价值体现，更是一种精神象征。

四、品牌种类

依据九种不同的划分标准，把品牌分成多种类别。

（一）根据品牌辐射区域划分

根据品牌的辐射区域不同，可以将品牌分为地区品牌、国内品牌、国际品牌。

地区品牌指在一个较小的区域内生产和销售、辐射范围不大的品牌，主要受产品特性、地理条件、文化特征等元素影响。

国内品牌指国内知名度较高，在全国范围内生产和销售的产品，产品影响面辐射全国的品牌。

国际品牌指在国际市场上有较高的知名度、美誉度，产品辐射力覆盖全球的品牌，例如苹果、可口可乐、麦当劳、奔驰、微软等。

（二）根据品牌主人归属划分

根据品牌的渠道成员归属不同，可将品牌分为生产商品牌、零售商品牌。

生产商品牌是指生产商为自己生产制造的产品而设计的品牌，比如联想、海尔、TCL 等。

零售商品牌是指大型零售企业拥有的且通过特定零售渠道所经营的品牌。由于零售商不再使用生产商品牌，故零售商品牌也称自有品牌。在国外，零售商品牌已有几十年的发展历史，欧美的大型超市、连锁店、百货店几乎都出售标其自有品牌的商品，比如沃尔玛、家乐福等零售商品牌多集中在服装、日用品和食品等商品上。

（三）根据品牌来源方式划分

依据品牌的来源不同将品牌划分为自有品牌、外来品牌、嫁接品牌。

自有品牌是国内企业依据自身需要创立的品牌，如全聚德、同仁堂等。

外来品牌是指企业通过特许经营、兼并、收购或其他形式从国外获得的品牌。比如，联想收购 IBM 包括 ThinkPad 品牌在内的全球个人电脑事业部。

嫁接品牌是指与国外企业通过合资方式、合作方式形成的带有双方品牌的新产品，例如，琴岛（青岛）－利勃海尔（德国）、美菱（合肥）－阿里斯顿（意大利）。

（四）根据品牌生命周期划分

根据品牌生命周期长短不同，可以将品牌分为短期品牌、长期品牌。

短期品牌指品牌生命周期持续时间较短，由于某种原因在市场竞争中昙花一现或稍纵即逝的品牌。

长期品牌指品牌生命周期随着产品生命周期的更替，仍能经久不衰的品牌，比如全聚德、王老吉等中华老字号。

中华老字号指在长期的生产经营活动中，沿袭和继承了中华民族优秀的文化传统，具有鲜明的地域文化特征和历史痕迹，具有工艺独特和特色经营的产品、技艺、服务等，或得到了社会的广泛认同，赢得了良好商业信誉的企业名称和老字号品牌。

（五）根据品牌营销界限划分

依据产品品牌是针对国内市场还是国际市场，可以将品牌分为内销品牌和外销品牌。

其一，由于世界各国在法律、文化、科技等宏观环境方面存在巨大差异，一种产品在不同的国家市场上有不同的品牌，在国内市场上也有单独的品牌。

其二，品牌划分为内销品牌和外销品牌对企业形象整体传播不利，但由于历史、文化等原因，不得不采用，而对于新的品牌命名应考虑到国际化的影响。

营销智慧火花：现代企业及其营销人员打造一个商标、带动一个品牌、拉动一方经济。

（六）根据品牌所属行业划分

根据品牌产品的所属行业不同，可将品牌分为食品饮料业品牌、服装鞋帽业品牌、日用化工业品牌、家居家电业品牌、理财保险业品牌、旅游娱乐业品牌、医疗保健业品牌、化妆美容业品牌、运动休闲业品牌、电子通信业品牌、网络信息业品牌、汽车房产业品牌、机械制造业品牌等类别。

（七）根据品牌原创性与延伸性划分

根据品牌的原创性与延伸性不同，可划分为主品牌、副品牌、副副品牌，如“海尔”主品牌现在有海尔冰箱、海尔彩电、海尔空调、海尔洗衣机，洗衣机的副品牌有海尔小神童、海尔节能王等。另外也可将品牌分成母品牌和子品牌，比如，海飞丝、飘柔、潘婷洗发水品牌就是母品牌“宝洁”的子品牌。

（八）根据品牌本体特征划分

根据品牌的本体特征不同，可将品牌划分为个人品牌、企业品牌、城市品牌、国家品牌、国际品牌等。如乔吉拉德、乔布斯、比尔·盖茨等属于个人品牌；购物天堂、西子湖畔等分别属于香港、杭州的地区（城市）品牌，金字塔、万里长城、埃菲尔铁塔、自由女神像等属于国家品牌，联合国、奥运会、国际红十字会等属于国际品牌。

（九）根据品牌层次划分

品牌可以分为四层：企业品牌、家族品牌、单一品牌、品牌修饰。以“通用别克”汽车系列为例，“通用”是企业品牌，“别克”是家族品牌，“君威、赛欧、荣御”是单一品牌，“G2.0、GS2.5”是品牌修饰。

> 营销智慧火花：企业家塑造品牌回馈社会，经营者有所为有所不为，生意人唯利是图。

五、品牌维护

品牌维护涉及三项内容，即保护品牌免遭侵害、创新预防品牌老化、妥善处理品牌危机。

（一）保护品牌免遭侵害

品牌蕴含着巨大利益，很多企业对之虎视眈眈，想尽办法从中谋利，如抢注、仿冒品牌商标，生产假冒品牌产品等，破坏了正宗品牌声誉。因此，创出品牌的企业必须高度重视品牌维护，注意运用法律武器和其他手段保护品牌免遭侵害。

企业要有商标注册意识，产品出口的企业还应及时到国外注册商标。过去，外国企业抢注中国品牌商标的事件屡屡发生，如“同仁堂”曾在日本被抢注，“竹叶青”曾在韩国被抢注等，给企业造成巨大经济损失，也严重损害了企业的品牌形象。

企业可通过使用优质原材料、尖端设备等保证产品质量，再附以个性鲜明的防伪包装，让假冒伪劣产品无法仿冒正品，用高科技保护品牌，保护消费者利益。

（二）创新预防品牌老化

任何品牌如不经常进行维护、注入新元素，很容易老化，进而被消费者遗忘。从消费者角度讲，品牌老化的前兆表现为提起这个品牌人人都听说过，但买的时候却想不起它。高知名度和低认可度是老化品牌在市场上最为突出的表现。

为了应对品牌老化现象，企业应该适应社会环境和价值取向的变化，及时调整宣传方式，做好产品开发与创新工作，针对消费者需求，长期进行自我宣传与公关，防微杜渐，将品牌价值深植于消费者心中；防止品牌流失，杜绝假冒伪劣产品的滋生，强化品牌意识，品牌建设不急功近利、品牌竞争不过度依赖价格战；确保产品质量，确保品牌个性鲜明。

（三）妥善处理品牌危机

企业危机是指企业在经营过程中出现的可能危及企业形象和生存的事件，比如财务危机、产品质量声誉危机等，它会使企业组织利益和声誉受到重大损失，可能对企业品牌造成极大的伤害。企业要妥善处理危机事件，维护本企业良好的品牌形象。

六、品牌管理流程

品牌是企业的无形资产，需要严谨而科学的管理，提升企业形象及产品的品牌度。在企业构建和打造品牌的过程中，要全面掌控八个关键环节。

企业在制订品牌战略目标的基础上，进行市场环境分析和市场竞争状况分析，随后对企业品牌定位进行精准策划，在此基础上开启品牌推广策划，进而通过品牌推广活动落实品牌推广策划方案。

品牌塑造过程需要多个品牌推广活动的累积和增值，实时对企业品牌建设进行过程监管，在成功塑造企业品牌之后，更应注重在品牌成长过程中的不同阶段对企业品牌进行维护管理和再造。图 6－6 即为品牌管理流程。

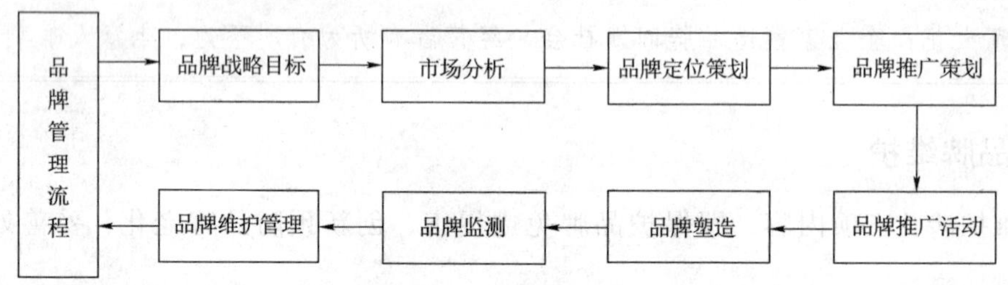

图 6－6　品牌管理流程

七、产品商标

产品商标与产品品牌的不同在于，商标主要体现的是法律范畴的概念，品牌主要体现的是产品市场领域的概念。

（一）商标的概念

商标是品牌的构成要素，是生产商或制造商在其生产、制造、加工、拣选产品，以及经销商在销售商品、提供服务的过程中采用的，以区别于其他产品、商品或服务，具有显著特征的一种标志。商标一般由文字、图形、字母、数字、三维标志、颜色等，以及这些要素的组合构成。经由国家核准注册的商标为注册商标，受到法律保护，商标注册人享有商标专用权。

（二）商标与品牌的联系与区别

商标与品牌不能等同，二者既有联系，又有区别。

1. 商标是品牌的构成要素

品牌与商标都是用以识别不同生产经营者的不同种类、不同品质产品的商业名称及其标志。商标是品牌的构成要素，是一种标志或标记，也包括名称或称谓部分。在品牌注册形成商标的过程中，这两部分常常一起注册，共同受到法律的保护。

在企业的营销实践中，品牌与商标都用于区别产品或商品的来源，便于消费者识别，以利于竞争。品牌与商标都是传播的基本元素。

2. 商标是法律概念，品牌是市场概念

商标强调对生产经营者合法权益的保护，注册商标能够得到法律保护，而未经过注册获得商标不受法律保护。品牌强调企业与顾客在市场中形成的关系及其维系与发展的状态，品牌既包含有形的标识、标记、名称等内容，也包含产品的声誉、生产者的承诺、消费者的认知等，是企业的无形资产。

3. 商标是商务合约的授权元素

商务合约的授权元素包括特许经营和连锁加盟两个元素。

（1）特许经营。特许经营是指通过签订合同，特许人将有权授予他人使用的商标、商号、经营模式等经营资源，授予被特许人使用，被特许人按照合同约定在统一经营体系下从事经营活动，并向特许人支付经营费用的一种商业经营模式。

特许经营的特征之一就是特许人将允许被特许人使用自己的商号和（或）商标和（或）服务标记、经营诀窍、商业技术和方法、知识产权等。

（2）连锁加盟。连锁加盟是指主导企业把自己开发的产品或服务的营业系统，包括商标和商号等企业形象、经营技术，营业场合和区域以营业合同的形式，授予加盟店在规定区域内拥有经销权或营业权，授权加盟主可用加盟总部的形象、品牌、声誉等，在市场上招揽消费者前往消费。加盟总部则可因不同的加盟性质而向加盟主收取加盟金、保证金及权利金等。

> 营销智慧火花：商标是产品品牌的符号化标记，也是产品向商品转化的过渡标志。

（三）商标的分类

商标根据两种划分标准进行分类，一是注册与否；二是认定等级分类。

1. 根据注册与否分类

根据注册与否，商标总体上可分为注册商标和未注册商标两种。

（1）注册商标。注册商标是指经商标局核准注册的商标，包括商品商标、服务商标、集体商标、证明商标。

商品商标指商品的生产者或经营者为了将自己生产或经营的商品与他人生产或经营的商品区别开来，而使用的文字、图形或其组合标志。商品商标是具有某种含义或无任何意义的文字、图形或其组合。

服务商标又称为服务标记或劳务标志，是指提供服务的经营者为将自己提供的服务与他人提供的服务相区别而使用的标志。与商品商标一样，服务商标可以由文字、图形、字母、数字、三维标志、声音和颜色以及上述要素的组合而构成。

集体商标指以团体、协会或者其他组织名义注册，专供该组织成员在商事活动中使用，以表明使用者在该组织中的成员资格的标志。在有些国家，也可能由一些企业的联合会作为代表去注册，有时由领导这些企业的政府机关代行注册。集体商标的作用是向用户表明使用该商标的企业具有的共同特点。

证明商标是指由对某种商品或者服务具有监督能力的组织进行控制，而由该组织以外的单位或个人在其商品或者服务中使用，用以证明该商品或者服务的原产地、原料、制造方法、质量或者其他特定品质的标志，有效期为10年。

（2）未注册商标。未注册商标指商标使用者未向国家商标主管机关提出注册申请，自行在商品或服务上使用的文字、图形或其组合标记。未注册商标不享有商标的专用权，不受国家法律保护。使用未注册商标不得在相同或类似商品和服务上与他人已注册商标相同或近似。

未注册商标只要符合《中华人民共和国商标法》（简称《商标法》）关于驰名商标认定的标准，也可以被有关主管机关认定为驰名商标给予保护，但是未注册的驰名商标的保护范围小于注册的驰名商标。

商标权作为一项民事权利，除了在《中华人民共和国民法典》中进行原则性的规定外，主要体现在《中华人民共和国反不正当竞争法》（简称《反不正当竞争法》）和《商标法》中，同时在其他法律法规中也有相应体现。

> 营销智慧火花：商标注册以“法”为尺，品牌发展以“信”为度。

2. 根据认定等级分类

根据商标认定等级主要划分为三类：驰名商标、著名商标、知名商标，三者之间存在许多不同之处，一是认定机构不同，二是认定标准不同，三是对商标是否注册的要求不同。

三类商标之间可以相互转化，因为每一个商标的声誉和知名度都是随着时间的推移或商标使用人使用情况的变化而不断变化的，知名商标、著名商标可以逐步演化成驰名商标，而驰名商标也有可能降级为著名商标、知名商标，甚至普通商标。

（1）驰名商标。对其最早的表述出现于1883年签订的《保护工业产权巴黎公约》，我国于1985年加入该公约，依据本公约的规定对驰名商标给予特殊的法律保护。

中国驰名商标是指在中国国内为公众广为知晓，并享有较高声誉的商标。驰名商标可能是注册商标，也可能是未注册商标。

中国驰名商标的认定途径：一是通过商标局认定；二是通过商标评审委员会认定；三是通过人民法院认定。

2019年4月23日第十三届全国人大常委会第十次会议表决通过了《关于修改〈中华人民共和国建筑法〉等八部法律的决定》，明确了“生产、经营者不得将‘驰名商标’字样用于商品、产品包装或者容器上，或者用于广告宣传、展览，以及其他商业活动中”。

（2）著名商标。著名商标由省级工商部门进行认定，至少要为本省相关公众所知悉。

省内的市、县级企业都可申请著名商标，但著名商标则必须是注册商标。

著名商标转让必须经过批准、备案，并且随其转让，著名商标资格自动丧失，需要重新认定。著名商标申请不需缴纳费用，到期未申请延续将被注销。

通过开展著名商标认定活动，引导企业提高品牌建设意识，向品牌经营的方向努力。品牌不只是注册一件商标，而是通过商标的市场运作，形成较高的市场附加值、社会效益、文化影响力，被消费者认知，具有市场知名度，使企业立志走品牌经营之路。

（3）知名商标。该商标一般是指在本地（市）范围内商标所有人拥有的，由地、市级工商部门进行认定。在市场上被地、市相关公众所熟知的注册商标，有知名度、享有较高声誉，是对某些商标的一种赞誉，多在我国地、市、县一级名誉商标评选中使用，并常在地方立法或地方行政立法中出现。

营销智慧火花：商标是法律概念，品牌是市场概念。

八、品牌策略

在运用品牌推动企业营销工作的过程中，企业必须进行相应的策略选择与组合，决定采取什么样的品牌策略。在这个过程中，企业要进行品牌有无策略、品牌选择策略、品牌差异策略、品牌定量策略、品牌定位策略、品牌调定策略等。

（一）品牌有无策略

品牌有无决策具体包括使用品牌和不使用品牌两种策略。品牌对企业有很多好处，但建立品牌的成本和责任不容忽视，不是所有的产品都要使用品牌。如，市场上很难区分的原料产品、土特产，消费者不是凭借产品品牌决定购买的产品，可不使用品牌。

1. 有品牌策略

有品牌策略亦称使用品牌策略，是指企业为其产品创建品牌，相应地设计出品牌名称、品牌标志，以及向相关部门进行注册登记等。有品牌策略给企业带来的益处是：可以吸引消费者，经销商更方便经营，有助于消费者识别质量差别。

品牌名称可使企业较容易处理订单并发现问题，为产品的特性提供法律保护；有利于企业细分市场；有助于建立企业形象，使企业更容易推出新品牌；容易获得中间商和消费者的信任和接受。

2. 无品牌策略

无品牌策略即指有些企业在产品生产经营过程中，不使用任何品牌，对其产品不设计品牌名称、品牌标识，不登记注册，实行非品牌化生产和经营，目的是节省广告、包装、标贴等费用，降低成本，扩大销售。

（1）无品牌策略比较适合的产品。一是原料产品，企业未对其加工，所发挥的作用仅仅是采掘或运输，产品质量主要取决于原产地，如石油、煤、铁矿石等。二是农副产品，如蔬菜、水果、肉类等，因其生产简单、价格低廉，大多属于临时性或一次性生产和销售，消费者习惯上不考虑品牌差异。三是日常用品，因其不需要太高的品质，只要比同类产品售价低一些，就能形成竞争优势。

（2）无品牌策略的具体经营方式。一是定牌加工，亦称贴牌生产、代工生产、委托加工等。虽称谓各异，但其本质都是拥有优势品牌的企业为了降低成本、缩短运距、抢占市场，委托其他企业进行加工生产，并为其提供设计参数和技术支持，确保产品质量、规格、型号等指标符合要求。被委托方所生产的产品贴上委托方的商标出售。二是中性包装，这是指商品和内外包装上均无生产国别和生产厂商名称。三是无品牌无商标产品，我国处在计划经济时期时，多数企业生产的产品是此类产品。现在无品牌的产品有可能被指控为假冒其他企业品牌的产品。

（3）无品牌策略国内外经营现况。一是我国一些实力较弱的中小型生产商，若知己知彼，采取无品牌策略，以退为进，不失为其立足市场、以求生存和发展的良策。但现如今无品牌产品已经越来越少，果蔬、米类、肉制品等过去从不用品牌的产品，现在也冠以品牌出售获取品牌化收益。二是美国有的大型零售商近年来相继推出了无品牌商品大宗销售模式，要求消费者成打、成箱购物，价格相当低廉，商品十分畅销。

营销智慧火花：人在商海无信易败，企业无商标难抑衰。

（二）品牌选择策略

如果企业决定使用品牌进行生产和经营，生产商、批发商、零售商都面临选择使用品牌策略的问题。从开发主体和所有权角度，生产商、批发商、零售商都有自主品牌；从不使用生产商品牌角度而言，批发商和零售商都可使用自有品牌。

1. 生产商选择使用品牌策略

生产商选用品牌策略主要包括生产商选用本企业品牌策略、生产商选用经销商品牌策略。

（1）生产商选用本企业品牌策略。多数生产商或制造商更愿意使用企业自主品牌，因为这是企业的一种资源，生产商虽然更愿意在经营过程中积累自身的这种资源。一些享有盛誉的生产商还将其商标租借给其他中小型生产商，从中收取一定的特许使用费。

（2）生产商选用经销商品牌策略。生产商将产品出售给经销商（包括批发商和零售商），由经销商选用其自有品牌，把商品销售出去。实力弱、知名度低的生产商通常选用经销商品牌，选用该策略的情形有三种：生产商把自己产品推到一个新市场；生产商的影响力远不及经销商；生产商品牌的价值比较小，设计与制作、广告与注册等费用比较高。该策略的优点是生产商可以借助经销商的品牌优势大批出货；缺点是容易造成自身与消费者联系的阻隔，不利于确立自身的形象。

2. 批发商选用自有品牌策略

批发商不仅从事产品的买卖，还根据市场需求来选择、设计、开发产品，通过向其他企业定制等形式获得产品，并在产品上使用自有品牌，将产品销售给其他经销商，比如二级批发商或零售商，增强了对价格、供货时间等方面的控制能力。

批发商品牌发展较快，影响力也越来越大。有许多强势的批发商也使用自有品牌，增强对价格、供货时间等方面的控制能力。

美国耐克公司并不生产产品，它主要负责产品的研发设计、市场推广等，而将产品制造、分销、零售业务外包，在全球选择最适合的制造商为其制造产品，通过二级批发商、零售商，耐克品牌商品便送达消费者终端。故此，耐克公司是一家典型的批发商，耐克即为批发商品牌。

3. 零售商选用自有品牌策略

零售商选用自有品牌策略，即指零售商为了突出自身形象，维持竞争地位，充分利用自有的无形资产和竞争优势而采取的一种品牌策略。该策略有两种经营模式。一是零售商根据消费者需求信息，自行设计和开发产品，委托其他企业生产，采用自有品牌把这类代加工产品推向市场。这种商家与厂家的联合是一种松散的协作关系，双方互惠互利，但存在一定经营风险。二是零售商自建生产基地投资办厂，生产自己设计开发的产品，产销环节协作关系紧密，共同利益公约数大，稳定性较强，经营费用低，但零售商要有相当的规模和经济实力。

美国零售巨头沃尔玛拥有两万个供货商，其中包括五百个大型制造商，它们根据沃尔玛公司设计的产品造型、装潢、质量要求等进行生产，产品印上沃尔玛的自有品牌进行销售。西方国家许多享有盛誉的百货公司、超级市场等使用自有品牌，零售商品牌是商业竞争发展到一定阶段的产物。

4. 中间商之间品牌竞争策略

在现代市场经济条件下，中间商（比如生产商）和经销商之间的品牌竞争，本质上是制造商与经销商之间实力的较量。在生产商具有良好的市场声誉、拥有较大市场份额的条件下，应多使用生产商品牌，无力经营自己品牌的经销商只能接受生产商的品牌。

相反，当经销商品牌在某一市场领域中拥有良好的品牌信誉及庞大、完善的销售体系时，使用经销商品牌是有利的。因此，在进行品牌选用策略时，要结合具体情况，以求客观决策。

营销智慧火花：市场是海，质量是船，品牌是帆。

（三）品牌差异策略

应从产品和产品种类两个层面理解品牌差异策略。如果企业决定其大部分或全部产品使用自己的品牌，还要进一步决定其不同产品使用不同的品牌，还是不同产品类别使用不同品牌。

1. 不同产品不同品牌策略

不同产品不同品牌策略亦称个别品牌策略，是指企业对各种不同的产品分别使用不同的品牌，为每种产品寻求不同的市场定位，以此对抗竞争者，这有利于增加销售额、分散风险。宝洁公司洗衣粉的品牌是汰渍、碧浪，肥皂的品牌是舒肤佳，牙膏的品牌是佳洁士。不同产品采用不同品牌名称，可使各种产品各显特色。

本策略的优点是可以把个别产品的成败与企业整体声誉分开，不至于因个别产品表现不佳而影响其他产品，不会对企业整体形象造成不良后果。本策略的缺点是企业的广告费用开支较大，解决办法是先做大企业品牌，以企业品牌带动产品品牌。

2. 不同品类不同品牌策略

企业对同一产品线下的所有产品使用相同的品牌，对不同产品线使用各自不同的家族品牌为其产品成员集中命名，即不同品类的产品分别采用不同的品牌名称。

企业使用这种策略的目的是区分不同大类产品，以便在不同大类产品领域中树立各自的品牌形象，比如，海尔集团推出了“探路者”彩电、“大力神”冷柜、“小王子”洗衣机等。如果企业经营的各类产品间差别很大，就应为各类产品分别命名，采用不同品牌策略。比如，美国零售商西尔斯公司将其家用电器、妇女服饰、家居家具等不同品类产品分别采用不同品牌。

该策略特别适合生产经营的产品种类较多的大企业，能有效防范品牌定位模糊、竞争力弱化等缺点，还能克服因品牌过多而导致的宣传成本高、管理难、合力弱等不足。

（四）品牌定量策略

品牌定量策略包括单品牌策略、双品牌策略、多品牌策略三种。

1. 单品牌策略

单品牌策略又称统一品牌策略，即企业的所有产品都使用同一种品牌。对于享有较高声誉的著名企业而言，单品牌策略可以充分利用其品牌效应，使所有产品借势而销路畅通，尤其是对新产品，不需要为其选择品牌，不需要为品牌的推广花费大量宣传费用，有利于新产品零阻力进入市场。

采用单品牌策略的企业必须对所有产品的质量严格控制，以此维护品牌声誉。康师傅控股公司就采用单品牌策略，康师傅方便面、康师傅矿泉水、康师傅饼干、康师傅柠檬茶，皆为单品牌产品。

企业凭借该策略利用品牌资源的协同性，将有限的财力集中于单一品牌的塑造上，有利于准确传递企业信息，塑造企业形象，壮大企业声势，培植企业核心竞争力。单品牌策略既有一荣俱荣的气场，也有一损俱损的塌方式风险，如果企业所经营的各类产品差别非常大，就不能采用单品牌策略。

2. 双品牌策略

双品牌策略是指企业在某种产品上设定一主一副两个品牌的策略。其中，主品牌涵盖企业若干产品，并给各个产品设定不同的副品牌，以副品牌来突出不同产品的个性形象，副品牌有利于烘托主品牌形象，有利于提升促销效果。

双品牌策略兼容了单品牌策略与多品牌策略的优点，企业产品在主品牌下皆能受益，品牌间的界限又清晰可见。比如，联想集团把智能电视业务进行分拆，走双品牌路线，实行双品牌策略。两个品牌覆盖两个市场，联想智能电视的传统品牌 Lenovo 产品覆盖线下渠道，其智能电视的互联网品牌 17TV 产品覆盖线上渠道，为电视用户嫁接互联网体验。

3. 多品牌策略

多品牌策略是指企业同时经营两种及以上互相竞争的品牌，由宝洁公司首创。企业采用多品牌策略的优点是：可以吸引更多不同层面的消费者，从而渗入不同市场，提高市场占有率；为每个品牌营造独立的成长空间，避免品牌集中带来的风险；有助于企业内部各产品部门间展开竞争。

其缺点是品牌宣传和管理成本比较高。企业在生产高、中、低各档产品时，为避免某种产品声誉不佳而牵连整个企业，常采用多品牌策略分散风险。当企业原有产品在社会上有负面形象时，企业在开发新产品时可采用新品牌。

营销智慧火花：品牌竞争是企业及其产品竞争的最高层次。

（五）品牌定位策略

品牌定位策略就是进行品牌定位点的开发策略。品牌定位点可以与产品定位点一致，品牌定位点的开发不限于产品本身，它源于产品，但可高于产品。品牌定位只是品牌丰富含义的一部分，可以从品牌识别的多个角度去选择定位点，如从个性角度定位，从文化特征定位，从品牌与消费者的关系定位，反映品牌对消费者的态度。

品牌定位是在综合分析目标市场与竞争情况的前提下，建立一个符合原始产品的独特品牌形象，并对品牌的整体形象进行设计、传播，从而在目标消费者心中占据一个独具价值地位的过程或行动。其着眼点是目标消费者的心理感受，途径是对品牌整体形象进行设计，实质是依据目标消费者的特征，设计产品属性并传播品牌价值，从而在目标顾客心中形成该品牌的独特位置。

（六）品牌调整策略

当市场环境发生变化，对企业某一品牌产生不利影响，市场份额遭到蚕食，消费者的喜好发生变化，使本企业品牌失去原有的中心地位时，可考虑对品牌进行调整。品牌调整策略大致可分为两种情况：一种是渐变策略，另一种是突变策略。

1. 品牌调整渐变策略

品牌调整渐变策略是指企业沿用原有品牌，但在品牌的名称、图案组成、品牌地位、品牌质量等方面逐步进行改进或合并，重新设立新品牌的一种策略。该策略使新品牌与原有品牌造型接近，随着市场的发展而逐步调整品牌，以适应消费者的心理变化。该策略一般适用于更新换代的产品，花费很少，又能保持原有商誉。

2. 品牌更新突变策略

品牌更新突变策略是指企业迅速放弃曾经使用的品牌名称或商标图案，采用重新设计的全新品牌的一种策略。这种策略标新立异，能引起消费者的注意，但需要大量的促销费用来支持新品牌的宣传推广。一般只有当企业原有品牌声誉不佳、遇到严重的品牌危机，或者有更好的品牌选择时，企业才会选择品牌更新突变策略。

（七）品牌联合策略

品牌联合是指分属不同企业的两个或更多品牌的短期或长期的联合或组合，主要表现为一种产品或服务使用多个品牌名称或标识等。品牌联合是一种重要的品牌资产共享方式，品牌联合发起方的主要动机是希望借助其他品牌来影响消费者对联合品牌产品的态度，进而增强购买意愿，并借以改善品牌形象或强化品牌特征。

1. 生产商与经销商品牌联合策略

生产商在产品销售过程中不仅使用自主品牌，而且使用经销商品牌。在具体应用过程中，有三种联合策略。

(1) 生产商品牌与经销商品牌同时使用，兼具两种品牌的优点，可以增加信誉，促进产品销售，特别是产品进入国际市场的过程中，制造商常常使用这一策略。

(2) 部分产品使用生产商品牌，另一部分使用经销商品牌。在生产商生产能力过剩的情况下，常常利用这一策略来扩大产品的销售。

(3) 先采用经销商品牌进入市场，待产品在市场上受到欢迎后改用生产商品牌。该策略用于企业进入一个新市场，以借助经销商品牌迅速开拓目标市场。

2. 生产商与生产商品牌联合策略

生产商与生产商品牌联合策略是指生产商使用其他同品类生产商品牌进行销售。一般企业出于两种目的与其他生产商混合使用品牌：一是扩大市场销售，利用其他生产商的品牌和渠道为其做代理加工；二是多个企业使用统一品牌，扩大市场竞争力。

知名企业采用该策略，可以扩大市场影响力、获得一定的利润收益；代工企业则可以充分利用生产能力，扩大销售。如联想“Lenovo”生产的个人电脑上也有英特尔生产的处理器标识“Intel Inside”。

> 营销智慧火花：凡是你忘记的事情，你的竞争对手都会记得，但他不会告诉你。

(八) 品牌借势策略

品牌借势策略主要包括四种：成功品牌延伸策略、主品牌副品牌策略、背书品牌担保策略、品牌冠名企业策略。

1. 成功品牌延伸策略

品牌延伸策略是指企业利用其品牌的声誉、知名度、市场影响力，延长产品线，推广新产品或改进旧产品，通过借势和造势，减少进入市场的风险，提升新产品的可接受性、降低促销费用的一种策略。该策略是对企业品牌资产的策略性使用，通过推出新品实现品牌资产转移、延续品牌寿命。

品牌延伸存在风险，运用该策略切勿脱离品牌主体形象，必须保持品牌的个性化特点，确保品牌产品质量，否则会对品牌形象造成损害。

2. 主品牌副品牌策略

主品牌副品牌策略是指企业以一个成功品牌为主品牌，涵盖企业系列产品，给不同产品命名副品牌，突出产品个性。

在海尔产品系列中，“海尔”作为主品牌覆盖所有产品，按产品类别不同冠以不同副品牌，如在冰箱产品中，变频冰箱包括“白马王子系列”“彩晶系列”，机械冰箱包括“超节能系列”“金统帅系列”，计算机冰箱包括“数码王子系列”和“太空王子系列”等。

主品牌副品牌策略能有效区分不同产品的功能和特点，彰显品牌特色，使产品品牌既丰富多彩，又生动活泼。其缺点是由于品牌类型较多，管理成本较高。

3. 背书品牌担保策略

背书品牌是指一个产品品牌或服务品牌背后的已经成功的支持品牌，其主要角色是用名誉和声誉向消费者保证其某些产品同样具有所承诺的优秀品质，因为背书品牌的后盾是一个名声俱佳的著名企业。背书品牌包括显性背书品牌（硬背书品牌）和隐性背书品牌（软背书品牌），背书品牌在提供担保和承诺时，可能存在殃及背书品牌的危险。

背书品牌策略对新产品更具意义，能够使消费者把新产品与企业以往产品的美誉产生联想，容易达到心理认可提高其入市成功率。五粮液集团在推出“五粮液、五粮春、五粮神、五粮醇”等系列品牌之后，陆续推出“百家宴、两湖春、金六福、浏阳河”等品牌产品，并获得良好经营业绩，其中“五粮液”属于背书品牌，“百家宴”等属于被担保品牌，企业有意识地将这一信息传递给顾客。被担保品牌既受背书品牌的支持，又受其制约，在品牌强大之后，可以脱离背书品牌的保护伞。

4. 品牌冠名企业策略

品牌冠名企业策略是指企业在每个产品的品牌名称之前冠以企业名称。企业名称是企业一笔巨大的无形资产，企业名称可以为个别品牌带来巨大价值支撑。

企业采取这种策略的好处是可以使新产品合法化、正统化，能够共享企业声誉和信誉。该策略通常首先直接为产品命名子品牌，表明其功能、价值、购买对象等，随后再给所有产品冠以一个共同的企业名称，即母品牌。

一般而言，母品牌与子品牌相互影响、相互促进。比如，三九药业的产品品牌都冠名企业品牌“999”，如999感冒灵、999皮炎平、999帕夫林、999汉莎创可贴等，该策略给企业带来的效益是有目共睹的。

综上所述，产品品牌主要有八大策略，如图6－7所示，主要包括品牌有无策略、品牌选择策略、品牌差异策略、品牌定量策略、品牌定位策略、品牌调整策略、品牌联合策略、品牌借势策略。

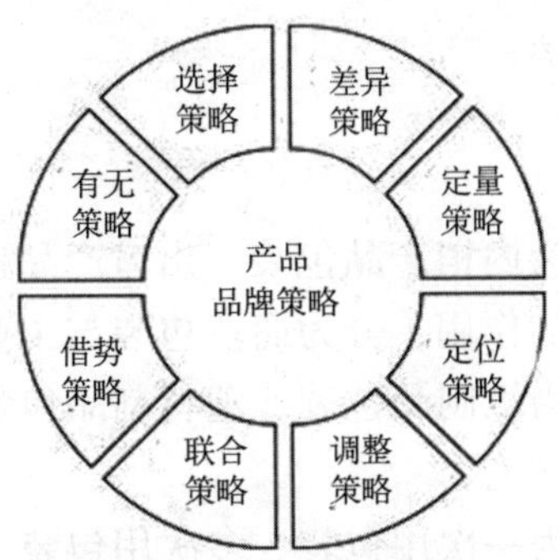

图6－7 产品品牌八大策略

第七节 产品包装策略

包装是品牌理念、产品特性、消费心理的综合反映，直接影响到消费者的购买欲，是建立产品与消费者亲和力的有力手段。

一、产品包装定义

产品包装即生产企业给产品装箱、装盒或装袋，包裹，捆扎的一系列活动，现在已经被视为一种营销手段。包装是在流通过程中为保护产品、方便储运、促进销售，按一定技术方法所使用的容器、材料和辅助物等的总体名称，也指为达到上述目的在采用容器、材料和辅助物的过程中施加一定技术方法等的操作活动。承装没有进入流通领域物品的用品不能称为包装，只能称为包裹、箱子、盒子、容器等。

二、产品包装要素

产品包装要素主要有包装对象、材料、造型、结构、防护技术、视觉传达等。一般来说，产品或商品包装应该包括商标或品牌、形状、颜色、图案、材料和标签等要素。

1. 商标

商标是包装中最主要的构成要素，应在包装整体上占据突出的位置。

2. 形状

适宜的包装形状有利于储运和陈列，也有利于产品销售。

3. 颜色

颜色是包装中最具刺激销售作用的构成元素。突出商品特性的色调组合，不仅能够加强品牌特征，而且对顾客有强烈的吸引力。

4. 图案

图案在包装中如同广告中的画面，其重要性不言而喻。

5. 材料

包装材料的选择不仅影响包装成本，而且影响产品或商品的市场竞争力。

6. 标签

在标签上一般印有包装内容和产品所包含的成分、品牌标志、产品质量等级、产品厂家、生产日期、有效期、使用方法。

三、产品包装分类

其一，按产品销售范围，分为内销产品包装、出口产品包装。

其二，按包装在流通过程中的作用，分为商业包装与工业包装。

其三，按包装制品材料，分为纸制品包装、塑料制品包装、金属包装、竹木器包装、玻璃容器包装和复合材料包装等。

其四，按包装使用次数，分为一次用包装、多次用包装、周转包装等。

其五，按包装容器的软硬程度，分为硬包装、半硬包装、软包装等。

其六，按产品种类，分为食品包装、药品包装、机电产品设备包装、危险品包装等。

其七，按功能分为运输包装、贮藏包装、销售包装等。

其八，按包装技术方法，分为有防震包装、防湿包装、防锈包装、防霉包装等。

> 营销智慧火花：包装具有商业价值和艺术价值的双重属性。

四、产品包装作用

包装作为实现产品价值和使用价值的手段，在生产、流通、销售和消费领域中，发挥着极其重要的作用。包装已成为强有力的营销手段，设计良好的包装能为消费者创造方便价值，为生产者创造促销价值。

（一）保护产品，便于储运

包装最基本的功能是保护产品或商品，便于储运。有效的包装可以起到防潮与防漏、防热与防冷、防摔与防碎、防挥发与防污染、防散落与防变形等系列保护作用。

一件产品要经过多次流转，以商品的形式走进零售场所，送达消费者，要经过装卸、运输、库存、陈列、销售等环节，有很多外因（如撞击、光线、空气、细菌等），都会威胁到商品安全。

在包装设计时，需要考虑材质、结构、技术等因素，确保产品或商品便于携带、存储、运输等，以及在流通中的安全。

（二）美化产品，促进销售

包装能够展示产品特色，树立品牌和企业形象，能够吸引消费者的注意力，为其带来视觉冲击力，使消费者树立消费信心。包装能够提升产品吸引力，促进产品销售。

在市场竞争日益激烈的今天，包装的作用与重要性无须多言，仅靠产品质量与媒体广告不能得到理想效果，但也不要过度包装，走极端。

（三）传递信息识别品牌

包装能够不同程度地传递产品或商品及其企业的理念、价值、文化等相关信息，便于消费者识别品牌及其个性。

为了让消费者容易辨别产品或商品，厂家或商家都在包装上注明产品型号、数量、品牌、企业名称、运输起始地址等。

这样能够帮助仓储管理人员、零售店售货员准确地找到产品或商品，更能帮助消费者找到所要选购的商品。

五、产品包装策略

包装具有从属性和商品性。包装是其内装产品或商品的附属品，能够提高内装物的附加值；包装是依附于内装商品的特殊商品，具有价值和使用价值。据此衍生出十大包装策略。

（一）统一包装策略

企业所有产品的包装，在图案、色彩等方面均采用统一的包装形式。该策略可以降低包装成本，集中火力打造企业品牌，特别是在推出新产品时，可以利用企业的声誉，使消费者从包装上直接熟悉和辨识产品，迅速打开市场。

（二）差异包装策略

企业各种产品都有自己的独特包装，在设计图案、色彩、风格、用料等方面有差别。这种策略能使产品之间有较强的独立性，避免因某一产品的销售失败而影响其他产品声誉，不足之处是包装设计费用和促销费用较大。

（三）等级包装策略

等级包装策略是指按照商品的质量、价值分成等级，不同等级采用不同的包装，同等级商品采用相同的包装。不同等级商品包装有各自的特点，易于区分，使消费者根据包装就可选择商品，但包装设计成本较高。

营销智慧火花：包装从微观上增强产品魅力，从宏观上助推眼球经济。

（四）分组包装策略

企业对同一种产品，可以根据消费者的不同需要进行包装。比如，用作礼品的产品可以精致包装，若自己使用，则只需简单包装。此外，对于不同等级产品，也可采用分组包装。

高档产品包装精致些，体现产品的价值；中档产品的包装简略些，以减少产品成本；低档产品甚至可以裸包装。

（五）组合包装策略

企业把若干有关联的同类产品包装在同一个包装物中，糖果组合、化妆品组合等，采用的都是组合包装策略。组合包装不仅能促进消费者选购，而且有利于企业推销产品，特别是推销新产品时，可将其与老产品组合打包出售，给消费者创造一个友好的接受界面。

（六）更换包装策略

企业由于某种原因，比如陷入质量危机等，产品销量下降、市场声誉跌落，可以在改进产品质量的同时，更换产品包装形式，以新的产品形象出现在市场上，改变以往产品在消费者心目中的不良形象。该策略有利于企业重新占领市场份额，迅速恢复企业声誉。

（七）复用包装策略

该种包装在产品使用完后，还可移做他用。商品购买者可以得到一种额外的满足，从而激发其购买欲望。比如，设计精巧的酒瓶在喝光酒后，洗净可以用作花瓶。

复用包装物在继续使用的过程中，还起到了广告的作用，培养和加深了品牌忠诚度，增加了消费者重复购买的可能。

（八）配套包装策略

企业按不同消费者的消费习惯，将数种有关联的不同类别的产品，包装在一起成套销售，便于消费者购买、携带、使用，同时还可降低包装成本，比如，床上用品三件套包装等。配套包装策略根据消费者的购物心理特点，诱发其购买欲望，从而扩大产品销售。

（九）附赠包装策略

附赠包装策略的主要实施方法是在包装物中附赠一些物品。比如，在电池塑料包装里附赠一个指甲刀，引起消费者的购买兴趣。有时还能导致顾客重复购买，如珍珠霜附赠一颗珍珠，消费者买了一定数量的珍珠霜后就能把珍珠串成一根项链，为此消费者极易产生重复购买行为。

（十）错觉包装策略

错觉包装策略是指利用人们对外界事物观察中产生的线条错觉、图形错觉、颜色错觉、运动错觉等而设计的产品包装策略。例如，两个容量相同的饮料包装，扁形的看起来就比圆形的大一些和多一些；消费者觉得小袋包装价格便宜，大袋包装价格昂贵；笨重物体的包装采用浅淡的颜色会使消费者感到轻巧一些，都是利用人们的视觉误差来设计包装的心理策略。

营销智慧火花：每个产品的包装箱都是一个软广告。

【案例分析】

“娃哈哈”品牌保护性注册

娃哈哈集团自1987年靠3个人、14万元贷款起家以来，由一个校办工厂发展成拥有23家合资或控股子公司、员工近万名、资产28亿元的大型综合性食品工业集团。成功的原因固然有很多，其中品牌运营是其重要成因。1998年，“娃哈哈”被国家商标局定为驰名商标，品牌资产达22.48亿元。

娃哈哈集团董事长宗庆后及其团队，在“娃哈哈”的品牌运营实践中，其品牌名称设计不仅具有独特性，而且富有品牌的超前保护意识。1988年9月，娃哈哈集团公司向原国家工商局商标局申请“娃哈哈”品牌注册，并于1989年9月10日核准注册，从而防止了其他企业或个人抢先注册。同时，为了防御其他企业注册相近商标，娃哈哈集团公司又注册了“娃娃哈”“哈娃娃”“哈哈娃”等三个“近亲商标”，即防御性商标。

（案例来源：娃哈哈的品牌防御的启示［EB/OL］.［2021－1－1］.https：//wenwen.sogou.com/z/q551762994.htm.）

【问题】结合“娃哈哈”品牌保护性注册案例，阐述现代企业如何进行品牌及商标的管理与维护。

【本章小结】

本章主要从产品策略制定的角度出发，介绍了产品的基础知识；从产品定位的基础知识切入，阐述了五种产品定位策略；介绍了产品开发过程所包含的八个步骤，进而阐述了七种新产品开发策略；从不同角度分别介绍了产品纵向组合策略、产品横向组合策略、产品纵横组合策略；从产品生命周期的四个阶段入手，分别阐述了产品处于导入期、增长期、成熟期、衰退期的市场营销策略；在介绍产品品牌及商标基础知识之后，相继阐述了八大类品牌策略；最后介绍了十种产品包装策略。

【思考题】

1. 举例说明产品的五层结构理论的内容。
2. 归纳现代企业产品组合策略，并举例说明。
3. 阐述产品生命周期导入期、增长期、成熟期、衰退期各自不同的营销策略。
4. 在线观看电影《首席执行官》，分析海尔总裁张瑞敏“砸冰箱”提高员工质量意识举动的意义。
5. 举例说明常见的八大产品品牌策略的内容和适用条件。

第七章

价格策略制定

【教学要求】

1. 了解企业六大类产品定价方法、九个产品定价影响因素。
2. 熟悉产品处于生命周期不同阶段的定价策略及其制定方式。
3. 熟悉产品组合价格策略、产品心理价格策略等制定的流程。
4. 掌握网络营销定价策略以及价格策略制定的方法及其程序。
5. 了解“价格歧视”“价格虚高”“网购价廉”的理论分析方法。

【本章术语】

◆撇脂定价 ◆渗透定价 ◆边际成本定价 ◆心理定价 ◆免费零定价

【课程思政】

●坚决打击不法商贩囤积居奇、哄抬物价、牟取暴利、扰乱市场的投机行为。

●营销人员应该公平参与市场竞争，不打失去理性的价格战，杜绝不正当的违法定价行为。

●企业必须严格遵守《中华人民共和国价格法》。

第一节 价格基础知识

价格是商品供求关系变化的指示器，价格水平与市场需求量的变化密切相关，价格的作用是商品交换规律作用的表现，是价格实现自身功能时对市场经济运行所产生的效果，是价格的基本职能的外化，价格有标度、调解、信息、表价、核算和分配的职能，也是国家实现宏观调控的一个重要手段。

一、价格基本概念

主要介绍价格、定价、价格歧视、定价策略（价格策略）、价格策略制定五个。

（一）价格

价格是商品同货币交换时单位商品量所需的货币量，是商品交换价值在流通过程中所取得的转化形式，是以货币为表现形式，为商品、服务及资产所订立的价值数字，即在交易时，买方所需付出的代价。价格由供给与需求之间的互相影响与平衡而产生，是对商品内在价值的外在体现。

价格是影响产品交易成败的重要因素，是产品市场营销组合中最难确定的因素，企业既要考虑产品生产成本的补偿，又要考虑消费者对价格的接受能力。

价格是产品市场营销组合中最灵活的因素，可以对市场进行灵敏的反映，企业和消费者对产品价格的重视和关注经常引发企业间激烈的价格大战。

（二）定价

定价即为确定价格，企业定价的目标就是促进产品销售进而获取利润。在市场经济条件下，产品定价必须考虑市场的竞争环境、产品成本、供求关系、企业定价目标等多种因素的影响，定价能够反映出这些因素的综合影响。

定价是一门科学，需要一定的技巧和策略。从定价目标出发，企业运用价格手段实现营销目标，企业定价的目的是促进销售、获取利润，这便要求企业既要考虑成本的补偿，又要考虑消费者对价格的接受能力。

定价是市场营销学中最重要的组成部分之一，主要研究商品和服务的价格制定、调整和变更，以求营销效果和营销收益的最优化。

（三）价格歧视

价格歧视实质上是一种价格差异，通常指企业（厂家或商家）在向不同的消费者提供相同等级、相同质量的商品或服务时，实行不同的销售价格，构成价格欺诈行为。价格歧视是一种典型的垄断定价行为，是垄断企业通过差别定价获取超额利润的一种定价策略。

（四）定价策略

定价策略是企业在充分考虑影响企业定价内外部因素的基础上，为实现企业预定的定价目标而采取的价格策略。定价策略能够反映出市场中各种变化因素对产品价格的影响程度，具有买卖双方双向决策的特征，是产品市场营销组合中关键的策略。

（五）价格策略制定

价格策略制定是指企业通过对消费者需求的估量和成本分析，制定出一项能吸引消费者、实现市场营销组合的价格策略，制定科学合理的价格策略，不但要求企业对产品生产的成本进行核算、控制和预测，而且要求企业根据市场结构、市场供求、消费者心理及竞争状况等因素做出判断与选择。价格策略的制定是影响企业定价目标实现的重要环节和步骤。

> 营销智慧火花：人品决定产品，人格决定价格！

二、定价基本程序

现代企业的产品定价程序一般有七个，即确定定价目标、测定市场需求、估算产品成本、分析边际成本、分析竞争状况、选择定价方法、确定最后价格。

（一）确定定价目标

确定企业定价目标主要包括八种选择：投资收益率目标、市场占有率目标、稳定价格目标、防止竞争目标、利润最大化目标、渠道关系目标、渡过困难目标、塑造形象目标（社会形象目标）。

（二）测定市场需求

企业产品的价格会影响需求，需求的变化影响企业的产品销售以至企业营销目标的实现。因此，测定市场需求状况是制定价格的重要工作。在对需求的测定中，首先要了解市场需求对价格变动的反应，即需求的价格弹性。

（三）估算产品成本

企业在确定产品价格时，要进行成本估算。企业产品价格的最高限度取决于市场需求及有关限制因素，而最低价格不能低于产品的经营成本费用，这是企业价格的下限。企业的成本包括两种，一种是固定成本，另一种是变动成本（或称可变成本、直接成本）。固定成本与变动成本之和，即为某产品的总成本。

（四）分析边际成本

在成本估算中，离不开对“产量、成本、利润”关系的分析，其中一个重要的概念是边际成本。边际成本是指企业生产最后一单位产品所花费的成本，或每增加（减少）一个单位生产量所引起的总成本变动的数值。因边际成本影响到企业的边际收益，所以企业必须关注。

（五）分析竞争状况

分析竞争状况，即对生产竞争状况进行分析，其中包括三个方面的内容，即分析企业竞争地位，协调企业的定价方向，估计竞争企业的反应。

（六）选择定价方法

定价方法是企业为实现其定价目标所采取的具体方法，可以归纳为成本导向定价法、需求导向定价法、竞争导向定价法三类。

（七）确定最后价格

在最后确定价格时，制定者必须考虑是否遵循四项原则：商品价格的制定与企业预期定价目标的一致性；商品价格的制定符合国家政策法令的有关规定；商品价格的制定符合消费者整体及长远利益；商品价格的制定与企业市场营销组合中的非价格因素是否协调一致、互相配合，达到企业营销目标服务。

> 营销智慧火花：现代企业产品的最佳定价是顾客或消费者可以接受的最高价。

三、产品定价影响因素

影响产品定价的因素很多，有企业内部因素，也有企业外部因素；有主观因素，也有客观因素。下文主要讲内外部因素。

（一）影响产品定价的内部因素

影响产品定价的内部因素包括企业定价目标、企业产品特征、企业产品成本、企业营销组合、企业经营状况五个。

1. 企业定价目标

定价目标是指企业通过确定产品价格所要达到的目的。企业在为产品定价时，首先必须要有明确的目标。不同企业、不同产品、不同市场、不同时期有不同的营销目标，因而也就要求采取不同的定价策略。企业定价目标主要有维持企业生存获取当前理想的利润保持和提高市场占有率、应付或抑制竞争、树立企业形象。

2. 企业产品特征

企业产品特征包括商品的种类，标准化程度，商品的易腐蚀和易毁坏程度，季节性、时尚性，需求弹性，生命周期阶段等。如果是名牌产品、时尚产品、高档产品，对消费者产生极大的吸引力，企业定价的自由度也就较大。

3. 企业产品成本

产品成本是产品价格的最低限度，产品价格必须能够补偿产品生产、促销和分销的所有支出，并补偿总公司为产品承担风险所付出的代价。企业要能正常经营，必须通过销售收回成本，取得一定的利润。因此，成本是产品定价的下限。

4. 企业营销组合

定价策略应与产品的整体设计、销售和促销决策相匹配，形成一个协调的营销组合。价格只是企业用来实现营销目标的一种营销组合工具。价格决策必须和产品设计、销售和促销决策相配合，才能形成一个连续有效的营销方案。对其他营销组合变量的决策会影响定价决策。例如，靠许多经销商来支持促销产品的生产者，将不得不在价格中设定较大的经销商利润差额。

5. 企业经营状况

企业经营状况主要指企业的生产经营能力和企业经营管理水平，对确定价格产生影响的企业经营状况，包括企业的规模与实力、企业的销售渠道、企业的信息沟通、企业营销人员的素质和能力等。

营销智慧火花：企业定价策略是前端产品定低价，甚至免费，后端产品定高价获利。

（二）影响产品定价的外部因素

影响产品定价的外部因素包括市场需求变化、消费者的认知、市场竞争状况、政府必要干预。

1. 市场需求变化

产品成本决定了产品价格的最低限度，市场需求决定了产品的最高价格。经济学原理告诉我们，如果其他因素保持不变，消费者对某一商品需求量的变化与这一商品价格变化的方向相反，如果商品的价格下跌，需求量就上升，而商品的价格上涨时，需求量就相应下降，这就是需求规律。

价格的变动会影响市场需求，需求对价格的变动的反应表现为需求价格弹性，即指价格变动而引起的需求相应变动的比率，反映需求变动对价格变动的敏感程度。这是企业决定自己的市场行为，特别是确定价格时必须考虑的一个重要因素。

2. 消费者的认知

产品定价时必须了解消费者购买产品的理由，并将消费者对该产品价值的认知作为定价的重要参考因素。消费者通过与市场上的同类商品价格进行比较，与同一售货市场的不同商品价格、与同类商品的各种特点来进行比较，以及消费者自身的体验来进行价格判断。影响消费者价格判断的因素有消费者的经济收入（主要因素）、消费者的价格心理、生产和出售地点、商品的类别、消费者对商品的需求紧迫程度、购买的时间等。

3. 市场竞争状况

企业定价行为均会引起竞争者的关注，并可能导致竞争者采取相应的对策。企业定价时，必须考虑各个竞争者产品的质量和价格，并以此作为定价的出发点。

在不同竞争条件下，企业自身的定价自由度各异，在现代经济中可分为四种情况：完全竞争、纯粹垄断（完全垄断）、不完全竞争（垄断性竞争）、寡头竞争。企业应参照竞争者产品价格来定价以确保产品畅销。

4. 政府必要干预

政府对市场价格的制定和调整都有相应规定，如禁止价格垄断、禁止价格欺诈、禁止价格歧视、禁止低价倾销。除市场竞争因素外，政府干预产品价格制定会直接影响企业的定价决策。

为了规范价格行为，发挥价格合理配置资源的作用，稳定市场价格总水平，保护消费者和经营者的合法权益，促进我国市场经济健康发展，1997 年 12 月 29 日第八届全国人民代表大会常务委员会第二十九次会议通过《中华人民共和国价格法》。

在现代市场经济中，为维护正常的市场秩序、保护国家与消费者的利益，政府会制定相关的经济法规，约束企业的定价行为。

各国政府对价格的干预和控制是普遍存在的，只是干预与控制的程度不同而已。这种约束反映在定价种类、价格水平和定价的产品品种等方面，政府对企业产品定价行为的规范和干预是非常必要的。

营销智慧火花：价格是价值规律的表现，价值是价格现象的概括。

第二节　产品定价方法

产品定价方法主要包括成本加成定价法、目标利润定价法、边际成本定价法、盈亏平衡定价法、需求导向定价法、竞争导向定价法六种。

一、成本加成定价法

本部分阐述成本加成定价法的定义、公式、优点、缺点，成本加成定价法在企业产品定价的实际工作中运用比较广泛。

（一）成本加成定价法定义

成本加成定价法是按产品单位成本加上一定比例的利润制定产品价格的方法。成本加成定价法以全部成本为定价基础，首先要估计单位产品的变动成本，然后再估计固定费用，并按照预期产量把固定费用分摊到单位产品上去，加上单位变动成本，求出全部成本，最后在全部成本上加上按目标利润率计算的利润额，即得出价格。

（二）成本加成定价法公式

1. 定额法公式

定额法是利用倒推法，即按照产品销售年度的利润设定额度，计算产品的价格方法。其计算公式为：

产品价格 =（单位成本 + 定额利润）÷（1 − 税率）。

定额利润 = 全部产品要求达到的总利润 ÷ 总产量

税率 = 税金 ÷ 价格。

2. 外加法公式

外加法亦称成本毛利率法，该公式即根据产品的成本和成本毛利率来计算产品的销售价格的方法。其计算公式为：

产品价格 = 单位成本 ×（1 + 成本利润率）÷（1 − 税率）。

成本利润率 = 全部产品要求达到的总利润 ÷ 总成本 ×100%。

3. 内扣法公式

内扣法是内部销售利润率从成本毛利率中扣除后，乘以单位成本，计算产品的销售价格的计算方法。其计算公式为：

产品价格 = 单位成本 ×（1 − 税率 − 销售利润率）。

销售利润率 = 全部产品要求达到的总利润 ÷ 销售总额 ×100%。

（三）成本加成定价法的优点

1. 计算方法简便，资料容易取得

这种定价方法着眼于单位成本，使定价工作大大简化，不需要依需求的变化而随时改变。

2. 减少价格竞争

只要同行业均采用成本加成定价法，那么在成本和加成相似的情况下，价格大致相同，便可使彼此间的价格竞争减到最低程度。

3. 价格较为公平

成本加成定价法对购买者和销售者都比较公平。这是因为，企业既不可能利用消费者需求的增加而乘机提价，又可靠固定的加成获得较为稳定的利润。

4. 保持价格稳定

当消费者需求量增大时，按此方法定价，产品价格不会提高，而固定的加成，也使企业获得较稳定的利润。

（四）成本加成定价法的缺点

企业使用成本加成定价法也存在着两大问题：其一，从营销学的观点看，任何忽视市场需求弹性的定价，不论从短期还是长期看，都不可能获得最高利润；其二，季节影响、周期性变化，产品生命周期的阶段不同，加成比例理应进行相应调整。

成本加成定价法实质是典型的生产者导向定价法。现代市场需求瞬息万变，竞争激烈，只有那些以消费者为中心并不断满足消费者需求的产品，才有可能在市场上站住脚。因此，成本加成定价法在市场经济中有其明显不足之处。

> 营销智慧火花：货有好坏，价有高低；便宜没好货，好货不便宜；物以稀为贵。

二、目标利润定价法

目标利润定价法又称目标收益定价法、目标回报定价法，是根据企业预期的总销售量与总成本，确定一个目标利润率的定价方法，其特点是，首先确定一个总的目标利润或目标利润率，然后把总利润分摊到每个产品中去，与产品的成本相加，从而确定价格。

（一）目标利润率定价法的要点

目标利润率定价法的要点是找出损益平衡点，即销售额等于总成本、利润为零的点，采用此法时明确要实现的目标利润、大致的需求弹性，最后考虑价格。其计算公式为：

销售量×价格=固定成本+（销售量×变动成本）

销售量=固定成本/（价格－变动成本）

（二）目标利润定价法的不足

目标利润定价法的不足之处在于价格是根据估计的销售量计算的，而实际操作中，价格的高低反过来对销售量有很大影响。销售量的预计是否准确，对最终市场状况有很大影响。企业必须在价格与销售量之间寻求平衡，从而确保用所定价格来实现预期销售量的目标。

三、边际成本定价法

边际成本定价法，是以产品的单位变动成本为基础，加上产品的边际收益来确定价格的一种定价方法。它是西方国家的企业常用的一种定价方法。其计算公式为：

单位产品销售价格=（总的可变成本+边际贡献）÷总产量。

（一）边际成本定价的基本要求

边际成本是指企业生产产品所花费的变动成本。边际成本定价的基本要求，就是边际收益大于边际成本，从而获得边际贡献。之所以将这一差额称为边际贡献，是因为这一部分收入可以用来补偿产品生产的固定成本，甚至超过固定成本，为企业提供利润。边际贡献的计算公式为：

边际贡献=售价－变动成本。

边际贡献可以分成如下三种情况。一是当销售收入低于保本点时，贡献不足以补偿固定成本。二是当销售收入等于保本点时，刚好补偿固定成本。三是当销售收入大于保本点时，产生利润。所以，企业采用边际成本定价法时，可直接以变动成本为基础，但这种方法所定的是产品价格的最低界限。

（二）边际成本定价法的适用范围

边际成本定价法主要适用于如下三种场合。一是企业生产能力超过市场需求。在企业生产能力有余，而市场也有需求的情况下，企业生产产品虽会产生新的变动费用，但不会产生新的固定费用。此时，只要新生产产品的销售价格高于变动费用，就会使企业的总利润增加。二是经过降低价格战胜竞争对手，赢得订货。三是在市场不景气、同行业之间竞争又十分激烈的情况下，企业可采取降价经营的策略。这时用户订货，可补偿一部分固定费用，减少企业的亏损。如果拒绝订货，企业的固定费用仍要开支，亏损更为严重。

四、盈亏平衡定价法

盈亏平衡定价法也叫保本定价法或收支平衡定价法。在销量既定的条件下，企业产品的价格必须达到一定的水平才能做到盈亏平衡、收支相抵。其计算公式为

单位产品销售价格 =（固定成本 + 可变成本）÷总产量。

科学地预测销量和已知固定成本、变动成本是盈亏平衡定价法的前提。盈亏平衡定价法就是运用盈亏平衡分析原理来确定产品价格的方法。盈亏平衡分析的要害是确定盈亏平衡点，即企业收支相抵、利润为零时的状态。

在实际营销过程中，盈利点之间的相互补充，可能会导致企业在定价时，价格甚至低于保底价，更多的是与保底价持平，以增加其他盈利点的收入。例如互联网平台以低价产品或服务吸引客户，将盈利灵活地转向其他项目，譬如广告、活动等方面。

> 营销智慧火花：如果购物上当受骗，不是骗子太聪明，而是自己太贪小便宜。

五、需求导向定价法

需求导向定价法，是以市场上现实的消费者可以接受的价格来确定产品价格的定价方法。需求导向定价法又可分为可销价格倒推法、需求差异定价法和相关产品比价法三种。

（一）可销价格倒推法

可销价格倒推法，又称可销价格倒扣法。这种定价方法是通过预测，先确定市场上产品的可销零售价，再据此推算产品的批发价和出厂价。

1. 可销价格倒推法的作用

企业离开市场需求定价，就会违背价格运动规律的客观要求。可销价格倒推法是从市场上产品的零售价格倒推测算产品的批发价和出厂价，然后企业再决定是否生产、经营，以及生产经营多少。这样，企业生产的产品能反映市场的供求关系，有利于开拓市场，并可根据市场供求情况及时调整，比较灵活。

2. 可销价格倒推法的计算

这种价格是产品的市场可销价与该产品的批零差价、进销差价的差额。其计算公式为

出厂价格 = 市场可销价格 - 批零差价 - 进销差价

出厂价格 = 市场可销零售价格 × （1 - 进销差率）/（1 + 批零差率）。

假定上式中的批零差率是倒扣批零差率，即以产品的零售价格为基础计算批零差率，则计算公式为

出厂价格 = 市场可销零售价格 × （1 - 批零差率）/（1 - 进销差率）。

3. 可销价格倒推法的要求

企业采用可销价格倒推法定价，关键在于正确测定产品的市场可销价。市场可销价的一般标准是消费者为满足正常需要而自愿接受的价格；同类产品的现行市场价格水平大体相同的价格；与企业的生产经营目标相适应，既有利于产品销售，又能获得一定盈利的价格。

现代企业在估测产品的市场可销价格时，一般方法是组织本企业的营销人员、财务人员进行评估，或通过对有代表性的消费对象进行抽样调查进行评估等。

（二）需求差异定价法

需求差异定价法，又称需求区别定价法。它是按照消费者需求的差异，为同一产品制定不同价格的定价方法。

1. 需求差异定价法的提出

消费者各自的社会地位、经济收入、生活方式、风俗习惯不同，形成了他们对产品需求的差异。例如，由于经济收入不同，消费者形成了不同层次的购买力，有的要购买高档品，有的只购买低档品。

农村和城市有差别，农民一般在每年秋收后对耐用消费品形成购买高潮，城市的购买在一年中比较均衡。消费者需求的种种差异，要求企业将市场细分，建立有区别的目标市场，并将产品的价格划分成若干档次，以适应不同消费者群的要求。

2. 需要差异定价法的形式

需求差异定价法的形式大体可分为五种。一是按不同的购买对象定价，即同样的产品，对不同的购买者（如新、老顾客）定出不同的价格。二是按不同的产品式样定价。如对精制服装和一般服装，制定不同的价格。但其价差并不与产品的成本成正比。三是按不同地理位置定价。比如，不同楼层的房租不同、剧院的前排座位和后排座位的价格不同。四是按不同的购买时间定价。如不同季节、不同日期、是否节假日等，可制定不同的价格。五是按不同的质量要求定价。如获金、银牌的产品价格高些，一般产品价格低些。

3. 需求差异定价的条件

一是市场能够细分，且细分市场具有不同的需求弹性；二是购买者在主观上认为产品存在差异，价格能接受；三是执行不同价格不会导致竞争者在不同市场上转手倒卖，也不会用低价来对抗；四是分割、控制市场的费用不超过区别定价所得的收入；五是所在地区的政策允许。

> 营销智慧火花：当令是宝，落令是草；商品随行情，早晚价不同。

（三）相关产品比价法

相关产品比价法是以某种同类产品为标准品，以它的现行价格为标准，通过成本或质量

的比较而制定新产品价格的定价方法。

1. 相关产品比价法的种类

相关产品比价法有如下三种具体方法。

（1）成本差异定价法。新品种与标准品相比，若成本变动与质量变动的方向和程度大体相似，可按成本差异程度确定新产品价格。该法计算公式为

新产品价格 = 标准品价格 ×（1 + 新品种成本差异率）

该定价方法虽然简便，但不能反映新产品与标准品的质量差异。

（2）质量差别定价法。产品品种与标准品相比，若其质量显著提高而成本增加不大，可按它们的质量差别确定新品种的价格。该法计算公式为

标准品价格 ×（1 + 新产品成本率）≤新产品价格≤标准品价格 ×（1 + 新产品质量差率）

新产品价格可视同类产品的市场供求情况，在上述区域中确定。

（3）劣质低价定价法。若新产品成本减少不多，而质量明显下降，应采用劣质低价定价法。该法计算公式为

低质新品价格 = 标准品价格 ×（1 - 低质产品质量差率）

对质量明显下降的新产品，要从价格上加以限制和惩罚。

2. 相关产品比价法定价要求

相关产品比价法是一种简便易行的定价方法，能较好地贯彻执行按质论价的原则，有利于保持同类产品价格水平的基本稳定。但这种定价工作的关键在于正确选定标准产品和确定标准品的合理价格。

其一，正确选定标准产品。标准产品是同类产品比质比价的核心，企业一般应该选择产量大、生产正常、质量稳定、销售面广的产品，而不应该选择产量小、质量波动大、无销路的产品。

其二，确定标准品的合理价格。标准产品的价格是否合理，关系到新产品的价格水平，所以，企业要以成本或质量的标准为定价依据，认真做好标准产品的定价工作，不可随意变动。一般先拟定一个消费者可以接受的价格，然后根据所了解的中间商成本加成情况，逆推计算出出厂价。

六、竞争导向定价法

竞争导向定价法，主要是以竞争对手的价格为基础，以成本和需求等因素为辅的一种定价方法。竞争导向定价法又可分为竞争参照定价法、随行就市定价法、产品差别定价法和密封投标定价法四种。

（一）竞争参照定价法

竞争参照定价法，是根据不同的竞争环境，参照竞争对手的价格，并以此为基准价来确定本企业产品价格的定价方法。其具体形式一般有三种。

1. 以低于竞争对手的价格定价

这种定价法的特点是无论竞争者的价格是多少，企业产品的价格始终比对方低。采用这种策略，意在维持或提高本企业产品的市场占有率，迅速扩大产品的销售量。

2. 以高于竞争对手的价格定价

这种定价法是在竞争对手基准价的基础上，提高本企业产品的价格水平，以高价谋取高利润。采用高价策略，主要适用于以下情况：企业产品相对于竞争者的产品，有显著优势；购买者愿付出高于竞争对手产品的价格；企业的知名度、信誉度较高。

3. 以竞争对手价格为产品定价

这种定价法是将企业产品与竞争对手的产品同步定价，并随竞争对手的产品价格上下浮动。企业使用这种定价形式，无论是产品的质量、成本，还是在知名度、信誉度等方面，都应与竞争对手不相上下，否则便难以奏效。

（二）随行就市定价法

从根本上来说，随行就市定价法是一种防御性的定价方法，它在避免价格竞争的同时，也抛弃了价格这一竞争的利器。此外，采用随行就市定价法，企业不必去全面了解消费者对不同价差的反应，也不会引起价格波动。

1. 基本含义

随行就市定价法是在垄断竞争和完全竞争的市场结构条件下，任何一家企业都无法凭借自己的实力在市场上取得绝对的优势，为了避免竞争特别是价格竞争带来的损失，大多数企业采用随行就市定价法，即将企业某产品价格保持在市场平均价格水平上，利用这样的价格来获得平均利润。

2. 适用范围

随行就市定价法主要适用于均质产品，如黑色和有色金属材料、化工原料、纺织面料，以及木材、水泥、棉花、药物、玻璃等。这些产品无论由谁生产，其质量基本上是相同的。如果竞争比较充分，均质产品价格一般均应采取此种方法定价。在这种情况下，企业之间的竞争往往体现在产品成本的控制或其他经营手段上。

3. 主要优点

首先，定价比较简单，但要及时了解同行企业的价格水平，否则容易吃亏。其次，避免同行之间的竞争。这种定价容易被人们接受，便于在同行中站住脚，企业也较易获得合理利润。最后，企业的风险较小。

营销智慧火花：商品越贵越俏，越便宜越没人要，有些人就是买涨不买降。

（三）产品差别定价法

产品差别定价法是指企业通过不同的营销努力，使同种同质的产品在消费者心目中树立起不同的产品形象，进而根据自身特点，选取低于或高于竞争者的价格为其产品价格。因此，产品差别定价法是一种进攻性的定价方法。产品差别定价法有以下几种形式。

1. 顾客差别定价法

企业把同一种产品或服务按照不同的价格卖给不同的消费者。例如，公园、旅游景点、博物馆将顾客分为学生、年长者和一般顾客，对学生和年长者收取较低的费用；铁路公司对学生、军人售票的价格往往低于一般乘客；自来水公司根据需要把用水分为生活用水、生产用水，并收取不同的费用；电力公司将电分为居民用电、商业用电、工业用电，对不同的用电收取不同的电费。

2. *形式差别定价法*

企业按产品的不同型号、不同式样确定不同的价格，但不同型号或式样的产品，其价格之间的差额和成本之间的差额是不成比例的。比如，一件裙子70元，成本50元，可是在裙子上绣一组花，追加成本5元，定价为100元。

3. *形象差别定价法*

有些企业根据形象差别对同一产品制定不同的价格。企业可以对同一产品采取不同的包装或商标，塑造不同的形象，以此来消除或缩小消费者认识到不同细分市场上的商品实质上是同一商品的信息来源。

如，用一个普通瓶子装的香水，售价为20元；而如果用更华丽的瓶子装入同样的香水，赋予不同的名称、品牌和形象，定价为200元。

应用不同的销售渠道、销售环境来实施这种差别定价。如，某商品在廉价商店以低价销售，但同样的商品在豪华的精品店里则可以高价销售，辅以针对个人的服务和良好的售货环境。

4. *地点差别定价法*

企业对处于不同位置或不同地点的产品和服务制定不同的价格，即使每个地点的产品或服务的成本是相同的。例如，影剧院不同座位的成本费用一样，却按不同的座位收取不同价格，因为公众对不同座位的偏好不同；火车卧铺从上铺、中铺到下铺，价格逐渐增高。

5. *时间差别定价法*

产品价格随着季节、日期甚至时间点的变化而变化。电力公司、自来水公司按一天的不同时间、周末和非周末的不同标准来收费。例如，航空公司或旅游公司在淡季的价格便宜，而旺季一到价格立即上涨。这样可以促使消费需求均匀化，避免企业资源的闲置或超负荷运转。

（四）密封投标定价法

密封投标定价法是通过向招标者索取标书，并在获准参与竞标后，在规定的截标日期内，将企业愿意承担的价格送达招标者，以此来最后确定价格的一种方法。在买方招标的所有投标者中，报价最低的投标者通常中标，其报价就是承包价格。

1. *密封投标定价法的适用范围*

密封投标定价法主要应用于建筑工程包工和政府采购等。许多大宗商品、原材料、成套设备和建筑工程项目的买卖和承包，以及出售小型企业等，往往采用发包人招标、承包人投标的方式来选择承包者，确定最终承包价格。

这种定价方法主要适用于如下产品：一是争购者较多的、社会上稀缺的艺术品、珍奇品、古董等产品；二是大多数的建筑工程、建筑装潢、桥梁道路建设等。

2. *密封投标定价法的基本要求*

在投标中，企业要在尽量增加利润的前提下争取中标；而中标与否，又主要取决于竞争者的价格高低。企业如果报价过高，中标的可能性较低；反之，中标概率增大，但企业获利减少。

因此，企业在报价时，既要考虑本企业目标利润的实现，又要尽量准确地预测竞争者的定价，以便在目标利润和中标概率之间确定最佳报价。

3. 密封投标定价法的三个步骤

第一步，招标。招标是由招标者发出公告，征集投标者的活动。招标者一是制作招标书，对招标项目成交提出约束条件，包括招标项目名称、数量，质量要求、工期，开标方式与期限，合同条款与格式等。二是确定底标。底标是招标者的自行测标限额，是决定是否中标的重要依据。

第二步，投标。由投标者根据招标书规定，编制具有竞争性报价的标书送交招标者。标书一经递送就要承担中标后应尽的职责。在投标中，报价、中标、预期利润三者之间有一定的联系。一般而言，报价高利润大，但中标概率低；报价低预期利润小，但中标概率高。

第三步，开标。招标者在规定时间内召集所有投标者，将报价信函当场启封，选择其中最有利的一家或几家中标者进行交易，并签订合同。

营销智慧火花：一分价钱一分货；随行就市，水涨船高。

第三节　策略制定概述

价格策略的制订必须要以市场价值规律为依据，以市场调查研究为手段，在维护企业和消费者双方经济利益的前提下，以消费者可以接受的水平为基准，根据市场需求变化情况，进行实时反馈与灵活调整，确定买卖交易双方都可接受的价格水平。

一、产品生命周期四阶段价格策略制定

厂家或商家根据产品或商品所处的市场生命周期的不同阶段选用定价策略。产品生命周期是指产品从进入市场到退出市场所经历的市场生命循环过程。典型的产品生命周期一般可分为四个阶段，即导入期、增长期、成熟期和衰退期。产品处在产品生命周期的不同阶段，应该采取不同的定价策略。

（一）导入期产品定价策略

导入期产品价格策略亦称新产品价格策略，包括撇脂定价策略、渗透定价策略、适中价格策略。新产品初入市场，在技术性能上较老产品有明显优势，却存在批量小、成本大、宣传费用高等特点，企业制定定价格策略时要考虑企业自身的竞争实力，若新产品具有高品质且不易模仿，则可选择撇脂定价策略，迅速收回投资成本；若新产品的需求弹性较大，低价可大大增加销售量，则可选择低价薄利多销的渗透定价策略，扩大销售量，增加利润总额。

1. 撇脂定价策略

新产品上市之初，将价格定得较高，在短期内获取厚利，尽快收回投资，就像从牛奶面上撇取奶油一样，取其精华，称为撇脂定价策略。该策略特别适用于有专利保护的新产品定价。

（1）快速撇脂定价策略。企业采用该策略时，以高价格、高促销的形式经营，以求迅速扩大销量，获取较高市场占有率。采用该策略的市场环境是多数潜在消费者还不了解这种

新产品，少数已经了解这种新产品的人急于求购且愿意按价购买，而企业面临潜在竞争者的威胁。

（2）缓慢撇脂定价策略。企业采用该策略时，以高价格、低促销的形式经营，以求更多利润。该策略可在市场面较小、多数消费者已熟知该类新产品并愿意出高价购买、潜在竞争威胁不大的市场环境下使用。

总之，撇脂定价策略适合于需求弹性较小的细分市场，优点是利用高价提高新产品身价，满足消费者求新求异心理，获利丰厚；缺点是获利大，很快会招来竞争者，从而迫使价格下降。

2. 渗透定价策略

在新产品投放市场时，将价格定得较低，使其在短期内最大限度地渗入市场，打开销路，以获得最高销售量和最大市场占有率，称为渗透定价策略。

（1）快速渗透定价策略。实行低价格、高促销费用的策略，迅速打入市场，取得尽可能高的市场占有率。在市场容量很大，消费者对这种产品不熟悉但对价格非常敏感，潜在竞争激烈，企业随着生产规模的扩大可以降低单位生产成本的情况下，适合采用这种策略。

（2）缓慢渗透定价策略。这种策略是以低价格、低促销费用来推出新产品。这种策略适用于市场容量很大，消费者熟悉这种产品但对价格反应敏感，并且存在潜在竞争者的市场环境。

总之，渗透定价策略适用于没有显著特色的产品，其优点在于能使新产品凭借价格优势顺利进入市场，不同程度上阻止竞争者进入该市场；其缺点是投资回收期较长，且价格变化余地小。

对于企业来说，采取撇脂定价还是渗透定价，需要综合考虑市场需求、竞争、供给、市场潜力、价格弹性、产品特性，企业发展战略等因素。

3. 适中定价策略

适中价格策略，又被称作满意价格策略、稳定价格策略、平价销售策略，是介于撇脂定价和渗透定价之间的一种定价策略，即指产品销售以稳定价格和预期销售额的稳定增长为目标，力求将价格定在一个适中水平上。该策略主要适用于大量生产、大量销售、市场稳定的日用工业品和部分生产资料产品。

撇脂定价策略导致产品定价过高，对消费者不利，既容易引起竞争，又可能遭到消费者拒绝，具有一定风险；渗透定价策略导致产品定价过低，对消费者有利，对企业最初收入不利，资金的回收期也较长，若企业实力不强，将很难承受。适中价格策略基本上能够做到供求双方都比较满意。

营销智慧火花：做人不要知足，做事要知不足，做学问要不知足。

（二）增长期产品定价策略

增长期产品定价策略也称成长期产品定价策略。新产品经过导入期以后，消费者重复购买，销售量激增，企业利润迅速增长，企业生产规模逐步扩大，为维持市场继续成长，企业需要保持或稍微增加促销费用。由于销量增加，平均促销费用还会有所下降，产品成本逐步降低，竞争者进入市场参与竞争，随着竞争的加剧，产品的性价比仍然保持优势，企业可根据自身规模和产品知名程度选择定价策略。

规模较大的知名企业可继续采用导入期的撇脂定价策略，并且略微提高产品价格，继续获取高额利润。规模较小的企业则要考虑由于市场进入带来的价格竞争风险，以实现预期利润为目标，选择定价目标策略，以获取合理利润；在适当时机，可以采取降价策略，以激发那些对价格比较敏感的消费者产生购买动机和采取购买行动。

（三）成熟期产品定价策略

成熟期产品定价采用低价格竞争策略。成熟期产品市场需求趋于饱和，销量达到最高点，增长幅度会缓慢下来，而利润增长速度开始下降，市场竞争趋于白热化状态，企业面临的是价格大战。该阶段应适当采用降价的方法，达到抑制竞争、保持销量的目的。实力雄厚的企业将处于价格主导地位，弱小企业则处于比较被动的地位，是价格的追随者。

企业把打败竞争者作为首要目标时，则可以采用以低于生产成本或低于国内市场的价格在目标市场上抛售产品，以战胜竞争者，占领市场。一旦控制市场再提高价格，就可以收回过去“倾销”时的损失，获得稳定的利润。大量小型企业将在竞争中被淘汰，从而形成以大型企业为主的垄断局面。

选取成熟期产品价格策略，需要掌握成熟期产品的特点。企业在产品成熟期应当选定能够抵制竞争者、保证或扩大销量的竞争价格；在降低价格、提高竞争力的同时，企业必须尽可能地降低成本；产品的成本越低，竞争价格的竞争力就越强，企业在竞争中取胜的可能性也就越大。

（四）衰退期产品定价策略

衰退期产品定价策略有两种，一是采用维持价格策略。衰退期产品价格策略应着眼于最大幅度地发挥产品在最后阶段的经济效益，应以产品的变动成本为定价依据，采用维持价格策略，一般应配合其他非价格手段，如馈赠礼品、买一赠一等活动，以尽可能延长产品的生命周期。二是采用降价策略。在衰退期，产品面临被品质更优、性能更好的新产品取代的危险，因而企业选择定价策略的指导思想是尽快销售，避免积压。可选择小幅逐渐降价、平稳过渡的价格策略，最大限度地保护企业利润不受损失。

如果产品技术更新程度高，则选择一次性大幅降价策略，迅速退出市场，但在运用降价策略时，要注意是否有损于知名品牌的企业形象。进入衰退期后，产品销量迅速下降，价格已降到最低水平，企业利润微薄。

> 营销智慧火花：资源的98%靠整合，经营的99%靠智慧；薄利多销利不薄。

二、产品组合价格策略制定

产品组合价格策略是指企业处理各种产品之间价格关系的策略。针对产品组合，企业必须调整定价逻辑，考虑整个产品组合中不同产品价格之间的联动关系与比率关系，以及个别产品定价高低对企业总利润的影响，系统调整产品组合中相关产品的价格。

制定产品组合价格时，既要考虑市场需求、产品成本、同行竞争等因素，又要考虑使产品组合整体利润最大化，这就需要采用产品组合价格策略。该策略主要包括产品线定价策略、配套产品定价策略、任选产品定价策略、产品捆绑定价策略、服务两部分定价策略、副产品定价策略。

（一）产品线定价策略

产品线定价策略是指企业为追求整体收益的最大化，为同一产品线中不同的产品确立不同的角色，制定高低不等的价格。

企业对有的产品定价很低，使其充当招徕品的角色，以吸引消费者购买产品线中的其他产品；对有的产品定价很高，使其充当获利品的角色。

通常而言，产品线高低两个极端价位的产品比中间价位的产品更能引起消费者注意。低端价位的产品常使消费者印象深刻，用来打开销路；高端价位的产品是企业品质最优的，消费者十分关注，对其需求产生引导和刺激作用；对产品线上介于两个极端价格之间的产品，根据消费者对同一产品线中不同档次产品的需求，企业精选设计几种不同档次的产品和价格点，确立可感知的质量差别，突出价格差异，设置价格阶梯，确定合理的价格差距。

（二）配套产品定价策略

配套产品也称连带产品、附属产品、后继产品、受制约品，是指两种或两种以上功能互补、需要配合使用、共同发挥某种使用价值的产品。比如打印机与墨盒、钢笔与墨水、隐形眼镜与消毒液、牙刷与牙膏、饮水机与桶装水、汽车与汽油等。

企业经常为主产品（价值高的产品）制定较低价格，而为附产品（价值较低的产品）制定较高价格，即把价值高、需求价格弹性高、购买率低的主产品价格定得低些，而对与之配合使用的价值低、需求价格弹性低、购买率高的产品价格定得高些，这样有利于增加整体销量，提高企业综合利润。

配套产品的需求影响是相互的，如果附产品价格定得过高，消费者难以承受，也会影响主产品的销量，还可能招来假冒伪劣产品和替代品的侵入，损害企业利益。

（三）任选产品定价策略

许多企业提供任选的产品或特色服务，伴随它们的主要产品销售。任选品是指那些与主要产品密切关联的可任意选择的产品。例如，顾客去饭店吃饭，除了要点饭菜之外，可能还会要点烟酒、饮料等。在这里，饭菜是主要食品，烟酒、饮料等就是任选品。

企业为任选品定价有两种策略可供选择：一种是为任选品定高价，以此盈利；另一种策略是定低价，把它作为招徕顾客的项目之一。例如，有的饭店的饭菜定价较低，而烟酒、饮料等任选品定价很高；而有些饭店，烟酒、饮料等任选品定低价，而饭菜定高价。

> 营销智慧火花：成功者都是引导着事情的发生，而不是等待着事情的发生。

（四）产品捆绑定价策略

产品捆绑定价策略是指生产者将一种产品与其他产品组合在一起以一个价格出售，即将几种产品组合在一起，以低于分别销售时支付总额的价格销售。根据捆绑定价性质，可以将其分为以下几种形式。

1. 同质产品捆绑定价策略

同质产品捆绑定价，按照提供的产品组合不同，又可以把它分为混合产品组合定价和单一产品组合定价。混合产品组合定价的实例如航空公司对往返机票的定价，单一产品组合定价实例如在酒吧里啤酒必须成打买卖。

2. 互补式产品捆绑定价策略

这种捆绑定价的产品在用途上具有互补性，如银行对其提供的一整套不可分的服务进行定价，旅行社对整个旅行线路进行定价。互补式产品捆绑定价策略突破了传统的产品与产品的互补概念，有些企业通过把传统产品与金融贷款服务捆绑定价，向消费者赠送产品，凭借与产品捆绑的金融贷款赚取利润。

3. 非相关性产品捆绑定价策略

生产商将其产品同有竞争性的另一种产品组合销售，两种产品不一定是互补品，生产商只是想通过捆绑产品的销售状况，获取消费者对其基本产品定价的支付意愿，其实质是一种对比验证、信息反馈的定价策略。非相关性产品捆绑定价策略在一些多元化企业和一些商场促销活动中运用得比较多。

（五）服务两部分定价策略

服务两部分定价策略就是在服务行业中，使服务费分成固定费用和可变使用费，使固定费用低到足以吸引人享用其服务，从可变使用费中获取利润。比如，游乐场通常收取较低的入场费，期望通过场内的各种可选消费获利。

（六）副产品定价策略

副产品定价策略是制造行业常用的定价策略，在其主产品的副产品可以销售的状况下使用。这种定价强调，当副产品的价值比较低、销售的成本又比较高时，最好不要让副产品影响主产品的定价；相反，如果副产品的价值相当高，制造商可以为主产品制定很有竞争性的低价，占领更多的市场份额，然后通过副产品的销售赚取利润。

比如，在生产加工肉类产品、石油产品、化工产品时，常常有副产品产生。如果副产品没有价值而且处理它们的成本很高，就会影响主产品的定价。制造商为这些副产品寻找需求市场，制定比储存和利用这些副产品的费用高些的价格销售，就可导致主产品价格降低，间接提高竞争能力。

三、产品心理价格策略制定

不论是厂家还是商家，都根据产品或商品的具体特点，采用各种产品心理价格策略。心理价格策略是针对顾客心理而采用的一类定价策略，主要用于零售商业。

每一件产品都能满足消费者某一方面的需求，其价值与消费者的心理感受有很大的关系。这就为心理价格策略的运用提供了基础，使企业在定价时可以利用消费者心理因素，有意识地将产品价格定得高些或低些，以满足消费者生理和心理的、物质和精神的多方面需求；通过消费者对企业产品的偏爱或忠诚，扩大市场销售，获得最大效益。

（一）尾数定价策略

尾数定价策略是指在确定零售价格时，利用消费者求廉的心理，制定非整数价格，以零头数结尾，使消费者在心理上产生一种便宜的感觉；或者是价格尾数取吉利数，从而激起消费者的购买欲望，促进商品销售。尾数定价策略在消费者心中产生的效果如下。

1. 感觉商品便宜

标价99.96元的商品和100.06元的商品，虽然仅差0.1元，但前者给消费者的感觉是还不到“100元”，而后者却使人产生“100多元”的感觉，因此前者可以使消费者认为商品价格低，易于接受。

2. 感觉计算精确

带有尾数的价格会使消费者认为企业定价是非常认真和精确的，连零头都算得清清楚楚，进而会对商家的商品或企业的产品产生信任感。

3. 感觉吉祥如意

由于受民族习惯、社会风俗、文化传统和价值观念的影响，某些特殊数字常常会被赋予一些独特的含义，企业在定价时如果能加以巧用，其产品就会因之而得到消费者的偏爱。例如，8、6、9作为价格尾数时，人们认为“8”即“发”，“6”即“顺”，“9”即“有”，有吉祥如意的意味，因此经常被采用。又如，我国把“4”、西方国家把“13”视为不吉利的数字，因此企业在定价时应有意识地避开，以免引起消费者对企业产品的反感。

（二）整数定价策略

整数定价策略，即在定价时把商品的价格定成整数，不带尾数，使消费者产生“一分钱一分货”的感觉，迎合消费者“便宜无好货”的心理，提升商品形象。整数定价可以给顾客一种干脆利索的感觉，便于计算和收款。礼品、工艺品和高档商品制定整数价会使商品显得高贵，满足部分消费者的虚荣心理；方便食品、快餐等商品或服务制定整数价格，迎合人们“惜时”心理，便于消费者决策。

（三）声望定价策略

声望定价策略是指在定价时，把在顾客中有声望的商店、企业的商品价格定得比一般的商品高，根据消费者对某些商品、某些商店或企业的信任心理而使用的价格策略。一家商店的店号在消费者心中享有声望，则它出售的商品价格可比一般商店高。名牌商品也可采用优质高价策略，既增加了盈利，又让消费者在心理上感到满足。

（四）招徕定价策略

招徕定价策略是指在多品种经营的企业中，对某些商品定价很低，以吸引顾客，招徕顾客购买低价商品同时也购买其他商品，从而带动其他商品的销售。企业可利用节假日减价，采用让利招徕定价法。如，美国有一家著名的商店，所售商品一律定价99美分，甚至彩电也是99美分一台，每天只供应10台，借此招徕顾客。

（五）习惯定价策略

有些日用品，消费者经常接触、购买，对价格已养成固定习惯，不宜轻易变动。而且物价愈稳定，这种习惯定价的产品也就愈多。其他企业如生产相同产品，须按已有的习惯价格定价，否则销路就会受影响。有时企业的生产因素发生变化，如钢材、水泥等原材料涨价等，确实需要提价，企业将产品改型或利用新的牌号和包装，消费者在心理上比较容易接受。日常生活中的饮料、大众食品一般适用这种策略。

（六）分级定价策略

分级定价策略又称分档定价心理策略，是指在制定产品价格时，把同类产品分成几个等级，不同等级的产品价格不同，使消费者对产品产生货真价实、按质论价的感觉，容易被消费者接受。产品分级便于满足不同消费者需要，简化企业的计划、订货、库存、推销等工作程序。该策略关键要符合目标市场需要，级差不能过大或过小，否则起不到效果。

（七）安全定价策略

消费者在决定购买大件耐用品时，不仅注重价格，而且更注重质量，也会考虑安装和维修是否方便，易耗件能否保证供应，搬运难易等。企业可以把包括送货上门、代为安装、附送易耗件、一定期限内上门维修的费用按估算的平均水平全部记入价格，将产品的售后服务措施公布于众，这样就能消除购买者的后顾之忧，增强安全感，促进销售。

营销智慧火花：知者不惑，仁者不忧，勇者不惧。

四、产品价格折扣策略制定

折扣定价是指对基本价格做出一定的让步，直接或间接降低价格，以争取顾客，扩大销量。其中，直接折扣的形式有现金折扣、数量折扣、功能折扣、季节折扣；间接折扣的形式有回扣和津贴，回扣在此处不作讨论。

（一）现金折扣定价

现金折扣是企业对现金交易的顾客或对及早付清货款的顾客给予一定的价格折扣。许多情况下采用此定价法可以加速资金周转，减少收账费用和坏账。为了鼓励买主用现金购买或提前付款，企业常常在定价时给予一定的现金折扣。例如，某项商品的成交价为 360 元，交易条款注明“2/10 净价 30”，意思是：如果在成交后 10 天内付款，可享受 2% 的现金折扣，但应在 30 日内付清全部货款。现金折扣的功能是促进卖方的现金周转。

（二）数量折扣定价

数量折扣是企业给那些大量购买某种产品的顾客的一种折扣，以鼓励顾客购买更多的货物。累计数量折扣规定在一定时间内购买商品总量达到一定数额时给予折扣，这样可以使客户向某一特定的供应商订货，而不是从多个来源购买同一产品。非累计数量折扣只按一次购买数量，给予折扣。非累计数量折扣诱导客户从某一特定的卖主那里一次性购买大量产品。大量购买能使企业降低生产和销售等环节的成本费用。

（三）功能折扣定价

功能折扣也叫贸易折扣，是由制造商向履行了比如推销、贮存、售后服务等功能的营销渠道成员所提供的一种折扣。对于不同的营销渠道成员，制造商可以提供不同的功能折扣，因为它们提供了不同的服务，但制造商必须向同一营销渠道的成员提供同样的功能折扣。

（四）季节折扣定价

季节折扣定价是指针对某些季节性强的商品，在销售淡季，企业给予顾客一定的折扣。

这种方法有利于减少存货成本和资金成本，加速资金回笼，便于组织新的货源，缓解供给和需求在时间上的矛盾。

季节折扣也是企业鼓励顾客淡季购买的一种减让，以使企业的生产和销售一年四季能保持相对稳定，淡季打折鼓励提前订购，使厂家能在一年中维持比较稳定的生产。旺季打折旨在提高市场占有率，巩固并增强竞争地位。

（五）推广津贴定价

推广津贴又称推广让价，是生产企业为扩大产品销路，对中间商积极开展促销活动所给予的一种补助或降价优惠。生产商推广津贴定价的方式主要为促销让价，当中间商为产品提供各种促销活动，如刊登广告、设立样品陈列橱窗等时，生产商除负担部分广告费外，还在产品价格上给予一定优惠，给予中间商津贴或降低价格作为补偿。

营销智慧火花：大型企业重视文化，中型企业瞄准行业，小型企业盯老板。

五、产品地区价格策略制定

通常，一个企业的产品不仅在本地销售，同时还要销往其他地区，而产品从产地运到销地要花费一定的运输、仓储等费用，如何合理分摊这些费用？不同地区的价格应如何确定？这些就是产品地区定价策略所要解决的问题，具体有五种解决方法。

（一）产地定价策略

产地定价策略即按产地某种运输工具上交货定价，就是顾客（双方）按照厂价购买某种产品，企业（卖方）只负责将这种产品运到产地某种运输工具（如卡车、火车、船舶、飞机等）上交货。交货后，从产地到目的地的一切风险和费用概由顾客承担，以产地价格或出厂价格为交货价格，运杂费和运输风险全部由买方承担。这种做法适用于销路好、市场紧俏的商品，但不利于吸引路途较远的顾客。

（二）统一交货定价

统一交货定价策略也称邮票定价法，企业对不同地区的顾客实行统一的价格，即按出厂价加上平均运费，确定统一交货价。这种方法简便易行，实际上是由近处的顾客承担了部分远方顾客的运费，对近处的顾客不利，比较受远方顾客的欢迎。

（三）分区定价策略

企业把销售市场划分为远近不同的区域，各区域因运距差异而实行不同的价格，同区域内实行统一价格。分区定价类似于邮政包裹、长途电话的收费。对企业来讲，可以较为简便地协调不同地理位置用户的运费负担问题，但对处于分界线两侧的顾客而言，还会存在一定的矛盾。

（四）基点定价策略

企业在产品销售的地理范围内，选择某些城市作为定价基点，然后按照出厂价加上基点城市到顾客所在地的运费来定价。在这种情况下，运杂费用等是以各基点城市为界由买卖双方分担的。该策略比较适用于体积大、运费占成本比重较高、销售范围广、需求弹性小的产品。

（五）津贴运费定价

津贴运费定价策略法是卖方对距离产地较远的中间商或用户，补贴一部分或全部运费，以促进买方购买的定价方法。这种方法可以弥补产地定价策略的不足，鼓励距生产地较远的中间商或用户的购买。当市场竞争激烈，或企业急于打开新的市场时，常采取这种做法。

六、产品价格调整策略制定

产品的价格不能一成不变，应经常进行调整。根据消费者市场的需要和消费行为的习惯，适时进行合理的调价，企业的营销活动才会有活力，企业才能在竞争日趋激烈的现代商战中立于不败之地。

（一）产品降价策略

在现代市场经济条件下，企业降价的主要原因有：首先，企业生产能力过剩，当企业生产能力过剩时，同时又不能通过产品改进和加强销售工作等来扩大销售时，为了扩大销售企业就必须考虑削价；其次，保持或扩大市场份额，在强大竞争者的压力之下，企业的市场占有率有所下降，或有下降的趋势，企业不得不拿起降价的武器；最后，企业的成本费用比竞争者低，企图通过削价来掌握市场或提高市场占有率，从而扩大生产和销售量，降低成本费用。

（二）产品提价策略

1. 在产品短缺条件下，企业采取提价策略

企业的产品供不应求，不能满足其所有顾客的需要。在这种情况下，企业就必须提价。提价方式包括取消价格折扣，在产品大类中增加价格较高的项目或者直接提价。

2. 在通货膨胀条件下，企业采取提价策略

在通货膨胀条件下，物价上涨，成本费用提高，企业可采取提价策略，以对付通货膨胀。

（1）采取推迟报价定价方法，即企业暂时不确定最后价格，等到产品制成或交货时方确定最后价格。工业建筑和大型设备制造业等行业，一般采取这种方法。

（2）在合同上规定调整条款，即企业在合同上规定在一定时期内（一般到交货时为止），可按某种价格指数来调整价格。

（3）采取不包括某些商品和服务的定价方法，即企业决定产品价格不动，但是原来提供的服务要计价。

（4）减少价格折扣，即企业决定削减正常的现金和数量折扣，并限制销售人员以低于价目表的价格来拉生意。

（5）取消低利产品。

（6）降低产品质量，减少产品特色、功能和服务。

> 营销智慧火花：机遇就像小偷，来时无声无息，走时让你损失惨重。

（三）价格调整应考虑因素

企业无论是提价还是降价，都会影响消费者、竞争者的利益，并引起他们程度不同的反应。为此，价格变动时必须考虑各方面的反应。

1. 消费者对价格变动的反应

消费者对某种产品的降价、提价的理解，以及企业为防止消费者对提价不满应该注意以下事项。

（1）消费者对某种产品的降价可能会这样理解：一是这种产品已过时，将被新型产品所代替；二是这种产品有某些缺点，销售不畅；三是企业财务困难，难以继续经营下去；四是价格还要进一步下跌；五是这种产品的质量下降了。

（2）消费者对某种商品的提价可能会这样理解：首先，这种产品很畅销，不及时买就买不到了；其次，这种产品很有价值；最后，卖方想获取更多利润。

（3）为防止消费者针对提价不满，企业应该注意两点。第一，避免全面涨价，其中一个涨价，另一个就要保持原价，以缓解顾客的不满，让顾客慢慢适应。第二，把“明涨”转为“暗涨”。总费用不涨，因为顾客虽然关心产品价格变动，但是通常更关心获得、使用、维修产品的总费用。把握价格敏感商品，某些商品的价格不能随意提价；对于非价格敏感商品，可以视情况适当提价。

2. 竞争者对价格变动的反应

竞争者对价格变动的反应类型包括同向式反应、逆向式反应、交叉式反应。

（1）同向式反应。竞争企业跟随本企业提价和降价，采取同向一致行为。这对企业影响不太大，不会导致严重后果。企业坚持合理营销策略，不会失掉市场和减少市场份额。

（2）逆向式反应。本企业提价或降价，竞争企业反向降价或提价，有时维持原价。这种相互反向冲突的行为，影响很大，竞争者的目的也十分清楚，就是乘机争夺市场。对此，企业要进行调查分析，首先摸清竞争者的具体目的，其次要估计竞争者的实力，再次要了解市场的竞争格局。

（3）交叉式反应。众多竞争者对企业调价反应不一，有同向的，有逆向的，有不变的，情况错综复杂。企业在不得不进行价格调整时，要注意提高产品质量，加强广告宣传，保持分销渠道畅通等。

3. 企业对竞争者价格变动的反应

企业对竞争者价格变动的反应主要体现在同质产品市场和异质产品市场这两类市场中。

（1）在同质产品市场，如果竞争者降价，企业必随之降价，否则会失去顾客。某一企业提价，其他企业随之提价（如果提价对整个行业有利），但如有一个企业不提价，最先提价的企业和其他企业将不得不取消提价。

（2）在异质产品市场，购买者不仅考虑产品价格，而且考虑质量、服务、可靠性等因素，因此购买者对较小价格差额无反应或不敏感，则企业对竞争者价格调整的反应有较多自由。

> 营销智慧火花：黄金有价人无价；价格是价值规律的表现。

七、产品价格策略制定流程

产品价格策略制定流程是指产品价格事项活动的流向顺序，包括实际制定过程中的八个关键环节。在产品价格策略制定流程中，各道环节之间存在的逻辑关系是一种动态关系。产品价格策略制定流程具有严密性、逻辑性、动态性、科学性。

(1) 产品价格策略的制定需要企业严格遵守制定流程，严格遵守流程中的每道工序及其逻辑走向。在汇总产品价格信息的前提下，把从各个渠道收集来的资料整理并分析，根据产品价格信息的分析结果，进行价格调整，提交价格调整申请书。

(2) 在申请书获得专家评审组审批之后，制定组专员拟定价格调整方案，提交方案。获得审批后，便落实产品价格调整方案。在方案执行过程中，要对产品价格调整状况进行实时反馈。图 7－1 展示了产品价格策略制定的整个流程。

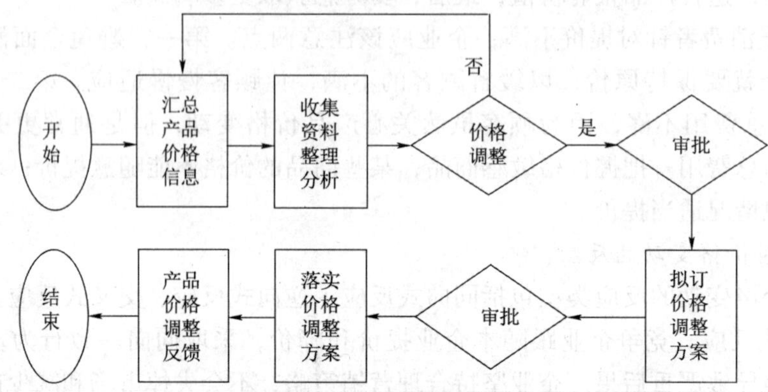

图 7－1　产品价格策略制订流程

第四节　网络营销定价

企业网络营销定价目标包括生存定价、获取当前最高利润定价、获取当前最高收入定价、销售额增长最大量定价、最大市场占有率定价和最优异产品质量定价。企业的定价目标一般与企业的战略目标、市场定位和产品特性相关。

企业在制定网络营销价格策略时，主要依据产品的生产成本，这是从企业局部角度来考虑的；同时企业还要从市场整体角度来考虑，它取决于需求方的需求强弱程度和价值接受程度；还要从替代性产品（也可是同类）的竞争压力程度考虑。需求方接受价格的依据是商品的使用价值和商品的稀缺程度，以及可替代品的机会成本。

一、产品网络营销成本策略制定

从企业内部说，企业产品的生产成本总是呈下降趋势，而且成本下降趋势越来越快。在网络营销价格策略中，可以从降低营销及相关业务管理成本费用、降低销售成本费用两个方面分析网络营销对企业成本的控制。下面分析互联网营销平台对企业各职能部门业务带来的低成本费用。

（一）降低采购成本策略

采购过程中经常出现问题，是由过多的人为因素和信息闭塞造成的，而通过互联网可以减少人为因素和信息不畅通的问题，在最大限度上降低采购成本。

其一，企业利用互联网平台，可以将采购信息进行整合和处理，统一从供应商订货，以求获得最大批量采购的折扣。

其二，通过互联网实现库存、订购管理的自动化和科学化，可最大限度减少人为因素的干预，同时能以较高效率进行采购，节省大量人力和避免人为因素造成不必要损失。

其三，通过互联网生产商可以与供应商进行信息共享，供应商根据生产商的需要供应原料，同时又不影响生产、不增加库存产品。

（二）降低库存成本策略

利用互联网将生产信息、库存信息和采购系统连接在一起，可以实现实时订购。企业可以根据需要订购，最大限度降低库存，实现“零库存”管理，这样的好处是，一方面减少资金占用和仓储成本，另一方面可以避免价格波动对产品的影响。

正确管理存货能为客户提供更好的服务并为公司降低经营成本，加快库存核查频率会减少与存货相关的利息支出和存储成本。减少库存量意味着现有的加工能力可更有效地得到发挥，更高效率的生产可以减少或消除企业和设备的额外投资。

（三）控制生产成本策略

利用互联网可以节省大量生产成本，首先利用互联网可以实现远程虚拟生产，在全球范围寻求最适合的生产厂家合作；另一方面，利用互联网可以大大节省生产周期，提高生产效率。使用互联网与供货商和客户建立联系，使公司能够比从前大大缩短用于收发订单、发票和运输通知单的时间。

互联网发展和应用将进一步减少产品生产时间，其途径是扩大企业电子联系的范围，或与不同研究小组和公司进行项目合作。

> 营销智慧火花：产品定价策略不仅考验你的数学水平，而且检验你的策划能力。

二、产品网络营销价格策略制定

网络营销是建立在互联网基础上并借助网络来实现一定营销目标的手段，它致力于发现顾客需求并以此为基础生产、销售满足顾客需要的商品。由于网络的全球性，传统产品的来源地和销售地的地理位置差异性减到最小，企业必须调整其价格策略来面对全球性市场。

由于企业定价行为的影响因素更加趋于复杂多样，所以，对网络营销产品价格策略研究和探索具有非常重大的理论和实践意义。

（一）产品低位定价策略

借助互联网进行销售，比传统销售渠道的费用低廉，因此网上销售价格一般比实体店的市场价格要低。由于网上的信息是公开和易于搜索比较的，所示网上的价格信息对消费者的购买起重要作用。消费者从网上可以获取更多的产品信息，从而以最优惠的价格购买商品。

采用直接低价定价策略，定价时大多采用成本加一定利润，有的甚至是零利润，因此这种定价在公开价格时就比同类产品要低。它一般是制造业企业在网上进行直销时采用的定价方式。

另外一种低价定价策略是折扣策略，它是在原价基础上打一定折扣来定价的。这种定价方式可以让顾客直接了解产品的降价幅度，以促进顾客的购买。这类价格策略主要用于一些网络商店，一般按照市面上的流行价格进行折扣定价。

（二）产品免费价格策略

产品免费策略即产品“零价格”策略。该策略在网络营销中比较常用，是一种用于吸引消费者关注产品的策略。产品免费价格策略就是将企业的产品和服务免费提供给消费者使用，无须花费金钱即可体验产品。在网络营销的众多策略中，产品免费策略不仅是一种促销策略，也是一种较有效的产品定价策略。

1. 产品免费案例

一些企业通过实施免费价格策略达到其营销目的，比如网友普遍使用“免费电子邮件”“免费杀毒软件”“免费电子报刊”等，这并不是传统市场中商家使用的那种“买一赠一”的销售手法，而是实实在在的经营行为。

2. 产品免费形式

一是完全免费；二是有限免费，超过一定次数或者期限后即不再免费；三是部分免费，是指产品整体的某一部分或者服务过程中的某一环节顾客可以免费享受；四是捆绑式免费，是指在购买某种产品或者服务的时候可以额外享受到卖方提供的免费产品或服务。

3. 免费产品特性

产品免费策略受到一定的环境制约，只有适合互联网特性的产品才适合采用，如易于数字化的无形产品，比如软件、信息服务、音乐制品、图书等，它们可以通过数字化技术实现网络传输；零成本制造的产品，在开发成功后，简单复制就可实现无限生产；具有成长性和冲击性的产品以及间接收益性产品（服务），企业通过其他模式赢利。

> 营销智慧火花：三个“苹果”改变了世界——第一个诱惑了夏娃，第二个砸醒了牛顿，第三个成就了乔布斯。

（三）产品定制价格策略

产品定制价格策略是在企业能够实行定制生产的基础上，利用网络技术和辅助设计软件，帮助消费者选择配置或者自行设计，能满足自己需求的个性化产品，同时承担自己愿意付出的价格成本。

由于消费者个性化需求差异性大，加上消费者的需求量少，故企业实行定制生产，必须在管理、供应、生产和配送等环节上，适应小批量、多式样、多规格和多品种的相应变化。

消费者在选择自己认为价格合适的产品时，对产品价格有比较透明的认识。目前这种允许消费者定制定价订货的尝试还只是初步阶段，消费者只能在有限的范围内进行挑选。

（四）产品使用价格策略

产品使用定价，就是消费者通过互联网注册后可以直接使用某企业的产品，消费者只需要根据使用次数进行付费，而不需要将产品完全购买，减少了企业为完全出售产品而进行的不必要的大量生产和包装浪费，同时还可以吸引那些有顾虑的消费者使用产品，扩大市场份额。

消费者每次只是根据使用次数付款，节省了购买产品、安装产品、处置产品的麻烦，还可以节省不必要的开销。采用按使用次数定价，一般要考虑产品是否适合通过互联网传输，是否可以实现远程调用。目前，比较适合的产品有软件、音乐、电影等。

（五）产品拍卖竞价策略

产品通过网上拍卖，由消费者在网站上轮流公开竞价，在规定的时间内高价者获胜。市场要想形成最合理价格，网上拍卖竞价是最合理的方式。

首先，竞价拍卖最常见的经营模式是 C2C 的交易模式，包括二手货、收藏品，也可以是普通商品以拍卖方式进行出售。其次，竞价拍买是竞价拍卖的反向过程。消费者提出一个价格范围，求购某一商品，由商家出价。出价可以是公开的，也可以是隐蔽的，消费者将与出价最低或最接近的商家成交。最后，集体议价作为动态定价的一种形式，将不同的投标者联合起来，以便获得折扣价格。

目前国内网上竞价市场，根据交易双方的关系，拍卖交易的模式一般有四种，即“1 对 1”的交易模式、“1 对多”的交易模式、“多对 1”的交易模式、“多对多”的交易模式。

【案例分析】

1. 火车站票与坐票同价不合理

2013 年 1 月 12 日，网友发布了一条标题为“呼吁无座火车票应该半价”的微博，短短几天内，该微博已被转发近 16 万次，评论近 4 万条。“无座火车票半价”也一时之间成为网友热烈讨论的话题，各方观点层出不穷，但在大多数网友的强烈支持声中，也有相关人士对此持反对态度。

中国铁路每年售出大量无座票，无座车票依然全价出售。无座旅客以农民工居多，他们因为条件知识等各种原因，抢不到属于自己的有座票。按照市场价值规律，他们没能享受到与车票价钱相匹配的服务，因此无座车票全价出售不合理。

（案例来源：王产一 站票坐票同价不合理［EB/OL］.（2016 – 3 – 27）［2021 – 1 – 29］. http：//www.docin.com/p – 1506988912.html.）

【问题】 火车票的站票票价是否应该打折？

2. 药品价格高的原因出在哪里

“有啥别有病”，治病买不起药。药价如天上的星，高之又高，付费能力如水中的月，低之又低，要想与国外相比，首先要水中捞月，然后到天上摘星，好像都做不到，只能承认我国的药价确实让人难以承受了。

医院开药贵，在药店买药也不便宜。“现在连感冒药都十几元、二十多元一盒，药店还会捎带让你买消炎药，治感冒加起来至少要五十元。”市民徐先生说，“如果不指定要买某种药，售药员一定会首先推荐价格较高的药品。”

药价高的原因之一就是药价不公开，药品价格包括成本价、出厂价、批发价、招标价、政府指导价、医院采购价、零售价七个环节，每个环节的药品定价都不公开，结果就出现了药品价格高出市场价格几倍，甚至几十倍的情况。

（案例来源：同一种药医院的价格都要高过药店［EB/OL］．（2012－2－17）［2.21－1－29］．https：//www.315jiage.cn/mn98705.aspx315 价格网）

【问题】 药品价格居高不下的根源在哪里？

【本章小结】

本章以产品定价及定价策略的两个专业基础知识点为切入点，在分析产品定价影响因素的基础上，阐述了六类产品定价方法，重点从产品生命周期、产品组合、心理价格、价格折扣、地区价格、价格调整、价格策略制定流程七个方面，阐述了企业产品价格策略制定的专业知识和专业技能，最后介绍了互联网电商平台上企业产品营销价格策略的制定方法。

【思考题】

1. 怎样从内部和外部两个维度来解读产品定价的影响因素？
2. 六类产品定价法的核心价值体现在哪几个方面？
3. 讨论并举例说明一线城市商品房高房价的三个获利主体。
4. 从产品定价方法的角度，分析火车坐票和站票同价所反映的价格歧视现象的本质。
5. 医院和药店的高药价违反了哪些产品定价策略的制定原则和规范？

第八章

分销策略制定

【教学要求】

1. 了解分销、渠道、分销渠道等概念。
2. 熟悉制造商、中间商、消费者三个主要渠道成员，以及渠道内部流通的五种介质。
3. 熟悉各类中间商（代理商、分销商、经销商、批发商、零售商）的确切含义。
4. 掌握传统零售和现代电商零售的各种业态，以及渠道构建和解决渠道冲突的方法。
5. 掌握传统分销渠道和网络分销渠道的建设与管理机制。

【本章术语】

◆分销与直销　◆非法传销　◆渠道冲突　◆分销商　◆经销商　◆O2O 和 B2C

【课程思政】

●大学生要摒弃暴富心理，不被高利诱惑，提高防范意识，防止误入传销组织，自觉抵制传销等违法犯罪活动，自觉遵守《直销管理条例》和《禁止传销条例》。

●分销渠道成员要遵守职业道德，杜绝恶性窜货行为，避免引发渠道冲突，一是不可蓄意向辖区外市场倾销商品，投机取巧，损害企业及品牌形象；二是不可将假冒伪劣品与正品在渠道内混同销售，以低价倾销获取非法利益。

第一节　分销渠道概述

一、分销渠道的概念

本部分主要介绍分销、渠道、分销渠道三个重要概念及其各自的含义。

（一）分销

在西方经济学中，分销的含义即建立销售渠道。分销能使产品和服务以适当的数量和地域分布来适时满足目标市场消费者的需要。一个完整分销过程包括两个基本要素，一是参与者，二是参与者所承担的责任和义务。

一个完整分销过程所包含的具体环节包括分销计划的制订、库存的管理、零售点的覆盖、陈列管理、信用提供、促销的设计和执行、物流配送、货款回收等。

（二）渠道

渠道通常指水渠、沟渠，是水流的通道，被引入商业领域，引申为商品销售路线，即商品的流通路线，所指为厂家产品流向一定的社会网络或商家商品流向不同的区域，以达到销售的目的。渠道有长短、宽窄之分。

（三）分销渠道

根据菲利普·科特勒的定义，分销渠道又叫营销渠道，是指某种产品或服务从生产者向消费者转移的过程中，取得这种产品、服务的所有权，以及帮助所有权发生转移的所有企业和个人。但不包括供应商、辅助商等。

其一，分销渠道由处于渠道起点的制造商、处于渠道终点的消费者、处于制造商与消费者之间的中间商和代理商等营销中介构成，是一种松散型的组织系统。

其二，分销渠道的作用是对产品从生产者传递给消费者所必须完成的工作加以组织，其目的在于消除产品或服务与使用者之间的差距。

二、分销渠道的功能

分销渠道的基本功能是实现产品、商品从生产商、代理商、经销商向消费者的转移，同时，分销渠道也有其他方面的功能。

（一）调研功能

调研功能是指分销渠道的部分成员收集整理有关当前消费者、潜在消费者、直接竞争者、替代品竞争者、其他参与者及营销环境其他方面的信息，并及时向分销渠道内的其他成员传递相关信息，实现渠道内的信息共享。

（二）促销功能

渠道成员可以在厂家的支持下，通过各种促销手段，以对消费者有吸引力的形式，把产品或服务的有关信息传递给消费者，激发消费者的消费欲望，促成交易成功。比如新产品展示会、季节性促销活动等各种方式。

（三）谈判功能

谈判功能是指分销渠道的成员之间，为了转移货物的所有权，而就其价格及其他有关条件，通过谈判达成最后协议。

（四）编配功能

编配功能是指分销渠道的成员按照买方要求分类整理商品，如按产品相关性分类组合、改变包装大小、分级摆设等。

（五）订货功能

订货功能是指分销渠道成员向生产商进行有购买意向的反向沟通行为。

（六）物流功能

物流功能是指产品从下线起，就进入了分销过程，此时，分销渠道要承担产品实体的运输和储存功能。

（七）融资功能

融资功能是指分销渠道成员收集并分配资金，用以支付渠道工作所需费用，包括分销渠道的建设与运转、职工工资支付、渠道成员之间贷款划转、消费信贷实施等。

（八）担险功能

担险功能是指分销渠道各成员在分享利益的同时，还要共同承担由商品销售、市场波动等各种不可控因素所带来的各种风险。分销渠道在当今的市场竞争中发挥越来越多的功能，这些功能具体由哪个渠道成员来执行，需要根据实际情况来确定。

当生产商执行这些功能时，生产商的成本增加，其产品价格也必然上升；当中间商执行这些功能时，生产商的费用和价格下降了，但中间商必须增加开支，来承担这部分费用。

营销智慧火花：先有成熟厂商，才有运作成熟的渠道，才有成熟健康的市场。

三、分销渠道的介质流动

在商品从生产领域向消费领域转移的过程中，分销渠道内部有多种介质在流动和传递，形成了一条动态化的传递链条。在现代企业的分销渠道内部，包含如下介质：商品流、信息流、资金流、物权流、价值流。

（一）商品流

商品流（物流）体现了分销渠道把供应商的原材料传递给制造商和生产商，制造加工成产品，再由代理商、批发商、零售商以商品的形式出售给终端消费者的动态过程。实质上，渠道物流传递的过程也是一个把产品逐步商品化的过程。

（二）信息流

信息流把企业信息和产品信息，以及中间商的商品信息传递给终端消费者，同时，借助中间商也把消费者的反馈信息反向传递给了制造商和生产商。

（三）资金流

资金流体现了渠道成员企业把制造加工等环节所付出的各种资本金，以价值的形式凝结在产品、商品的使用价值中，在渠道传递中伴有一定比例的升值，成为渠道驱动前行的动力。

（四）物权流

物权流（所属权流）体现出产品、商品的物权（所属权）在买卖交易活动中发生了转移和更替，商品所属权的最终拥有者（消费者）最终获得商品的使用权。

（五）价值流

价值流体现了渠道分销活动是一个价值增值和价值再造的活动，也是一个价值传递的管道，充分体现了市场营销蕴含价值传递的营销哲学。比如，在分销过程中，各渠道成员企业非常注重企业形象的树立，注重产品质量的宣传，注重品牌的塑造和推广企业文化的宣传等，给企业带来了极大的价值增值。

四、分销渠道的发展趋势

分销渠道的发展趋势一是分散的渠道成员一体化经营，二是渠道结构扁平化，三是渠道建设重点向终端转移。

（一）渠道成员一体化经营

传统的渠道关系即每一个渠道成员都是一个独立的经营实体，以追求个体利益最大化为目标，甚至不惜牺牲渠道和厂商的整体利益。在伙伴型分销渠道中，厂家与经销商一体化经营，实现厂家渠道的集团控制，使分散的经销商形成一个有机体系，各渠道成员为实现自己或大家的目标共同努力。

（二）渠道结构扁平化

分销渠道改为扁平化的结构，即分销渠道越来越短，分销网点则越来越多。分销渠道变短，可增加企业对渠道的控制力；分销网点增多，能有效促进产品的销量。如，一些企业由多层次批发环节变为单层批发，即形成“厂家→经销商→零售商”模式，企业直接向经销商、零售商提供服务。

（三）渠道建设以经营终端为中心

以前企业大多注重分销渠道的开端和中部，通过市场运作和大客户政策来展开营销工作；当市场转为相对饱和的状态，对企业的要求由经营渠道变为经营终端。

五、企业渠道分销员职责

渠道分销员的主要职责是帮助企业拓展和管理业务渠道，具体工作内容根据企业不同而各异，具有共性的主要工作职责归结为六项。

其一，渠道分销员负责企业的零售订单处理，包括发货、退还、客服等工作。

其二，渠道分销员负责与渠道系统对接，在经销商的零售代发货系统中进行操作，包括发货、退换、对账、催款等工作。

其三，渠道分销员负责制定分销渠道的分销策略、分销制度、分销规则。

其四，渠道分销员负责对大卖家或重要客户进行开发管理，制定分销活动方案，提升分销商销售业绩等。

其五，渠道分销员负责进行分销商招商、筛选、培养、考核等工作，维护和监督渠道的运营管理等。

其六，渠道分销员负责对分销及销售状况进行总结，发现不足，分析成因，提出改进措施。

以上六项职责是企业渠道分销员必须执行的共性化、常态化的规定“动作”，企业会根据自身的独特性质而进行相应的调整和完善。

> 营销智慧火花：渠道不是渠，也不是道，而是企业编织的一张无形的分销网。

第二节　分销渠道成员

分销渠道成员包括分销渠道内部成员和分销渠道外部成员。分销渠道的内部成员是指厂家或商家的销售部门、财务部门和储运部门等。确定分销渠道要注意以下内容：一是确定与外部成员打交道的组织系统，二是设定这个系统的相应岗位并招募相应的人员。分销渠道的外部成员是指与生产厂家合作的中间商，包括批发商和零售商等。

一、分销渠道主要成员

分销渠道成员主要包括制造商、中间商、消费者三大群体，中间商群体主要成员包括生产商、代理商、批发商、零售商。经销商包括批发商、零售商。

分销商包括多个一级代理商、多个二级代理商或者多个一级批发商、多个二级批发商等。分销渠道主要成员分布及分销的品类如表 8－1 所示。

表 8－1　分销渠道主要成员及分销的品类

<table>
<tr><td colspan="5">经营者（产品、商品）</td><td>消费者（商品）</td></tr>
<tr><td colspan="4">供应商、供货商（产品、商品）</td><td>零售商（商品）
分销商（商品）</td><td>消费者（商品）</td></tr>
<tr><td>制造商（产品）</td><td>生产商（产品）</td><td>代理商（产品）
分销商（产品）</td><td>批发商（商品）
分销商（商品）</td><td>零售商（商品）
分销商（商品）</td><td>消费者（商品）</td></tr>
<tr><td>制造商（产品）</td><td>生产商（产品）</td><td>代理商（产品）
分销商（产品）</td><td>批发商（商品）
分销商（商品）</td><td>零售商（商品）
分销商（商品）</td><td>消费者（商品）</td></tr>
<tr><td>制造商（产品）</td><td>生产商（产品）</td><td>代理商（产品）
分销商（产品）</td><td colspan="2">经销商（商品）</td><td>消费者（商品）</td></tr>
<tr><td>制造商（产品）</td><td colspan="4">中间商（产品、商品）</td><td>消费者（商品）</td></tr>
</table>

（一）制造商

制造商是渠道的源头，即创造产品的企业，是产品的研发和设计者，是产品质量的责任者。制造商可以运用外购或自制的原料或零件，利用机器、设备，按照生产工序，制造日常的消费品。

制造商既可以自行生产产品，也可以委托生产商进行定点生产，即进行定牌生产或授权贴牌生产。一个产品只能有一个制造商，但它可能有多个受托代加工的生产商。

原始设计、原始设备、原始品牌三类制造商可能不直接生产产品，而是利用自己掌握的关键核心技术负责设计开发新产品，控制销售渠道，具体的加工任务通过合同订购的方式委托同类产品的其他厂家生产。另外，还有许多工业品的制造商并不广为人知，并不是所有的制造商在各自的销售渠道中都占据着主导地位。

（二）中间商

中间商是指在制造商与消费者之间，承担商品交换专门媒介，将购入的商品再行销售或租赁，以此获取利润的经济组织或个人。中间商包括批发商、零售商、代理商和经纪人，扮演采购代理人的角色，把购买的各种商品转售给顾客，创造时间、地点、所有权效用。

生产商为制造商代工生产，也是中间商。中间商可以按照不同的标准进行分类，中间商按照是否拥有商品所有权，可分为代理商和经销商；按照不同的销售对象，可分为代理商、批发商、零售商。

（三）消费者

消费者是整个分销渠道的终点。制造商、中间商的诸多努力都是为了满足消费者的需要，实现商品转移到终端，最终确保各自盈利。因此，消费者的类型、消费心理、购买行为特征都是其关注的焦点。

消费者具有以下特征：消费者的消费性质属于生活消费，消费者的消费客体是商品和服务，消费者的消费方式包括购买、使用（商品）和接受（服务），消费者的主体包括公民个人和进行生活消费的组织。

二、中间商成员

中间商是指那些将购入产品或商品再进行销售或租赁，以此获取利润的商家，属于分销渠道里的中间环节，比如代理商、分销商、经销商、批发商、零售商等。

（一）代理商

代理商又称商务代理，是在其行业惯例范围内接受他人委托，为他人促成或缔结交易的一般代理人，主要为企业代办和打理生意，而不是买断企业的产品，所代理货物的所有权仍属于制造商，而不属代理商。因此，代理商销售的不是自己的产品，而是为代理企业转手出售。代理商对代理的产品没有所属权，根据销量赚取企业代理佣金，即提成，其经营行为是一种赊销。

代理商不一定是独立机构，其经营活动受供货商（制造商）的指导和限制，向下游中间商供货权力较大。

1. 总代理

总代理又称全权代理，是委托人在指定地区的全权代表。总代理有权代表委托人从事一般商务活动和某些非商务性事务，并可以在指定地区内细分地区，委托区域代理从事一般商务活动和某些非商务性事务。

2. 独家代理

独家代理是一种狭义代理人概念，指通过协议规定代理人在特定地区、特定时期内享有代理销售某种商品的专营权。其业务限于商业活动，具有垄断性，即委托人在该地区内，不得委托其他代理人。

3. 一般代理

一般代理又称佣金代理，指在同一地区和期限内，委托人可同时委派几个代理人代表委托人行事，代理人不享有独家专营权。一般代理完成授权范围内事务后按协议规定的办法向委托人计收佣金。

4. 单号代理

单号代理即单一商号代理的简称，指仅为一个单一的企业主从事代理活动的代理商，其经营效益首先取决于企业主提供的业务情况，对企业主有很大的依赖性。

5. 区域代理

区域代理指在一定区域或一定的消费集团内从事代理活动的代理人。此种代理方式不排除企业主自己在该地区内缔结交易或由第三人促成交易的可能性与合法性，但即使未参与，对于与企业关系规定的应由其代理的区域或消费集团成员所缔结的交易，同样享有佣金请求权。

6. 特许代理商

特许代理商指被授予特许经销权或优先经销权的、从事独立商行为的商人。

7. 分级代理商

在代理商的层次上，除设立总代理外，代理商还可以根据厂商的渠道模式，下设一级代理、二级代理、三级代理等，代理级别低的原则上由高一级的代理商管理。代理商从简单的分销转换成具有管理职能的渠道维护者，除业务管理外，代理商同时具备品牌、促销、服务、财务等各项管理职能。

（二）分销商

分销商是指那些专门从事将商品从生产者转移到消费者的活动的机构和个人，分销商与制造商之间的关系是营销渠道中买方和卖方的关系。一般由制造商指定，只做渠道不做终端，制造商的产品只从分销商的出口出货。

1. 分销商的分类

分销商根据其从事的业务，一般划分为三类：一类是从事代理业务的分销商，简称代理商；二类是从事批发业务的分销商，简称批发商；三类是从事零售业务的分销商，简称零售商。

2. 分销商的独立性

（1）从事代理业务的分销商不是完全独立的商人，仅为固定制造商代理销售产品，从制造商处进货不需要资金，对代销产品没有所属权，也没有代销产品的定价权。

（2）从事批发、零售业务的两类分销商是完全独立的商人，其经营权不受制造商的约束，可以为许多制造商分销产品；对买入手中的商品拥有所属权，并承担能否通过销售而盈利的全部风险。

3. 分销商的级别

从渠道的横向延伸角度，分销商可分为一级分销商、二级分销商、三级分销商，以此类推；从渠道的纵向扩展角度，每一级别的分销商可以平行扩展多个同级分销商，数量根据企业和市场规模而定。

（1）横向多级渠道，比如一级代理商、二级代理商等，或者一级批发商、二级批发商等。

（2）纵向单级多分支平级渠道，比如 1 个一级代理商下设 3 个或 7 个平行的二级代理商

(形成纵向同级分销商),一个二级代理商下设 3 个或 9 个三级代理商(形成纵向同级分销商),一级代理商、二级代理商、三级代理商三者形成横向的不同级的分销商。

三组横向不同等级分销商与每组纵向相同等级分销商如图 8－1 所示。在图 8－1 中,1 个一级批发商下设 3 个同级的二级批发商(形成纵向同级分销商),一个二级批发商下设 3 个批发商(形成纵向等级分销商)。另外,一个零售商能够形成多个纵向的平级分销商,但没有横向不同级的分销商。

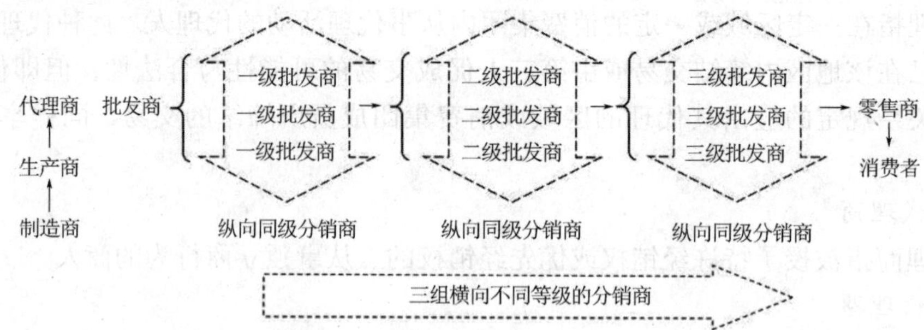

图 8－1　三组横向不同等级分销商与每组纵向相同等级分销商

(三) 经销商

经销商是批发商和零售商的合称,是指在某一区域和领域只拥有销售或服务的组织或个人。经销商属于独立的经营机构,拥有商品的所有权,买断制造商的产品或服务,获得经营利润;多品种经营,经营活动过程不受或很少受供货商的限制,与供货商责权对等。

在我国市场上,经销商这股传统的渠道力量,正遭遇由新生渠道力量带来的渠道扁平化考验,在重压下经销商在业务发展战略上进行适应性调整:第一,部分经销商开始向生产商买进产品,贴上自己的品牌商标卖出;甚至自行投资建厂,生产自有品牌产品,使渠道资源效益发挥最大化;第二,部分经销商开始进入零售领域,向渠道下游延伸,稳定并巩固自身在市场中的地位;第三,最大化获取优势产品资源,以产品分担经营成本和经营风险,追求企业经营的品类规模。

(四) 批发商

批发商是指向生产企业购进产品,然后转售给零售商、产业用户或各种非营利组织,不直接服务于个人消费者的商业机构,位于商品流通的中间环节。

批发商一般是指没有服务终端意识的坐商。批发商上游一端联结生产商,下游一端联结零售商。从销售规模和销售方式而言,批发商注重批量商品批发给零售商,间接为顾客服务;零售商注重单个或几个商品,直接面对个人销售。

1. 批发商的作用

批发商作用在于使销售更具效果,有效集散产品,产品储存保证,提供运输保证,帮助资金融通,承担市场风险,沟通产销信息,为零售商服务。

2. 批发商的分类

批发商可分为普通商品批发商、大类商品批发商和专业批发商。批发交易市场是介于零售业和批发业之间的一种经营业态,交易行为也不十分规范,其类型有产地批发市场、销地批发市场、集散地批发市场。

3. 批发商级别

一级批发商，该级批发商是指在全国或某地区的总代理，直接从厂家进货，享受最低的折扣，进货量最大，但通常有一定的任务指标。二级批发商，该级批发商是指相对一级的小区域代理商，从一级批发商那里进货分销，进货价格略高一些，因为一级批发商要有利润。三级批发商，该级批发商是指最小的批发商，从二级批发商进货，直接向零售终端销货或直接零售，进货价格再次抬高。

营销智慧火花：批发商是按其从事的业务命名的，中间商是按其在渠道中的位置命名的。

（五）零售商

零售商是指将商品直接销售给最终消费者的中间商，是相对于生产商和批发商而言的，处于分销渠道商品流通的最终阶段。

零售商的基本任务是直接为终端消费者服务，它的职能包括购、销、调、存、加工、拆零、分包、传递信息、提供销售服务等，在地点、时间、服务等方面方便消费者购买。面对个人消费者市场，零售商能够最终实现产品价值。

零售商是联系生产商、代理商、批发商、消费者的桥梁，在分销渠道中具有重要作用。

1. 传统零售业态

一是百货商店，指综合各类商品品种的零售商店。二是专卖店，即指专门经营某一类商品或某一类商品中的某一品牌的商店，如服饰店、体育用品商店、家具店、花店、书店等，突出“专”字。三是超市，即指以主、副食及家庭日用商品为主要经营范围，实行敞开式售货，顾客自我服务的零售商店。四是便利店，即指接近居民生活区的小型商店，24 小时营业，应急方便，但品种有限，价格较高。五是折扣店，即指以薄利多销的方式销售商品的商店。六是仓储店，指在20 世纪90 年代后期在我国出现的一种折扣商店。

2. 新型零售业态

新型零售业态是与传统零售业态相对的商业经营形式，指零售业的营业形态。

（1）电商网店。作为电子商务的一种形式，电商网店是一种能够让人们在浏览的同时进行购买，且通过各种在线支付手段进行支付完成交易的网站。网店大多数使用淘宝、京东、购物商城等大型网络贸易平台完成交易。零售商要合理利用网店，争取做到效益最大化。

（2）连锁超市。连锁超市是连锁商业形式和超级市场业态两者的有机结合，是我国现代零售业主流，如大型综合连锁超市、仓储式会员店连锁超市等，以零售方式运作批发，采用会员制。

（3）特许经营。特许经营是一种根据合同体现互利合作关系的商业活动。一般是由特许授予人按照合同要求、约束条件给予受许人（加盟者）的一种权利，允许受许人使用特许人已开发出的企业商标、商号和经营技术及其他工业产权。特许经营分为商品商标型特许经营、经营模式特许经营、转换特许经营。

（4）购物中心。购物中心是由零售商店及其相应设施组成的商店群体，其往往作为一个整体进行开发和管理，通常包括一个或多个大的核心商店，并有许多小的商店环绕，有齐全的停车场设施，顾客购物来去方便。购物中心占地面积大，一般为十几万平方米。其主要特征是容纳了各种类型的商店、餐饮店、美容店等，可娱乐、健身、休闲等，功能齐全，是一种巨型的商业零售模式。

（5）商业街。商业街亦称步行街，是指由经营同类或异类商品的多家独立零售商店集合在一个地区，而形成的零售商店集中区，也有具有购物、休闲、娱乐综合功能的商业街。

（6）大卖场。大卖场也称量贩店，是一种超大型的商场，容纳的产品组合相当广，有饮食类、个人与家庭用品、体育用品、家电、服饰、文具等，是百货公司和超级市场的综合体。

三、中间商成员选择

中间商成员选择的条件涉及市场、地区、产品、知识、合作度、促销、财务、服务八个方面的内容。总体而言，知名度高的、实力雄厚的生产厂家很容易找到中意的中间商，而知名度低的、新的、中小生产厂家就比较难以找到合适的中间商。选择渠道成员的过程主要是选择机构而非选择人员，生产厂家与外部中间商成员是合作关系。

（一）中间商的市场范围

市场是选择中间商比较关键的影响因素。首先，要考虑该中间商的经营范围与产品的预计销售地区是否一致，比如，产品在东北地区，中间商的经营范围就必须包括这个地区。其次，要考虑中间商的销售对象是否是生产商所希望的潜在顾客。这是最根本的条件，因为生产商都希望中间商能打入自己已确定的目标市场，并最终说服消费者购买自己的产品。

（二）中间商的地区优势

地区优势即位置优势。零售中间商最理想的区位应该是顾客流量较大的地点。批发中间商的选择则要考虑它所处的位置是否利于产品的批量储存与运输，以交通枢纽为宜。

（三）中间商的商品资质

中间商承销的商品种类及其组合情况等是中间商商品资质的具体体现。选择时，一要看中间商有多少商品供货来源，二要看各种经销商品的组合关系，确定其是竞争品还是促销品。

一般认为应该避免选用经销竞争品的中间商，即中间商经销的商品与本企业的商品是同类商品，如果商品竞争优势明显，就可以选择销售竞争者商品的中间商，因为消费者在对不同生产厂家的产品进行比较后，会决定购买中间商手中有竞争力的商品。

（四）中间商的产品知识

许多中间商规模巨大，对销售某种产品有专门的经验，往往被名牌产品的生产商选中。选择对产品销售有专门经验的中间商会很快地打开销路，因此生产企业应根据产品的特征选择有经验的中间商。

（五）中间商预期合作度

中间商与生产企业合作得好，会积极主动地推销企业的产品，对双方都有益。有些中间商希望生产企业也参与促销，扩大市场需求，并相信这样会获得更高的利润。生产企业应根据产品销售的需要，确定与中间商合作的具体方式，然后再选择最理想的合作中间商。

（六）中间商促销能力及政策

推销商品的方式及运用选定的促销手段的能力，直接影响销售规模。有些产品广告促销比较合适，而有些产品则适合通过销售人员推销。有的产品需要有效的储存，有的则应及时运输。要考虑中间商是否愿意承担一定的促销费用以及有没有必要物质、技术基础和相应的人才。选择中间商前必须对其所能完成某种产品销售的市场营销政策和技术的现实可能程度进行全面评价。

（七）中间商财务能力及管理

中间商能否按时结算，能否在必要时预付货款，取决于其财力大小；企业销售管理是否规范、高效，关系着中间商营销的成败。这些都与生产企业的发展休戚相关，所以必须考虑中间商的财务能力和管理。

（八）中间商的综合服务能力

现代商业经营服务项目甚多，选择中间商要看其综合服务能力，有些产品需要中间商向顾客提供售后服务，有些在销售中要提供技术指导或财务帮助（如赊购或分期付款），有些产品还需要专门的运输存储设备，合适的中间商所能提供的综合服务项目应与企业销售所需服务要求一致。

第三节　分销渠道结构

分销渠道结构是指为达到分销目标，为产品或服务设定一组渠道成员的关系和任务序列，是分销渠道中所有渠道成员所组成的体系，也被称为营销渠道模式。

一、分销渠道结构概述

营销渠道的结构，可以分为长度结构、宽度结构和广度结构三种类型。三种渠道结构构成了渠道设计的三大要素（或称为渠道变量）。进一步而言，渠道结构中的长度变量、宽度变量、广度变量完整地描述了一个三维立体的渠道系统。

（一）渠道长度结构

营销渠道的长度结构，又称层级结构，是指按照其包含的渠道中间商（购销环节），即渠道层级数量的多少来定义的一种渠道结构。通常情况下，根据包含渠道的层级，可以将一个营销渠道分为零级、一级、二级和三级渠道等。

1. 一级渠道

一级渠道包括一个渠道中间商。在消费品市场上，这个渠道中间商通常是零售商；在工业品市场上，这个渠道中间商通常是一个代理商、佣金商或经销商。

2. 二级渠道

二级渠道包括两个渠道中间商。在消费品市场上，这两个渠道中间商通常是批发商和零售商；在工业品市场上，这两个渠道中间商通常是代理商及批发商。

3. 三级渠道

三级渠道包括三个渠道中间商。这类渠道主要出现在消费面较宽的日用品中，比如肉食品及包装方便面等。在IT产业链中，一些小型的零售商通常不是大型代理商的服务对象，因此，便在大型代理商和小型零售商之间衍生出一级专业性经销商，从而出现了三级渠道结构。

4. 零级渠道

从渠道的角度，零级渠道又称直销渠道，是指没有任何中间商参与的渠道，也可以理解为是一种分销渠道结构的特殊情况。在零级渠道中，产品或服务直接由生产者销售给消费者。零级渠道是大型或贵重产品以及技术复杂、需要提供专门服务的产品销售采取的主要渠道。

5. 直销

从行销的角度，按世界直销协会联盟的定义，直销指以面对面、非定点的方式销售商品和服务，没有中间商的行销。直销是分销的一种特例，直销渠道就是零级分销渠道。

直销者绕过传统批发商或零售商，直接从顾客处接收订单，把柜台直接延伸到顾客的家里。不在固定零售点进行的面对面销售这个特性，使直销有别于一般零售店的销售，因此直销也是一种无店铺的零售方式，被称为门对门销售或人对人销售。

（1）直销方式。其一，订购分销方式，即生产企业与用户先签订购销合同或协议，在规定时间内按合同条款供应商品，交付款项。主动接洽方多数是销售生产方，如生产厂家派员推销，也有一些走俏产品或紧俏原材料、备件等用户上门求货。

其二，自开门市部销售方式，即生产企业通常把门市部设立在生产区外、用户较集中的地方或商业区，也有一些邻近消费者居住区或商业区的生产企业把门市部设立于厂区门前。

其三，联营分销，即工商企业之间、生产企业之间联合起来进行销售的直销方式。

（2）直销分类。直销分为人员直销和非人员直销，人员直销分为单层直销和多层直销，非人员直销分为直复营销和自动销售，而直复营销包括电话营销、微信营销、网络营销三种。直销结构谱系如图8－2所示。

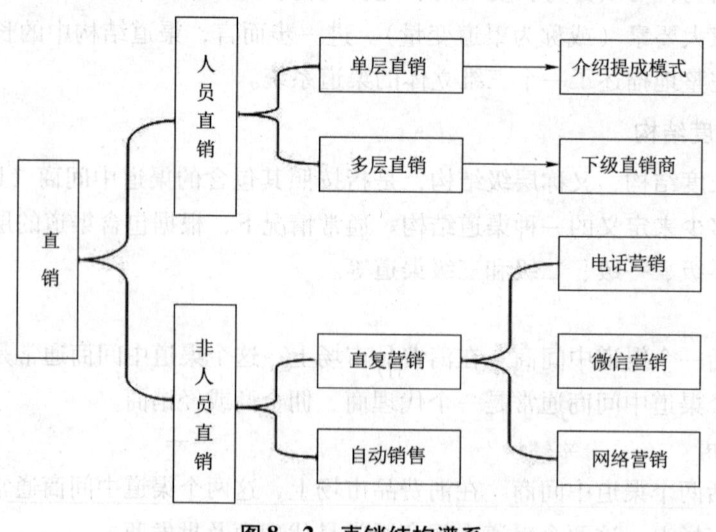

图8－2　直销结构谱系

(3) 直销弊端。直销企业在发展过程中存在的弊端，一是违规招募；二是违规培训；三是擅自在未获得直销许可的区域进行直销；四是服务网点经营混乱；五是违规计酬；六是聘用传销人员经营，甚至让其担任经营要职；七是信息披露不重视。

(4) 直销管理。直销在我国从 20 世纪 90 年代到 2005 年，经历了无序发展、全面禁止及转型发展的不同发展阶段。2005 年，国务院颁布了《直销管理条例》，开放和规范了直销。

6. 非法传销

传销是一种通过人传人的方式进行销售的非法活动。传销依赖参与者的社会资源和社交联系，层层分享利润，实现销售目的，为一种经济犯罪行为，其本质是利用新投资人的资金向老投资者支付利息和短期回报，以此制造获利假象而骗取更多的投资。

直销与非法传销有六大辨别标准：一是有无入门费，二是有无依托优质产品，三是产品是否流通，四是有无退货保障制度，五是销售人员结构有无超越性，六是有无店铺经营。

2005 年 8 月 10 日，国务院第 101 次常务会议通过了《禁止传销条例》，自 2005 年 11 月 1 日起施行。该条例的发布目的是维护社会主义市场经济秩序。

> 营销智慧火花：禁止传销是全社会的共同责任，打击网络传销，保护群众利益。

(二) 渠道宽度结构

渠道宽度结构是根据每一层级渠道中间商的数量来定义的。渠道宽度结构受产品性质、市场特征、用户分布以及企业分销战略等因素的影响。渠道宽度结构分成如下三种类型。

1. 密集型分销渠道

密集型分销渠道是指制造商在同一渠道层级上选用尽可能多的渠道中间商来经销自己的产品的一种渠道类型。多见于消费品领域中的便利品，如牙膏、牙刷、饮料等。

2. 选择型分销渠道

选择型分销渠道是指在某一渠道层级上选择少量的渠道中间商来进行商品分销的一种渠道类型。在 IT 产业链中，许多产品采用选择型分销渠道。

3. 独家型分销渠道

独家型分销渠道是指在某一渠道层级上选用唯一一家渠道中间商的一种渠道类型。在新品推出上市之初，大多企业选择独家型分销渠道，新品被消费者接受后向选择型分销渠道转移。

(三) 渠道广度结构

渠道广度结构实际上是渠道的一种多元化选择，即许多企业实际上使用了多种渠道的组合，采用了混合渠道模式来进行销售。比如，有的企业针对大的行业客户，企业内部成立大客户部直接销售；针对数量众多的中小企业用户，采用广泛的分销渠道；针对一些偏远地区的消费者，则可能采用邮购等方式销售。

总之，渠道广度结构可以笼统地分为直销渠道和分销渠道两个大类。其中直销渠道又可以细分为几种，比如制造商直接设立的大客户部、行业客户部，制造商直接成立的销售企业及其分支机构等。此外，还包括直接邮购、电话销售、互联网上销售等。分销渠道则可以进一步细分为代理和经销两类。代理和经销均可能选择密集型、选择型、独家型分销等渠道类型。

（四）渠道系统发展

从20世纪80年代以来，分销渠道系统突破了由生产者、批发商、零售商和消费者组成的传统模式和类型，有了新的发展，如垂直渠道系统、水平渠道系统、多渠道分销系统等。

1. 垂直渠道系统

垂直渠道系统是由生产企业、批发商、零售商组成的统一系统。其特点是专业化管理、集中计划，销售系统中的各成员为共同的利益目标，采用不同程度的一体化经营或联合经营。垂直渠道系统主要有三种形式。

（1）企业式垂直系统，指一家企业拥有和统一管理若干工厂、批发机构和零售机构，控制分销渠道的若干层次，甚至整个分销渠道，综合经营生产、批发、零售业务的渠道系统。这种渠道系统又分为两类：工商一体化经营和商工一体化经营。工商一体化经营是指大工业企业拥有、统一管理若干生产单位、商业机构；商工一体化经营是指由大型零售企业拥有和管理若干生产单位。

（2）管理式垂直系统。制造商和零售商共同协商销售管理业务，其业务涉及销售促进，库存管理，产品、商品定价，商品陈列，购销活动等。

（3）契约式垂直系统。不同层次的独立制造商和经销商为了获得单独经营达不到的经济利益，而以契约为基础实行的联合体。

2. 水平渠道系统

水平渠道系统是指由两家以上的企业联合起来的渠道系统，它们可实行暂时或永久的合作。这种系统可发挥群体作用，共担风险，获取最佳效益。

3. 多渠道分销系统

多渠道分销系统是指对同一或不同的分市场采用多条渠道分销系统。这种系统一般分为两种形式：一种是生产企业通过多种渠道销售同一商标的产品，这种形式易引起不同渠道间的激烈竞争；另一种是生产企业通过多渠道销售不同商标的产品。

二、分销渠道设计

分销渠道设计是指建立以前从未存在过的分销渠道或对已经存在的渠道进行变更的营销活动。设计渠道的工作内容一般包括分析服务产出水平、明确分销渠道目标、确定渠道结构方案和评估主要渠道方案四个方面。

（一）分析服务产出水平

渠道服务产出水平是指渠道策略对顾客购买商品和服务问题的解决程度。影响渠道服务产出水平的因素有五项：一是购买批量，是指顾客每次购买商品的数量；二是等候时间，是指顾客在订货或现场决定购买后，一直到拿到货物的平均等待时间；三是便利程度，是指分销渠道为顾客购买商品提供的方便程度；四是选择范围，是指分销渠道提供给顾客的商品的花色、品种数量；五是售后服务，是指分销渠道为顾客提供的各种附加服务，包括信贷、送货、安装、维修等内容。

（二）明确分销渠道目标

渠道设计的中心环节是确定达到目标市场的最佳途径。渠道目标应表述为企业预期达到的顾客服务水平（何时、何处、如何对目标顾客提供产品和实现服务）以及中间商应执行的职能。无论是创建渠道，还是对原有渠道进行变更，设计者都必须将企业的渠道设计目标明确地列示出来。

（三）确定渠道结构方案

有效的渠道设计应该以确定企业所要达到的市场为起点，没有任何一种渠道可以适应所有的企业、所有的产品，即便产品性质相近，甚至是同一种产品，有时也要采用迥然不同的分销渠道。

1. 影响渠道结构因素

影响渠道结构的因素有很多，基本因素有三。一是市场因素，渠道设计深受市场特性的影响。二是产品因素，产品因素是影响渠道结构的十分重要的因素。三是企业因素，企业在选择分销渠道时，还要考虑企业自身的状况。

2. 设计渠道结构方案

明确企业的渠道目标和影响因素后，企业就可以设计几种渠道方案以备选择。一个渠道选择方案包括三方面的要素，即渠道的长度策略、渠道的宽度策略和商业中介结构的类型。

（四）评估主要渠道方案

评估主要渠道方案，是在那些看起来都可行的渠道结构方案中，选择最能满足企业长期营销目标的渠道结构方案。因此，必须运用一定的标准对渠道进行全面评价。其中常用的有经济性、程度控制和适应性三方面的标准。

（1）经济性标准。企业的最终目的在于获取最佳经济效益，因此，经济效益方面主要考虑的是每一条渠道的销售额与成本的关系。

（2）程度控制。企业对渠道的控制力方面，自销当然比运用销售代理更有利。

（3）适应性。市场需求和由此产生的各个方面的变化，要求企业有一定的适应能力。

三、分销渠道设计流程

分销渠道设计流程是指设计分析渠道必须遵循的逻辑走向和工艺顺序，其中包括实际渠道设计过程中的关键环节和程序。同时，在设计流程的整个系统中，各道关键工序的接续关系呈现的是一种逻辑关系和一种动态关系。分销渠道设计流程如图 8－3 所示。

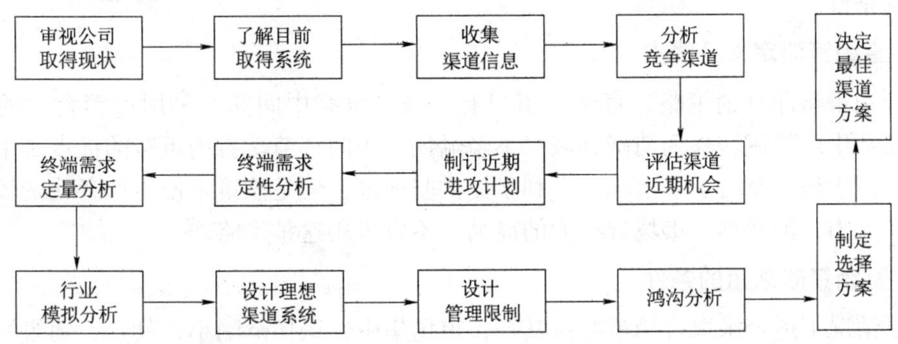

图8-3 分销渠道设计流程

企业取得分销渠道的现状之后，在了解分销渠道系统并收集渠道信息的基础上，分析竞争者的渠道设计，评估并抓住当前渠道建设的商机，制订近期渠道建设竞争计划。

对渠道消费者终端需求进行定性和定量分析，结合本行业分析结果，设计理想的渠道分布系统，设计渠道规范和限制性管理方案，经过分销渠道竞争态势分析，找准切入口，填补渠道鸿沟，制定多项备选渠道设计方案，经过专家组成员的论证分析，最后决定最佳分销渠道设计方案。

第四节 策略制订概述

分销策略亦称分销渠道策略、渠道策略。在市场经济条件下，生产者与消费者之间的供求关系，存在时间、地点、数量、品种、信息、产品估价和所有权等多方面的差异和矛盾。

第一，企业生产的产品，需要经过一定的方式、方法和路径，才能在适当的时间、地点以适当的价格和方式提供给消费者或用户，因此企业能否合理地制定分销策略，对于满足市场需要、实现企业的营销目标有着重要的影响。

第二，分销策略主要涉及分销渠道及其结构，分销渠道的选择与管理，批发商与零售商的激励，以及实体分配等方面内容。

第三，分销策略的制定或选择将直接影响到其他营销策略及其组合策略的执行和效果发挥，比如产品策略、价格策略、促销策略，以及各种市场营销组合策略。分销策略也是企业成功开拓市场、实现销售及经营目标的重要手段。

分销策略是整个营销策略的重要组成部分，它对降低企业成本和提高企业竞争力具有重要意义，是规划的重中之重。按照商品在交易过程中是否经过中间环节来分类，可以分为直接分销（直销）和间接分销两种策略。

分销策略也是市场营销组合策略构成要素之一。它同产品策略、促销策略、定价策略一样，是企业能否成功地将产品打入市场，扩大销售，实现企业经营目标的重要手段。分销策略主要涉及分销渠道及其结构，分销渠道的选择与管理，批发商与零售商及实体分配等内容。

一、直接分销策略制定

在学习直接分销策略制定之前，需要明晰直销策略的定义、直销策略的优点，以及实施直销策略的条件。

（一）直销策略定义及优点

直接分销策略即直销策略，直销渠道只有一条，没有中间商，采用产销合一的营销策略，即商品从生产领域转移到消费领域时不经过任何中间环节。直销策略的优点是中间费用少，便于控制价格，及时了解市场，有利于提供服务等，但是该策略使生产者花费较多的投资、场地、人力，消费高。市场规模大的商品，不宜采用这种策略。

（二）直销策略采用的条件

在以下情况下适合采取直销策略：其一，市场集中，销售范围小；其二，销售的是技术性高或者制造成本和售后差异大的产品，以及变质或者已破损的商品、定制品等；其三，企业自身有市场营销技术，管理能力较强，经验丰富，财力雄厚，或者需要高度控制商品的营销情况。

二、间接分销策略制定

本部分从间接分销策略的定义及间接分销策略制定的目的、间接分销策略制订的条件等方面进行阐述。

（一）间接分销策略的定义和制定目的

间接分销策略即分销策略，是指商品从生产领域转移到用户手中要经过若干中间商的分销渠道策略。间接分销策略在执行中由于有中间商的加入，企业可以利用中间商的知识、经验、关系，简化交易，缩短买卖时间，集中人力、财力、物力发展生产，增强商品销售能力等。

（二）间接分销策略制定条件

在以下情况下适合采取间接分销策略：其一，市场分散，销售范围广，例如大部分消费品；其二，销售的是非技术性或制造成本和售价差异小的商品，以及不易变质及非易碎商品，日用品等；其三，企业自身缺乏市场营销技术和经验，管理能力较差，财力薄弱，对商品和市场营销的控制要求不高。

三、分销渠道长短策略的制订

企业决定采用间接分销策略后，还要对适用渠道的长短进行选择。从节省商品流通费用、加速再生产过程的要求出发，应当尽量减少中间环节，选择短渠道。不要极端地认为中间环节越少越好，在多数情况下，批发商的作用是生产者和零售商无法替代的。采用长渠道策略还是短渠道策略，必须综合考虑产品或商品特点、市场状况、企业自身条件，以及策略实施的效果等。

（一）分销渠道的长短类型

销售渠道按其长度来分类，可以分为若干长度不同的形式。产品从生产领域转移到消费者手中成为商品，其过程经过的环节越多，销售渠道就越长；反之，就越短。消费品销售渠道有四种长短类型：其一，制造商→消费者；其二，制造商→零售商→消费者；其三，制造商→批发商→零售商→消费者；其四，制造商→代理商→批发商→零售商→消费者。

（二）长渠道分销策略的制定

在以下情况下适合采用长渠道分销策略；一是从产品特点来看，非易腐、非易损、价格低、选择性不强、技术要求不高；二是零售市场较为分散，各市场需求量较小；三是企业的销售能力弱，推销人员素质较差，缺乏资金，或者增加的收入不能够补偿多花费的销售费用。

（三）短渠道分销策略的制定

在以下情况下适合采用短渠道分销策略；一是从产品的特点来看，易腐、易损、价格贵、高度时尚、新潮、售后服务要求高且技术性强；二是零售市场相对集中，需求数量大；

三是企业的销售能力强，推销人员素质好，资历雄厚，或者增加的收益能够补偿花费的销售费用。

> 营销智慧火花：只有提供价值而非吸引眼球，才是微信营销成功的关键。

四、分销渠道宽窄策略制定

分销渠道宽窄策略与分销渠道结构宽窄度对应，有密集式分销策略、选择式分销策略、独家式分销策略三种。

（一）密集式分销策略制定

密集式分销策略是渠道较宽的策略，亦称多渠道策略。在密集分销中，凡是符合生产商的最低信用标准的渠道成员，都可以参与其产品或服务的分销。

其一，密集式分销意味着渠道成员之间激烈竞争和产品市场覆盖率较高，制定密集式分销策略最适用于便利品销售。该策略通过最大限度地方便消费者而推动销售量的攀升，制定并采用这种策略有利于广泛占领市场，便于购买，适时并及时销售产品。

其二，制定密集式分销策略要充分考虑其不足之处，即在密集分销中能够提供服务的分销商数目总是有限的。生产商有时需要对分销商的培训与分销支持系统、交易沟通网络状况等进行评价，以便及时发现其中的障碍。

其三，在某一市场区域内，分销商之间的竞争会造成销售努力的浪费。由于密集分销加剧了分销商之间的竞争，分销商对生产商的忠诚度会降低，价格竞争也会更加激烈。

（二）选择式分销策略制定

选择式分销策略能够实现渠道宽窄适中的策略，生产企业（厂家）在特定的市场中选择一部分分销商来分销其产品。

其一，制定并采用该种策略时，生产企业不用花太多的精力联系众多的分销商，也能很方便地与分销商建立良好的合作关系，使生产企业获得适当的市场覆盖面。与密集式分销策略相比，这种策略能使厂家具有较强的控制力，成本也较低。

其二，制定并采用选择式分销策略时，常要解决的问题是如何确定分销商区域重叠程度。在某给定区域内选择分销商，交叉重叠的分销商数量反映出选择式分销和密集式分销接近程度的疏密。

其三，虽然市场重叠为消费者选购提供方便，但也会在零售商之间造成一些冲突。低重叠率会增加分销商的忠诚度，但会降低消费者选购的方便性。

（三）独家式分销策略制定

独家式分销策略也称单渠道策略，即生产企业在一定地区、一定时间只选择一家分销商销售自己的产品，是一种渠道最窄的策略。独家式分销的特点是竞争程度低。

一般情况下，只有当企业想要与分销商建立长久而密切的关系时才会使用独家式分销。因为独家式分销比其他任何形式的分销都更需要企业与分销商之间更多的联合或合作，其成功具有相互依存性。独家式分销策略适用于服务水平要求较高的专业商品销售。

营销智慧火花：逢山开道，遇水搭桥；构建渠道，疏通物流。

五、分销策略选择影响因素

影响分销策略或渠道策略选择的因素很多。生产企业在选择分销渠道时，必须对下列几方面的因素进行系统的分析和判断，才能进行合理的选择。分销渠道选择影响因素主要包括产品影响因素、市场影响因素、企业影响因素三大类。

（一）产品影响因素

产品影响因素主要包括产品价格高与低、产品体积和重量、产品易毁易腐性、产品的技术含量、定制品和标准品、新产品投放市场。

1. 产品价格高与低

一般来说，产品单价越高，越应注意减少流通环节，否则会造成销售价格的提高，从而影响销路，这对生产企业和消费者都不利。而单价较低、市场较广的产品，则通常采用多环节的间接分销渠道。

2. 产品体积和重量

产品的体积和重量直接关系运输和储存等销售费用。过重的或体积大的产品，应尽可能选择最短的分销渠道；对于那些违反运输部门规定而超标（如超高、超宽、超长、超重）的产品，尤应组织直达供应。小而轻且数量大的产品，则可考虑采取间接分销渠道。

3. 产品易毁易腐性

产品有效期短、储存条件要求高或不易多次搬运者，应采取较短的分销途径，尽快送到消费者手中，如鲜活品、危险品。

4. 产品的技术含量

有些产品具有很高的技术性，或需要经常的技术服务与维修，生产企业应直接销售给用户，这样可以保证向用户提供及时良好的销售技术服务。

5. 定制品和标准品

定制品一般由产需双方直接商讨规格、质量、式样等技术条件，不宜经由中间商销售。标准品具有明确的质量标准、规格和式样，分销渠道可长可短，有的用户分散，宜由中间商间接销售；有的则可按样本或产品目录直接销售。

6. 新产品投放市场

为尽快地把新产品投放市场，扩大销路，生产企业一般重视组织自己的推销队伍，直接与消费者见面，推介新产品和收集用户意见。如能取得中间商的良好合作，也可考虑采用间接销售形式。

（二）市场影响因素

影响分销渠道选择的市场因素包括购买批量大小、消费者的分布、潜在顾客数量、顾客购买习惯。

1. 购买批量大小

购买批量大，多采用直接销售；购买批量小，除自设门市部出售外，多采用间接销售。

2. 消费者的分布

某些商品消费地区分布比较集中，适合直接销售；反之，适合间接销售。工业品销售中，本地用户产需联系方便，因而适合直接销售；外地用户较为分散，通过间接销售较为合适。

3. 潜在顾客数量

若消费者的潜在需求多，市场范围大，需要中间商提供服务来满足消费者的需求，宜选择间接分销渠道。若潜在需求少，市场范围小，生产企业可直接销售。

4. 顾客购买习惯

有的顾客喜欢到企业买商品，有的顾客喜欢到商店买商品。所以，生产企业应既直接销售，也间接销售，满足不同顾客的需求，增加产品的销售量。

（三）企业影响因素

影响分销渠道选择的企业因素包括资金能力、销售能力、发货限额、服务水平。

1. 资金能力

企业自身资金雄厚，则可自由选择分销渠道，可建自己销售网点，采用产销合一经营方式，也可以选择间接分销渠道；企业资金薄弱，则必须依赖中间商进行销售和提供服务，只能选择间接分销渠道。

2. 销售能力

生产企业在销售力量、储存能力和销售经验等方面具备较好的条件，则应选择直接分销渠道；反之，则必须借助中间商，选择间接分销渠道。另外，企业如能和中间商进行良好的合作，或对中间商能进行有效的控制，则可选择间接分销渠道；若中间商不能很好地合作或不可靠，将影响产品的市场开拓和经济效益，则不如进行直接销售。

3. 发货限额

生产企业为了合理安排生产，会对某些产品规定发货限额。发货限额高，有利于直接销售；发货限额低，则有利于间接销售。

4. 服务水平

中间商通常希望生产企业能尽可能多地提供广告、展览、修理、培训等服务项目，为销售产品创造条件。如果生产企业无意或无力满足这方面的要求，就难以达成协议，迫使生产企业自行销售。反之，提供的服务水平高，中间商乐于销售该产品，生产企业则应选择间接分销渠道。

营销智慧火花：分销即在目标市场中铺设最优渠道，把商品适时、适量地送达消费者。

第五节　网络分销渠道

互联网给现代企业带来了分销模式的深刻变革，改变了传统的分销渠道结构，改变了中间商的性质和功能，降低了交易费用、促销费用、管理费用等分销成本，提高了分销效率，形成了高效订货、配送与结算体系。

企业可通过网络分销渠道系统，利用有限资源，跨越时间、地域限制获得更多利益。网络拥有充足的空间和市场进行品牌宣传、产品推广。网络分销还可以和消费者进行直接接触，减少中间环节；可以控制价格市场，避免价格战等不良竞争模式；可以开发各种渠道及代理，扩大分销市场。

一、网络分销渠道

现代企业通常采取建立企业网站、投放网络广告、开展网络促销活动等形式进行网络分销，其网络分销渠道通常是以 PC 网络终端为主，采用大众传播的形式开展分销活动。

（一）网络直销

通过互联网实现的从生产者到消费者的网络直接营销，简称网络直销，是指生产厂家借助联机网络、计算机通信和数字交互式媒体，不通过其他中间商，将网络技术的特点和直销的优势巧妙地结合起来，进行商品销售，直接实现营销目标的一系列市场行为。

开展网络直销目前通常的做法有两种：一是企业在互联网上建立自己的站点，申请域名，制作主页和销售网页，由网络管理员办理有关产品销售事务；二是委托信息服务商在其网点发布信息，企业利用有关信息与客户联系，直接销售产品。

（二）网络分销

网络分销是企业基于网络开展的分销行为，铺货、渠道建设、分销商管理等都通过网络来完成。企业充分利用互联网的渠道特性，在网上建立产品分销体系，通过网络把商品分销到全国各地。网络分销可以分为网络代理、网络代销、网络批发三种形式。

1. 网络代理

一般面向企业“网店”，网络供应商开立自己的网络批发商城，展示自己的产品，代理商与供应商确立分销关系，代理商也在自己的网店里展示供应商的产品，当顾客在代理商处下单，代理商直接让供应商发货。供应商收取代理费和成本价，而代理商获取差价利润。

2. 网络代销

一般面向个人“网店”，网络分销商把自己的货品通过自己创建的网上分销平台展示，分销会员把相中的商品的图片和信息添加到自己开设的网店里，当有顾客需要时，分销会员负责介绍商品并促成交易成功，然后通知网络分销商代为发货。分销会员主要靠差价获得收入，对个人来说，是一种零风险的创业模式。

3. 网络批发

网络批发一般面向个人网商、实体店铺、网上专业店铺等。网络批发与传统的货品批发形式是一样，只不过是通过网络的形式，网络分销商把自己的货品通过自己创建的网上分销平台展示，分销会员把相中的商品直接在网上下规定数量的订单，付款拿货或压款经销的形式。

（三）网络中间商

由于网络信息资源海量、信息处理速度快，基于网络服务可以便于搜索产品，但在产品（信息、软件产品除外）实体分销方面却难以胜任。目前出现了许多基于互联网技术、具有信息服务中介功能的新型中间商及其结构，即网络中间商，也可称为电子中间商，随之形成了一种新型的网络间接营销渠道。网络中间商类型及其提供的信息服务如表 8－2 所示。

表 8－2　网络中间商类型及其提供的信息服务

类型	提供的信息服务
目录服务商	为用户提供网站分类并整理成目录的服务
搜索引擎服务商	为用户提供基于关键词的检索服务
虚拟市场提供商	包含与两个以上的商业站点链接的网站
互联网内容提供商	向目标客户群提供所需信息的服务
网络零售商	在网上开设零售商店，向消费者直销商品
虚拟评估机构	对网上商家进行评估的第三方机构
网络统计机构	为用户提供互联网统计数据的机构
网络金融机构	为网络交易提供金融服务的金融机构
虚拟集市提供商	为想要进行物品交易的人提供虚拟交易的场所
智能代理商	利用专门设计软件，为消费者提供信息搜集过滤服务

（四）微信分销

随着智能手机、平板电脑等新媒体的普及，各种手机应用软件通过网络迅速传播。微信是由腾讯公司于 2011 年年初推出的一款智能手机应用软件，因其具有不同于一般网络媒介的特点，给网络分销提供了一种新的渠道。微信分销的主要方式如下。

1. *漂流瓶分销方式*

漂流瓶是一种流动式微信分销载体，微信官方可以对漂流瓶的参数进行更改设计，使得合作商家推广的活动在某一时间段内抛出的“漂流瓶”数量大增，普通用户“捞”到的概率也会增加。加上漂流瓶方式本身可以发送不同的文字内容甚至语音小游戏等，如果营销得当，能产生不错的营销效果。

2. *二维码分销方式*

二维码是一种排他性微信分销载体，在微信中，用户只需用手机扫描商家独有的二维码，就能获得一张存储于微信中的电子会员卡，可享受商家提供的会员折扣和服务。企业可以设定自己品牌的二维码，用折扣和优惠吸引用户关注。

3. *“查看附近的人”分销方式*

“查看附近的人”是一种针对性较强的微信分销载体，也是一种 LBS（Location Based Services）方式，即指在确定移动设备或用户所在地理位置的同时，为周围微信用户提供与位置相关的各类信息服务，简称定位服务，能够实现精准锁定信息投放。

（五）直播分销

直播分销是现代企业利用移动互联网渠道，在现场随着事件的发生、发展的同时，实时制作和播出节目的一种营销方式。直播分销以直播平台为载体，达到企业品牌提升或销量增长的目的，比如“抖音”直播平台的“带货直播”分销等。

1. 直播分销的优势

直播分销是最能体现互联网视频特色的渠道板块，具有以下优势。

（1）在当下互联网分销渠道语境下，直播分销的实质就是一场事件营销，具有鲜明的广告效应和引爆性的新闻效应，令企业及其直播产品拥有较高的关注度。

（2）直播分销能够体现渠道终端消费者群分销数据的精准性。在观看直播视频时，消费者需要在一个特定的时间共同进入播放网页，能真正识别并抓住具有忠诚度的精准目标消费群体。

（3）直播分销能够实现与消费者的实时互动，移动互联网直播分销渠道能够满足消费者更为多元的需求，既能单向观看，又能发弹幕"吐槽"，更能实时献花打赏，直播分销体现在较强的交互性、体验性和多维性。

（4）直播分销能够实现深入沟通，引起情感共鸣。在碎片化、去中心化的大数据语境下，人际情感交集渐少，带有仪式感的直播渠道分销形式，使有同趣者聚集而情绪互染，借此产品分销定会被推波助澜，形成最佳分销气势。

2. 直播带货

直播带货是指通过一些互联网平台（如抖音、快手），使用直播技术进行商品线上展示、咨询答疑、导购销售的新型服务方式。

（1）直播带货形式。具体形式可由店铺自己开设直播间，或由职业主播集合进行推介，不仅更具亲和力、互动性，还绕过了经销商等传统中间渠道，直接实现了商品和消费者对接，往往能做到全网最低价。

（2）直播带货的特点。在带货直播过程中，消费者可以像亲临卖场一样，跟卖家进行交流甚至讨价还价，直接实现了商品和消费者对接。特别是对"网红"主播而言，直播的本质是让观众们看广告，需要通过"秒杀"等手段提供最大优惠力度，吸引消费者，黏住消费者。

> 营销智慧火花：直播带货在商品展示、咨询、导购上更具亲和力，突显互动性。

二、网络分销渠道功能

网络分销渠道是利用互联网提供可利用的产品和服务，以便使用计算机或其他技术手段的目标市场通过电子手段进行和完成交易活动。一个完善的网上销售渠道应有三大功能：订货功能、结算功能和配送功能。

（一）订货功能

网络分销渠道的订货功能是指为消费者提供产品信息，同时方便厂家获取消费者的需求信息，以求达到供求平衡。一个完善的订货系统，可以最大限度降低库存，减少销售费用。

（二）结算功能

消费者在购买厂家的产品或商家的商品后，可以用多种方式方便地进行付款，因此厂家（商家）有多种结算方式。目前国外流行的几种方式有信用卡、电子货币、网上划款等，而国内付款结算方式主要有邮局汇款、货到付款、信用卡等。

（三）配送功能

一般来说，产品分为有形产品和无形产品，对于无形产品（如服务、软件、音乐等），可以直接通过网上进行配送；对于有形产品的配送，要涉及运输和仓储问题。国外已经形成专业的配送公司，如著名的美国联邦快递公司，它的业务覆盖全球，可实现全球快速的专递服务。

专业配送公司的存在是网络商店发展较为迅速的一个原因，良好的专业配送服务体系成为网络分销的后盾。

三、网络对分销渠道的作用

进入 21 世纪后，蓬勃发展的互联网对传统的分销渠道产生了巨大的冲击。新的分销模式不断兴起，网上零售、网上采购、在线拍卖、e 物流公司等如雨后春笋般涌现。互联网对分销渠道的作用主要体现在以下六个方面。

（一）拓宽分销渠道

在互联网环境里，分销渠道不再仅仅是实体的，而是虚实相结合的，甚至是完全虚拟的，即所谓的电子分销。在线销售、网上零售、网上拍卖、网上采购、网上配送等新的分销形式使分销渠道呈多元化，分销渠道由宽变窄、由实变虚、由单向静止变成互动。

虚拟渠道的一个主要表现形式就是网络商店，网络商店为顾客提供最终的买卖成交场所，是传统商店的在线版，代表了网络与商业的融合。

（二）整合分销渠道

在互联网时代，由于制造商与消费者之间的沟通更加方便，传统的中间商在信息沟通、商品流通方面日渐式微。因为许多厂家开始钟情于直销，它们按照顾客的要求生产，在生产中应用先进的技术，吸引顾客参与设计，从而使产销结合更加紧密。这种新的生产经营模式，要求分销渠道快捷高效，同时也要求产销不再脱节，但是传统的分销渠道很难满足其要求，所以许多厂家只好自己建分销渠道或委托第三方物流公司，传统的分销渠道于是日益显得多余，分销渠道的扁平化也渐渐成为趋势。

（三）细化分销渠道

通过互联网，生产商和中间商可以直接了解消费者的真实消费需求，可以直接向消费者提供产品，可以低成本地向消费者提供定制化服务，与消费者实现互动，即一对一营销。一对一精准营销的兴起和实现，使分销渠道由粗放型变成集约型，分销渠道的细化是互联网时代一个显著的渠道特征。由于互联网的发展，消费者个性化需求逐渐得以满足，但前提是配送必须低成本、高效率，只有物流配送跟进，一对一营销才能真正实现。互联网对配送的高要求激起了第三方物流的兴起。

（四）疏通分销渠道

在互联网环境下，由于信息沟通成本低、效率高，分销渠道各环节的信息能充分沟通。信息渠道的畅通也使各环节的主体意识到，只有互相合作，才能使各方面的利益共同达到最大化，最终创造了双赢的合作竞争关系。

另外，由于虚拟渠道的介入，分销渠道间的竞争加剧，传统的分销渠道主体渐渐意识到原来做法的危险性，从而迫使它们放弃原来的各自为政的想法和行为，从单独活动逐步走向合作双赢，最终使渠道越来越畅通。

(五) 使渠道透明化

传统的分销渠道，对供应商来说，大多数情况下是不透明的，即使中间发生阻塞也不知问题出在何处，更不知如何解决。

把互联网系统引入渠道，就可以使渠道透明起来，在互联网平台上，企业可以引进及时管理（Just in Time，JIT），动态跟踪产品的流通情况，在产品的运输过程中，通过引入GPS（全球定位系统），实时动态跟踪商品的在途情况，从而为商家的及时供货提供了保障。

(六) 降低分销成本

分销成本的降低是互联网带来的最直接利益，这主要表现在降低交易成本、降低沟通成本和减少流通成本。互联网使分销渠道的成本降低功能越来越受到企业的重视，导入互联网成了企业重构和再造的一个重要目标，许多走进互联网的企业已经尝到甜头。

> 营销智慧火花：网络分销渠道呈现出强大的现场感、互动性、亲和力、多维度。

四、网络分销渠道模式

根据产品网络分销的适应性及网络渠道与传统渠道的关系，将网络分销渠道分为以下四种模式。

(一) 辅助促销模式

辅助促销模式是指一些网站提供许多商品信息和链接转售服务，客户不能从网站上面直接购买商品或服务，而是通过这些网站为消费者指点转售这些商品或服务的一种分销模式。该分销模式的特点在于网络渠道与传统渠道的关系简单，同时，商品的网络分销适应性较低。

这种分销模式的成功在很大程度上取决于提供给消费者的渠道合作伙伴的可信度，以及合作伙伴是否能充分履行其品牌承诺。

(二) 单纯网络销售模式

单纯网络销售模式是指企业将商品通过网络直接销售给终端消费者，网络承担信息沟通和商品传递功能的一种分销模式。该分销模式的特点在于网络分销渠道与传统渠道的关系简单，通过互联网可以完成所有交易过程，商品的网络分销适应性较高，如音像及信息产品等简单数字产品的网上销售模式。由于这类产品便于网络下载，相应的售后服务较少，加上网络销售可以有力打击数字产品的盗版活动，单纯网络销售模式在简单数字产品领域发展得比较成熟。

(三) 协同分销模式

协同分销模式是指企业采用二元策略，既通过自己的网站销售，又利用其他合作渠道销售商品，同时还提供某些技术支持的一种分销模式。该分销模式的特点在于网络分销渠道与传统渠道的关系比较复杂，而商品的网络分销适应性较低。

由于互联网的虚拟性和非数字化产品的物理属性，服务功能较强的协同分销型分销模式在许多非数字化产品领域运用得较为普遍。

（四）战略分销模式

战略分销模式是指企业通过发展网络战略，以加大其直销力度，尤其针对那些有战略意义的大客户的一种分销模式。该分销模式的特点在于网络分销渠道与传统渠道的关系比较复杂，同时产品的网络分销适应性也较高，适用于复杂、高投入的数字化产品及大宗产品交易等领域。

对于一些数字化产品，由于其自身的复杂性和高投入常常要求销售人员拥有一定的技巧，特别是在与客户建立关系方面。但互联网在各种分销渠道之间创立了一种新的协同效应和平衡，这对维持客户满意程度和增加利润非常重要。

五、电商经营模式下的渠道建设

电子商务经营模式，就是指在网络环境中基于一定技术基础的经营方式和盈利模式。电商经营模式可从多个角度建立不同的分类框架，最简单的分类莫过于 B2B、B2C 和 O2O 等模式。

（一）B2B 模式下渠道建设重在组建好订货系统

B2B（Business to Business）电商经营模式即企业对企业模式，该模式每次交易量大、交易次数少，且买方比较集中，因此网络分销渠道建设的关键是组建好订货系统，方便买方企业进行选择。

由于企业一般信用较好，通过网上付款结算比较简单；由于量大次数少，配送时可以进行专门运送，既可以保证速度也可以保证质量，减少中间环节造成的损伤。

（二）B2C 模式下渠道建设重在结算和配送系统

B2C（Business to Consumer）电商经营模式即企业对消费者模式，这种模式的每次交易量小、交易次数多，而且购买者非常分散，因此网上渠道建设的关键是结算系统和配送系统，这也是网上购物必须面对的门槛。

（三）O2O 模式下渠道建设重在线上线下的融合

O2O（Online to Offline）电商经营模式即为线上交易、线下体验模式，把线上的消费者带到线下实体店中去，在线支付线下（预订）商品和服务，再到线下享受服务。在该模式下，网络分销渠道的建设关键是线上渠道与线下渠道的融合。

通过打折（团购），提供信息、服务预订等方式，把线下实体店的消息推送给互联网用户，从而将其转换成自己的线下客户。线下服务用线上服务揽客，消费者可以在线筛选服务，成交可以在线结算，很快达到规模。O2O 电子商务模式须具备四大要素：独立网上商城、国家级权威行业可信网站认证、在线网络广告营销推广、全面社交媒体与客户在线互动。

总之，现在几乎所有传统线下实体企业都想到互联网线上开发渠道，这是网络市场发展的必然，网络电商企业与传统实体企业将展开线上线下的交叉竞争。

第六节　分销渠道管理

渠道管理是指生产商或制造商为实现企业分销的目标而对现有渠道进行管理，以确保渠道成员间、企业和渠道成员间相互协调和通力合作的一切活动，其意义在于共同谋求最大化的长远利益。

渠道管理分为选择渠道成员、激励渠道、评估渠道、修改渠道决策、退出渠道。生产厂家可以对其分销渠道实行两种不同程度的控制，即绝对控制和低度控制。

一、分销渠道中间商管理

分销渠道中间商管理包括激励渠道成员、评估渠道成员、调整销售渠道三项内容。

（一）激励渠道成员

生产者不仅要选择中间商，而且要经常激励中间商使之尽职。促使经销商进入渠道的因素和条件已经构成部分激励因素，但生产者要注意对中间商的批评，批评应设身处地为别人着想，而不仅从自己的观点出发。

同时，生产者必须尽量避免激励过分（如给中间商的条件过于优惠）和激励不足（如给中间商的条件过于苛刻）两种情况。

（二）评估渠道成员

生产者除了选择和激励渠道成员外，还必须定期、客观地评估渠道成员的绩效。如果某一渠道成员的绩效过分低于既定标准，则须找出主要原因，同时还应考虑可能的补救方法。

当放弃或更换中间商将导致更坏的结果时，生产者只能容忍这种令人不满的局面；当不致出现更坏的结果时，生产者应要求工作成绩欠佳的中间商在一定时期内有所改进，否则就取消中间商的资格。

（三）调整销售渠道

根据实际情况、渠道成员的实绩，对渠道结构加以调整，如增减渠道成员，增减销售渠道，变动分销系统。

二、分销渠道冲突管理

渠道冲突是指某渠道成员从事的活动阻碍或者不利于本组织实现自身的目标，进而发生的种种矛盾和纠纷。分销渠道的设计是渠道成员在不同角度、不同利益和不同方法等多因素的影响下完成的，因此，渠道冲突是不可避免的。

（一）水平渠道冲突

水平渠道冲突指的是在同一渠道模式中，同一层次的中间商之间发生的冲突，其原因大多是厂家没有对目标市场的中间商数量分管区域做出合理规划，使中间商为各自利益互相倾轧。

厂家开拓一定的目标市场后，中间商为获取更多利益必然争取更多市场份额，展开“圈地运动”。厂家应及时采取有效措施，缓和并协调这些矛盾，否则就会影响渠道成员的合作及产品销售。

（二）垂直渠道冲突

垂直渠道冲突是指在同一渠道中不同层次企业之间的冲突，这种冲突较水平渠道冲突更为常见。比如，某些批发商可能会抱怨生产企业在价格方面控制太紧，留给自己的利润空间太小，而提供的服务（如广告、推销等）却太少；零售商对批发商或生产企业可能也存在类似的不满。

垂直渠道冲突也被称作渠道上下游冲突。一是很多分销商采取直销与分销相结合的方式销售商品，与下游经销商争夺客户，挫伤下游渠道积极性。二是当下游经销商实力增强后，向上游渠道发起进攻。三是某些厂家为推广产品，越过一级直接向二级经销商供货，使上下游渠道间产生矛盾。厂家必须从全局出发，促使渠道成员友好合作。

（三）不同渠道间的冲突

随着顾客细分市场和可以利用的渠道不断增多，越来越多的企业采用多渠道营销系统，即运用渠道组合、整合策略。不同渠道间的冲突指的是生产企业建立多渠道营销系统后，不同渠道服务于同一目标市场时所产生的冲突。

总之，生产企业要重视引导渠道成员之间进行有效竞争，防止过度竞争，并加以协调。在大量购买的情况下，在某一渠道降低价格或降低毛利时，不同渠道间的冲突表现得尤为强烈。

营销智慧火花：渠道的本义是指在河、湖或水库周围开挖的排灌水道，比喻路径。

三、分销渠道窜货管理

在经济学上，窜货的概念是不同的市场供给寡头，为了实现对市场资源的有效控制，而在不同的区域和需求环境当中，利用市场机制的缺陷和漏洞，就某一特定的商品供给对象，采取了违背市场法则的手段和工具，通过价格等措施有目的地打击彼此的供给体系和有效需求体系，达到完整控制市场有效资源的目的。

（一）窜货的类型

窜货主要是指某一区域代理商将自己的产品销售到其他同一品牌代理商的代理区域。通俗地讲，对于区域限制的产品拿到非销售区域去销售的行为就称为窜货行为。窜货可以分为良性窜货、恶性窜货、自然性窜货三种。

1. 良性窜货

厂商在市场开发的初期，有意或者无意选中了市场中流通性强的经销商，使其产品迅速流向市场空白区域和不是重要的区域，或流向非目标市场。

2. 恶性窜货

经销商为了获得非正常利润，蓄意向自己辖区外的市场倾销商品。恶性窜货出现有五大原因，一是市场饱和，二是厂商给予的优惠政策不同，三是渠道发展不平衡，四是品牌拉力过大而渠道建设滞后，五是运输成本不同导致经销商投机取巧。

3. 自然窜货

自然窜货，一般发生在辖区临界处或物流配货过程中，并非经销商恶意所为。经销商获得自身正常利润后，无意中向自己辖区外倾销产品。当市场的空白点逐渐被填补，在各经销商逐渐壮大的情况下，自然窜货的发生在所难免。

（二）窜货的表现和危害

分销渠道窜货常见有以下三种现象，带来以下四种危害。

1. 窜货的表现

窜货的表现，一是中间商之间窜货；二是经销商与办事处直销工程客户之间窜货；三是更为恶劣的窜货现象，就是经销商将假冒伪劣产品与正品混同销售，掠夺合法产品的市场份额，或者直接以低于市场价的价格进行倾销，获取非正常的利润，打击了其他经销商对品牌的信心。

2. 窜货的危害

窜货的危害，一是影响渠道控制力和企业形象；二是影响销售业绩；三是损害品牌形象，使先期投入无法得到合理回报；四是影响决策分析，比如，本应发往甲地的货物被悄悄销往乙地，其"业绩"体现在了甲地，在公司未确定窜货时，总部会得到这样的虚假数据，因而造成公司决策分析的失误。

营销智慧火花：良性窜货难料、恶性窜货难忍、自然窜货难免。

（三）建立有效的渠道冲突解决机制

有效的渠道冲突解决机制一是建立"预报警系统"制度，二是促进渠道一体化、扁平化，三是约束合同化，四是包装差别化，五是价格体系化。

四、渠道需要管理的乱象

分销渠道在运营过程中，会出现各种各样的混乱现象，需要企业及时加强管理，比如渠道内讧引发争端、渠道冗长管理势微、渠道覆盖区域过广、选择中间商无标准、企业终端管理不力、忽略渠道后续管理、盲目自建渠道网络、新品上市渠道混乱等。

（一）渠道内讧引发争端

企业应该解决由于市场狭小造成企业和中间商之间发生的冲突，统一企业渠道政策，服务标准规范化，比如有些厂家为了迅速打开市场，在产品导入期就选择两家及以上总代理，二者之间常会发生恶性价格竞争，虽然品牌知名度很高，但市场拓展状况却不理想。

为防止窜货应该加强巡查、培训，建立奖惩措施，通过人性化和制度化管理，培育最适合企业发展的厂商关系。

（二）渠道冗长管理势微

企业应该缩短货物送达消费者的时间，减少中间环节，降低产品损耗，有效掌握终端市场供求关系，防止企业利润被分流。比如，海尔直接利用国外经销商现有的销售和服务网络，缩短渠道链条，减少渠道环节，极大地降低了渠道建设成本，其产品可以随时随地顺畅流动。

（三）渠道覆盖区域过广

企业渠道覆盖区域如果过广，前提是有足够的资源和能力去关注每个区域的运作，尽量提高渠道管理水平，对薄弱环节的重点进攻。比如，海尔与经销商、代理商合作的方式主要有店中店和专卖店，这是海尔分销渠道中颇具特色的两种形式。海尔将国内城市按规模分为五个渠道等级，即一级渠道（省会城市）、二级渠道（一般城市）、三级渠道（县级市及地区）、四级和五级渠道（乡镇和农村）。

（四）选择中间商无标准

选择中间商不能过分强调经销商的实力，实力强的经销商同时也会经营厂家竞争对手的产品，并以此为讨价还价的筹码，不会集中精力去销售一个小品牌，厂家可能会失去对产品销售的控制权。

不同实力的厂家应该对接不同的经销商，对于知名度不高、实力不强的厂家，应该在市场开拓初期进行经销商的选择和培育，既建立利益关联，又培养感情；对于拥有知名品牌的大厂家，应该总结一整套行之有效的规范，使自己在竞争中脱颖而出，提高各类中间商的忠诚度。

总之，选择渠道成员应该有一定的标准，如经营规模、管理水平、经营理念、合作精神、服务水平、下游客户数量、发展潜力等。

（五）企业终端管理不力

有些企业自己经营了一部分终端市场，抢了二级批发商和经销商的生意，使其销量减少，中间商逐渐对本企业的产品失去经营信心，同时加大对竞争品的经销量，造成传统渠道堵塞。如果市场操作不当，整个渠道会因为动力不足而瘫痪。

在“渠道为王”的今天，企业越来越感受到渠道里的压力，如何利用渠道里的资源优势，如何管理经销商，成为决胜渠道终端的秘籍。

（六）忽略渠道后续管理

很多企业误认为渠道建成后可以一劳永逸，不注意与渠道成员的感情沟通与交流，从而出现了很多问题。因为从整体情况而言，影响渠道发展的因素众多，如产品、竞争结构、行业发展、经销商能力、消费者行为等，渠道建成后，仍要根据市场的发展状况不断加以调整，否则后患无穷。

（七）盲目自建渠道网络

很多企业特别是一些中小企业不顾实际情况，盲目自建分销渠道网络，但由于专业化程度不高，渠道效率低下；且网络太大反应缓慢，管理成本较高，人员开支、行政费用、广告费用、推广费用、仓储配送费用很高，给企业造成了很大的经济损失。

特别是在一级城市，厂家自建渠道更要慎重考虑，自建渠道必备的条件是：企业实力、品牌号召力强；消费群体稳定；市场销量和企业利润不断增长；有一定规模经济，这样厂家才能实现整个配送和营运成本的最低化。

（八）新品上市渠道混乱

任何新品入市，企业必须最大限度地发挥渠道力量，与经销商紧密合作，选择的经销商应与厂家有相同的经营目标和营销理念，有良好的信誉和较强的配送能力，有较强的服务意识和终端管理能力，有固定的分销网络和较强的经济实力等。

企业在推广新品上市的过程中，应该重新评价和选择经销商，一是对现有经销商，大力强化其网络拓展能力和市场操作能力，对其全力扶持并培训；二是对没有改造价值的经销商，坚决予以更换；三是对实力较强的二级分销商，则可委托其代理新品。

> 营销智慧火花：渠道中的流通介质有商品、资金、信息、所有权、价值。

五、渠道物流管理

渠道物流管理是为了以最低的物流成本达到客户所满意的服务水平，在分销渠道中对物流活动进行的计划、组织、协调与控制。

（一）渠道物流系统目标

渠道物流系统目标，简称“5S”目标，其由服务、快捷、节约、规模优化、库存控制五项目标的英语词汇首字母“S”缩写而成。

其一，服务（Service）目标：无缺货，无损伤和丢失现象，且费用便宜。

其二，快捷（Speed）目标：按用户指定的时间和地点迅速送达。

其三，节约（Space Saving）目标：有效地利用面积和空间的目标，发展立体设施和有关的物流机械，以充分利用空间和面积，缓解城市土地紧缺的问题。

其四，规模优化（Scale Optimization）目标：物流网点的优化布局，合理的物流设施规模、自动化和机械化程度。

其五，库存控制（Stock Control）目标：明确库存方式、库存数量、库存结构、库存分布。

（二）渠道物流系统功能

渠道物流系统功能是物流系统所具有的基本能力，这些基本能力有效结合就能合理地实现物流的总目标。其功能是通过运输、储存、信息等的协调以及材料搬运、包装、流通加工、配送等活动来实现的。运输、储存是最重要的物流活动。

（三）渠道物流利润源泉

早在20世纪60年代彼得·德鲁克就曾预言，物流领域具有极大的利润创造空间，物流是降低资源消耗、提高劳动生产率之后的“第三利润源泉”。在生产过程中节约物质消耗而增加的利润称作第一利润源泉，降低劳动消耗而增加的利润称作第二利润源泉，渠道物流利润就是第三利润源泉。

（四）渠道物流运作模式

渠道物流运作模式主要包括企业自营物流模式、渠道第三方物流模式、渠道物流联盟模式、渠道第四方物流模式、渠道绿色物流模式。

1. 企业自营物流模式

自营物流也叫内部开发（Internal Development）物流，现代企业在开发过程中，可以获得必要的物流知识与技能，更好地发掘产品潜能，更好地在市场中竞争，更全面地了解其所属市场情况与特点。自营物流通常有两种方法，即自行筹建或依托原有局部区域单一业务的物流系统加以改造。

2. 渠道第三方物流模式

第三方物流（Third Party Logistics，3PL）是指由物流的实际需求方（第一方）和物流的实际供给方（第二方）之外的第三方部分或全部利用第二方的资源通过合约向第一方提供的物流服务，也称合同物流、契约物流。

3. 渠道物流联盟模式

在我国采取纯粹的自营或者纯粹的第三方物流的策略要非常慎重。渠道物流联盟是一种介于两者之间的物流组建模式，可以降低前两种模式的风险，且企业更易操作。

渠道物流联盟是为了达到比单独从事物流活动更好的效果，企业间形成的相互信任、共担风险、共享收益的物流伙伴关系。

4. 渠道第四方物流模式

第四方物流（Fourth Party Logistics，4PL）这种新模式由安盛公司首先提出，该公司注册了该术语的商标。安盛公司提出的第四方物流的定义为：4PL是一个供应链集成商，它调集和管理组织自己的以及具有互补性的服务提供商的资源、能力和技术，以提供一个综合的供应链解决方案。

5. 渠道绿色物流模式

渠道绿色物流（Environmental Logistics）指的是在渠道物流过程中，抑制物流对环境造成的危害的同时，实现对渠道物流环境的净化，使物流资源得到最充分利用。渠道绿色物流的要素组成有绿色运输、绿色包装、绿色流通加工。

【案例分析】

大学生求职心切被骗搞传销

近年来，不少大学生因求职心切而相信传销组织鼓吹的所谓“家庭温暖、团队创业、先苦后甜”等花言巧语，经受不住“几何倍增式”高额回报的虚假诱惑，陷入泥沼不能自拔。

一些非法传销组织以“招工”“招聘”“介绍生意”“介绍工作”等名义搞“拉人头”式的非法传销，谎称可以获得高额回报，利用亲属、朋友、同学、战友、老乡等各种关系，通过打电话、写信或者在互联网上发布信息等手段，将人员骗往异地从事传销活动。

身陷传销组织后，一些大学生受到拘禁、虐待，被迫向家人、朋友、同学骗钱。大学生之所以屡屡陷身传销，原因是深层次的：一是“发财就是成功”的观念扭曲了大学生的成功观和价值观；二是一些大学生步入社会后的不适应导致其痴迷传销；三是法制观念的缺失。

大学生对于那些来路不明的招聘、面试，以及录用邀请等信息，更要仔细核实，确认其合法性和真实性后，再决定是否接受，谨防上当受骗。

（案例来源：大学生创业网）

【问题】大学毕业生求职被骗搞传销的成因有哪些？

安利公司分销渠道转型

创立于1959年的美国安利公司是世界知名的日用消费品生产商及销售商，业务遍及五大洲80多个国家和地区，以安利（Amway）为商标的产品共有5大系列400余种，营销人员超过300万人。1995年，安利正式落户广州，欲在中国掀起一场安利的直销风暴，但很快国内各种打着直销旗号的传销诈骗活动搅乱了安利的市场计划。1998年国务院《关于禁止传销经营活动的通知》出台，安利在中国的业务被禁，安利开始在中国寻求新的生存方式。

1998年7月经批准，安利（中国）日用品有限公司正式采用新的营销方式，由“直销”改为“店铺＋雇佣推销员”的经营模式，自此，安利40多年直销产品的传统被彻底打破。“店铺＋雇佣推销员”模式是安利在中国渠道转型的最主要内容。对于安利的直销模式，质疑声从未间断，有些人怀疑安利不是规范的直销企业，因其采取团队计酬的模式等而涉嫌传销，网友抨击安利打着“直销”的幌子在做传销活动等。

（案例来源：案例分析（安利在中国的转型）［EB/OL］.（2018－4－7）［2021－3－12］. https：//www. doc88. com/p－7512590431709. html.）

【问题】你怎样理解和评价安利公司的直销历史及其在我国的渠道转型？

【本章小结】

本章从分销渠道的基本概念导入，对分析渠道的功能、发展趋势进行介绍；对分销渠道成员的各类中间商，以及渠道成员的选择方法分别进行了介绍，又对直销和传销进行了区分；分别介绍了分销渠道的结构、设计方案、制定流程，阐述了渠道分销策略和分销策略选择的影响因素；概要介绍了网络分销渠道概念、渠道功能、渠道建设；最后阐述了分销渠道各类冲突的管理。

【思考题】

1. 举例辨析直销和传销的区别，并画出直销结构图。
2. 举例辨析分销渠道成员经销商和分销商的区别。
3. 阐述分销渠道的功能、结构设计，画出分销渠道制定流程图。
4. 简述各类分销渠道策略的制定方案，并分析选择分销策略的影响因素。
5. 厂家怎样治理分销渠道中的恶性窜货现象？解释良性窜货的含义。

第九章

促销策略制定

【教学要求】

1. 了解企业促销要素、促销方式、促销作用、促销方法、促销策略等。
2. 熟悉人员推销方式、人员推销分类、人员推销策略和人员推荐流程。
3. 熟悉广告本质、广告创意、广告策划、广告制作、媒体广告、广告投放等。
4. 掌握销售促进策略与广告促销策略的不同，以及POP售点销售促进方法。
5. 掌握公共关系策略、危机公关策略，以及四大促销工具组合策略的制订和实施。

【本章术语】

◆人员推销　◆广告促销　◆销售促进　◆公共关系　◆危机公关　◆促销组合策略

【课程思政】

●企业促销人员必须知晓《规范促销行为暂行规定》（2020年，国家市场监督管理总局）。

●推销员从事的是面对面的现场推销活动，不能采取坑、蒙、拐、骗等违背职业道德的行为。

●广告从业者要恪守职业道德，禁止制作和投放虚假广告，遵守《中华人民共和国广告法》。

第一节　企业促销概述

企业促销的实质是信息沟通。企业为了促进销售，把信息传递的一般原理运用于企业的促销活动中，在企业、中间商、消费者三方之间建立起稳定有效的信息联系，确立信息沟通的目标，综合运用沟通方式排除信息沟通障碍，实现有效信息沟通。

一、促销要素

促销即促进销售，指企业为了打开市场、扩大产品销售，把有关本企业产品和服务的信息，通过相适应的方式和手段，向目标顾客传递，促使其了解、熟悉、信赖企业的产品和服务，从而达到激发顾客购买欲望、促成顾客购买行为的一系列活动。促销活动的构成三要素如下。

其一，促销主体，即制造商、代理商、批发商、零售商中的一个或几个。

其二，促销客体，即产品或服务、商品或服务；换言之，即有形产品或商品、无形产品或商品。

其三，促销对象。对制造商而言，其促销对象为批发商、零售商、消费者；对代理商而言，其促销对象为批发商、零售商、消费者；对批发商而言，其促销对象为零售商和消费者；对零售商而言，其促销对象只有消费者。促销主体不同，促销对象就不同，促销方式也就不同。

二、促销方式

企业把合适的产品，以适当的价格，在适当的地点，把产品及其信息传递到目标市场，根据促销活动是否以人员代表企业为促销主体，把促销方式分为人员促销和非人员促销。这两种方式各有利弊，互为补充。

（一）人员促销

人员促销即直接促销，是指促销人员和消费者面对面地进行沟通，直接与其接触、洽谈，宣传产品、商品或服务，最后促成交易的全部活动过程。其特点包括灵活性、选择性、针对性、完整性、公关性。

（二）非人员促销

非人员促销又称间接促销，是企业通过一定的媒体传递产品或劳务等有关信息，以促使消费者产生购买欲望、发生购买行为的一系列促销活动。非人员促销包括广告促销、销售促进、公共关系等促销方式，主要适合于消费者数量多、比较分散的情况。

三、促销作用

促销作用主要包括传递信息、创造需求、突出特色、反馈信息四个方面。

（一）传递信息

在产品正式进入市场以前，企业必须及时向中间商和消费者传递有关的产品销售情报。通过信息的传递，使社会各方了解产品销售的情况，建立起企业的良好声誉，引起各方的注意和好感，从而为企业产品销售的成功创造前提条件。

（二）创造需求

企业只有针对消费者的心理动机，通过采取灵活有效的促销活动，诱导或激发消费者某一方面的需求，才能扩大产品的销售。并且，通过企业的促销活动来创造需求，发现新的销售市场，从而使市场需求朝着有利于企业销售的方向发展。

（三）突出特色

企业通过促销活动宣传产品与竞品的不同特点，以及给消费者带来的特殊利益，使消费者充分了解本企业产品的特色，引起他们的注意和欲望，进而扩大产品的销售，提高企业的市场竞争能力。

（四）反馈信息

通过有效的促销活动，更多的消费者或用户了解、熟悉和信任本企业的产品；通过消费者对促销活动的反馈，企业及时调整促销决策，生产经营的产品更适销对路，有利于扩大市场份额，巩固市场地位，从而提高企业营销的经济效益。

> 营销智慧火花：人员促销的上行解释是直接营销，下行解释是人员推销。

四、促销方法

本部分主要介绍渠道成员针对下游中间商的促销方法、渠道成员针对终端消费者的促销方法、零售商针对终端消费者的促销方法。

（一）渠道成员针对下游中间商的促销方法

该法的促销主体为制造商、代理商、批发商或其组合，各自对其下游渠道成员展开促销。促销方式包括召开产销会议，促销补助（购货折让、购货赠送、销售返利、续购折让、广告补贴、无偿支援），经营培训与辅导，举办销售竞赛，确定销售奖金激励制度，派遣人员协助，发行经销刊物等。

（二）渠道成员针对终端消费者的促销方法

该法的促销主体为制造商、代理商、批发商或其组合，分别不同程度地对消费者展开促销，方法各异。比如，制造商向顾客派发折价券促销，酒类代理商的代理点对购酒者赠送开瓶器进行促销，批发商也直接面对消费者进行批发、零售促销。

（三）零售商针对终端消费者的促销方法

促销是企业增加销售量、降低商品库存、提高企业绩效的常用方法。制造商、代理商、批发商、零售商都可对渠道末端的消费者进行促销，尤其是零售商对消费者的促销，最引人关注。

因此，为规范零售商的促销行为，我国于 2006 年 7 月在商务部第七次部务会议上，审议通过了《零售商促销行为管理办法》，自 2006 年 10 月 15 日起执行。

零售商针对消费者的促销最为常见，其规模大，方法也多。常见的促销方法有八种：逆反时令促销法、仅售一次促销法、顾客回访促销法、分期特价促销法、天天低价促销法、最高价格促销法、对比吸引促销法、竞价拍卖促销法。

1. 逆反时令促销法

对于季节性商品，有销售淡旺季之分。大众消费心理是“有钱不买半年闲”，即按时令需求，缺什么买什么，商家亦如此，基本按时令需求供货。因此，商品在消费旺季时往往十分畅销，在消费淡季时往往滞销。可有些商家却反其道而行之，时值暑夏“甩卖”冬令货物，比如毛皮大衣、取暖器、羽绒服等，此即“反时令促销”。商家的换季商品促销，使购买者获得时令差价。

2. 仅售一次促销法

多数商家对热门畅销品大量进货，借机扩大销量，其经营原则是必须赚回能赚到的利润。可有的商家却独出心裁，采取仅售一次促销法，其所有商品仅出售一次就不再进货，即使是热销品也不销售了。表面上，这样的商家损失许多唾手可得的利润，但实际上却因店内所有商品都十分抢手而加速资金周转，反而赚取了更多的潜在利润。商家抓住顾客“物以稀为贵”的心理，形成一种该店商品皆为最新的深刻印象，顾客果断购买，以防错失良机，经常出现抢购场面。

3. 顾客回访促销法

顾客回访促销法是指以售后服务形式招徕老顾客的促销方法。一些销售电器、钟表等商店专门登记顾客联系方式，售后通过专门访问或调查的形式，了解老顾客对所购该店商品有无意见、是否需要修理等，并附带介绍新商品。回访目的在于增加顾客对该店的好感，并顺势促其购买新商品，促销效果显著。该法关键在于商店有完善的顾客管理系统，能与顾客保持经常深入沟通。

4. 分期特价促销法

分期特价促销法指商家分期分批选择一些商品作为特价商品，并制作大幅海报贴于商店内外，或印成小传单散发给顾客。特价商品每期以三四种为宜，薄利多销，吸引顾客；为迎合顾客猎奇心理，每期特价品种都不同。特价商品虽利润低微，甚至零利润，但商家以特价商品为诱饵，借势促销非特价商品，综合效果不但使其得到补偿，反而盈利颇丰。

5. 天天低价促销法

天天低价促销法指商家每天推出低价商品，以吸引顾客光临。商品天天低价形成一种相对稳定的低价策略，消费者对商家增加了信任，间接降低广告费用，使商家在竞争中处于优势地位。值得注意的是，低价商品的价格至少要比正常价格低 10%，否则对顾客不构成吸引力，达不到促销的效果和目的。

6. 最高价格促销法

通常而言，价格促销即为降价促销，借此吸引消费者的关注。但有些中高档商家却打破常规，在“最低价”“大减价”等广告声浪中，推出某商品乃本地“最高价”的逆向促销广告，含蓄表明其质量也最优，以吸引高端顾客。该促销法适合以高收入群体为目标顾客的商店，高价格能满足高收入群体的心理需求，显示其身份和地位，从而收到一定促销效果。

7. 对比吸引促销法

对比吸引促销法指商家把最新、最流行的商品和同类非流行商品摆在同一显眼的货架上，二者标价却相差两三倍。同货架同类商品的不同价格最能唤起顾客的对比心理。时尚追求者往往看中高价的时髦商品，讲究实用者则往往选择廉价的非流行商品，二者各得其所，对两种商品各自起到了促销作用。

8. 竞价拍卖促销法

目前，拍卖成为某些商家促销的一条新思路。通过拍卖活动售出的商品，有的高于零售价，有的低于，竞争拍卖促销法令消费者感到富有参与性、竞争性、趣味性、戏剧性。但该促销法不宜每天使用，商家为了掌握频度和节奏，使消费者保持新鲜感。通常选择双休日、节假日等时间，此时消费者有充足的时间参与竞拍活动，促销效果的波及面很广。

五、促销策略

促销策略包括人员推销策略、广告促销策略、销售促进策略、公共关系策略四项内容。

（一）人员推销策略

人员推销策略是指企业派出推销人员或委托推销代表，直接与消费者面对面接触，向其推广产品、商品、服务的沟通活动决策和谋略。

（二）广告促销策略

广告促销策略是指企业按照广告预算方式，支付一定广告费用，通过各种媒体对其产品或商品进行广泛宣传，促其销售的传播活动决策和谋略。

（三）销售促进策略

销售促进策略是指企业为刺激消费者购买，举办一系列具有短期诱导性的营业方法所构成的推广活动决策和谋略。

（四）公共关系策略

公共关系策略是指企业通过开展公共关系活动或通过第三方在各种传播媒体上宣传企业形象，促进与内部员工、外部公众的良好关系的公关活动决策和谋略。

人员推销策略、广告促使策略、销售促进策略、公共关系策略也可以说是促销组合策略的四个子策略。

营销智慧火花：在推销成功之后，真正的营销才刚刚开始。

第二节　人员推销策略

人员推销策略是四大促销策略之一，该策略是指生产、经营企业通过专门的推销人员，直接面向客户推销其产品、商品或者服务，是具有直接对话、培养感情、反应迅捷等特点的一种高成本、较传统的促销决策和谋略。

人员推销是指企业派出推销人员或委托推销人员，直接与消费者接触，向目标顾客进行产品介绍、推广，促进销售的一种沟通活动。

一、推销

推销是指企业推销人员根据营销计划，通过与消费者面对面接触，运用各种推销技巧和手段，将产品或商品以及劳务信息传递给消费者，使其认识推销品及劳务的性质和特征等，激发其购买欲望，实现其购买行为的整个活动过程。

从广义上讲，推销是指一个活动主体，通过一定的方法和技巧，使特定对象接受某种事物和思想的行为过程。从狭义上讲，推销是指商品交换范畴的推销，即商品推销。它是指推销人员运用一定的方法和技巧，帮助顾客购买某种商品和劳务，以使双方的需要得到满足的行为过程。

二、人员推销

人员推销是指企业通过派出销售人员与一个或一个以上可能成为购买者的人交谈，进行口头陈述，以推销商品、促进和扩大销售。人员销售是销售人员帮助和说服购买者购买某种商品或劳务的过程。

人员推销是一种专业性强、互惠互利的促销活动，它必须同时满足买卖双方的不同需求，解决各自不同的问题，不能只注重片面的产品推销。

尽管买卖双方的交易目的大不相同，但总可以达成一些双方都可以接受的协议。人员推销是一个买卖双向过程，推销员只有兼顾自己的推销目标与顾客的购买意向，才能使推销工作达到双方都满意的效果。

营销智慧火花：推销成功往往归功于推销员的顽强意志和敬业精神。

三、人员推销的方式

一般而言，人员推销常见的有五种基本方式：上门推销、门市推销、会议推销、列车推销、保险推销。

（一）上门推销

上门推销是最常见的人员推销形式，它是由推销人员携带产品的样品、说明书和订单等走访顾客，推销产品。这种推销形式，可以针对顾客的需要提供有效的服务，方便顾客，为顾客所广泛认可和接受。此种形式是一种积极主动、名副其实的“正宗”的传统推销形式。

（二）门市推销

门市推销又称柜台推销、营业场所推销，是指企业在适当地点设置固定门市，由营业员（即广义推销人员）接待进入门市的顾客，向其推销产品。门市推销的产品种类齐全，能满足顾客多方需求，能提供较多便利，能保证商品安全无损，门市推销方式顾客比较愿意接受，适合零星小商品、贵重商品、易损商品的推销。

（三）会议推销

会议推销指的是利用各种会议向与会人员宣传和介绍产品或商品，开展推销活动。例如，在订货会、交易会、展览会、洽谈会、物资交流会等会议上推销产品均属会议推销。这种推销形式接触面广，推销集中，可以同时向多个推销对象推销产品，成本低，成交额较大，推销效果较好。

（四）列车推销

列车上推销商品的推销员不是乘务员，而是外包给餐饮公司（食品公司）的餐车服务员，大部分属于列车段的三产公司承包人或铁路部门家属或亲属，属于劳务公司招聘的社会员工。公司与铁路部门签署合作协议，铁路部门负责审查，他们可以在列车上推销商品。

列车推销员性格活泼开朗，语言诙谐幽默，有亲和力和感召力，能够快速调动乘客情绪，注重现场演示效果，极具诱惑力，能够营造良好的销售气氛，促使乘客冲动性购买。推销的商品都是易耗品，比如腰带、去污剂、玩具、地方特产等，商品新奇，价格不贵，零售店不常见，令乘客产生好奇感，推销效果不错。

（五）保险推销

保险公司的推销员在开展推销活动时，比较讲究话术和推销套路，十分注重推销技巧。多数推销员经过保险产品的培训，善于分析和对比产品，了解客户需求。保险推销员经常上门拜访客户，打感情牌，擅长情景对话，善于运用攻心战术。

保险推销员经常使用公众号、电话等平台和工具进行沟通，并且沟通能力较强。大多数推销员讲究职业道德和职业诚信，想客户之所想，口碑较好，客户黏度较高。

保险推销员能够在遭遇无数次拒绝和失败后，仍保持积极乐观心态，耐挫抗压，能够高强度地控制和管理情绪，情商较高。

营销智慧火花：我可以在任何时间把任何产品推销给任何人。

四、人员推销的分类

人员推销的分类有两种，一种是按照推销品形态分类，另一种是按照渠道成员分类。

（一）按推销品形态分类

1. 针对有形产品或商品的人员推销

该种类型的人员推销在推销活动中占据主要地位。

2. 针对无形产品或商品的人员推销

该种类型的人员推销亦称服务类人员推销，主要是指针对保险、金融、旅游、策划、咨询等服务行业客户的人员推销。此类人员推销对推销员的职业素养要求很高，需要通晓法律等各领域知识，需要通过必要的培训、资质考试或测试。

3. 针对先进思想及观念的人员推销

该种类型的人员推销是指推销员为了说服消费者接受其比如超前消费等思想、机构养老等观念、企业及其产品创意等所进行的推销。

（二）按照渠道成员分类

1. 生产商组织的人员推销

该类人员推销是指生产厂家雇佣推销员向中间商或其他厂家推销产品。日用消费品生产厂家的推销员往往将中间商作为推销对象，而工业品生产厂家的推销员则把以其产品为生产资料的其他生产厂家作为推销对象。

2. 批发商组织的人员推销

批发商往往雇佣推销员在指定区域向零售商推销商品。零售商常常根据这些推销员的推销活动，对其商铺的货源选取、货物需求、进货数量等事项进行决策。

3. 零售商组织的人员推销

该类人员推销往往是顾客上门，而不是推销员登门拜访。

4. 针对消费者的人员推销

该类人员推销常常在无门市、无店铺的条件下，直接登门拜访、向消费者推销商品；在零售业的推销中占有一定比例，是推销力量的重要组成部分。

五、推销活动构成要素

推销活动的整个过程，是对有形商品与无形商品的推广过程，是向顾客推销某种物品使用价值的过程，是向顾客实施服务的过程，是向顾客宣传、倡议一种新观念的过程。

推销活动少不了推销员（推销主体）、推销品（推销客体）、消费者（推销对象），这三者是推销活动的三个基本构成要素。推销过程就是推销员运用各种推销技术，说服推销对象接受产品、商品或服务的过程。

（一）推销主体——推销员

推销员即推销人员的简称，是指主动向推销对象销售产品或商品的推销主体。推销员是推销活动三个构成要素中的关键要素，是实现企业与消费者双向沟通的桥梁和媒介，是企业重要的人力资源。面对竞争激烈的市场，企业需要应变能力强、创造力强的开拓型推销员。推销员的分类主要有零售推荐员、网络推销员、电话推销员、大客户推销员、渠道推销员等，其中尤以零售推销员最为常见。

1. 推销员工作任务

（1）推销产品。推销员在复杂的市场中寻找尚未满足的消费需求，说服客户发生购买行为，提高产品的市场占有率，提升企业及其产品的知名度，维系老客户，挖掘新客户。

（2）传递信息。推销员向客户传递企业经营状况、产品性能和用途、价格、维修等信息。搜集客户需求及其变化趋势、购后的感觉和意见、竞争者经营情况等信息，将信息及时反馈给企业，作为决策依据。

（3）传递价值。推销员在推销产品或商品的同时，还推销隐藏在其背后的无形价值，比如购买推销品带给客户的心理体验和精神满足等。

（4）分析客户的消费心理与行为，活用推销技巧。

2. 推销员职业素养

一是全面了解企业状况，掌握其经营目标和营销策略。二是了解产品设计、生产、销售的全过程，熟悉产品性能和特点；熟知企业产品的成本与费用、设备状况、定价原则、交货方式、付款方式、库存条件等，了解竞争产品情况。三是了解顾客购买决策依据，分析顾客的消费心理、行为、习惯。四是掌握市场供求状况、潜在顾客规模和分布、顾客购买动机与购买力、相关法律法规等知识。五是具有良好的文化素质，具有一定的专业知识，比如经济学、市场学、心理学、经济法、社会学、自然科学、外语等专业知识。六是讲究必要的推销礼仪。

3. 推销员队伍建设

一部分企业建立自己的销售队伍，使用本企业的推销人员来推销产品。在西方国家，企业把自己推销队伍的成员称为推销员、销售代表、业务经理、销售工程师；一部分企业使用专业合同推销员，例如制造商、销售代理商、经纪人等，按照期待销售额付给佣金；还有一部分企业雇佣兼职的推销员，在各种零售营业场所，用各种方式促销，方式如产品操作演示、现场模特、咨询介绍等。

推销员的管理涉及推销员的挑选、培训、激励、评价四个环节。

营销智慧火花：产品是“卖出去的”，而不是“被买走的”。

（二）推销客体——推销品

推销客体也称推销品，是指推销人员向推销对象推销的各种有形产品或商品以及无形服务和观念的总称。生产商向顾客推销的是整体产品，而不仅仅是有某种实物形态的产品。

1. 狭义推销客体

狭义推销客体即实体形态的推销品。生产商推销的是由核心产品、实际产品、外延产品三个层次产品所组成的整体产品。作为实体形态的推销品在交换中呈现商品二重性，即具有价值和使用价值。

2. 广义推销客体

广义的推销客体是实体形态推销品与非实体形态推销品的总称，即包括满足顾客需求的服务，比如运输、储存、设计、通信、咨询、策划、保险、金融、保健、旅游、法律等服务项目。随着市场经济的发展，经营劳务和中介服务的经济实体越来越多，服务作为一种特殊商品已成为当代市场推销品的重要组成部分。

（三）推销对象——消费者

依据购买者所购推销品的性质及使用目的，可把推销对象分为个体消费者与组织消费者两个层面。

1. 个体消费者

个体消费者是指所有为了生活消费而购买产品的个人和家庭。个体消费者市场是一切市场的基础，是所有产品流通过程的终点，因此个体消费者市场又被称作最终产品市场。

2. 组织消费者

组织消费者比如中间商企业、政府机关、学校、军队、医院等组织，购买或接受某种推销品，是出于维持日常生产加工、转售或开展服务业务的需要，通常有营利或维持正常业务活动的动机。

由于推销对象的特点不尽相同，因而采取的推销对策也有明显差异。

六、人员推销策略

推销属于实践性活动，人员推销策略比较多，而且因人而异。人员推销的基本策略包括三种：试探性策略、针对性策略、诱导性策略。

（一）试探性策略

试探性策略也被称为“刺激—反应”策略。这种策略是在推销人员不了解客户的情况下，运用刺激性手段引发客户产生购买行为的策略。

推销人员事先设计好能引起客户兴趣、刺激客户购买欲望的推销语言，通过渗透性交谈进行试探和激发，在交谈中密切观察客户的反应；然后根据其反应采取相应的对策，并选用得体的语言进行解释、说明，再对客户进行刺激，进一步观察客户的反应，以了解其真实需要，诱发购买动机，引导其产生购买行为。

（二）针对性策略

针对性策略是指推销人员在基本了解客户某些情况的前提下，有针对性地对其进行宣传、介绍，以引起其好感和购买兴趣，从而促成交易的推销策略。推销员常常在事前根据顾客的有关情况设计好推销语言和说服方法，这与医生对患者进行诊断后开处方类似，故针对性策略又被称为“配方—成交”策略。

该种策略的特点是推销人员事先了解客户的某些需要，然后有针对性地进行“说服”，投其所好。当讲到客户所关心的问题时，便引起客户共鸣，从而促成交易。

（三）诱导性策略

诱导性策略即指推销员为激起客户某种需求，诱发客户产生购买行为的说服技巧。它是一种创造性的推销策略，即首先设法引起客户需要，再说明推销品及服务能够有针对性地满足其需要。

该策略要求推销人员有较高的推销技术，能因势利导，诱发客户的需求，并不失时机地宣传、介绍、推荐推销品，以满足客户对推销品的需求，在不知不觉中促成交易。因此，从此意义而言，诱导性策略也可称为“诱发—满足”策略。

营销智慧火花：推销员真正推销的不是产品、商品或服务，而是自己。

七、人员推销流程

形象化的人员推销工作流程如图 9－1 所示。

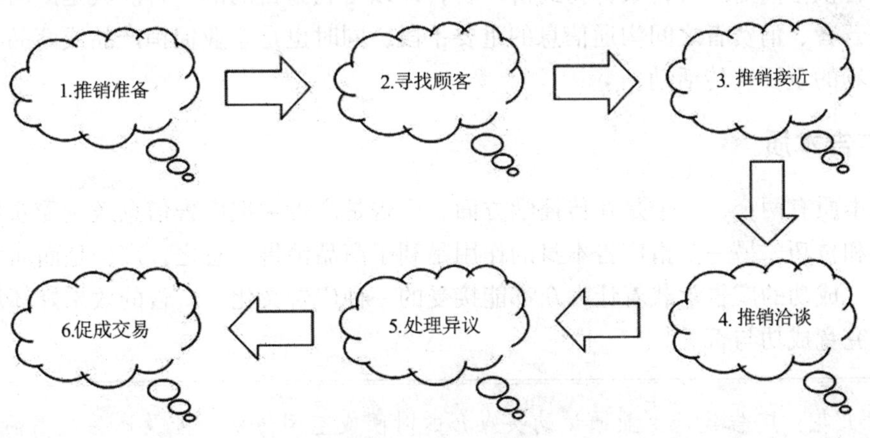

图 9－1　人员推销流程

在人员推荐过程中，应注意以下几点。

其一，人员推销是四大促销工具或方法之一，现代企业的推销员必须按照人员推销的工作流程开展促销活动。推销员做好促销活动的准备工作非常关键，必须从细微处做好“功课”，不打无准备之仗。顾客是企业和推销员必须争取的资源，应合理地管理和开发。切入点要从寻找顾客开始，尤其需要挖掘潜在顾客，拓展人脉，扩大销路。

其二，锁定顾客目标之后的关键点是运用推销话术，驾驭沟通技巧，彰显推销员的人格魅力，促使整个推销接近的过程显得自然而不突兀，实现水到自然成的效果和境界。这就要求推销员预先做好周密的设计和策划。

其三，推销的实质性阶段是进入推销洽谈阶段。推荐人员施展谈判技能，也要学会适当让步和妥协，侧重于劝导、说服和协商。在沟通过程中，避免出现辩论式的唇枪舌剑，进而导致面红耳赤的现象。推销洽谈或谈判不是“辩”而是“谈”，求同存异，找到最大公约数，恰当处理双方异议，最后达成交易，才能实现推销的目的。

第三节　广告促销策略

广告促销策略是四大促销策略之一，该策略是指企业按照一定的预算方式，以付费的形式，通过各种广告媒介形式和传播途径，向促销对象传递企业及其产品或服务信息，并告之发生购买行为所获得的附加利益，激发其对促销品的兴趣和购买欲望，有一定时效性的一种促销谋略。

广告，即广而告之，即确定的组织或个人为了一定的目的，通过支付费用，在规定的时间内，由指定的媒体将真实信息传播出去的一种交流活动。

一、广告定义

广告的定义有广义和狭义之分。

广义广告包括商业广告和非商业广告。非商业广告指不以营利为目的的广告，又称效应广告，如政府行政部门、社会事业单位乃至个人的各种公告、启事、声明等。

狭义广告仅指商业广告，又称为经济广告，即以营利为目的的广告。其是产品或商品的生产者、经营者、消费者之间沟通信息的重要手段，同时也是企业促销产品或商品、提供劳务、占领市场的重要宣传活动。

二、广告本质

广告的本质有两个，一个是在传播学方面，广告是广告主把广告信息送达受众群体的一个传播手段和技巧，另一个指广告本身的作用是利于商品销售。总之，广告是面向大众的一种传播手段，成功的广告承载着让大众都能接受的一种广告文化。广告的效果好坏从某种程度上决定其究竟成功与否。

> 营销智慧火花：广告就是企业通过购买媒介的时间或空间传播企业及产品或商品信息。

三、广告创意

广告创意是指广告创作者结合产品、消费者、市场等元素，运用独创的设计理念，采用发散或逆向等非常规思维方式，借助独特的表现手法，以广告为载体，艺术性地把企业及其促销品等相关信息传递给广告媒介受众的一种创造意识。

四、广告构成要素

以广告活动的参与者为出发点，广告构成要素包括广告主、广告商、广告媒体、广告受众、广告环境、广告信息、广告思想和技巧、广告费用及广告效果。

以大众传播理论为出发点，广告信息传播过程中的广告构成要素主要包括广告信源、广告信息、广告媒介、广告信宿等要素。

五、广告法律含义

《中华人民共和国广告法》（2018 年修正版）（以下简称《广告法》）对企业及广告从业人员的广告行为、广告行业的职业规范都进行了法律界定。

（一）《广告法》对广告的定义

在《广告法》中，广告是指“商品经营者或者服务提供者，通过一定媒介和形式直接或者间接地介绍自己所推销的商品或者服务的商业广告活动”。企业的广告制作或广告促销等行为不应违反《广告法》。

（二）《广告法》条款摘录

《广告法》第四条：“广告不得含有虚假或者引人误解的内容，不得欺骗、误导消费者。”

《广告法》第五条：“广告主、广告经营者、广告发布者从事广告活动，应当遵守法律、法规，诚实信用，公平竞争。”

《广告法》第九条：“广告不得有下列情形：（一）使用或者变相使用中华人民共和国的国旗、国歌、国徽，军旗、军歌、军徽；（二）使用或者变相使用国家机关、国家机关工作人员的名义或者形象；（三）使用‘国家级’‘最高级’‘最佳’等用语；（四）损害国家的尊严或者利益，泄露国家秘密；（五）妨碍社会安定，损害社会公共利益；（六）危害人身、财产安全，泄露个人隐私；（七）妨碍社会公共秩序或者违背社会良好风尚；（八）含有淫秽、色情、赌博、迷信、恐怖、暴力的内容；（九）含有民族、种族、宗教、性别歧视的内容；（十）妨碍环境、自然资源或者文化遗产保护；（十一）法律、行政法规规定禁止的其他情形。”

《广告法》第十条：“广告不得损害未成年人和残疾人的身心健康。”

《广告法》第十三条：“广告不得贬低其他生产经营者的商品或者服务。”

六、广告促销

广告促销是指企业通过支付一定数额费用，把企业及其产品或服务等信息，通过报纸、杂志、电视、广播、户外及网络等媒介，向消费群体传递，以此为产品销售创造有利环境的整个传播活动。

七、广告分类

企业通过各种媒介，以刊播、发布、张贴、悬挂、排列、展示等多种方式传播广告信息。广告按不同的划分标准，分类如下。

（一）按广告的目的划分

1. 商业广告

商业广告又称营利性广告或经济广告，是以营利为主要目的的广告，是指通过大众传播媒介所进行的有关商品、劳务、观念等方面信息的促销活动。

2. 公益广告

公益广告是以为公众谋利益和提高福利待遇为目的而设计的广告；是企业或社会团体向消费者阐明其对社会的功能和责任，不以营利为目的，而为社会公众切身利益和社会风尚服务的广告。

（二）按广告的范围划分

按广告的范围，广告可分为全球性广告、全国性广告、区域性广告、地方性广告。

（三）按广告的内容划分

按广告的内容，可分为产品宣传广告、招商广告、招聘广告、征婚广告、寻人启事广告等。

（四）按广告传播媒体类型划分

按照广告传播媒体的类型，广告可以分为印刷品广告、电子媒体广告、互联网广告、手机广告、户外广告、高炮广告、口碑广告，具体例子如表9－1所示。

表9－1　按照传播媒体类型划分的广告类别

各类媒体广告	广告举例
印刷品广告	报纸、期刊、海报、图书、画册、挂历、名录、黄页、购物指南、手册、传单、招贴、手提袋、包装等
电子媒体广告	以电子信息技术、电子媒体来传达广告信息的广告形式。包括广播广告、电视广告（电视剧插播广告、电视剧植入广告）、电子显示屏、录像、幻灯等
互联网广告	电子邮件、微博、视频、游戏等广告
手机广告	亦称移动广告，是一种互动式的网络广告，由移动通信网承载，使用户能及时接受信息。包括短信广告、彩信广告、微信广告、二维码广告等
户外广告	存在于公共空间的一种户外传播媒介的广告。包括公交站点、街道、广场、商业区、建筑物、地铁、车站、码头、机场等场所内外布置的橱窗、灯箱、路牌、条幅、霓虹灯、视频、气球、充气模型、大篷车、巨幔等广告，影剧院、体育场馆、文化馆、展览馆、宾馆、饭店、游乐场、商场等场所内外布置的广告，车辆、船只、飞机等交通工具内外空间布置的广告
高炮广告	高速公路、城市公路、立交桥等主要路段旁竖立的高大醒目的广告牌、三面翻广告
口碑广告	企业努力使消费者在其亲朋好友之间传播自己的产品或服务信息

（五）按广告显隐性划分

按照广告的显性、隐性特点，可划分为柔和创新的软广告、漠视受众的硬广告两种。

1. 软广告

软广告是指广告主不直接通过广告传递企业商品或服务信息，而是在报纸、杂志、影视、网络等宣传媒体中，发表带有主观引导性、暗含倾向性的文章，以及借助画面、短片，公关活动、赞助等的公益活动等的一种潜伏式广告。

2. 硬广告

硬广告是指在报刊、广播、电视、手机、网络媒体等看到和听到的直接宣传商品或服务的传统广告，其优点是传播速度快，影响力强；缺点是渗透力弱，商业味道浓，可信度低，时效性差，投入成本高，有强迫说教之感。

（六）其他新型广告划分

随着现代数字技术、通信技术、电子技术、互联网技术的发展，新型广告出现，新型广告可以分为数字广告、无线广告、流媒体广告。

1. 数字广告

数字广告是指呈现广告内容的载体是数字媒体，即以二进制数的形式记录、处理、传播、获取过程的信息载体，包括数字化的文字、图形、图像、声音、视频影像和动画等媒体。

（1）户外数字广告，指通过电子显示设备在户外公共场所，如楼宇、机场、医院、卖场等处播放的广告。其运营商使用的电子设备主要有视频播放机、框架刷屏机、LED 显示屏等。

（2）数字电视广告，指广告信息从演播室到发射、传输、接收的所有环节都使用数字信号的广告。广告有开机画面广告、换台广告、视频点播广告、超链接广告、字幕广告等形式。

2. 无线广告

无线广告是针对手机用户的一种网络广告促销新类型，指以手机短信、彩信、WAP 为信息载体，利用手机媒体的即时性、私密性、渗透性等特点与用户进行互动沟通的一种广告形式。

3. 流媒体广告

流媒体广告是指通过流媒体技术，把广告和视频节目加载到流媒体中，做成数据包运用视频传送服务器发送到网络，用户通过解压设备对数据包解压还原。

八、媒体广告

本部分阐述的媒体广告主要包括报纸广告、杂志广告、广播广告、电视广告、互联网广告。

（一）报纸广告

报纸是最早发布广告、应用最广泛的平面媒体，其优点在于发行量大、覆盖面广、信息详尽、读者众多，文字表现力强，制作方便，成本较低、便于剪贴、容易保存。缺点是版面单调，广告时效性短、重复性差、关注度低、使用寿命短、感染力差。

报纸广告包括半通栏广告，单通栏广告、双通栏广告，半版广告、整版广告、跨版广告，报花、报眼、中缝，以厘米计算的小版面、以文字计算的分类广告等。下面重点讲报花广告和报眼广告。

(1) 报花广告。这类广告版面很小，形式特殊，不具备广阔的创意空间，文案只能作重点式表现，突出品牌或企业名称、电话、地址及企业赞助之类的内容。不体现文案结构的全部，一般采用一种陈述性的表述。

(2) 报眼广告。报眼即横排版报纸报头一侧的版面。版面面积不大，但位置十分显著、重要，引人注目。如果是新闻版，多用来刊登简短而重要的消息，或内容提要。这个位置用来刊登广告，显然比其他版面广告关注度高，并自然体现出权威性、新闻性、时效性与可信度。

(二) 杂志广告

杂志，即有固定刊名，以期、卷、号或年、月为序，定期或不定期连续出版的印刷读物。杂志根据一定的编辑方针，将众多作者的作品汇集成册，连续出版，又称期刊。

杂志是仅次于报纸而较早出现的广告媒体。在广告经营方面，时尚类期刊、财经类期刊、计算机类期刊是我国期刊广告市场上表现最出色的三大类，而生活类、汽车类、社会新闻类以及各种行业类期刊也有一定的影响力。

1. 杂志的分类

杂志分类的标准有发行周期、发行区域、读者群体、行业内容、刊登位置等。

按发行周期，杂志可分为周刊、旬刊、双周刊、月刊、双月刊、季刊、不定期刊等。

按发行区域，杂志可分为国际性杂志、全国性杂志、地方性杂志。

根据读者群，杂志可分为大众消费者杂志（比如妇女杂志、男性杂志、青少年杂志、娱乐杂志等）和行业杂志（比如法律专业杂志、医学专业杂志等）。

按行业内容，杂志可分为新闻杂志、财经杂志、家庭杂志、时尚杂志、健康杂志、教育杂志、体育杂志等。

按广告刊登的位置分，可分为封二广告、封三广告、封底广告，有的杂志社还在杂志的内芯中间页，插登双面的彩色广告页，色彩光亮，纸质较好，有很强的表现力。

2. 杂志商业广告类型

杂志商业广告可分为三种类型：图片式广告、图文结合式广告、邮购广告。

(1) 图片式广告，指出现在杂志的版面中充分利用杂志高质量的印刷效果来突出品牌形象的以大型图片为主的广告。这种类型的广告一般没有广告文案，只出现甚至不出现广告语，只注明品牌的名称或出现品牌的标志，有时会在随文中列出获得产品的方式。

(2) 图文结合式广告，指出现在杂志的版面中，依靠文案和图片的配合来共同传递广告信息的广告形式。一般以图片来展示产品形象，而以文字提供有关产品的具体信息或者对广告信息进行解释。

(3) 邮购广告。邮购广告不仅要提供清晰的产品实物图片和详细的有关产品价格、规格、品质、功能、材料等方面的信息，而且要提供详细的邮购方法和购买利益来促使消费者采取购买行动。

（三）广播广告

广播是电台通过无线声波传递广告信息的媒体。其优点是传播速度快，传播范围广，制作简便，费用比电视广告便宜；缺点是有声无形，没有视觉效果，不易记忆。

1. 广播媒体的分类

广播媒体按照内容，可分为传播综合性内容的综合广播电台、传播专门内容的专业电台（如交通台、音乐台等）。

广播媒体按照调制方式，可分为调频和调幅两种形式的广播。

广播媒体按照传输方式，可分为有线广播和无线广播，目前作为广告媒介的主要是无线广播。

2. 广播广告的分类

（1）节目广告，指由赞助节目的广告主在节目中插播的广告。节目广告一般收费较高，其插播的广告时间占整个节目时间的十分之一左右。

（2）插播广告，指在节目和节目之间插播的广告或者在没有特定赞助商的节目中插播的广告。

（3）报时广告，指在整点报时前播出的广告。

3. 广播广告的媒介特点

广播广告的媒介有以下几个特点。

（1）成本低廉。该特点为中小型企业提供了充分利用大众传媒的机会，广告主以较低的成本反复传播广告信息。

（2）信息传播及时。广播可使广告在信息所及的范围内，迅速传播到目标消费者耳中，不论身在何地，只要打开收音机，广告对象就可以立即接收到。

（3）传播范围广。在所有的大众媒介中，广播的送达范围最广，受时间和空间的限制最少。

（4）抵触度较低。由于受众在收听广播时可以同时做其他的事情，受众对广播广告的接受度比较高，抵触情绪相对较少。

（5）说服性较差。线性传播的特点使广播广告的信息转瞬即逝，不便记忆；有声无形，印象不深，不便存查，不便反复接触，只能传递信息，不能进行深度说服。

（6）冲击力较弱。广播广告虽然可以借助声音形象的塑造打动受众，但其单纯利用声音的局限，使广播广告表现手段单一，受众感受广告信息的直观性差、距离感大，广告的冲击力较弱。

（四）电视广告

电视是一种集声、形、色于一体的广告媒体。其优点是形象逼真，感染力强，传播面广，表现手法丰富，艺术性较高，对观众有很强烈的吸引力和视觉冲击力。缺点是广告费用高，竞争对手多，广告播放的时段要求高。

1. 电视媒体种类

电视媒体可以从覆盖范围、传播内容、传输方式、传播信号角度划分为不同类型。

（1）按照覆盖范围，电视媒体可分为全国性电视媒体和地方性电视媒体。

（2）按照传播内容，电视媒体可分为综合电视频道和专业电视频道。

（3）按照传输方式，电视媒体可分为有线电视、无线电视、卫星电视、图文电视。

（4）按照传播信号，电视媒体可分为模拟电视、数字电视。

2. 电视广告种类

电视广告分为节目广告、插播广告、报时广告三种。

3. 电视广告特点

电视广告的特点体现在冲击力和感染力强、覆盖范围广且单位成本低、信息不能持久和反复接触、受众抵触度高等。

（1）冲击力和感染力强。电视媒介是唯一的视听兼具的广告媒介，受众感受信息的直观性最强，距离感最小，可以同时调动声音、图像、音乐、音响、色彩等多种表现手段来展现产品，营造特定的情绪情感和意境，多方位地影响消费者，因此广告信息的冲击力和感染力是所有媒介中最强的。

（2）覆盖范围广，单位成本低。在我国，大多数地区能自由接收电视信号，广告可以送达的受众群体非常广泛，单位接触成本也因此大大降低。

（3）信息持久性差，不能反复接触。电视的线性传播特点使电视广告信息不能保存，不能反复观看，只能依靠增加广告的播出频率来增加目标受众接触机会，导致电视广告不便于深度说服，制作成本较高、单次播出成本较高，绝对成本也因此提高。

（4）受众抵触度高。由于电视广告往往在受众收看电视节目的中间强行插入，对受众形成了较强的干扰，因此人们对电视广告的抱怨是最多的。大多数针对广告的抱怨是针对电视广告的。这种强烈的抵触情绪易使受众养成规避广告的习惯，不利于信息有效到达目标受众。

（五）互联网广告

互联网广告是指通过网络广告平台在网络上投放的广告，即企业利用网站上的广告横幅、文本链接等多媒体的方法，在互联网刊登或发布的广告，是通过网络将广告传递到互联网用户的一种高科技广告运作方式。与传统的四大媒体（报纸、杂志、电视、广播）广告和户外广告相比，互联网广告具有得天独厚的优势，是实施现代营销媒体战略的重要组成部分。

1. 互联网媒体优势

互联网与电视、报刊、广播等传统媒体或各类户外媒体相比，具有得天独厚的优势：受众的范围广，不受时空限制，关注度高；投放更具针对性，可直达产品核心消费群；精确统计受众数量，跟踪衡量广告效果；有很强的交互性、感官性、多维性、实时性、可重复性和可检索性；成本低，具有价格优势。

2. 互联网广告的类型

从广告形式的角度，互联网广告可以分为搜索广告、展示类广告、分类广告、引导广告、电子邮件广告五大类。从表现形式的角度，互联网广告可以分为十种，如表 9－2 所示。

表 9-2　互联网广告分类（按表现形式划分）

网络广告	类型或解释
横幅广告	通栏、竖边、巨幅等广告，是以 GIF、JPG、Flash 等格式建立的图像文件
旗帜广告	网络广告中最为常见的一种形式，通常是一个大小为 468×60 像素的照片，通过广告语和其他内容表现广告主题；也可用 Java、Flash 等技术做成动画
按钮广告	位于页面两侧，根据页面设置不同规格，动态展示客户要求的各种广告
链接广告	将一排文字作为一个广告，点击后便进入相应的广告页面，对浏览者干扰最少、却较为有效的网络广告形式
邮件广告	具有针对性强、费用低廉，内容不受限制等特点，可以针对具体某一个人发送特定的广告，为其他网络广告方式所不及
弹窗广告	亦称插播式广告、弹出式广告，访客在请求登录网页时强制插入的一个广告页面或弹出的广告窗口
浮动广告	在网面中随机或按照特定路径飞行，是一种漂浮在网站首页或各页面中的漂移式广告，可以是图片，也可以是 Flash
富媒广告	即 Rich Media 广告，指使用浏览器插件或其他脚本语言、Java 语言等编写的具有复杂视觉效果和交互功能的网络广告
EDM 直投广告	通过 EDM（Email Direct Marketing）群发软件向目标客户发送邮件，直接传递广告信息，定向投放促销内容，派发礼品、调查问卷，获得信息反馈
新型广告	关键词广告、视频广告、路演广告、巨幅联播广告、翻页广告、论坛广告等

总之，根据不同的划分标准，网络广告可以分为很多类型，以下为常见的网络广告类型：横幅式广告、通栏式广告、按钮式广告、插播式广告、电子邮件广告、赞助式广告、游戏式广告、软件端广告、联播网广告、关键字广告、比对内容广告等。

九、广告促销策略

广告促销策略是指广告主体在策划、制作、传播等过程中，为实现企业广告战略目标所采取的决策和谋略。本部分只选择介绍五种广告策略：广告诉求策略、广告心理策略、广告表现策略、广告发布策略、广告投放策略。

（一）广告诉求策略

广告诉求策略主要包括感性诉求策略、理性诉求策略、情理交融策略三种。

1. 感性诉求策略

广告诉求定位于受众的情感领域，通过广告对消费者的情感造成冲击，使他们产生购买产品或服务的欲望和行为。感性诉求广告适用于日用品、化妆品、服装广告等。需要注意的是，这类广告不能虚假、做作、卖弄，情感内涵要丰富，贵在挖掘与发现，要尽量以现实生活为背景。

2. 理性诉求策略

广告诉求定位于受众的理智动机，真实、准确、公正地传达企业、产品、服务的客观情况，使广告受众群体经过判断、推理等思维过程，理智地决策。理性诉求策略更多地运用于消费者需要经过深思熟虑才能决定购买的产品或服务，或性能较为复杂的产品。因为理性诉求以提供信息为重点，突出产品的功能和优点，因此也较适用于新产品、耐用消费品和生产资料等。

3. 情理交融策略

广告诉求的两种主要诉求方法各有利弊。感性诉求贴近受众的切身感受，易引起受众的兴趣，但过于注重对情绪和情感的描述，往往会影响广告信息的传达。理性诉求能完整、准确地传达广告信息，但由于注重事实的传达和道理的阐述，往往会使广告显得生硬、枯燥，影响受众对广告的兴趣。

在实际广告运作中，时常将两种诉求方法融合起来，既运用感性诉求引发受众情感，又运用理性诉求传达客观信息，结合二者优点，达到最佳说服效果。此即为情理交融策略。

（二）广告心理策略

广告心理策略的实质是说服策略，说服本质上是一种沟通方式，是通过有效的信息诉求改变消费者头脑中已形成的某种认知，促使形成新的认知并由此改变人们的行为。说服策略旨在通过广告活动让消费者对广告产品以及品牌产生良好态度，进而说服其购买广告传播的产品或服务。

1. 以理服人心理策略

消费者的态度结构中有认知成分，不同消费者的认知能力不同。针对知识水平高、理解判断力强的消费者，采用双向式呈递信息的方式较好，把商品的优劣两方面都告诉消费者，使其感到广告的客观公正，结论由自己推出。

2. 以情动人心理策略

消费者态度中的感情成分，对其购买决策改变起主要作用。消费者购买产品，往往并不了解其功能特性，从感情上却对它有好感，有愉快的体验。广告从消费者情感入手，产生共鸣，更易感染消费者，会收到意想不到的促销效果。

3. 品牌认知心理策略

品牌认知心理策略即以品牌认知影响品牌态度的心理策略。品牌认知是指消费者对某一品牌产品的认识，消费者的品牌认知对品牌态度造成影响。广告要表达品牌的抽象功能，承诺品牌能给消费者带来益处，强调品牌拥有某种特点。

（三）广告表现策略

广告表现策略指广告主把企业、商品、劳务等相关信息，通过广告创意，运用各种符号及其组合，以形象的、易于接受的形式在广告中表现出来，促使消费者实现其购买行为的一种决策和谋略。

1. 形象、象征类策略

（1）形象表现策略。该策略主要是尽力突出企业名称、标志、产品商标、企业给社会提供的各种优良服务以及企业对社会的贡献等，从而为企业塑造一个高大、美好的形象，并由此沟通感情，增强社会对企业及其产品的信任感。

（2）象征表现策略。该策略主要是为了调动心理效应。企业或商品通过借用一种东西、符号或人物来代表商品，以此种形式来塑造企业的形象，给予人们以情感上的感染，唤起人们对产品质地、特点、效益的联想。同时，把企业和产品的形象高度概况和集中在某一象征上，有益于消费者记忆，扩大影响。

2. 证言、诚信、如实类策略

（1）证言广告策略。企业与商品自卖自夸的保证未必能说服人，而第三者向消费者强调某商品或某企业的特征，易于取得消费者的信赖。某种商品得到专家权威的肯定、科研部门的鉴定、历史资料的印证，都是很有力的证言，能够产生“威信效应”。

（2）承诺广告策略。这是企业为使其产品赢得用户的依赖而在广告中做出某种承诺式保证的广告策略。承诺广告的应用，对新老产品的感受力度和信任程度有所不同。该策略的真谛是所做出的承诺必须能够履行，否则就变成欺骗广告。

（3）如实广告策略。该策略是一种貌似否定实则强化商品形象、争取信任的广告策略，与竭力宣传商品优点、唯恐令人不信的广告有很大区别，如实广告即如实告诉消费者不了解的商品信息。

3. 竞争、悬念类策略

（1）竞争广告策略。这是一种针对竞争对手而采用的广告策略，即将两种商品同时并列，加以比较，欧美一些国家运用得较多。比较，可以体现产品的特异性能，是调动信任的有效方法，比较的方法主要有功能比较、革新对比、品质对比。

（2）防伪广告策略。这是针对伪冒者而采取的广告策略。鉴于市场上不断出现伪冒品，为避免鱼目混珠，维护企业名牌产品的信誉，需要在广告中提醒消费者注意其产品商标，以防上当。

（四）广告发布策略

广告发布策略就是对广告发布的时间和频度进行统一合理的安排。发布广告的时间是指广告推出以及推出后涉及的时间因素的总和。从内容看，广告发布策略主要解决发布时机、频度两个问题。

1. 发布时序策略

广告发布的时序指广告发布和其他相关活动在时间上的配合，有提前发布策略、同步发布策略、延迟发布策略三种主要类型。

（1）提前发布策略。广告在相关活动开始之前就开始发布，这有助于进行市场预热，做好舆论准备，目的在于先声夺人。该种策略适用于全新产品、换代产品、时令性商品等。

（2）同步发布策略。同步发布策略是指广告与产品同步推向市场，这种策略比较适合已经有一定知名度和市场占有率的产品等。

（3）延迟发布策略。延迟发布策略指广告在相关活动开始之后再通过媒体发布。如在产品先行试销之后，根据试销情况再决定广告投入的时机与规模。

2. 发布时限策略

广告发布的时限是指广告发布持续时间的长短，这由广告业主所能支付的广告费用而决定。在总的时限内，广告的发布是否分成不同长度的时间单元，各单元的持续时间如何，要根据广告目标确定。总体而言，发布时限策略可分为集中时间策略和均衡时间策略。

（1）集中时间策略，即集中力量在短时期内对目标市场进行突击性的广告攻势，在短时间内迅速造成广告声势，扩大广告的影响。

（2）均衡时间策略，即有计划地反复对目标市场发布广告的策略。其目的是持续加深消费者对企业或商品的印象，不断予人以新鲜感。杜绝长期重复同一广告内容，广告的频度也要疏密有致，不要给人以单调之感。

3. 发布时机策略

发布时机策略是指企业对广告推出的具体时间进行安排的策略。企业竞争环境经常变化，媒体广告发布必须发现机遇，适时推出，取得最佳传播效果。三种具体发布时机策略如下。

（1）节假策略。零售服务行业常用，在节假日之前数天便开展促销活动，广告主把商品品种、价格、活动时间等及时告之消费者。

（2）季节策略。对于季节性强的商品，企业根据季节规律，适时开展广告促销活动，使其在旺季销售达到高峰。

（3）活动策略。企业利用重大活动，比如重大体育赛事、文艺活动等，适时推出应景广告。此时媒体关注度高，广告受众面广，是发布广告的绝好时机。

4. 发布频率策略

广告发布频率是指在特定时间内广告在某一媒体上展露的次数。广告的诉求效果受广告发布频率的影响，但并不是广告发布频率越高广告的诉求效果就越好。

广告频率策略包括固定频率和变化频率两种基本形式。固定频率是指一定广告周期内各天发布的广告次数或信息量相等；变化频率是指一定广告周期内各天发布的广告次数或信息量不等。

（五）广告投放策略

广告投放策略包括集中式投放策略、连续式投放策略、栅栏式投放策略、脉冲式投放策略四种。

1. 集中式投放策略

集中式投放策略并不适合所有企业及其产品的市场推广，只有在产品信息相对透明，企业无须耗费很长时间培养市场，同时市场上同类产品竞争激烈，小打小闹广告投放很难见效的情况下，才可考虑使用此策略。

2. 连续式投放策略

连续式投放策略的优势在于循序渐进地将产品或者品牌渗透进消费者脑海中，使他们对产品的印象与好感持续增加。这种投放策略需要企业有较长远的广告预算，同时也要预防后进的竞争对手以高强度的广告投放进行包围及拦截。

3. 栅栏式投放策略

栅栏式投放策略亦称间歇式投放策略。该策略目的不再只是产品本身信息的传递，而是唤起消费者与产品之间的情感沟通。栅栏式投放策略适合于产品的高度成熟期，消费者对其记忆与好感只需间歇性提醒，无须密集接触，间歇周期则须视市场竞争激烈程度而定。

4. 脉冲式投放策略

脉冲式投放策略是对广告投放策略的进一步细化，是对连续式和间歇式投放策略折中而得出的一种投放策略。脉冲式投放策略一般以较低的水平连续投放广告，并定期加大投放力度，使广告的受众更加详细地了解广告信息，并且节省广告费用。

综上所述，本部分只选择介绍了五大类广告促销策略：广告诉求策略、广告心理策略、广告表现策略、广告发布策略、广告投放策略，其中包含多个广告促销子策略。

（六）广告策划工作流程

现代企业的广告促销活动的策划专员，在对企业开展内外环境的调查分析之后，有针对性地确立广告策划的目标，满足市场需求；提炼广告促销的主题，激发表现主题的创意星火；把创新创意灵感付诸平面，启动广告策划文案设计环节。

根据现代媒体的结构和技术特点，酝酿制定线下传统媒体和线上新媒体的选择、整合、投放策略；编制形式和内容皆规范和标准的广告策划书；按照策划书的思路和架构，结合广告预算，跟踪和评估广告投放的效果。

动态微调策划书的执行节奏，启动应对偶发意外事件的应急备案，监督和评价广告策划书的执行效度和经济效益，为下一轮企业广告促销活动策划项目的启动和复用提供决策依据。广告策划工作流程如图 9－2 所示。

（七）广告策划人员职责

广告策划人员的职责有以下十个方面。

一是负责企业产品广告促销活动的开展，按照产品推广计划逐步实施广告策划工作；二是结合客户需求，并与促销人员沟通，整体构思广告项目的促销策划方案；三是负责广告策划项目中的软文写作；四是针对广告文案进行创意设计与思维创新；五是训练广告文案版式的设计能力和整体的布局能力，能够营造唯美画面的视觉冲击力；六是培育扎实的美术功底和审美情趣，赋予文案迷人的艺术魅力，促进成单；七是为客户制定最具针对性的广告投放策略；八是跟进及维护与广告客户的客情关系；九是针对客户提供的文字资料进行升级修改与润色，提炼出产品广告的核心卖点；十是不断积累和运用线上与线下的广告策划经验和实力，保质保量创造性地完成广告策划任务。

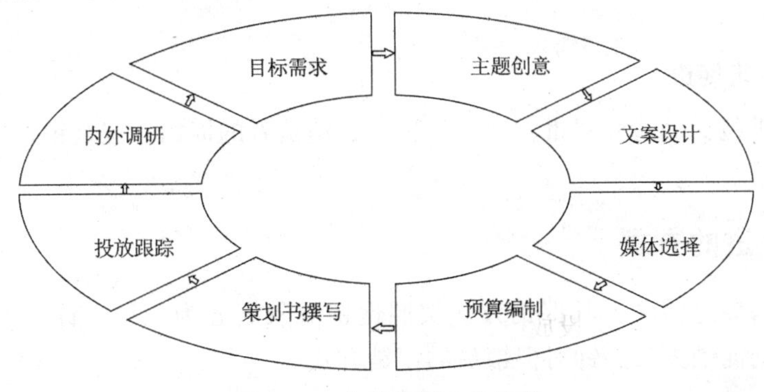

图 9－2　广告策划工作流程

第四节 销售促进策略

销售促进策略是四大促销策略之一。该策略是指企业通过各种促销手段，刺激短期需求、扩大销售规模、增强市场开拓力度、培养顾客忠诚度，针对顾客和中间商进行的一种短期的、辅助性的推广决策和谋略。销售促进是建立在广告宣传基础之上的画龙点睛之笔。

销售促进是一种刺激需求、扩大销售的活动，是一种辅助性的、非常规的促销方式，一般要与其他促销方式配合使用，适合在特定时期或完成特定任务的短期促销活动，是企业直接对消费者、中间商的短期刺激和利益优惠。

一、销售促进

销售促进（Sales Promotion，SP）亦称营业推广，指企业运用各种短期诱因，鼓励中间商销售本企业产品和服务，鼓励消费者购买而开展的除了人员推销、广告宣传、公共关系之外的所有企业促销活动的总称，是各种短期刺激工具的集合，其特征是非连续性、形式多样、即期效应，其功能是沟通、激励、协调、竞争。

二、销售促进的层次

首先，制造商的促销对象有三个，即批发商、零售商、消费者。其次，批发商的促销对象有两个，即零售商、消费者。最后，零售商的促销的对象只有一个，即消费者。

（一）一级销售促进

一级销售促进包括制造商对批发商的促销，制造商对零售商的促销，制造商对消费者的促销，批发商对零售商的促销，批发商对消费者的促销，零售商对消费者的促销。一级销售促进的特点：是单层次促销。

（二）二级销售促进

二级销售促进包括制造商对批发商、零售商的促销，制造商对零售商、消费者的促销，制造商对批发商、消费者的促销，批发商对零售商、消费者的促销。二级销售促进的特点：是双层次促销。

（三）三级销售促进

三级销售促进包括制造商对批发商、零售商、消费者的促销。三级销售促进的特点：是三层次促销。

三、销售促进的方式

企业开展销售促进活动，其促销方式按照促销对象划分为三种：针对消费者的促销方式、针对中间商的促销方式、针对促销员的促销方式。

（一）针对消费者的促销方式

针对消费者的销售促进是一种渠道终端促销活动，包括有奖销售方式（随购赠品、购物返券、购物抽奖、以旧换新）、免费促销方式（免费品尝、免费试用、免费赠券）、场面促销方式（现场演示、竞赛竞猜、名人助兴、竞价拍卖）、POP 促销方式。

1. 有奖销售方式

有奖销售是指商业企业根据自身的现状、经营商品的种类、商品的特征及消费者的需求，通过给予奖励，刺激和诱导消费者购买商品的活动。有奖销售主要包括：一是附赠式有奖销售，指依附于或者随附于销售行为的赠与行为；二是抽奖式有奖销售，以抽签、摇号等带有偶然性的方法决定购买者是否中奖的有奖销售方式。企业开展有奖销售活动必须遵守《关于禁止有奖销售活动中不正当竞争行为的若干规定》。

（1）随购赠品。随购赠品是指企业为扩大销量，向购买其产品的消费者实施馈赠的促销行为。它是比较传统和有效的促销手段之一，通常在终端店内设立专柜或展示台，具体手段有直接赠送、附加赠送等。五种随购赠品赠送方式及说明如表 9－3 所示。

表 9－3 随购赠品赠送方式及说明

说 明	赠送方式
包装附赠	包装内附赠；包装外附赠；额外包装，即在包装内额外增加分量附赠，加量不加价；功能包装附加值，指包装有多重使用价值，既作包装物，又能作它用
随购随赠	它是对消费者在购买商品时所给予的同类商品惠赠。只要消费者购买某一商品，即可获得一定比例的同类赠品。它是最常用的方式，如买一赠一、买一赠三等
焦点获赠	特点是要求消费者连续购买某商品，达到累加积分标准后，可持积点券兑换赠品或享有折价优惠另购其他商品，亦称积分积点获赠方式
达标获赠	只要消费者一次购买数量达到促销活动规定的标准，即可获得赠品。另外，还包括消费者累计消费返利
套餐惠赠	买饮料送塑料杯，买手机送话费，买鼠标送胶垫，买桶装水送饮水机，买电饭煲配木勺，买商品房送车位，美容院美容免费拍照片等

（2）购物返券。购物返券即在消费者购物后赠送购物券的一种促销方式。购物券分实物购物券、虚拟购物券两种，是商家为达到促销和刺激消费等目的而派发的、具有时效限制、指定适用商品范围、具有换购和抵用等作用的代金券或优惠券等。

给予顾客一定数额的代金券，允许顾客在指定时间和范围内使用代金券购买商品，对消费者有一定程度的优惠，即低买高送。企业返回给消费者的代金券，有的可直接按面值视同现金使用，有的代金券的面值按一定比例代替现金使用。例如，满一百返四十是指支付 100 元可以买到 140 元的商品。

（3）购物抽奖。消费者在购买商品时，给予其若干次奖励机会的促销方式。抽奖与摸奖是“消费加运气”的活动，包括刮刮卡兑奖、摇号兑奖、拉环兑奖等多种形式。抽奖活动极易激起消费者的参与兴趣，短期内促销效果明显。参加抽奖活动必须具备规定的资格，如购买某特定商品达到一定数量、消费达到一定金额等，抽奖活动的日期、奖品或奖金、参加资格、评选方法、发奖方式等务必标示清楚，抽奖过程透明、公开化，以增强消费者的参与热情和信心。

(4) 以旧换新。以旧换新是指消费者在购买新商品时，如果能把同类的旧商品交给商店，就能抵扣一定的价款，旧商品起折价券的作用。部分企业采用以旧换新的让价策略，刺激消费需求，促进产品的更新换代，扩大新一代产品的销售。我国于 2009 年出台过家电、汽车以旧换新的相关管理政策，目的是拉动内需，促进消费，促进节能。

营销智慧火花：销售促进注重现场体验、短期刺激，不靠媒体，不是广告。

2. 免费促销方式

对于食品和饮品而言，可以免费试吃、试饮；对于汽车这样的商品，可以试驾；对于美容品，可以试用。消费者可以通过各种渠道免费获赠购物优惠券。

(1) 免费品尝。免费品尝是最有效的食品促销方法，即通过让消费者免费试吃食品、试喝饮品，增加消费者对商品的认知，进而促进消费。品尝活动能给消费者传递商品信息，解除其初次购买的疑虑和心理障碍，使品尝后的购买率高于品尝前的购买率。品尝也是一种极好的市场调研手段。

(2) 免费试用。厂家为了推出新产品、占领市场，商家为了促进商品的销售，都可推出免费试用。试用有两种获得资格形式：一是柜台索取试用卡、试用券；二是在免费试用网站申请索取。试用的免费样品指的是把产品直接送给消费者试用，不予取偿。比如，许多连锁百货店设有美容品专柜，免费为愿意试用新品牌化妆品的顾客做美容。有的商品有试用期限，需要到期返还。比如，有的商家规定欲购者可以试用七天，然后决定是否购买。

(3) 免费赠券。优惠券是企业给予持券人在购买商品或进行其他商业活动时的某种特殊权利的纸质优待券。电子优惠券是其电子形式，在各种电子媒体（互联网、彩信、短信、二维码等）上制作、传播、领取、使用。

免费优惠券的赠送方式有促销现场赠送、随报刊赠送、邮寄赠送、包装内或包装外附送、定点赠送（学校、医院、车站）、向平面媒体订阅者附送、逐户赠送（城区人口密集）。

优惠券按使用方法分为：代金券，持券者消费可抵用部分现金；体验券，持券者消费可体验部分服务；礼品券，持券者消费可领用指定礼品；折扣券，持券者消费可享受折扣；特价券，持券者消费可购买特价商品；换购券，持券者消费可换购指定商品。

3. 场面促销方式

场面火爆、人气兴旺是所有企业都希望看到的促销场面，因为热烈的促销气氛极易激发消费者的购买欲望，消费者往往由于他人购买而顺其自然地完成购买行为。

(1) 现场演示。在现场围观的消费者中，促销员对商品的特性与优点等进行现场演示和讲解，利用消费者眼见为实的求证心理，劝服其购买。现场商品演示是一种立竿见影的促销方式，使消费者运用视觉、听觉、嗅觉、味觉、触觉器官全方位地体验商品的特征，易于果断购买。该方法常用于化妆品、服装、小电器等商品的促销。

(2) 竞赛竞猜。竞赛是指商家利用人们的好胜心与好奇心，通过举办趣味性和智力性的竞赛，制造气氛，吸引消费者参与的一种促销方式，比如喝啤酒比赛、谜语竞猜比赛等。

(3) 名人助兴。商家通过邀请知名人士亲临现场，借助名人效应推动销售，从而达到促销目的。例如，文化界名人的签名售书、政商界名人的开业剪彩等。

（4）竞价拍卖。拍卖是一种实物交易，是在一定的时间和地点，按照一定的章程和规则公开叫价，把事先给买主看过的货物逐批卖给出价最高的人的一种促销形式，在艺术品销售中经常使用。商家为了清仓，通过举行极富戏剧性的拍卖活动吸引消费者，激发购买欲望，以非正常价格销售，在短期内消化积压商品。

4. POP 促销方式

POP（Point of Purchasing）即售点、卖点、卖场、销售现场。POP 促销具有突出的刺激性、展示性、短期性、装饰性，除支付成本费外，不支付其他相关广告费用，属于卖场造势和渲染，烘托现场气氛，弥补广告不足。POP 的销售促进工具如表 9－4 所示。

表 9－4　POP 的销售促进工具

部　位	POP 促销工具
店面门脸	牌匾、招牌、橱窗、店标、店旗、品牌标志
店内地面	陈列台、价目单展示架、立体形象板、商品资料台、说明书展示架、陈列岛、商品堆箱、婴儿座椅、儿童娱乐区、ATM 取款机
店头陈列	展位、展面、展量；货架陈列、堆头陈列、开架销售
店外	真人秀、彩球、飘带、充气道具、充气拱形门、楼面竖条巨幅、遮阳伞
货架	卡通、弹性条、促销标签、手推车型货篮、瓶颈套挂
壁面	墙面海报、横幅、门上“推”“拉”贴、横拦、拉花
天花板	垂挂的吊环、标志旗、彩旗、吊旗、吊篮、吊牌、珠帘、宫灯、彩灯
收银台	传单、宣传册、价目卡、日历卡、价目牌
柜台、桌面	自动柜台、节日专柜、小型宣传品、吉祥物、盆景、金鱼缸
媒体报道资料	展示权威报纸报道、播放广播电台音频、电视台新闻视频
视听设备	电视、大型彩色屏幕、广播系统、麦克风
背景音乐	根据节日、促销目标选择

总之，各种促销方式各有所长，不拘一格。随着市场竞争的加剧、技术的日益更新，创意的灵感还会激发出更多的促销方式。

（二）针对中间商的促销方式

中间商是厂家与消费者沟通的桥梁。厂家经常激励代理商、批发商、零售商推广本生产厂家品牌的积极性。生产厂家对中间商的促销方式有很多，比如购买折让、免费货品、推销金、销售竞赛、现金折扣、批量折扣、资助扶持等，下面重点介绍其中的五种。

1. 推广补贴

推广补贴，亦称作推广津贴、推广让价，是生产企业对中间商积极开展促销活动所给予的一种补助或降价优惠。中间商分布广，影响面大，熟悉当地市场状况，因此生产企业常常借助其开展各种促销活动，如刊登地方广告，布置专门样品陈列橱窗等。对于中间所发生的促销费用，生产企业一般以发放推广补贴或降价供货的方式给予补偿。

2. 销售返利

销售返利是厂家为了鼓励和促进购货方（即商家）对本企业产品进行高效销售，根据销售量或销售额按比例向其提供利润返还的一种促销方式。销售返利的方式较多，比如由供货方直接返还商家资金、向商家投资、赠送实物、给商家发放福利品，提供旅游机会等。销售返利是厂家商家对实施控制的一种有效手段，是厂家销售政策中不可或缺的项目，也是商家非常关注的内容。

3. 销售折扣

销售折扣也叫现金折扣，是指销货方在销售货物后，为了鼓励购货方及早偿还货款，协议许诺给予购货方一种折扣优待的促销方式。比如，10 天内付款，货款折扣 2%；20 天内付款，折扣 1%；30 天内付款，全价不折扣。

4. 铺货附赠

铺货，亦称铺市，是指在生产商与各级中间商或上下游中间商之间进行短期合作、开拓市场，最后说服零售商经销该生产商产品的一系列过程。上游企业为协助有效铺货，需要随产品或商品携带促销品、礼品、奖品等赠送给下游企业，促使铺货人员积极地前去下游企业铺货，给生产企业带来较好的市场业绩。

5. 看样订货

看样订货是制造商针对中间商常用的一种会议促销模式。看样订货会一般每年召开一次，作为厂家促销手段的订货会，常与前后关联的会议，比如供货会、展销会、洽谈会等，形成促销共振效果。订货会一般介绍企业及其产品情况，介绍企业销售计划，进行样品示范和专业展示。厂家样品订货会的目的就是同与会的中间商明确订货意向，促成厂家与商家的销售合作。

（三）针对促销员的促销方式

企业建立完善的人力资源激励机制，确定销售定额进行目标激励；确定销售奖励制度，对销售业绩突出的促销人员给予晋级、赠送奖金、奖品等物质奖励；评定“销售冠军”“销售状元”等荣誉称号，给予表彰，颁发奖状、锦旗等，进行精神激励；制订促销人员培训计划；不定期举办促销员之间的销售竞赛，调动促售人员的销售积极性；定期召开销售会议，激励士气；配备宣传资料，比如产品手册、价目资讯、营销杂志、促销话术等。

> 营销智慧火花：第一次不买是你的错，第二次不买是我的错。

四、销售促进的策略

销售促进策略是四大促销策略之一。销售促进策略的确定程序包括确定目标、选择工具、确定方案、预试方案、实施和控制方案、评价结果。销售促进的策略包括价格促销策略、服务促销策略、娱乐促销策略、节假促销策略、展销会促销策略、会员制促销策略、联合体促销策略等。

（一）价格促销策略

价格促销策略的执行方案包括免费促销、折价促销、降价促销、特价促销四种。

1. 免费促销

免费促销是指商家向消费者赠送商品、样品免费试用，免费赠送优惠卡、优惠券，让消费者免费品尝食品、饮品，提供免费送货服务等多种形式的优待活动。其目的是创造高试用率及有效的品牌转换率，促使试用者成为现实的购买者。免费促销活动刺激强度大、吸引力强，是消费者普遍乐于接受的一种促销形式。

2. 折价促销

折价促销是指企业为激励消费者购买商品，承诺在其购买商品时给予价格折扣的优惠活动。折价促销策略的实施手段有五种。

（1）短期优惠券打折。持有印制商品原价、折价比、有效期等信息优惠券的消费者购物享受折扣。

（2）长期优惠卡打折通过会员卡和消费卡两种形式，使企业与顾客保持长久购销关系。

（3）现价打折。通过讨价还价，使消费者有参与感、满足感，价格双方接受便可成交。

（4）搭购折价，消费者在购买某种商品时，若再付较少的费用，即可购得另一种商品。

（5）数量折价，消费者若整箱、整包、整桶批量购物，便获得折价优惠。

3. 降价促销

降价促销是指企业在一定时期内为扩大销量，迫于市场压力，利用产品降价快速占领市场的促销行为。商家经常巧立名目寻找降价理由，不让顾客认为因商品滞销、质量低劣才降价。降价促销分三种。

（1）低于原售价销售。换季品通常以低于原售价方式促销，属季节性降价，有利于集中吸引消费群，聚拢人气，有时醉翁之意不在酒，顺势诱导购买其他商品。

（2）低于市场价销售。积压品囤仓太久，库存成本便上升，为盘活资金，商家以低于同类品的市场价格，降价抛售，甩卖清仓。商家竞争降价与竞销是常见的降价促销策略。

（3）低于成本价销售。滞销品由于不受消费者欢迎而常低于成本价促销。若遇店铺拆迁、装修、租期满、更换经营项目等特殊情况，商品促销价亦如此。

4. 特价促销

由于竞争日益激烈，为争取顾客，商家推出每日特价品或每周特价品，若能做到物美价廉，极易引发“抢购”热潮。特价特卖是生产商、经销商在特定时间和地点，将特定数量的特价品卖给消费者的一种促销活动。商家借此营造轰动效应，招徕顾客，促进产品销售。

商品特卖经常预设期限，之后商品恢复原价。特价特卖刺激渲染形式通常有包装特价标贴、货架特价标签和特卖通告三种。零售终端设置特价区销售特价品，通常是存货、保质期临界点商品、包装破损品，不能与非特价品混合售卖。

（二）服务促销策略

服务促销策略指的是为了维护消费者利益，提供优惠服务，使其便于购买和消费，企业制定的一系列销售服务方案和谋略。一是专项服务，售前提供咨询，售中详尽导购，售后真诚服务。二是承诺促销，即对消费者承诺包退、包换、包修，增加其信任感，降低其对风险的忧虑程度。三是付款方式灵活。有分期付款，即消费者对所购高价商品分批分次付款，缓解其经济压力；还有延期付款，消费者对所购商品的一次性付清货款有充足的筹款时限。四是免费送货上门或代办托运，提供附赠服务，如免费培训、示范操作、安装调试、组建维修网点。

> 营销智慧火花：服务是厂家提供的无形产品，是商家提供的无形商品。

（三）娱乐促销策略

娱乐促销策略是指通过企业精心设计、紧扣促销主题而举办文体、游戏等娱乐活动，以趣味性、参与性、娱乐性吸引消费者的促销活动方案和宏观掌控谋略。比如，举办大型演唱会、赞助体育竞技比赛、举办寻宝探幽活动等。其中，游戏促销是企业设计的一些构思奇巧的娱乐活动，在消费者参与的同时，企业和产品信息也传给了消费者。

（四）节假促销策略

节假促销策略是指企业借助节日和假日，对各种有针对性主题的促销活动的准备、策划、执行、监督等环节实施宏观掌控的谋略。节假促销活动具有消费集中性、气氛祥和性、活动规模性特点。

节假促销策略应注意四点，一要根据节日特点开发新产品，二要结合商家自身产品特点推出具有节日文化内涵的促销活动，三要以情动人、让利于民，四要开办节日咨询讲座等来提升大众消费理念。

常见节假促销活动有节日套餐、酒店年夜饭大酬宾、儿童节文具优惠、寒暑假师生机票打折、国庆长假礼包大放送等。

（五）展销会促销策略

展销会促销简称展销，是指由企业每年定期举办展销会、展示会的一种“边展边销，以展促销”的推广活动，企业通过寻找特定消费者，建立消费者数据库，邀约目标消费者参加展会，运用产品演示、科普讲座等方法对消费者全方位传递企业产品知识，采用亲情服务的方式，以专家顾问身份，对目标消费者进行关怀和隐蔽式刺激的一种促销策略。

展会后跟进促销要到位，对展会中有意向的重点顾客跟踪回访，征求可否有深度洽谈意向，争取乘势达成购买协议。

（六）会员制促销策略

会员制促销策略是指企业凭借会员卡向会员提供各种优惠和特别服务，与消费者建立一种长期的信任关系的一种促销机制策略。会员制有利于提高消费者的忠诚度，有利于企业掌握消费者的现状、变化及消费特征。会员制列有明细的入会条款、优惠条款，以及入会费。

会员制俱乐部成员都享有预约服务、信息服务、指定进货权和促销活动的事先告知权，会员享有特殊商品、稀缺产品、新产品、特殊服务的优先购买权和消费权。会员卡有一次性消费卡、累计消费卡、缴纳入会费赠卡和特定时期消费赠卡四种形式。

（七）联合体促销策略

联合体促销是指两个或两个以上的企业，在互惠互利的基础上，联合起来形成一个相对松散的统一体，开展各种促销活动，借此达到各自预期销售目标的一种促销策略。联合体促销的特点是成员之间具有互补性、互利性、统一性能，使联合体内的各成员以较少的费用获得较大的促销效果。

联合体促销的业务方式有联合展销、联合订货、联合配销、联合广告、联合渠道等。联合体促销的构建方式有不同行业企业的联合促销、同一企业不同品牌的联合促销、制造商与经销商间的联合促销、同行企业之间的联合促销。

第五节　公共关系策略

公共关系策略是四大促销策略之一。该策略是指企业借助各种传播手段，利用新闻媒体，开展或参与各种赞助、捐助、慈善、环保等公益活动，树立企业形象，在企业内外形成双向信息流通网络，赢得顾客和社会各界的信任，取得经济效益和社会效益统一的一种公关决策和谋略。

企业良好的公共关系能为其产品的销售创造有利的促销环境。公共关系促销是一种间接性质的促销，会使企业给社会公众留下好感，并打造完美的企业形象，企业则从中长期受益。

一、公共关系定义

公共关系（Public Relation，PR）简称“公关”，是指某一组织为改善与社会公众的关系，促进公众对组织的认识、理解及支持，达到树立良好组织形象、促进商品销售目的的一系列公共活动。它本意是社会组织、集体或个人必须与其周围的各种内部、外部公众建立良好的关系。它是一种状态，任何一个企业或个人都处于某种公共关系状态之中。

二、公共关系要素

公共关系构成的三大要素包括公共关系主体、公共关系客体、公共关系媒介。

（一）公共关系主体

公共关系主体是指具有公共关系意识的公共工作的承担者、公共关系活动的发动者，包括两类：一是开展公共关系工作的社会组织，即实质主体；二是公共关系专门机构和公共关系工作人员，即实施主体。公共关系主体具体包括：企业组织及其公关机构；公共关系公司；公共关系社团，比如公共关系协会、学会、研究会、俱乐部、联谊会、公关沙龙等；各类公关人员，等等。

（二）公共关系客体

公共关系客体是指与公共关系主体相对、与其有某种关系的组织和个人，即公众。公众包括：企业内部员工，即企业组织的首要公众；企业股东，拥有财力的公众；顾客，决定企业生死存亡的公众；政府，国家权力的执行机关，包括公安、司法、税务、海关、工商、劳动保障、卫生防疫等部门；新闻媒体，能够影响和引导民意与社会舆论的敏感渠道；网民，具有真性情却有秒杀能力的舆情造势者；竞争者，与其建立“化竞争为合作”的同行关系；社区公众；国外公众等。

（三）公共关系媒介

公共关系媒介是公共关系主体与客体沟通的桥梁和纽带。公共关系媒介包括五种：一是大众媒介，比如网络、电视、广播、报纸、杂志等；二是群体媒介，比如联谊会、新闻发布会、茶话会等；三是符号媒介，比如姿态、着装、笑容、掌声等；四是实体媒介，比如公关礼品、象征物、购物袋等；五是人际媒介，比如社会名流、新闻人物、舆论领袖等。

三、公共关系作用

公共关系有以下作用：有利于树立企业形象和塑造产品品牌；有利于建立企业与消费者之间双向的信息沟通；有利于企业消除公众误解和化解危机；有利于增强企业内部的凝聚力，协调与外界的关系。

四、公共关系促销

公共关系促销指企业通过开展各种公共关系活动或者通过第三方在各种传播媒体上宣传企业形象，促进与内部员工、外部社会公众良好关系的促进销售沟通活动。

五、公共关系策划

公共关系策划是指企业及其公关人员为实现其组织目标，在充分进行公关环境分析及调查的基础上，对企业总体的公关规划，以及具体的公关活动所进行的全部决策和谋划过程。

六、公共关系活动

公共关系活动是一种主动公关，指一个企业为创造良好的社会环境，争取公众舆论支持而采取的政策、行动和活动，主要使用协调、传播、沟通等手段。它是以创造良好的公共关系状态为目的的一种信息沟通活动。公共关系活动可采用不同方式，具体如下。

（一）传播活动

企业有时需要召开新闻发布会，亦称记者招待会，即活动举办者以召开新闻发布会的方式来达到促销目的，利用媒体向目标顾客发布消息，告知商品信息以吸引顾客积极消费。

企业经常策划新闻事件，通过媒体宣传报道，使之成为消费者关注的焦点和热点，从而提升企业形象、博得消费者好感。新闻事件促销类型有公益事业参与型、节日庆典造势型、营销组合改变型、突发事件应变型四种。

新闻促销事件必须具有传播价值，能够达到热点化、社会化，由此调动消费者对事件中涉及产品或服务的兴趣，最终达到促销目的。比如，有些汽车厂商组织庞大的同一品牌汽车，在高考日免费接送考生，吸引大批媒体记者宣传报道，社会反响强烈，树立了良好的企业形象。

（二）商业展览

商业展览是指利用展览会、博览会、展评会以及其他交易会形式，多家企业聚集，向参观者展示企业及产品形象，集市场调研、物色合作伙伴、公共关系活动于一体的会展促销形式。商业展览涉及参展人员培训、展品演示、展位与展台、参展资质、参展程序、展后跟进宣传等。

（三）庆典活动

庆典活动是企业为了引起公众关注，扩大自身知名度，最终获得更大的经济和社会效益，围绕重要纪念事件而举行的庆祝活动。庆典活动分为典礼、节庆、纪念三类。比如，开工开业典礼、项目落成庆典、毕业典礼、颁奖典礼，就职仪式、授勋仪式、签字仪式，周年纪念店庆，销售额突破万亿大关庆祝，校庆、婚庆活动等。

（四）赞助活动

赞助活动亦称捐赠或资助活动，是企业组织无偿提供人力、物力、财力资助教育、体育、卫生、公益、慈善等事业，取得一定企业形象宣传效果的公共关系活动。赞助活动能为企业组织赢得政府、社区以及相关公众的支持，为企业创造生存和发展的良好环境。

（五）联谊活动

联谊活动是指由两个或多个组织为加强交流、促进友谊而举办的联欢活动，主要形式有行业联谊会、企业联谊会、客户联谊会、联欢会、篝火晚会等，能增进情感沟通、促进友好合作。联谊会成员可以是同学、同事、同乡、朋友、校友、战友等。

（六）参观活动

企业既可组织员工出访其他企业，也可欢迎其他企业员工来访。行业协会等组织为加强会员企业间的联系，也经常组织会员企业间的互访活动，为相互学习、交流提供了平台。

（七）公关广告

公关广告是为扩大企业知名度，提高信誉度，树立良好的形象，以求得社会公众对企业的理解与支持而进行的广告宣传。

（八）公关声明

公关声明是指企业在传播媒介中发表节庆贺词、对同行企业的祝贺信函、对公众的道歉声明、向公众澄清事实的声明等，就有关事项或问题向社会公众表明立场、观点和态度。

（九）会务招待

企业在生产、经营活动中，为了联系业务、促销、处理公共关系等目的，经常举行会务招待，比如招待会、座谈会、研讨会、分析会、报告会、宴会、舞会等，企业应本着勤俭节约、适度适量的原则，做好必要的招待工作，遵守国家相关法律法规。

（十）内部期刊

企业内刊即企业内部刊物，是企业文化承载的载体，也是企业文化的外化形式，是企业自控的公关工具，已经成为社会各界关注的一种新媒体。内部刊物赠送对象有重点消费者、客户、公众、新闻媒介、政府和有关行业协会。

七、公共关系危机

危机是指由于组织自身或公众的某种行为而导致组织环境恶化的那些突然发生的、危及生命财产的重大事件。

（一）公共关系危机

公共关系危机是最严重的危机，简称公关危机，是指由企业自身或者外部环境引起的突发事件，对企业及其产品、服务、声誉等产生负面影响，甚至带来灾难性的后果，导致企业在公众心目中的形象受到严重破坏，即企业的公共关系出现了突发性、威胁性的不利局面。

1. 公共关系危机的成因

企业公共关系危机引发的原因多种多样，总体包括生产性意外、环境问题、劳资争论及罢工、产品质量、股东信心丧失、敌意兼并、谣言或向传媒泄露企业秘密、恐怖破坏活动、企业员工的贪污腐化、安全因素、职业道德、不可抗拒的灾难性事件等。

2. 公共关系危机的特征

公共关系危机有五个特征：一是突发性、不可预测性；二是破坏性、危害性，对企业的生存和发展构成威胁；三是紧迫性，应对和处理行为具有很强的时间限制；四是公众性、关注性，影响公众的利益，公众舆论高度关注；五是危机有时不可避免。

3. 公共关系危机的分类

从其存在的状态看，公共关系危机可划分为一般性危机和重大危机；从危机同企业的关系程度以及归咎的对象看，公共关系危机可分为内部公关危机和外部公关危机；从危机给企业带来损失的表现形态看，公共关系危机可分为有形公关危机和无形公关危机。

4. 公共关系危机的管理

公共关系危机管理是指通过科学预测与决策，制订合理的危机预警、演习、应急计划，并在危机发生过程中充分运用科学的手段，减少危机给企业与公众带来的影响，进而寻求公众对企业的谅解，重新树立和维护企业形象的一种管理职能。危机的管理和预防是企业主动出击战胜危机的有效手段。

（二）危机公关

危机公关是一种被动公关。从公共关系的角度，危机公关是指对危机进行果断控制和处理，把危机所造成的损失降到最低，使企业在危机中化险为夷等的全部活动过程。

1. 危机事件

危机就是风险事故，是指企业因内外环境因素所引起的对企业生存具有严重威胁性的情境或事件。危机事件，指任何可能危及社会及企业最基本利益、决策者无法预料但又必须在极短时间内紧急回应和处理的公共关系突发性事件。

2. 危机公关

危机公关是指企业出现公共关系危机时，公关人员或决策者所采取的遏制危机蔓延、化解危机的一系列手段和方法，即企业运用传播沟通的方法去应对和解除危机，控制事态发展、解决矛盾冲突、引导舆论、挽回影响、重塑形象的全部活动。

3. 危机公关的原则

一是反应迅速、配合媒体；二是高层道歉、求得谅解；三是态度诚恳、勇担责任；四是全力救护、安顿家属；五是权威证言、控制舆情；六是接待参观、公开透明；七是配合调查、公布真相；八是处理方案、适度策划；九是同舟共济、共渡难关。

当危机发生时，企业应将公众的利益置于首位，局部利益要服从全局的利益。企业应掌握对外发布信息的主动权，统一传播口径，确定发言人、成立危机新闻中心，实时分析公众，尤其是网民的反应，跟踪舆论动态，保证信息渠道畅通。

4. 危机公关的对象

企业发生公共关系危机，会触及各方公众利益，对此企业应严肃对待和妥善处理。危机公关的对象就是公共关系客体中与危机相关的各类公众：一是受害者；二是媒体与记者；三是政府及相关部门；四是中间商；五是企业内部员工；六是网民；七是企业所在社区的大众；八是竞争者；九是国外相关大众。

5. 危机公关的程序

第一步，危机诊断。深入调查原因，确定应对方案。

第二步，采取紧急措施。对危机要迅速反应和处理，立即成立危机处理临时机构，迅速隔离危机险境，严格控制危机态势、及时收集有关信息。

第三步，积极妥善处理危机事件。

第四步，重树企业形象。

6. 危机的公关措施

危机的公关措施包括迅速处理导致危机发生的人财物，对受害者给予补偿，利用传媒引导公众，利用权威意见处理危机，利用法律调控危机，公布造成危机原因，重塑良好公众形象。

第六节　促销组合策略

促销组合策略体现了现代市场营销理论的核心思想——整体营销。促销组合策略是一种系统化的整体策略，四大促销策略组成了这一整体策略下的四个子策略，每个子策略内都包含一些促销手段等可变因素，某一因素的改变意味着促销组合整体系统的变化。

在促销实践中，企业不是单纯地运用四个子策略中的某一个，往往根据实际需要，把两个或两个以上的促销子策略有机组合起来综合使用，四个促销子策略借此相辅相成、取长补短。

一、促销组合定义

促销组合是指在开展促销活动中，企业为达到最佳的整体促销效果，有目的、有计划地在人员推销、广告促销、销售促进、公共关系四个促销子策略中，选择两种或两种以上的促销子策略，明确各自主辅关系，进行统筹搭配、协调整合，实现促销效果最优化的整个过程。促销组合具有动态性、整体性、高效性、策略性特点。

二、促销组合方式

人员推销、广告促销、销售促进、公共关系四个促销子策略各有优缺点，通过组合使其扬长避短、物尽其用、各尽所能，最大限度发挥整体促销效果。常见的促销组合方式有二元组合（人员推销、广告促销）；三元组合（人员推销、广告促销、销售促进）；四元组合

（人员推销、广告促销、销售促进、公共关系）。

三、促销组合程序

企业产品促销组合的大致程序如下。

第一步，确认促销对象。通过企业目标市场的研究与市场调研，界定其产品的销售对象是现实购买者还是潜在购买者，是消费者个人、家庭还是社会团体。

第二步，确定促销目标。在不同时期和不同市场环境下，企业的促销活动有其特定促销目标。短期促销目标宜采用广告宣传和营业推广相结合的方式。长期促销目标，公共关系具有决定性意义。

第三步，促销信息设计。明确企业对促销对象所要表达的诉求，并以此刺激其反应。诉求一般分为理性诉求、感性诉求、道德诉求三种方式。

第四步，选择沟通渠道。人员沟通渠道向目标购买者当面推荐，反馈及时。非人员沟通渠道主要指大众媒体沟通。大众媒体沟通与人员沟通的有机结合才能发挥更好效果。

第五步，确定具体组合。视具体情况，将人员推销、广告促销、销售促进、公共关系四个促销子策略进行适当搭配，使其发挥整体促销效果。

第六步，确定促销预算。企业应根据自己的经济实力和宣传期内受干扰的程度来决定促销组合方式。

四、促销组合影响因素

企业促销组合策略追求的是高效率和低成本。一种还是几种促销子策略、多种子策略如何实现最佳组合、如何改善和调整促销组合结构等，都需要了解影响促销组合的各种因素。

（一）企业因素

（1）促销目标。促销目标是影响企业促销组合决策的首要因素。即使是同一促销子策略，在实现企业短期促销目标和长期促销目标中，其成本效益也不相同。企业必须根据具体的促销目标选择合适的促销组合策略。促销目标的选择必须服从企业营销的总体目标，不能为了促销而促销。

（2）促销预算。因促销组合的方式与规模不同，促销的费用也不同，因而促销费用是影响促销组合的一个重要因素。企业不论采用哪种促销组合策略，都必须考虑所需费用。

（二）顾客因素

消费者购买认知阶段依次是知晓、了解、信任、购买。消费者对产品的认知处在不同阶段，促销子策略组合的次序也不同。消费者的规模数量也会影响促销组合策略的确定。

（三）市场因素

（1）市场状况（规模、集散程度）、市场类型不同，销售特点不同，选择、运用的促销组合策略也不同。

（2）市场特点也是影响促销组合决策的重要因素。市场受每一地区的文化、风俗习惯、经济政治环境等的影响，促销工具在不同特征的市场上所起的作用是不同的，综合考虑市场和促销子策略的特点，选择合适的促销子策略，使其相匹配，以达到最佳促销效果。

（四）产品因素

（1）产品类型。产品分为两类：一类是消费品，指用于满足自身消费需要而购买的一切个人和家庭的产品；另一类是工业品，指用于生产、转售或执行某种职能的产品，多属于中间产品或技术产品。产品类型不同，消费者及用户的购买行为和习惯不同，企业所采取的促销组合策略也应有所差异。

（2）产品生命周期。产品处在生命周期的不同阶段，人员推销、广告促销、销售促进、公共关系四种促销子策略相应的效应也不同。

（五）渠道因素

从分销渠道而言，促销组合受企业采用渠道推式或拉式基本策略的影响很大。

（1）渠道推式策略，是指生产商利用推销人员，辅以公共关系促销，积极将产品推向批发商，批发商再积极地将其推向零售商，零售商再将产品推向消费者的策略。

（2）渠道拉式策略，是指企业针对终端消费者，花费大量的资金从事广告促销活动，以及销售促进活动，以此增加产品需求，反向促进经销商进货销售的策略。

（六）其他因素

促销组合决策还需要与其他营销子策略相配合。在品牌策略中，如果生产商采用的是制造商品牌，零售商依靠制造商兼顾使用“人员推销”与“销售促进”两种促销方式，强化品牌效应，提升品牌度，扩大促销效果。在价格策略中，如果企业实行薄利多销的低价策略，初期不适合采用费用较高的促销组合；若企业实行高价撇脂策略，情况可能相反。

总之，影响企业促销组合的因素是复杂的，除上述几种因素外，企业的营销风格，销售人员素质、企业发展战略、竞争环境、企业文化等，都不同程度地影响着企业促销组合决策。企业及其营销人员审时度势，全面考虑，才能确定出有效的促销组合策略。

五、针对不同因素的组合策略

（一）针对企业因素的组合策略

促销组合策略体现了现代市场营销理论的整体营销核心思想。在制定促销组合策略的过程中，根据企业影响因素、顾客影响因素、市场影响因素、产品影响因素、渠道营销因素，企业结合四个促销子策略，分别制定出针对各种影响因素的促销组合策略。

影响促销组合策略的企业因素包括企业促销目标、企业促销预算两个。

1. 企业促销目标

促销目标是企业促销活动所要达到的目的，不同的促销目标导致企业的促销组合策略不同。

在一定时期内，企业的促销目标是在某一市场激发顾客的需求，扩大企业的市场份额。这个促销目标属于短期促销目标，为了近期利益，企业宜采用广告促销与销售促进二元组合策略。

从长期来看，企业促销目标是加深消费者对企业的印象，树立企业的形象，为其产品今后占领市场、提升市场竞争地位奠定基础。这个促销目标属于长期促销目标，企业应采用以公共关系促销子策略为主，人员推销和广告促销子策略为辅的三元组合策略。

2. 企业促销预算

促销策略的组合也受企业自身人力、财力、物力状况的制约。通常而言，人员推销费用最高，广告促销费用次之，销售促进和公共关系最低。企业应依据自身的资源状况来选择和采用促销组合策略，以尽可能低的促销费用取得尽可能好的促销效果。

（二）针对顾客因素的组合策略

根据顾客在购买厂家产品的过程中，对产品所经历的四个不同认知阶段：知晓、了解、信任、购买，企业结合四个子策略，制定出四个促销组合策略。

在知晓阶段，企业促销组合及其子策略重要性顺序是广告促销、销售促进、人员推销。

在了解阶段，企业促销组合及其子策略重要性顺序是广告促销、人员推销。

在信任阶段，企业促销组合及其子策略重要性顺序是人员推销、广告促销。

在购买阶段，企业促销组合及其子策略重要性顺序是人员推销为主，销售促进为辅。

另外，顾客数量如果少而集中，企业应采用人员推销为主的促销策略；顾客数量如果多而分散，企业宜采用广告促销为主的促销策略。处在顾客认知不同阶段的产品促销组合成本效益如图 9 – 3 所示。

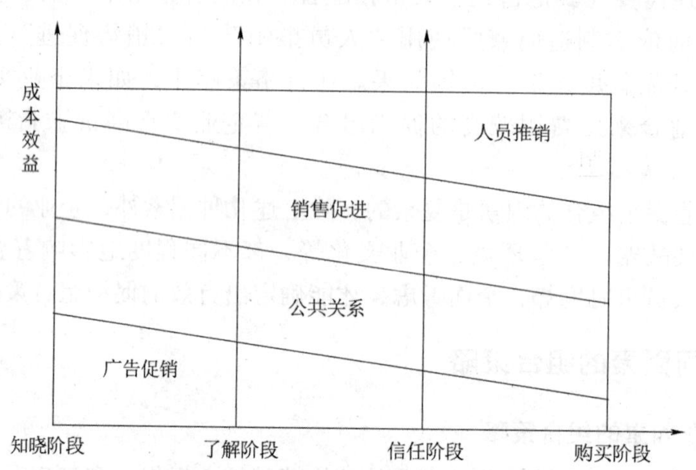

图 9 – 3　处在顾客认知不同阶段的产品促销组合成本效益

（三）针对市场因素的组合策略

根据市场区域范围、市场类型、市场特点，企业结合四个子策略，制定出各种适合市场规模、市场类型的促销组合策略。

市场区域范围的不同，促销组合应随之变化。如市场的规模小且相对集中，企业应采用以人员推销为主、其他促销策略为辅的促销组合策略；如市场的范围广大而分散，企业则应采取以广告促销策略为主、其他促销策略为辅的组合策略。

市场类型不同，促销组合应随之而不同。消费品市场的产品多而分散，企业应采用广告促销策略为主、其他促销策略为辅的组合策略；生产资料市场的产品性能、质量要求高，技术标准严，企业应采用以人员推销为主、其他促销策略为辅的组合策略。

市场特点也是影响促销组合决策的重要因素。

（四）针对产品因素的组合策略

产品类型不同，产品处在生命周期的不同阶段，企业应结合四个子策略，制定出各种不同产品的促销组合策略。

1. 产品类型

产品类型包括消费品和工业品两种。经营消费品的企业，一般会把大部分资金用于广告促销，继而用于销售促进、人员推销、公共关系子策略上；而经营工业品的企业则通常会把大部分资金用于人员推销，继而用于销售促销、广告促销、公共关系子策略上，各自采用四元促销组合策略。

消费品的促销组合策略及其子策略成员重要性排序为广告促销、销售促进、人员推销、公共关系。工业品的促销组合策略及其子策略成员重要性排序为人员推销、销售促进、广告促销、公共关系。

广告促销一直是消费品主要促销子策略，而人员推销则一直是工业品主要促销子策略。销售促进子策略在消费品市场和工业品市场上具有同等的重要性。

另外，对价格昂贵、风险较大的产品进行促销，应以人员推销子策略为主，其他促销策略为辅。虽然广告促销子策略对工业品的促销作用相对消费品而言次要一些，但它对提高企业及其品牌的知名度的作用却异常大。促销组合子策略的权重顺序与横向对比如图9－4所示。

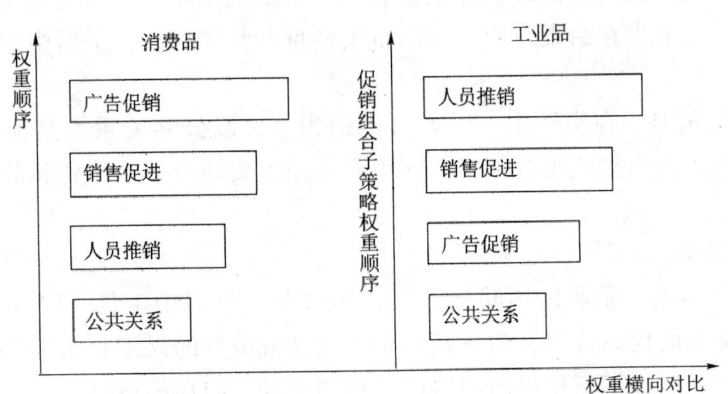

图9－4　促销组合子策略的权重顺序与横向对比

2. 产品生命周期阶段

产品生命周期有四个阶段：导入期、增长期、成熟期、衰退期。根据不同产品所处的不同阶段，企业应结合四个子策略，制定出针对产品所处不同阶段的促销组合策略。

（1）导入期促销组合策略。企业在该阶段大力注资广告促销和公共关系，成本效应最高；广告促销辅以销售促进，能使消费者认识和了解企业产品。从长期考虑，公共关系能为提高产品知名度打基础。在整个导入期和增长期，广告宣传的成本效应逐渐降低，但作用却仍然很大。

（2）增长期促销组合策略。企业在本阶段继续注资广告宣传和公共关系，销售促进可适度减量。企业若想获得更多利润，可用人员推销取代广告促销和销售促进降低成本。在增长期向成熟期过渡及整个成熟期，广告宣传和人员推销的成本效应渐强，销售促进的作用开始加大，公共关系开始产生明显效果。

（3）成熟期促销组合策略。企业在该阶段竞争者日益增多，为与其抗衡，保住已有市场占有率，必须增加销售促进费用。该阶段若发现产品新用途、推出改良品，加强销售促进能促使消费者了解产品，诱发购买兴趣，消费者只需提醒式广告即可。

（4）衰退期促销组合策略。企业在该阶段应把促销组合规模降到最低，以保证足够的利润收入，只有少部分广告促销起提醒作用，其他可以停止；人员推销也可减至最小规模；公共关系消退。除了销售促进需要继续加强，其成本效应达到最高点以外，其他促销组合子策略的作用都明显降低。

总之，在产品生命周期的导入期和成熟期，由于新品上市，消费者对其不熟，销售促进子策略的地位很重要。在增长期和衰退期，则可适度降低促销组合费用支出，以保证企业有足够的利润收入。

（五）针对渠道因素的组合策略

根据促销方式的出发点与作用不同，即根据促销活动的推进方向不同，从分销渠道角度，企业促销组合策略可分为推式基本策略、拉式基本策略。如果把这两个基本策略与四个子策略组合在一起，便能形成针对渠道因素的三种促销组合策略。

1. 推式组合策略

（1）推式基本策略。企业运用直接方式，通过人员推销，以中间商为促销对象，把产品推向分销渠道，最终推向目标市场即消费者的一种促销策略。该策略的执行过程是由企业促销人员把产品或劳务推荐给批发商，再由批发商推荐给零售商，最后由零售商推荐给终端消费者。

（2）推式组合策略。在实践中，以人员推销为主、以公共关系等其他促销策略为辅的促销组合策略被称为渠道推式组合策略。该组合策略主要适合于生产资料的促销，即生产者市场的促销活动。

2. 拉式组合策略

（1）拉式基本策略。企业运用间接方式，通过非人员促销工具，以终端消费者为促销对象，向其展开强大的促销攻势，激发其对企业产品或劳务的兴趣和购买欲望，使其向经销商询购商品，从而诱导经销商积极向制造商进货的一种反向促销策略。

（2）拉式组合策略。在促销组合的过程中，以销售促进策略为主，以广告促销策略、公共关系策略为辅的促销组合策略叫作渠道拉式组合策略。该组合策略主要适合于消费品的促销，即消费品市场的促销活动。

3. 推拉组合策略

在促销实践中，企业通常采取推式和拉式相结合的促销组合策略，有推亦有拉，即企业一方面运用广告促销策略拉动终端消费者，刺激其产生购买欲望，另一方面企业运用人员推销策略，向中间商推荐和促销，以使中间商愿意代理或经销自己的商品，形成有效的分销链。这种促销组合策略被称为渠道推拉组合策略。

【案例分析】

1. 世界上最伟大的推销员

乔·吉拉德（Joe Girard），在1928年11月1日出生于美国底特律市的一个贫民家庭。9岁时，乔·吉拉德开始给人擦鞋、送报，赚钱补贴家用。乔·吉拉德16岁就离开了学校，成了一名锅炉工，并在那里得了严重的气喘病。35岁那年，乔·吉拉德破产了，负债高达6万美元。为了生存下去，他走进了一家汽车经销店。3年之后，乔·吉拉德以年销售1 425辆汽车的成绩，打破了当时汽车销售的吉尼斯世界纪录。从此，乔·吉拉德就被人们称为"世界上最伟大的推销员"。乔·吉拉德创造了5项汽车零售的吉尼斯世界纪录：平均每天销售6辆车；最多一天销售18辆车；一个月最多销售174辆车；一年最多销售1 425辆车；在15年的销售生涯中总共销售了13 001辆车。

（案例来源：百度文库）

【问题】 世界上最伟大的推销员乔·吉拉德的推销理念是什么？

2. 儿童给成人汽车做广告的创意

有一幅梅赛德斯－奔驰E级汽车的广告图，画面中的儿童双手放在背后，手里是一个汽车模型玩具，前方是一辆成人驾驶的奔驰汽车。

这幅报纸广告的创意独特、新颖，别具一格，整个画面充满儿童的内心独白，萦绕着"让梦想成真"的向往，激发身为家长的成年人的购车欲望，用孩子的梦想唤起了家长的梦想。

这幅报纸广告的创新元素包括同款玩具汽车、玩具汽车藏匿身后、儿童背影、儿童心理语言及潜台词、身为家长的读者被激起的心理反应。

【问题】 从童趣、童真角度，分析用儿童给成人汽车做广告的创意是什么？

3. 农夫山泉的危机公关

2013年3月15日，媒体报道农夫山泉现黑色不明物。4月10日，被曝水源地垃圾满地，标准不如自来水。11日，农夫指怡宝恶意抹黑。5月3日，北京桶装水销售协会通知下架农夫桶装水。5月5日，桶装水销售协会资质被质疑。5月6日农夫山泉召开发布会，向《京华时报》索赔6 000万。

从以无视、否认的强硬态度到指责竞争对手幕后策划，到在媒体上刊登检测报告、放狠话，再到5月6日的新闻发布会宣布退出北京桶装水市场，随后打出"苦情牌"，农夫山泉因不能正视自身的问题而一步步陷入更大危机，是一个企业危机公关失败的典型案例。

（案例来源：闽南网新浪财经）

【问题】 农夫山泉公司危机公关失败的原因是什么？

【本章小结】

本章介绍了企业促销要素、促销方式、促销作用、促销方法、促销策略等基础知识；分别从四大促销工具（人员推销、广告促销、销售促进、公共关系）的促销策略，阐述了人员推销活动要素及人员推销策略；阐述了广告创意、广告策划、广告媒体、广告投放策略；阐述了POP售点销售促进等多项销售促进策略；阐述了公共关系及危机公关策略；阐述了四大促销工具形成的多种促销组合策略。

【思考题】

1. 讨论在4Ps促销策略中，有哪几种促销方法或促销工具？
2. 举例说明广告促销与销售促进两大促销工具有何本质不同？
3. 在公共关系促销工具中，危机公关活动的关键环节是什么？试举例说明。
4. 四大促销工具形成的促销组合策略有哪些组合方式？

第十章

市场营销策划

【教学要求】

1. 了解策划、创意、策划思维、营销策划等基本概念和内涵。
2. 熟悉企业营销策划专员的工作流程与营销策划师的职业资格。
3. 熟悉市场营销策划的四种工具、步骤八个、三种方法。
4. 掌握市场营销策划书的写作格式和内容、写作要求、写作技巧、写作流程。
5. 掌握星巴克营销策划实战的经验（营销模式策划、直销直营策划、广告策划、店面策划）。

【本章术语】

◆策划创意　◆策划思维　◆策划专员　◆7－S 模型　◆PDCA 循环　◆二八定律

【课程思政】

●大学生要自觉强化策划意识，多维提升策划能力，激发生命运动的智慧火花与创新理念。

●营销策划防止策划过度，需要统筹兼顾。

●营销策划从业人员在参与策划及创意产业的各项活动中，不论是激发策划思维，还是寻觅创意的金点子等，都要严格遵守《中华人民共和国著作权法》和《中华人民共和国专利法》。

第一节　营销策划概述

首先，营销策划，从传统意义而言，其本质就是销售谋划，是指企业为了达到销售目的而进行的周密安排和统筹部署，是企业市场销售行为的高级表现。

其次，营销策划一般包括营销咨询诊断、营销战略规划、市场定位导航、产品规划设计、新品上市推广、招商策略布局、营销团队建设、渠道建设复制、专卖体系打造、促销政策制定、终端业绩提升、全国市场推广等。

最后，营销策划是一种运用智慧与策略的营销活动与理性行为。营销策划是为了改变企业现状，达到理想目标，借助科学方法与创新思维，分析研究创新设计并确定营销方案的理性思维活动。

综上，营销策划是为了改变企业现状，完成营销目标，借助科学方法与创新思维，立足于企业现有营销状况，对企业未来的营销发展进行的战略性的决策和指导，带有前瞻性、全局性、创新性、系统性。

一、策划

策是指计策、谋略，划是指计划、安排，策划即有计划地实施谋略，通常是由组织者因时、因地制宜，集天时、地利、人和，整合各种资源而进行的一种安排周密的活动。好的策划，能环环相扣、前后呼应。策划可大可小，时间可长可短。策划的价值在于发现资源、整合资源、优化资源，达成占有甚至垄断某一特定资源的目的。

二、创意

创意是创造意识、创新意识的简称。它是指从现实存在事物的理解及认知衍生出一种新的抽象思维和行为潜能的过程。创意是逻辑思维、形象思维、逆向思维、发散思维、系统思维、模糊思维和直觉、灵感等多种认知方式综合运用的结果。创意也是一种通过创新思维意识，进一步挖掘和激活资源组合方式进而提升资源价值的方法。

三、策划思维

策划思维是知识密集型的高级思维，严密性和创造性以及某种意义上的灵感性是其基本的思维特质。它不同于一般的创作思维，不同于经营管理思维，不同于经验思维、理论思维、形象思维，而是一种以创造性思维和直觉思维为精华的多种思维方式融为一体的组合思维。

广博的知识、丰富的经验、敏锐的市场触觉、深厚的专业素养是卓越的策划思维的基础。头脑风暴法是最为人所熟悉的创意思维方法。

> 营销智慧火花：你的企业虽然是“有限公司”，可它却需要你拥有“无限创意”。

四、策划原则

只有独到的创意、细致的分析、精准的定位、智慧的策划才是策划服务的精髓，拥有至关重要价值和意义。策划讲究创意独到、意念共鸣，以润物细无声的意境巧妙渗透营销策划理念。策划遵循以下四个原则。

（一）系统性原则

策划活动是系统性的企业经营活动，是对市场营销活动中的信息流、商流、物流、资金流和价值流进行统筹和配置。策划是一项复杂的系统工程，需要策划人员以系统论为指导，对企业营销活动的各种要素进行整合与优化。

（二）创新性原则

生产者若能通过创新策划出与消费者个性化需求相适应的特色产品和特色服务，便可提高产品效用，带给消费者期望的价值增值。

（三）操作性原则

策划方案必须具有可操作性，要求策划者根据企业营销目标和环境条件，周密地部署和规划企业有限资源，在人力、财力、物力、技术、信息等方面的安排都具有可行性，使策划方案更接地气。

（四）经济性原则

策划方案的执行需要消耗企业的一定资源，在保证质量的前提下，对策划方案的成本应实行严格的过程控制。策划的经济性原则就是利用企业最少的资源，获取最大的经济效益，

五、营销策划

营销策划是根据企业的营销目标，以满足消费者需求和欲望为核心，设计和规划企业产品、服务和创意、价格、渠道、促销，从而实现个人和组织交换的过程。

营销策划适合任何一个产品，包括无形的服务，它要求企业根据市场环境变化和自身资源状况进行相适应的规划，从而提高产品销售，获取利润。营销策划强调创造性、主动性、针对性和可操作性。

营销策划主要内容包括市场定位、样板市场打造、产品规划、新品上市策划、产品市场推广、价格体系建设、营销战略规划、一线营销团队建设、专卖体系及特殊销售模式打造、终端销售谋划、直营体系和分销渠道体系建设、促销策略制定、招商策划、营销诊断、网络营销平台创建等。

六、营销策划的发展阶段

随着市场营销研究对象的改变，营销策划工作的重点也在不断发生变化，我国的营销策划发展大致经历了以下三个阶段。

（一）产品策划阶段

在产品供不应求时代，消费者需要物美价廉的商品，企业的营销策划工作主要是集中力量改进产品。往往不注重消费者的需求和愿望，忽略了分销、促销等营销手段，一旦新技术和替代品出现，企业产品就会出现滞销现象。

（二）促销策划阶段

在大众化时代，商品更加丰富，形成消费者买方市场，企业在营销策划方面的重点转移到如何促销自己的产品，因此各企业设置销售人员，并制定激励机制，鼓励销售人员多销售产品，并同时运用广告战、价格战来刺激消费者需求，不考虑消费者的喜欢和满意程度。

（三）系统策划阶段

随着经济不断发展，消费者的需求发生了转变，大众化的商品得不到消费者的认可，因

此企业营销策划的重点变为不断分析消费者心理和行为特征，并进行市场细分，通过设计产品、定价、分销和促销等一系列的系统化手段来满足消费者的需求和欲望。

七、营销策划的组织实施

营销策划实施是指营销策划方案实施过程中的组织、指挥、控制与协调活动，是把营销策划方案转化为具体行动的过程。企业的营销策划完成以后，要通过前文所介绍的企业营销管理部门组织实施。企业营销管理部门必须根据策划的要求，分配企业的人、财、物等各种营销资源，处理好企业内外的各种关系，加强领导与激励，提高执行力，把营销策划的内容落到实处。

八、营销策划的效果评价

营销策划活动的效果评价标准就是营销策划所确定的目标，即在本计划期内所要达到的目标。它是营销计划的核心部分，对营销策略和行动方案的拟订具有指导作用。

营销目标是在分析营销现状并预测未来的机会和威胁的基础上确定的，包括财务目标和营销目标。财务目标由利润额、销售额、市场占有率、投资收益率等指标组成，营销目标由销售额、市场占有率、分销网覆盖面、价格水平等指标组成。

营销策划效果评价有两种方法：市场营销审计、营销策划方案评价系统。营销策划效果评价的意义在于：进一步弄清顾客需求，更准确地设置目标，使企业战略更清晰，企业进行道德与责任的自我检查。

> 营销智慧火花：策划人既可以呼风唤雨，又可以日行千里，亦可以无中生有。

九、营销策划的分类

市场营销策划可以根据不同的标准进行分类，常见的分类方法如下。

（一）根据策划时间的长短划分

营销策划根据策划时间的长短，分为营销战略策划、营销战术策划两大类。

1. 营销战略策划

营销战略策划是指对未来较长时期内企业发展的方向、目标、任务、业务重点和发展阶段等问题进行的规划和设计，它与企业的稳健经营和持续发展具有密切的关系。

2. 营销战术策划

营销战术策划是指在企业营销战略的指导下，对营销调研、产品开发与设计、定价、营销渠道、市场促销等营销职能或活动进行的一种中短期规划和设计，它是企业增强产品或服务竞争力，改善和提高企业营销效果的有效手段。

（二）根据策划范围的大小划分

营销策划根据策划范围的大小可以分为全程营销策划、单项职能策划两大类。

1. 全程营销策划

全程营销策划是指企业就某一次营销活动进行的全方位、系统性策划，具体涵盖了营销调研、市场细分、目标市场选择、市场定位、营销组合策略设计和营销管理的方方面面。当企业即将推出一种新业务、新产品时，通常需要进行这样的策划。

2. 单项职能策划

单项职能策划是指在企业营销活动过程中，仅就某一方面的营销职能进行某种程度的设计与安排，其目的主要是改善该项职能的营销效果。

（三）根据策划对象的形态划分

营销策划根据策划对象的形态，分为企业策划、产品策划、服务策划三大类。

1. 企业策划

企业是一种组织形态，为了实现其战略目标，企业会运用各种科学或艺术的方法，对企业的运作和发展进行规划、谋划、筹划。企业策划分为营销主导型、传播主导型、混合型三种。

2. 产品策划

产品策划是指对有形产品开发和销售进行的策划，有利于推出新产品，扩大销路。

3. 服务策划

服务策划是指以无形产品更好地满足消费者需求为出发点，提高企业信誉和形象的策划。

（四）根据市场营销的过程划分

营销策划根据市场营销的过程，可分为市场策划、产品策划、价格策划、渠道策划、促销策划五大类。

1. 市场策划

市场策划是指企业进行市场细分、选择目标市场、确立目标市场的一系列策划活动。

2. 产品策划

产品策划是指企业对产品开发、上市、销售、退出市场的整个过程进行的规划。比如产品品牌策划、产品组合策划等。

3. 价格策划

价格策划是指企业使产品的价格或价格体系适应消费者的需要和动态的市场需求的谋划活动。

4. 渠道策划

渠道策划的主要内容是怎样合理选择、设计和管理分销渠道，即指怎样合理选择、设计和管理产品从生产者转移到消费者或用户所经过的路线和通道。

5. 促销策划

促销策划是指企业运用科学的思维方式和创新精神，在调研基础上，根据企业总体营销战略的要求，对某一时期各种产品的促销活动做出总体规划的过程。比如，广告策划、危机公关策划、促销组合策划等。

营销智慧火花：策划思维是你唯一可以随身携带并享用终身的财产。

（五）根据市场营销的类型划分

根据营销策划的类型可分为网络营销策划、微信营销策划、饥饿营销策划、病毒营销策划四种。

1. 网络营销策划

网络营销策划除了包括网站推广、网上销售策划以外，还包括对网络客户服务的支持、对线下产品销售的促进、对企业品牌拓展的帮助等进行的策划。简言之，网络营销策划就是为了达成特定的网络营销目标而进行的策略思考和方案规划。

企业网络营销策划大致分为三层：信息应用层、战术营销层、战略营销层。网络营销策划主要分为赢利策划、项目策划、平台策划、推广策划、运营策划等。

2. 微信营销策划

商家可与微信移动终端用户群，实现点对点精准化营销。通过漂流瓶的“投”和“捞”，展开购销对话。商家可利用“用户签名档”免费广告位进行宣传，微信用户就能收到商家信息。企业可设定自己品牌二维码，用折扣优惠方式吸引用户扫描识别二维码，关注企业账号，开拓O2O营销模式。

企业可通过开放平台，使用户方便调用第三方应用，进行选择与分享，实现口碑营销。企业可利用公众平台建立公众账号，实现与特定群体的文字、图片、语音全方位互动，展示商家微官网、微会员、微推送、微支付、微活动，形成一种线上线下微信互动的营销方式。

3. 饥饿营销策划

饥饿营销是指商品提供者有意调低产量，以达到调控供求关系、制造供不应求的“假象”、维持商品较高售价和利润的目的的策划。饥饿营销始终贯穿着品牌这个因素，必须依靠产品强势的品牌号召力。但饥饿营销是一把双刃剑，用好可使原本强势的品牌产生更大附加值，用不好将会对其品牌造成伤害，降低附加值。

企业要不断探究人的欲望，以求产品功能性利益、品牌个性与形象、情感关系的打造与消费者达成心理共鸣。欲望激发与引导是饥饿营销的一条主线，宣传造势必不可少。消费者常受企业竞争者诱惑，购买行为发生不规则变动，这要求企业审时度势、反应敏捷、机动灵活。

4. 病毒营销策划

病毒营销乃病毒式营销，即企业通过用户口碑传播原理的应用，把营销信息做成“病原体”，使其像“病毒”一样在互联网上无限复制、迅速蔓延，使受众数量巨大。病毒营销是一种自发、高效的信息传播方式，“信息病毒”的宿主自愿传播，几乎是不需要费用的网络营销手段。

企业利用外部免费资源扩大营销信息传播脉络，常用于网站推广、品牌推广等。病毒营销需要企业拥有独特的创意、精心的设计和规划，以及信息源和信息传播渠道的设计、发布、推广，并对营销效果进行跟踪和管理。

> 营销智慧火花：策划高效病原体是病毒营销的灵魂。

十、营销策划专员

营销策划专员是指从事与市场营销策划相关的工作的所有人员，营销策划人员可以考取三个等级的市场营销策划师职业资格证书。

（一）营销策划专员职业要求

策划专员指的是各行业中行使策划职能，专职进行策划工作的人员。他们通常具有丰富的想象力、创造力和行业经验。许多行业需要策划专员，他们能够给企业带来新的经营思路和盈利模式，能给某些活动或者项目带来创意和灵感，是很多企业开展策划活动的核心人员。

营销策划专员的职业要求如下。

其一，营销策划专员需要掌握综合知识和技能，包括经济学、行为科学、数学、统计学、心理学、社会学、生态学、商标学、美学、广告学和法学等学科。

其二，营销策划专员必须有丰富的阅历和营销经验，对企业营销环节的问题能进行准确判断。

其三，营销策划专员要有敏锐的洞察力，能把握各种市场商机并能规避市场风险。

其四，营销策划专员要有系统思维，能用丰富的知识储备去解决复杂的专业问题。

其五，营销策划专员要有高度的工作热情，拥有强烈的动机和兴趣，能把工作做到极致。

（二）营销策划专员工作流程

现代企业的营销策划专员要严格按照策划流程开展工作，召开营销策划启动会议，群策群力，运用头脑风暴法，为策划项目献计献策；会后整体构思，草拟策划文案；召开内部讨论会，修改完善策划文案，制订文案实施细则，确保策划文案落实。从美学、艺术、创作、创新等角度，运用电脑设计软件，创造性地开展平面设计工序，包装文案，提升策划增值空间；经过专家学者审核评议，修改完善，制作发布，在执行过程中进行监督评估，实施动态化调整与整合优化。营销策划专员工作流程如图 10－1 所示。

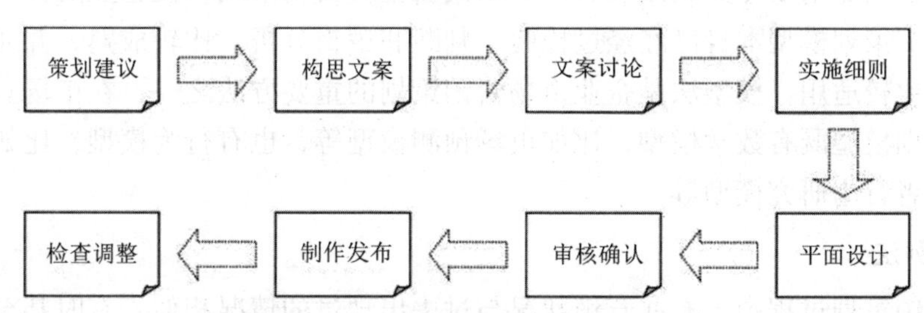

图 10－1　营销策划专员工作流程

（三）营销策划师职业资格

在明确营销策划师职业资格之前，要明晰营销策划师的定义、营销策划师的等级两个方面的内容。

1. 营销策划师定义

营销策划师是指具有良好的职业品德，能够运用所掌握的策划基本知识、方法和手段，以及所具备的综合策划执行能力和丰富的实践经验，为企事业单位、机关团体及个人等对象提供全程策划服务，策划业绩突出的初中高层策划人才。

2. 营销策划师等级

营销策划师划分为助理策划师、策划师、高级策划师三等。营销策划师的主要工作内容包括市场定位、营销战略规划、营销团队建设、产品规划和推广、新产品上市策划、价格体系建设、分销渠道建设、直营体系建设、促销政策制定、终端销售业绩提升、专卖体系等特殊销售模式打造、营销诊断、招商策划、网络营销平台的创立等。

营销智慧火花：不能突破是因你太置身事中了，没有创意是因你太置身事外了。

第二节　营销策划方法

市场营销策划的方法和工具有很多，本节只阐述三种市场营销策划的方法、四种市场营销策划工具、市场营销策划八个步骤。

一、市场营销策划方法

市场营销策划方法主要包括流程法、模型法、案例法三种。

（一）流程法

流程法是指企业策划人员按其岗位的工作流程进行营销策划。在进行市场营销策划时，企业策划人员的工作流程一般包括七个阶段：确定营销策划目的，收集和分析营销策划信息，提炼与构思创意，制定策划方案，评估与论证策划方案，选择和实施策划方案，评估营销策划效果。市场营销策划按照上述工作流程的步骤依次进行。

（二）模型法

模型法是指企业策划专员利用现有的策划模型进行营销策划，使企业的营销策划工作更为简便而高效。策划模型本身已经经过检验、判断和逻辑分析，比较成熟，并通过实践证明在某些情况下比较适用。模型法是企业市场营销策划的重要方法之一，在市场营销策划工作中，常用的策划模型既有数学模型，比如市场预测模型等，也有行为模型，比如促销组合决策模型、购买者行为研究模型等。

（三）案例法

在市场营销策划过程中，有些营销状况与过去出现过的情况相似，有时甚至是对过去情况的复制或者再现，在这种情况下，可以将过去案例使用过的策划方法，作为研究新问题的参考依据。案例法是指根据过去成功的案例，吸取其经验教训进行策划的一种方法，其最大优势是可以节省决策成本，提高决策效率，增强决策的可行性。

营销智慧火花：世界上只有两种企业：拥有策划的富企业，没有策划的穷企业。

二、市场营销策划工具

通常现代企业运用的市场营销工具主要包括 SWOT 分析工具、麦肯锡 7－S 模型工具、PDCA 循环工具、二八定律工具。

（一）SWOT 分析工具

SWOT 分析工具是指分析企业的优势（Strength）、劣势（Weakness）、机会（Opportunity）和威胁（Threat）的一种手段。优势与劣势分析主要着眼于企业自身的实力，及其与竞争对手的比较；而对机会与威胁的分析，主要把注意力放在企业外部环境的变化及其对企业可能产生的影响方面。

（二）麦肯锡 7－S 模型工具

企业在市场营销活动中，仅具有明确的战略和深思熟虑的行动计划是远远不够的。麦肯锡 7－S 模型指出了企业在营销过程中必须全面考虑多方面的境况，包括战略（Strategy）、结构（Structure）、制度（Systems）、风格（Style）、人员（Staff）、技能（Skills）、共同的价值观（Shared Values）。其中，前三项被认为是企业成功的必备“硬件”，后四项被认为是企业成功的必备“软件”。麦肯锡 7－S 模型工具如图 10－2 所示。

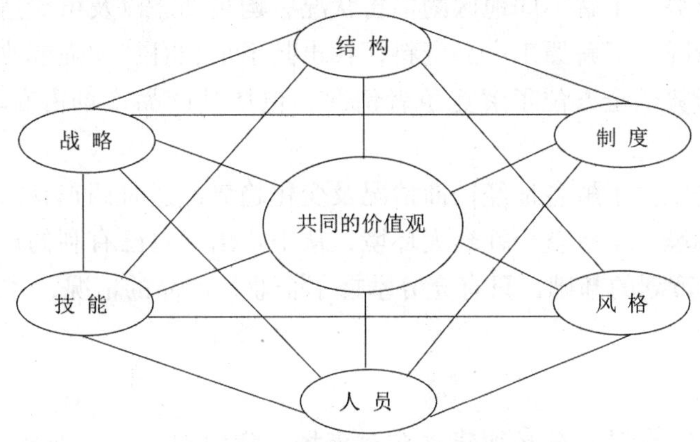

图 10－2 麦肯锡 7－S 模型工具

（三）PDCA 循环工具

PDCA 循环又称戴明环，是能使任何一项活动有效进行的一种合乎逻辑的工作程序。

P（Plan）——计划，包括方针和目标的确定以及活动计划的制订。D（Do）——执行，就是具体运作，实现计划中的内容。C（Check）——检查，就是要总结执行计划的结果，分清哪些对了、哪些错了，明确效果，找出问题。A（Action）——行动（或处理），对总结检查的结果进行处理，成功的经验加以肯定，并予以标准化，或制作作业指导书，便于以后工作时遵循；对失败的教训也要进行总结，以免重现。对于没有解决的问题，应提给下一个 PDCA 循环去解决。

（四）二八定律工具

二八定律即 80/20 法则，是意大利经济学家兼社会学家维弗雷多 · 帕累托在 1897 年提出的，也叫帕累托效应。帕累托通过研究发现，在任何特定的群体中，重要的因子通常只占少数，而不重要的因子则占多数，因此，只要控制重要的少数，即能控制全局，这就是“重要的少数与琐碎的多数原理”。

该原理认为，世界上充满了不平衡性，比如20%的人口拥有80%的财富，20%的员工创造了80%的价值，80%的收入来自20%的商品，80%的利润来自20%的顾客等。这种不平衡关系也可以称为二八法则。该法则认为，资源总会自我调整，以求将工作量减到最少，抓好起主要作用的20%的问题，其他80%的问题就迎刃而解了。

所以，在工作中要学会抓住关键的少数，要用20%的精力付出获取80%的回报。因此，这种法则又叫省力法则，是营销策划中的一个重要工具。

三、市场营销策划步骤

市场营销策划共包括八个步骤：了解现状，分析情况，确定目标，制定战略，制定方案，预测效益，控制措施，撰写策划书。

（一）了解现状

了解现状包括对市场情况、消费者需求进行深入调查，了解市场上竞争产品，以及经销商的情况。

（1）了解市场形势。了解不同地区的销售状况、购买动态以及可能达到的市场空间。

（2）了解产品情况。了解原来产品资料，找出其不足和有待加强或改进的地方。

（3）了解竞争形势。全方位了解竞争者情况，包括其产品市场占有率、采取的营销战略等。

（4）了解分销情况。了解各地经销商情况及变化趋势，适时调查其需求。

（5）了解宏观环境。了解整个社会大环境，从中找出对自己有利的切入点。

以上是整个营销策划的基础，只有充分掌握了企业、产品的情况，才能为后面的策划打下坚实的基础。

（二）分析情况

一份接地气的营销策划方案必须建立在对市场、竞争对手、行业动态客观分析的基础上，分析的主要是以下三方面。

（1）机会与风险。分析市场上该产品可能受到的冲击，寻找市场上的机会和空档。

（2）优势与劣势。认清企业弱项和强项，充分发挥其优势，改正或弱化其不足。

（3）结果总结。对整个市场综合情况进行全盘考虑和各种分析，为确定营销目标、营销战略和措施等打好基础。

分析情况这个步骤，是一次去粗取精、去伪存真的过程，是营销策划的前奏。

（三）确定目标

企业要将自己的产品或品牌打出去，必须确定切实可行的计划和目标，这个目标包括两方面。

（1）企业整体目标。

（2）营销目标，即通过营销策划的实施，企业希望达到的销售收入，以及预期的利润率、产品在市场上的占有率等。

总之，确定一个适宜的、切合实际的目标不但是必要的，而且是关键的。

> 营销智慧火花：营销策划需要你“三心二意”——信心、恒心、决心，创意、新意。

（四）制定战略

企业必须围绕已确定的目标进行统筹安排，结合自身特点制定可行的市场营销战略。营销战略包括以下几个方面。

（1）目标市场战略，是指确定采用何种方法、手段进入和占领自己选定的目标市场，接近消费者以及确定营销领域。

（2）营销组合策略是指对企业产品进行准确的定位，找出其卖点，并确定产品的价格、分销和促销的政策。

（3）营销预算，是指其执行各种市场营销政策、战略所需的最适量预算以及在各个市场营销环节、各种市场营销手段之间的预算分配。

制定营销战略要特别注意产品市场定位和资金投入预算分配。

（五）制定方案

营销活动的开展需要制定一个统筹兼顾的方案，要求选择合适的产品上市时间，同时要有各种促销活动的协调和照应。

（六）预测效益

在预算书的收入栏中列出预计的单位销售数量以及平均净价，在支出栏中列出划分成细目的生产成本、储运成本及市场营销费用。收入与支出的差额就是预估的赢利。经企业领导审查同意之后，它就成为有关部门、有关环节安排采购、生产、人力及市场营销工作的依据。

（七）控制措施

在这一阶段，营销策划人员的任务是为对效益预测感到满意的战略和行动方案、构思有关的控制和应急措施。

设计控制措施的目的是便于操作时对计划的执行过程、进度进行管理。典型的做法是把目标、任务和预算按月或季度分开，使企业及有关部门能够及时了解各个时期的销售实绩，找出未完成任务的部门、环节，并限期解释和改进。

设计应急措施的目的是事先充分考虑到可能出现的各种困难，防患于未然。可以扼要地列举最有可能发生的某些不利情况，并列出有关部门、人员应当采取的对策。

（八）撰写策划书

撰写市场营销策划书是企业市场营销策划的最后一个步骤，就是将营销策划的最终成果整理成书面材料，即营销策划书，也叫企划案。其主体部分包括现状或背景介绍、分析、目标、战略、战术或行动方案、效益预测、控制和应急措施等，各部分的内容可因具体要求不同而详细程度不一。

营销智慧火花：营销一半靠思考，一半靠行动；竞争一半靠实力，一半靠策划。

第三节　营销策划文书

营销策划文书，简称营销策划书，是企业根据市场变化和企业自身实力，对企业的产品及其所指向的市场进行整体规划的一种计划性书面材料。

一、营销策划书的格式和内容

营销策划书没有一成不变的结构和格式，依据产品或营销活动的不同要求，在策划的内容与编制格式上有所变化。但是，从营销策划活动一般规律来看，其中有些要素是共同的。营销策划书的基本结构由以下七部分构成。

（一）封面

策划书的封面可提供以下信息：策划书的名称、策划书的用户、策划机构或策划人的名称、策划书完成日期，以及本策划书适用的时间段、策划书编号。

（二）前言

前言（或序言）是策划书正文之前的说明部分，内容简明扼要，最多不要超过500字，让人一目了然。其内容主要包括以下几项。

（1）接受委托的情况。比如，A公司接受B公司的委托，就某年度的广告宣传计划，进行具体策划。

（2）本次策划的重要性与必要性。

（3）策划概况，即策划的过程及达到的目的。

（三）目录

目录的内容是策划书的重要部分。封面引人注目，前言使人开始感兴趣，目录则让人读后大概了解策划的全貌。目录具有与标题相同的作用，使阅读者能方便地查寻营销策划书的内容。

（四）概要

读者通过概要，能够大致了解策划书的主要内容。概要的撰写要思路清晰，短小精悍，篇幅不宜过长，一般控制在一页纸以内。概要不是策划内容的简单列举，而要形成一篇单独的文章，因此遣词造句要言简意赅，要有高度的概括力。

（五）正文

正文是营销策划书中最重要的部分，具体包括以下几方面内容。

1. 营销策划的目的

本部分内容主要是对本次营销策划所要实现的目标进行全面描述，主要写本次营销策划活动的原因和动力，使整个策划书的策划目标和策划方向非常明确、突出。

2. 市场状况分析

市场状况分析是在市场调研取得第一手资料的基础上进行的。着重分析以下因素。

（1）宏观环境分析。着重对与本次营销活动相关的宏观环境进行分析，包括对政治、经济、文化、法律、科技等的分析。

（2）产品分析。主要分析本产品的优势与劣势、在同类产品中的竞争力、在消费者心目中的地位、在市场上的销售力等。

（3）竞争者分析。分析本企业主要竞争者的有关情况，包括竞争产品的优势、劣势，竞争产品营销状况，竞争企业整体情况等。

（4）消费者分析。对产品消费对象的年龄、性别、职业、消费习惯、文化层次等进行分析。

3. 市场机会与问题分析

营销方案是对市场机会的把握和策略的运用，因此分析市场机会就成了营销策划的关键。只要找准了市场机会，策划就成功了一半。这主要包括两方面内容。

（1）营销现状分析。对企业产品的现行营销状况进行具体分析，找出营销中存在的具体问题，并深入分析其原因。

（2）市场机会分析。根据前面提出的问题，分析企业及产品在市场中的机会点，为营销方案的出台做好准备。

4. 确定具体行销方案

针对营销中问题和机会的分析，提出达到营销目标的具体行销方案。行销方案主要由市场定位和4Ps组合两部分组成。

5. 预算

该项内容表述的是在整个营销方案推进过程中的费用投入，包括营销过程中的总费用、阶段费用、项目费用等，原则是以较少的投入获得最优的效果。列表列出营销费用是经常被使用的方法，其优点是醒目易读。

6. 进度

该项内容把策划活动的起止过程拟成时间表，何日何时要做什么都标注清楚，以作为在执行过程中的控制与检查的依据。进度表应尽量简化，最好在一张纸上拟出。

7. 配员

该项内容应说明在具体营销策划活动中，每个人员负责的具体事项，以及所需的物品、场地的落实情况。

（六）结语

结语在整个策划书中可有可无。它主要起到与前言呼应的作用，使策划书有一个圆满之感，不致使人感到太突兀。

（七）附录

附录的作用在于提供策划客观性的证明。凡是有助于读者对策划内容理解、信任的资料都可以考虑列入附录。但可列可不列的资料还是尽量不列，以突出重点。

附录的另一种形式是提供原始资料，如消费者问卷的样本、座谈会原始照片等图像资料。附录也要标明顺序，以便阅读者查找。

> 营销智慧火花：策划“一术”即不争第一，只求唯一；不做之一，只祈独一，却永恒第一。

二、营销策划书的写作要求

营销策划书写作和一般的应用文体写作有所不同，它对可信性和可操作性，以及说服力的要求特别高，策划专员要运用写作技巧提高撰写市场营销策划书的质量。

（一）遵循策划书的写作原则

为了提高市场营销策划书写作的准确性与科学性，撰写者要遵循以下原则。

1. 逻辑性原则

策划的目的在于解决企业营销中的实际问题，要按照逻辑性思维构思策划书内容。首先要交代策划背景，分析产品及市场现状，明确策划目的；其次要进行具体策划内容详细阐述；最后提出解决问题的对策。

2. 针对性原则

策划书写作要注意突出重点，抓住企业营销中所要解决的核心问题，深入分析，提出相应对策，才能对工作具有实际指导意义。

3. 操作性原则

企业按照策划书内容开展营销活动，其指导性涉及营销活动中的各个环节及其关系的处理，所以策划书的可操作性非常重要，不接地气的策划方案，创意再好也无价值。

4. 创意性原则

创意性原则要求策划的“点子”创意要新、内容要新、表现手法要新，给人以全新的感觉。独特新颖的创意是策划书的核心。

（二）明确策划书的写作程序

第一步，列出写作大纲（结构符合逻辑、层次清晰）。

第二步，细化大纲，列出大纲中各部分的具体内容和阐述范围（各个部分内容不重复）。

第三步，检查大纲框架结构及各部分的具体内容是否合理得当（结构有系统性、内容贴切）。

第四步，调整、确定各个部分内容（每部分只阐述清楚一个问题）。

第五步，撰写 SWOT 分析，列出分析结果（机会与威胁、优势与劣势的要点）。

第六步，依据分析结果，写出策划核心部分的具体策划，比如战略策划、目标市场策划等。

第七步，写出策划书的概要，设计策划书的整体写作框架。

第八步，写出策划方案的实施计划、控制措施、调整方法。

第九步，充实其他相关部分内容。

第十步，统撰全篇，润色定稿：排版设计、字体字号、行间距、页边距等。

（三）掌握策划书的写作技巧

策划书的写作技巧主要包括依托理论、适当举例、利用数字、运用图表、排版美观、注重细节六个方面。

1. 依托理论

为提高策划书内容的可信性，让策划书被读者相信和接受，策划书撰写者必须为其观点寻找理论依据。

寻找理论依据一要注意对应关系；二要注意防止纯粹理论的堆砌，给人以脱离实际的感觉。

2. 适当举例

这里的举例是指通过正反两方面的例子来证明自己的观点。在策划报告书中加入适当的成功与失败的例子，既能起调整结构的作用，又能增强说服力，可谓一举两得。需要指出，举例以多举成功的例子为宜，可以选择一些国外先进的经验与做法以印证自己的观点。

3. 利用数字

策划报告书是一份指导企业实践的文件，其可靠度如何是决策者应首要考虑的。报告书的内容不能留下查无凭据的漏洞，任何一个论点最好都有依据，数字就是最好的依据。在报告书中利用各种绝对数和相对数来进行比较对照是绝对不可少的。要注意的是，各种数字最好都有出处，证明其可靠性。

4. 运用图表

图表有助于阅读者理解策划的内容，同时还能提高页面的美观性。图表的主要优点在于有强烈的直观效果，因此，用图表进行比较分析、概括归纳、辅助说明等非常有效。图表的另一优点是能调节阅读者的情绪，有利于阅读者对策划书的深刻理解。

5. 排版美观

策划书的视觉效果在一定程度上影响着整体策划效果的发挥。有效利用版面安排和设计是撰写策划书的技巧之一，版面设计包括打印的字体、字号大小、字距、行距、黑体字的采用以及插图和颜色等内容。

如果整篇策划书各级标题的字体、字号完全一样，没有层次之分，那么这份策划书就会显得非常呆板，缺少生气。总之，通过版面设计，可以使内容重点突出、层次分明、严谨而不失活泼。

6. 注重细节

细节决定成败，细节对于营销策划书而言十分重要。如果一份策划书中错字、别字、语法错误连篇，读者便不可能对策划者抱有好感，因此，对打印好的策划书要反复仔细检查，尤其是对企业的名称、专业术语等，更应仔细检查核对。

> 营销智慧火花：策划精，则品牌亮；名牌响，则国货强。

三、市场营销策划书的写作流程

要写好一份形式和内容都比较规范的市场营销策划书，必须提前拟订和设计策划书的撰写大纲，然后细化大纲的脉络和架构，选取并确定契合的内容，从细节上丰富大纲的逻辑体系。

首先，策划人员要统筹规划，拟定设计大纲，详细界定策划范围，确定具体的策划能力。其次，针对企业营销环境进行SWOT分析，提出有针对性的策划方略和概要，细化写作框架。最后，认真执行和实施策划书撰写计划，谋划结构、统筹全篇，确保策划书的统一性、完整性、系统性。市场营销策划书写作流程如图10-3所示。

策划书撰写人员可以根据企业的实际业务状况、现实的市场需求与竞争态势，适当调整写作流程中的各节点内容。

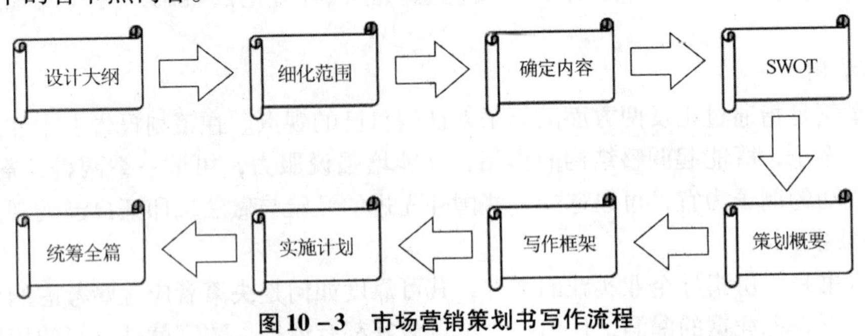

图10-3　市场营销策划书写作流程

四、企业策划创意专员岗位职责

现代企业的企划部岗位设置及职责划定是根据企业的市场环境、业务内容、营销目标、管理幅度、组织结构等因素综合确定的。现代企业策划创意专员岗位的职责主要有以下几个方面。

（1）负责企业项目的企划工作，包括组织、参与、指导企划方案的制定，媒体活动计划的审定，完成企业营销推广项目的整体策划创意设计，并指导文案策划与设计，配合完成日常的推广宣传工作。

（2）负责企业市场营销策略的研究、组织、策划与实施管理，提出具有价值性、创新性、建设性的建议和意见，编制、提交企业年度市场营销策划方案。

（3）负责企业品牌推广和企划工作，构建和完善企业的“五化”，即产品文化、品牌文化、市场文化、企业文化、管理文化。

（4）负责确定和完善企业各种产品的整体营销策划和具体实施方案，完成产品营销策划中相关组织和机构的开拓、联络、协调等。现代企业企划部岗位分布如图10-4所示。

总之，一名优秀的企划专员需要具备以下能力：预见能力、构思能力、创造能力、创新能力、情报能力、表现能力、说服能力、学习能力、组织能力等。这些能力可为企划工作提供源源不断的能量和动力。

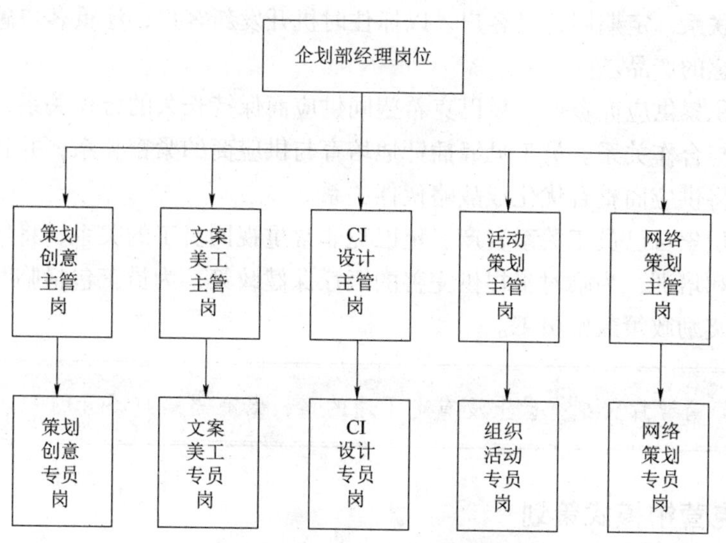

图 10－4 现代企业企划部岗位分布

第四节 星巴克策划案

星巴克（Starbucks）咖啡公司成立于 1971 年，是世界领先的咖啡零售商、烘焙者和星巴克品牌拥有者，其旗下零售产品包括多款全球顶级的咖啡豆、手工制作的浓缩咖啡和多款咖啡冷热饮料、新鲜美味的各式糕点食品，以及丰富多样的咖啡机、咖啡杯等商品。

一、星巴克市场营销策划

通过开展市场营销策划活动，星巴克只用了一段很短的时间，便在中国推出并成为一个时尚的代名词，它所标榜的已经不仅仅是一杯咖啡，而是一个响亮的品牌、一种饮品文化。

（一）星巴克策划“产品内涵定位营销”

产品策略的策划体现了星巴克的产品和服务的独特定位，从中成功地拓展了产品的内涵，创造出了巨大的品牌价值。星巴克策划打造的产品内涵包括以下几个层次。

其一，优质原料。不计成本到全球各地购买高品质的高原咖啡豆，严格控制咖啡的新鲜度和品质，提供最优质的咖啡。

其二，卓越服务。培训最优秀的员工传递星巴克的价值文化，重视员工和顾客的沟通，将服务做到极致。

其三，第三空间体验。星巴克力求在产品、服务上与顾客进行情感交流，使顾客把在星巴克看到、听到、品味到以及感受到的都和谐地统一起来，打造令人神往的第三空间。

（二）星巴克策划“人脉关系资产营销”

星巴克策划的促销策略没有运用铺天盖地的广告进行巨额促销，而是坚持让企业内部的每位员工都拥有最专业的知识与服务热忱，通过一对一的贴心服务，赢得消费者的信任与口碑。星巴克的成功主要得益于其关系资产的建立和累积。

其一，策划积累客户资产。星巴克特别重视员工和顾客的沟通，员工实时征求客户意见，加强老客户联系，定期回访老客户，以抓住时机开发新客户，注重客户感受，提供适合消费者定位和口感的产品。

其二，策划积累供应商资产。星巴克希望同供应商保持长久的合作关系，积极同供应商建立良好的工作与合作关系。员工见缝插针地培育与供应商的紧密关系，并且为供应商提供捆绑服务，最终将供应商整合优化成战略伙伴关系。

其三，策划积累自己员工关系资产。星巴克非常重视同员工的关系，将用于广告的支出用于员工的福利和培训，为临时工提供完善的医疗保健政策，为员工包括临时工提供股东期权，并用有效的奖励政策鼓励员工。

营销智慧火花：世上没有走不通的路，只有思路打不开的人。

二、星巴克营销模式策划

同麦当劳的全球扩张一样，星巴克很早就开始了跨国经营，在全球推行三种商业组织结构：合资公司、许可协议、独资自营。星巴克的策略比较灵活，它根据各国的市场情况而采取相应的合作模式。

星巴克在中国经营的咖啡店大多是直营店。星巴克策划了对中国加盟商及其合作者的合作模式。

其一，加盟商及其合作者应具有较高诚信度的个人品格，需要拥有创新与合作意识，加盟商须自行管理品牌。

其二，加盟商的资金状况应良好，未经品牌管理总部的同意不能擅自转让加盟权或以其他形式转让经营权。

其三，加盟商应充分理解并高度认同星巴克品牌经营理念及运作模式，并应具备出色的经营管理经验和经营能力。

正是出于这种灵活的加盟策略与合作模式，星巴克非常看好中国市场，看好这个市场上的加盟商与合作伙伴。星巴克与中国加盟商逐步由授权关系转变为合作伙伴，形成了更深层次的合作而非控制，这对于加盟双方都是一个很好的合作模式。

三、星巴克直销直营策划

多年来，星巴克对外宣称的策略是：坚持走公司直营店的渠道思路，在全世界都不设立加盟店。星巴克在某一个国家或某一个地区，比如北京（授权经营星巴克在中国华北地区的市场）、新加坡等，寻找有实力的大公司进行授权合作，双方是合作关系，这种方式不属于平常所说的加盟连锁。

星巴克的直营模式更多地体现在另外一个层面：星巴克合资或授权的公司在当地发展星巴克咖啡店的时候，拒绝个人加盟，当地的所有星巴克咖啡店一定是星巴克合资或授权的当地公司的直营店。如果星巴克像国内多数加盟店那样采用“贩卖加盟权”的加盟方式来扩张，它的发展速度肯定比现在快得多，当然也不一定比现在好得多。

星巴克为自己的直营模式给出的理由是：品牌背后是人在经营，星巴克严格要求自己的经营者认同公司的理念，认同品牌，强调纪律、品质的一致性；而加盟者都是投资客，会把加盟品牌看作赚钱的工具，唯一的目的是赚钱而非经营品牌。

> 营销智慧火花：促销策划不是想法为企业卖商品，而是协助顾客买商品。

四、星巴克品牌促销策划

星巴克给品牌市场营销的传统理念带来的冲击，同星巴克的高速扩张一样引人注目。在各种产品与服务风起云涌的时代，星巴克却把一种世界上最古老的商品发展成与众不同而持久的高附加值品牌。然而，星巴克并没有使用其他品牌市场战略中的传统手段，如铺天盖地的广告宣传和巨额的促销预算。

（一）星巴克打造名品名店做促销

"我们的店就是最好的广告。"星巴克的经营者曾这样说。据了解，星巴克除帮助宣传新品外，几乎不做广告，但是，它仍然非常善于营销。根据经验，广告泛滥后会逐渐失去公信力。为了避免资源的浪费，星巴克故意不打广告。这种促销理念来自欧洲那些名店名品的推广策略。

（二）星巴克实施口碑营销塑品牌

星巴克认为，在服务业，最重要的行销渠道是分店本身，而不是广告。如果店里的产品与服务不够好，做再多的广告吸引客人来，也只是让他们看到负面的形象。星巴克不愿花费庞大的资金做广告与促销，而坚持每一位员工都拥有最专业化的知识与服务热忱。"我们的员工犹如'咖啡迷'一般，可以对顾客详细解说每一种咖啡的特性。通过一对一的方式，赢得信任与口碑，这是既经济又实惠的做法，也是星巴克的独到之处！"

星巴克意识到员工在品牌传播中的重要性，另辟蹊径开创了自己的品牌管理方法，将本来用于广告的支出用于员工的福利和培训，使员工队伍相对稳定，这对星巴克的品牌经营起到了重要作用。

> 营销智慧火花：你不是在上班和回家的路上，就是在去往星巴克的路上。

五、星巴克营销方式策划

星巴克认为它的产品不单是咖啡，而且是咖啡店的体验。研究表明，三分之二成功企业的首要目标是满足客户的需求和保持长久的客户关系。

（一）星巴克体验式营销策划

星巴克的竞争战略就是在咖啡店中同客户进行交流，它特别重视同客户之间的沟通。每一个服务员都要接受一系列培训，如基本销售技巧、咖啡基本知识、咖啡的制作技巧等，要求每一位服务员都能满足客户的需求。

星巴克更擅长咖啡之外的体验，如气氛管理、个性化的店内设计、暖色灯光、柔和音乐等。就像麦当劳倡导售卖欢乐一样，星巴克把美式文化逐步分解成可以体验的东西。“以顾客为本，认真对待每一位顾客，一次只烹调顾客那一杯咖啡。”这是星巴克快速崛起的秘诀。

（二）星巴克推广咖啡文化

星巴克还极力强调美国式的消费文化，顾客可以随意谈笑，甚至挪动桌椅，随意组合。这样的体验也是星巴克营销风格的一部分。在一个习惯喝茶的国度里推广和普及咖啡，首先遇到的是消费者情绪上的抵触。星巴克为此首先着力推广“教育消费”。通过自己的店面以及到一些公司去开“咖啡教室”，并通过自己的网络，星巴克成立了一个咖啡俱乐部。

星巴克公司邀请专业公司进行市场调查。顾客在星巴克消费时，收银员除了品名、价格以外，还要在收银机上键入顾客的性别和年龄，很容易就获取了顾客消费的时间段、品类、额度等信息。

六、星巴克店面设计策略

星巴克在上海的每一家店面的设计都是由美国方面完成的。据了解，星巴克的美国总部有一个专门的设计室，拥有一批专业的设计师和艺术家，专门设计在全世界各地开的星巴克店铺。

（一）星巴克门店注重本土化设计

星巴克在设计每个门市的时候，会依据当地商圈的特色，思考如何把星巴克元素融入其中。星巴克的每一家店在品牌统一的基础上又尽量发挥个性特色，这与麦当劳等连锁品牌强调所有门店的高度统一截然不同。

（二）星巴克建筑风格显景观特色

在设计上，星巴克强调每栋建筑物都有自己的建筑风格，使其融入原来的建筑物，而不去破坏建筑物原来的设计。每增加一家新店，星巴克就用数码相机把店址内景和周围环境拍下来，照片传到美国总部设计室参考，这样，星巴克才能做到原汁原味。

例如，上海星巴克设计以年轻消费者为主，因此在拓展新店时费尽心思去寻找具有特色的店址，并结合当地景观进行设计。例如，位于城隍庙商场的星巴克，外观像座现代化的庙，而濒临黄浦江的滨江分店则突出玻璃帷幕和宫殿般的华丽。夜晚时分，可以悠闲地坐在江边，边欣赏外滩夜景，边品尝香浓的咖啡。

> 营销智慧火花：我是我自己，我只去一家咖啡馆——星巴克咖啡馆。

七、星巴克经营风险及避险策略

星巴克在上海每开一家新店，投资都在300万元左右。这些投资包括从美国进口设备、报关费用、场地租金、人员招募、培训费用等。星巴克自2000年5月进入上海以来，将近每月开一家新店。以此计算，星巴克在上海一年用在开店上的投资要3 000万元以上。

（一）黄金地段租金高，有潜在经营风险

星巴克的每家店选址几乎都在租金极高的地段，租金压力大，存在经营风险。星巴克在

北京主要分布在国贸、中粮广场、东方广场、嘉里中心、丰联广场、百盛商场、赛特大厦、贵友大厦、友谊商店、当代商城、新东安商场、建威大厦等地，在上海则主要分布在人民广场、淮海路、南京路、徐家汇、新天地等上海最繁华的商圈。

（二）面临众多不同业态的激烈竞争者

现实和潜在的竞争者众多，无不把星巴克作为其最大的竞争对手，通过综合分析，星巴克所面临的竞争对手还有以下四类。

其一，咖啡同业竞争。连锁或加盟店，如西雅图咖啡、罗多伦咖啡，以及陆续进入市场的咖啡店及独立开设的咖啡店。

其二，便利商店的竞争。便利商店随手可得的铁罐咖啡、铝罐包装咖啡、方便型冲泡咖啡。

其三，快餐店卖咖啡带来竞争。麦当劳快餐店、肯德基快餐店等咖啡机冲泡的咖啡。

其四，定点咖啡机带来竞争。设立于机场等地，以便利为主，随手一杯咖啡机冲泡的咖啡。

（三）策划独特的创新模式化解风险

星巴克策划出高效的两人生产线模式（收银和咖啡师分开），极大地缩短了平均等待时间和可变性，成为运营管理的经典案例。星巴克在运营上的成功并没有导致停滞不前，因为它已经证明了自己有能力通过各种手段在不同的地域和人口分布中成功地开设和有效地运营门店。

提供一杯独一无二的咖啡从来都不是星巴克的短浅目标，成为这个星球上最受欢迎和最具辨识度的咖啡店才是它真正的目标，从这个意义上讲，星巴克已经并将继续在没有明显威胁其立足点的情况下取得成功，它依靠独特的业务分散了经营风险。

（本节案例资料来源：非杭市场招商网，有调整）

营销智慧火花：策划需要灵感的一闪念，需要激发感悟和升华的星星之火。

【案例分析】

大学生策划开网店

在迎来一个大众创业、万众创新的“创时代”的今天，越来越多的大学生在网上开店做生意，他们把在网上创业视为进入职业市场的新选择。

在网上开店以其准入门槛较低吸引了一批又一批的“卖家”。以信息网络技术为支撑的“创客”们，如同雨后春笋，迅速成长。一大批热衷于策划、创意、设计的大学生，用自己的“桌面商店”对传统的营销模式发起了挑战。

（案例来源：淘宝开店成功案例分析［EB/OL］.(20－3－2)［2021－4－5］. https：//www. doc88. com/p－7486857442397. html 道客巴巴网）

【问题】试撰写一份形式和内容都比较规范的“大学生开立网上文具店策划书”。

【本章小结】

本章解释了策划、创意、策划思维等基本概念，对营销策划的发展阶段、组织实施、效果评价、分类进行了阐述，对营销策划专员的职业资格和工作流程，都分别进行了详细阐述；随后介绍了市场营销策划的八个关键步骤；重点介绍了营销策划书的写作形式和写作内容，并提出了撰写营销策划书的严格要求和写作流程，以及必须遵守的写作原则和必须掌握的写作技巧；最后展示了星巴克公司开展市场营销策划活动的实战经验。

【思考题】

1. 分析探讨为了做好营销策划工作，营销策划专员应该具备哪些职业素养和知识储备？
2. 讨论并思考怎样做好病毒营销方式的总体策划，以及注意事项？
3. 简述四种营销策划工具各自的优势和劣势。
4. 探讨怎样才能撰写一篇比较规范、实用、有效的营销策划书。
5. 从星巴克营销策划实战中，你获得了哪些启示？引发了哪些思考？

参 考 文 献

[1] Chernev A. Strategic marketing management [M]. 10th Edition. Cerebellum Press, 2020.

[2] Kotler P. , Keller K L. Marketing management [M] . 14th Edition. Pearson Education Press, 2019.

[3] Kotler P. , Armstrong G. Principles of marketing [M] . 15th Edition. Pearson Press, 2017.

[4] Nagle T. , Hogan J. , Zale J. The strategy and tactics of pricing [M] . 5th Edition. Pearson Press, 2017.

[5] Doyle P. Marketing management and strategy [M] . 3rd Edition. Posts & Telecom Press, 2015.

[6] Armstrong G. , Kotler P. Marketing: an introduction [M] . 9th Edition. Beijing: China Renmin University Press, 2011.

[7] Shaw D. Journal of political marketing [M] . New York: Haworth Political Press, 2009.

[8] Perreault W. D. , McCarthy E. J. Basic marketing: a global – managerial approach [M] . 12th Edition. Beijing: China Machine Press, 2002.

[9] Cravens D. Strategic marketing [M] . 15th Edition. Beijing: China Machine Press, 1998.

[10] Payne A. The essence of services marketing [M] . Englewood Cliffs. NJ. Prentice Hall, 1993.

[11] McCarthy E. J. , Shapiro S. J. , Perreauh W. D. , Basic marketing [M] . 16th Edition, Canadian Edition. Home wood: Richard D. Irwin, Inc. , 1992.

[12] 菲利普·科特勒，凯文·莱恩·凯勒. 营销管理（亚洲版）[M] . 6 版. 洪瑞云，王永贵，金夏芳，等译. 北京：中国人民大学出版社，2020.

[13] 科特勒，凯勒，营销管理 [M] . 王永贵，陈荣，何佳讯，等译. 上海：格致出版社，2016.